决胜B端 第2版

驱动数字化转型的产品经理

杨堃 / 著

电子工业出版社
Publishing House of Electronics Industry
北京·BEIJING

图书在版编目（CIP）数据

决胜 B 端：驱动数字化转型的产品经理 / 杨堃著. —2 版. —北京：电子工业出版社，2023.6
ISBN 978-7-121-45625-1

Ⅰ. ①决… Ⅱ. ①杨… Ⅲ. ①企业管理－产品管理 Ⅳ. ①F273.2

中国国家版本馆 CIP 数据核字（2023）第 089053 号

责任编辑：刘恩惠　张春雨
印　　刷：三河市良远印务有限公司
装　　订：三河市良远印务有限公司
出版发行：电子工业出版社
　　　　　北京市海淀区万寿路 173 信箱　邮编 100036
开　　本：720×1000　1/16　印张：29　字数：603.2 千字
版　　次：2019 年 6 月第 1 版
　　　　　2023 年 6 月第 2 版
印　　次：2023 年 9 月第 2 次印刷
定　　价：100.00 元

凡所购买电子工业出版社图书有缺损问题，请向购买书店调换。若书店售缺，请与本社发
行部联系，联系及邮购电话：(010) 88254888，88258888。
质量投诉请发邮件至 zlts@phei.com.cn，盗版侵权举报请发邮件至 dbqq@phei.com.cn。
本书咨询联系方式：faq@phei.com.cn。

序

《决胜 B 端》第 1 版发行以来，取得了不错的反响，得到了大家的认可，这让我感到既开心又荣幸。

而写书带来的机缘，也给我的事业带来了很大的变化。2020 年，我离开了职场，成为一名产品顾问，给企业提供产品经理培训、咨询服务。几年来，我服务过众多客户，既包括不同领域的甲方公司，例如，宝洁、美的、华润、顺丰，也包括项目制和产品制的乙方公司，例如，华为、微盟、北森、蓝凌。这些经历都让我对软件设计实践和管理、企业对人才的诉求和要求、从业者学习成长中的挑战和困惑，有了更多的理解和认识。

在给企业提供培训和咨询服务的过程中，我不断提炼、总结软件设计的方法论和最佳实践，将经典的软件工程理论和最新的产品设计理念结合，在授课和实践中得到了客户的认可，这也促使我将《决胜 B 端》进行全面升级，将这几年的思考和实践进行系统的总结并呈现给大家。

第 2 版的写作开始于 2021 年 8 月，2022 年 12 月定稿，在第 1 版的基础上删除了约 30 页内容，新增了约 210 页内容，最大的变化是增加了产品商业化的论述，并且对各个主题进行了深化。

全书分为五篇，分别是概述篇、设计篇、管理篇、进阶篇、成长篇，围绕一个贯穿全书的案例探讨了 B 端产品的定义、分类特征、市场研究、产品定位、产品设计、需求分析、产品管理、企业级应用架构、个人成长等方方面面的话题。

第 01 章 互联网产品领域探秘，介绍了互联网和企业级软件产品的分类、特征，以及其中针对 B 端产品的分类方式。和第 1 版相比，本章内容有较大调整。

第 02 章 B 端产品建设概述，介绍了 B 端产品建设的一般性框架，并引出贯穿全书的案例。本章的整体框架和第 1 版相比没有本质变化，在内容上增加了对商业化产品的描述。

第 03 章 B 端产品的市场分析与业务调研，介绍了 B 端产品建设之前的市场分析和业务调研工作。和第 1 版相比，本章重写了绝大部分内容。

第 04 章 B 端产品的整体方案设计，介绍了基于产品定位来规划产品蓝图的思路。和第 1 版相比，本章进一步深入、细化了规划工作的具体实操路径。

第 05 章 B 端产品的细节方案设计，介绍了产品细节方案设计的方方面面。和第 1 版相比，本章重写了大部分内容，进一步完善了对数据建模的讲解，新增了界面设计中的常见组件等内容。

第 06 章 基于场景的需求分析和建模，深入探讨了现代软件设计——从场景挖掘到软件建模的设计过程。和第 1 版相比，本章绝大部分内容是新增的。

第 07 章 以用户为中心的体验设计，介绍了从人机交互到服务蓝图设计，以及用户体验的不同层次的关键知识点。和第 1 版相比，本章大部分内容是新增的。

第 08 章 B 端的产品化，探讨了产品化建设的三个层次、建设要点，以及 aPaaS、低代码这些很火的概念。和第 1 版相比，本章内容全部是新增的。

第 09 章 B 端产品经理与技术方案，介绍了作为一名产品经理应该了解的基本技术知识框架。和第 1 版相比，本章基本上没有改动。

第 10 章 B 端产品的项目管理与研发交付，介绍了经典的软件工程及项目管理的概念、模式、框架。和第 1 版相比，本章重写了绝大部分内容。

第 11 章 B 端产品的运营管理，介绍了 SaaS 和自研系统两类场景的产品运营工作。和第 1 版相比，本章有一半内容是新增的。

第 12 章 B 端产品的需求管理与迭代优化，进一步探讨需求管理工作的细节，包括需求的定义、类别、优先级管理、效果评估等话题。和第 1 版相比，本章绝大部分内容是新增的。

第 13、14、15、16 章，介绍了与企业级应用架构相关的话题，做了部分调整和优化，但整体内容和第 1 版一致。关于中台的话题，我思考了很久，认为其本质依然属于应用架构的范畴，所以并未为其撰写独立章节。

第 17 章 B 端产品经理的职业发展与成长，介绍了作为一名 B 端从业者所需要具备的能力模型，给出了自学建议，并推荐了学习资源。和第 1 版相比，本章大部分内容是新增的。

附录 A 是一份 PRD 模板；附录 B 是全书所有英文缩写的汇总，方便大家查阅；附录 C 是全书推荐的拓展阅读的书单，方便大家检索。

如果您读过第 1 版，可以根据以上介绍挑选新增和重写的部分或自己感兴趣的部分阅读。

如果您是新读者，我建议您按照顺序阅读全书，这样可以帮助您更加体系化地学习。当然，您也可以仅挑选感兴趣的章节阅读，这是没有问题的。

写作一本产品经理的图书，既要体系完备，又不能冗余繁杂。在本书中，我尽量避免做百科全书式的概念堆砌，而希望给大家构建一套知识框架，以便大家未来进一步扩展学习，因此书中对于很多具体概念只是一笔带过，请大家理解。

在第 2 版的写作过程中，我邀请了几位老读者——杜蔚凤（黑黑）、施玮皓（施好好）、陆佳园（果酿）作为种子用户试读，他们提出了众多宝贵建议，对我完善内容有很大的帮助；本书附录 B 中的英文词汇表由老读者黄学霖（Will）协助整理完成。在此，特别感谢几位老读者的全力支持和无私奉献！

感谢我的编辑刘恩惠、张春雨，给予我很多专业、中肯的意见，并且全力配合，让本书顺利出版上市。

最后，将这本书送给我的妻子米粒和女儿安妮，你们是我奋斗的动力！

也欢迎大家加我的个人微信 gogoYangKun 进行交流，并加入读者群，以及获取更多学习资料。

杨堃

2023 年 1 月

目录

概述篇　走近互联网 B 端

设计篇　从业务诊断到形成方案

管理篇　让产品落地并不断生长

进阶篇　支撑企业运转的整套产品体系

成长篇　B 端产品人的持续成长

概述篇

走近互联网 B 端

在互联网科技领域，产品经理已经成为一个不可或缺的岗位：识别市场机会，诊断业务问题，通过软件产品帮助企业增加收入、提高效率、降低成本、控制风险。如果你希望踏入产品经理这个领域，就有必要全面了解产品经理的发展历史、不同分类与特点，这对职业的选择、发展都非常重要。

随着行业发展，数字技术进一步渗透到企业的经营管理和商业运作过程中，在便捷生活的背后，是越来越多的 B 端系统在支撑着业务的运转；而在传统企业的数字化转型浪潮中，以及在 SaaS 软件持续发展并推动加速数字化普及的过程中，对 B 端产品经理的需求量也越来越大；不同的 B 端产品，在运作模式、建设方式上都有非常大的区别，如果你想从事 B 端产品方向的工作，就应该准确地理解这些区别。

本篇将探索产品经理的发展历程、产品经理的分类，以及不同 B 端产品的特点，帮助你对互联网科技领域产品经理的工作形成全面、细致的了解，也为后面学习产品设计和管理打下基础。

第 01 章

互联网产品领域探秘

产品经理是一个很神奇的职业。

年长的人会称赞："小小年纪就当'经理'，真了不起！"

圈外人可能会羡慕："高薪！年轻有为！"

刚入行的同学会胸怀大志："我要改变世界！"

老一辈 IT 人会有疑问："产品经理和项目经理有啥区别？到底在干啥？"

每个人对产品经理这个岗位都有不一样的认识和理解。即便入行几年的产品经理，也可能对产品经理的分工和发展方向存在困惑。

互联网行业的飞速发展，使得产品经理这个岗位演化出了很多细分领域和方向，不同方向的产品经理的技能诉求、职业发展路径差别非常大。各个方向的产品经理究竟都在做什么？也许从表面上回答这个问题并不难，但是要全面理解产品经理这个岗位，就需要我们全面了解产品经理这一岗位的发展历程、互联网行业的产品分类（对应不同方向的产品经理），以及新环境下企业经营管理的诉求。

1.1 产品经理岗位的发展历程

产品经理这一岗位在互联网时代之前就已存在，在互联网和数字经济时代下发挥了越来越重要的作用。下面我们就一起看看，产品经理这一岗位经历了怎样的演变过程。

1.1.1　产品经理的起源

产品经理的概念起源于 20 世纪 30 年代的宝洁公司。宝洁公司的年轻雇员 Neil McElroy（如图 1-1 所示）给管理团队写了一封信，陈述了他想设置一个新工作岗位 Brand Man（品牌经理）的大胆想法：公司的职能团队只负责各自的工作内容，并不能从公司整体的视角分析市场与客户需求，组织、实施完整的产品运作计划并占领市场，而这个创新的岗位要负责产品的全流程管理。公司采纳了 Neil 的建议，并取得了良好的效果。Neil 在这封信中写下的观点，在之后的岁月中被各行各业广泛接受并推广应用，尤其是快消品行业。

到了 20 世纪 80 年代，一名叫 Scott Cook（如图 1-2 所示）的宝洁前职员，将 Brand Man 的理念第一次应用于计算机软件领域，他认为计算机软件行业应该面向终端消费者。作为 Intuit 公司的创始人，Scott 成功地运用产品设计运作的理念推广了公司面向消费者的计算机软件。包括微软在内的很多企业，在早期也汲取了快消品行业产品经理的工作和管理思路，将其应用在商业软件领域。

图 1-1　Neil McElroy　　　　图 1-2　Scott Cook

Brand Man 的理念被引入中国后，和本土管理模式融合，并以"产品经理"的名字流传开来。

公司从事商业活动的核心是售卖产品或服务，并产生利润。可见，**最早的产品经理要做的就是，聚焦公司售卖的产品和服务，帮助公司分析市场，识别需求，负责产品的设计、包装、宣传、推广和持续改进，提升公司销售额和利润。**

1.1.2　传统 IT 信息化时代的产品经理

20 世纪 90 年代到 21 世纪 00 年代初期，是传统 IT 产业的高速发展时期，大量商业化软件并喷式发展。

这一时期的软件项目，基本上由项目经理负责从整体上把握软件方案，由需求分析师（BA，Business Analyst）负责识别客户的个性化需求，并输出软件设计文档。对于通用功能，会经过某个专家组或架构组评估，然后融入标准版软件。

在一些分工不太明确的小公司里，很多软件产品甚至由软件工程师直接进行需求对接、方案设计和编码实现。

此外，在绝大多数比较大的传统企业（尤其是信息化观念比较先进和成熟的外企）中，也会设置 BA 岗位，负责软件功能设计。BA 一般向业务部门汇报，会根据业务需求编写软件需求规格说明书，然后由公司内部开发团队或外包开发团队编码实现。目前，BA 岗位在传统企业中依然大量存在，其工作性质和互联网公司做内部自用系统的 B 端产品经理岗位非常类似，但又有不同之处。

这一时期还处在 Web 1.0 时代，网络与电脑并未大范围普及，流量有限，普遍以售卖广告为生的互联网公司还没有找到很好的盈利方式。此时，互联网产品经理的概念还未流行，互联网运营岗位也在萌芽期。

1.1.3　流量为王时代的产品经理

到了 21 世纪 00 年代中期，Web 2.0 时代到来，网络与电脑开始普及，流量爆发式增长，互联网行业进入高速发展期。

大量创新的用户产品（例如百度贴吧）全面流行，Ad Network（在线广告联盟）、竞价排名模式（搜索网站中最经典的关键词广告售卖模式）也基本成熟，通过广告变现与虚拟商品售卖，互联网行业进入盈利模式清晰的快速增长期。

对于此时的互联网公司来讲，流量就是氧气，变现就是生命。这是一种全新的商业形态，之前从未有人想过，通过虚拟世界的纯线上运作，就能实现盈利、支撑公司的发展。基础设施的完备、市场的成熟、取之不尽的低价流量，让刚刚从互联网泡沫走出来的互联网公司找到了全新的自我。

设计优秀的用户端产品，通过运营吸引流量，这成为公司发展的根基。因此，不需要销售，很少需要客服，产品与研发团队成为公司的利润中心，决定了公司发展的好坏，决定了公司收入的高低。

这种新的在线业务模式对软件产品设计人员提出了全新的要求。需要懂技术、懂商业、强执行力的人才，来负责软件产品的设计、运营、迭代和流量变现。在这个背景下，互联网产品经理应运而生。

这时候的互联网产品经理拥有非常高的话语权和决策权，因为他们要承担经营压力，要全面负责商业分析、市场分析、需求分析、软件设计、项目实施、线上运营，还要对公司的核心经营指标负责。可见，这是一个要求极高、压力极大的岗位。对于这个新兴的工种，行业内并没有成熟的方法论，所有人都在摸索中前进。

与此同时，随着电商行业的快速发展，互联网公司的业务模式相对变复杂，公司对客户管理、业务人员管理、进销存管理的诉求增强，早期的业务型产品经理开始出现。业务型产品经理要承担组织提效、降低成本、控制风险的职责。

1.1.4　移动互联网时代的产品经理

到了 2010 年左右，随着智能手机的普及和网络带宽的改善，人们的时间进一步被电子设备、线上生活占据，流量红利与人口红利进一步释放，一部小小的手机给人们的生活带来了翻天覆地的变化。线上线下的边界变得模糊，越来越多的传统企业开始全面"触网"，同时更多的互联网企业开始向实体经济渗透。

移动端的重要性逐渐超越 PC 端，成为新的流量入口。如何在一块小小的屏幕内设计体验良好的 App，是互联网产品经理们要探索的新方向。

此时，互联网公司的业务探索延伸到了各个领域，覆盖衣食住行的方方面面。随着业务模式的多元化和复杂化，互联网公司的核心竞争力不仅体现在流量获取和变现能力上，同时也更多地体现在业务模式创新、流程创新、精细化运营和效率提升上，这都对业务型产品经理提出了更高的要求。

产品经理的职责和工作方向更加清晰和细化，除了引流与变现，还需要负责公司业务管理软件的建设，对业务效率优化负责。

1.1.5　SaaS 与产业互联网中的产品经理

随着消费互联网发展的红利逐渐耗尽，产业互联网成为新的聚焦点，不论是互联网公司，还是传统 IT 企业，抑或是创业公司，都越来越深入到企业级软件赛道，将目标客户从个人消费者转移到企业客户。

尤其是 SaaS 模式，作为一个已经在欧美被证明成功的商业模式，也吸引了众多从业者投身其中。

针对企业客户的商业软件设计，尤其是标准化商业软件产品的设计，成为新的市场刚需，具备相关技能的产品经理在市场上供不应求。

SaaS 产品经理，要负责分析市场、定位客群（全称"客户群体"）、研究痛点、设计产品、帮助公司实现商业目标和商业价值。

1.1.6 数字化转型时代的产品经理

到了今天，数字技术已经深入影响了人类社会生活的方方面面，对于现代企业来讲，如何通过技术和数据的力量赋能商业，是所有企业都亟须思考并解决的问题，数字化转型成了万众焦点。

什么是数字化？

全球知名 IT 咨询公司 Gartner 对数字化的定义有如下两个。

- Digitization：数字化是将模拟信号转变为数字信号的过程。

- Digitalization：数字化是通过数字技术改变商业模式，提供新的营收点与价值的机会。

在国内，对数字化的理解比较宽泛：**通过数字技术，将现实世界全面线上化、数字化、虚拟化，从而进一步提高企业的经营效率，实现商业的突破，都属于数字化的范畴。**

如今，我们身处 VUCA 时代（Volatility：易变，Uncertainty：不确定，Complexity：复杂，Ambiguity：模糊），商业环境面临着高度的不确定性和易变性，不仅仅是互联网企业，传统公司也承受着巨大的创新压力和增长压力。

数字技术不仅对生活的方方面面产生了深刻影响，同时也给企业经营管理和商业模式变革带来了全新的机遇和挑战；不仅是 CIO、CTO，CEO 现在也普遍认识到数字技术的重要性，数字化能力将成为企业在未来商业中取得成功的关键力量。

对于企业来讲，实现所谓数字化转型，并不是上线新的管理系统，也不是采用新颖的技术，而是在经营管理过程中，全面挖掘并融合技术的力量，帮助企业实现进一步的降本增效甚至商业模式创新。这就需要企业拥有既懂商业、又懂业务、又懂技术的复合型人才，给予其土壤和空间，让其深入业务，基于技术，赋能商业。

所有企业都需要在数字化转型的浪潮中寻求增长和创新，对数字技术的应用越来越迫切；行业中需要一种新型岗位，这个岗位能够衔接技术和业务、助力企业实现数字化转型。

产品经理正是帮助企业在数字化转型大潮中，紧密连接商业与技术的最好的黏合剂。不论是做增长或面向外部 C 端用户的用户端产品经理，还是做企业内部降本增效的业务端产品经理，数字化时代的数字化产品经理将在现代企业中越来越重要，承担更大的责任，并通过数字技术为企业赋能。

1.1.7　产品经理的本质

严格来讲，产品经理负责设计企业对外售卖的商品或服务。但实际上，在互联网公司，甚至包括很多所谓"传统企业"，都已经接受了数字化融合的浪潮，将公司内凡是涉及软件设计、业务技术融合的专业人员，都统称为产品经理。例如，负责设计公司内部使用的 CRM、HRM 等软件的人员，他们所设计的软件产品，并不是用来对外售卖的，而是给公司内部使用的，但是他们也被称作产品经理。

为什么？因为现代企业线上、线下的概念已经模糊，数字技术深刻地融入了企业的经营过程，大家慢慢接受了来自互联网公司的颠覆并泛化了产品经理的定义——**凡是通过数字技术赋能业务的人都被模糊、笼统地称作产品经理。**

这种模糊的定义，确实给很多从业者，甚至企业带来了困惑：

- 在甲方企业设计内部业务系统的业务型产品经理，到底和传统的需求分析师有何区别？
- 这些设计自研系统的产品经理，和传统 IT 公司的项目经理有何区别？
- 负责非商业化售卖软件产品设计的人员也能被叫作产品经理吗？
- 产品经理到底要负责什么？

在互联网公司，产品经理的定义虽然被泛化，但是有一个核心原则始终存在，就是**产品经理必须能够定义问题、解决问题、为价值交付负责**，而传统企业和 IT 公司的BA 以及项目经理，更多对软件项目的交付负责，这也是区分两者的关键。

一方面，产品经理要深入业务和商业，主动发现业务问题和商业机会；另一方面，产品经理要对上线后的功能负责，通过数据驱动的持续优化，迭代产品，取得业务结果，交付业务价值！

产品经理的本质是什么？我认为可以这样概括：他们是**一群聪明、创新、自驱、**

有激情、懂技术的人，通过数字技术帮助企业实现业务创新、变现，提升企业经营管理效率。

1.2 互联网与科技领域的产品方向

根据产品的属性和目标，互联网公司习惯将产品分为 C 端产品、B 端产品、数据与策略产品、商业变现产品和 AI 产品；在乙方软件公司，目标客户主要以企业和政务为主，产品分类没有互联网公司这样细致，一般都统称为 B 端产品（笼统地包含了 SaaS 产品、数据产品这些概念）。

本节将依次介绍这些不同的产品方向。这里需要说明一点：如果单从用户来看，数据与策略产品可能是 B 端产品，也可能是 C 端产品。但是由于负责数据与策略产品需要具备较强的相关专业知识，所以在实际中并不由普通的 B 端产品经理或 C 端产品经理负责，而是由专门的数据与策略类产品经理负责。商业变现产品、AI 产品的情况与之类似。[1]

不同产品方向的产品经理，工作内容差别非常大，职业发展路径也大不相同。一名产品经理入行后，要在某个方向持续学习、发展、沉淀，成为某个领域的产品专家，这样才能保证很强的职场竞争力。因此，选择一个适合自己的产品方向，并坚持做下去，是比较成熟稳健的职业发展思路。

那么，如何进行选择呢？我们需要先了解各类产品的特点。

1.2.1 什么是 C 端产品

C 端产品也叫 2C（to Customer）产品，是面向终端用户或消费者的产品，往往承担流量获取和转化的重任。

对于业务模式复杂的公司，企业内部的运营服务体系可能最终被包装在一个易用的 App 中，让客户获得爽快的体验，例如，客户在电商 App 中购买商品的操作很简单，但其背后有复杂的供应链与仓储配送体系做支撑。对于业务模式简单的公司，一个日活巨大的 App 可能是企业获取利润的主要来源，例如，墨迹天气 App 背后并没有复杂的业务运作体系，但巨大的流量可以吸引广告，获取收入。

---

[1] 再拓展一下，其他需要较强专业知识的产品方向，也会有专门的产品经理，例如游戏类、硬件类产品等，但是由于这些产品不是广泛存在于各个公司中的，所以本节不对它们展开介绍。

用户通过 C 端产品体验企业所提供的商品或服务，C 端产品是企业和客户接触的重要媒介之一，在企业中具有举足轻重的地位。

C 端产品有如下特点。

- 用户是个体：使用 C 端产品的是独立的个人，而不是一个组织或机构。

- 强调交互体验：C 端用户要求产品具有低的使用成本和学习成本，他们可能会因为体验上的一点不满意而轻易离开 App。因而，C 端产品非常重视交互设计，对每一个按钮的位置、大小，每一张图片的设计、配色，每一句话或短语的字数、用语，都要做到充分思考、论证、测试，以提供极致的交互体验。

- 数据驱动设计：C 端产品对每一个按钮、组件、页面都要进行全面、精确的数据监控，通过数据分析来调整方案并持续优化，最终达成目标。

- 收益容易量化：C 端产品关注的核心指标主要包括日活、UV、PV、转化率等，任何功能的设计都可以确定明确的考核指标，项目收益容易量化和评判。

- 运营决定存亡：对于 C 端产品来说，产品运营和产品设计同样重要，共同决定了产品的成败。设计一般的产品加卓越的运营，很可能取得成功；设计优秀的产品加糟糕的运营，很可能走向失败。

C 端产品按照运行的设备可分为如下几类。

- PC 端产品：包括 Web 版的官网、主站，以及运行在 PC 上的软件，例如迅雷、360 助手。

- 移动端产品：包括运行在所有手机、移动设备上的原生 App、小程序或 H5 应用。

- 其他设备端产品：包括智能硬件（也可以归类到智能硬件产品范畴）、车载环境下运行的软件。

C 端产品按照所实现的功能可分为如下几类。

- 工具类产品：提供独立功能解决某一类具体需求，例如墨迹天气、美图秀秀等。

- 内容类产品：为原创或聚合内容提供分享平台，内容产生形式包括 OGC（Occupationally Generated Content，职业生产内容）、PGC（Professional Generated Content，专业生产内容）和 UGC（User Generated Content，用户生产内容），例如今日头条、喜马拉雅 FM 等。

- 社交类产品：实现陌生人、熟人之间的沟通交流，例如微信、脉脉等。

- 平台类产品：作为双边市场平台服务方，帮助买卖双方实现交易撮合，例如淘宝、滴滴、Airbnb 等。

目前很多产品在向着多元化、平台化的方向发展，可能不单纯属于某一类，例如我们每天都在用的微信，不仅为人们提供了强大的社交功能，微信公众号、视频号还产生了大量的优质内容。

C 端产品给传统企业带来的变化

互联网对传统企业最大的贡献之一是，提供了一种全新的销售渠道——线上渠道。通过线上渠道销售的 C 端产品，企业能够轻松触达更多更广的受众，获得的商业机会也大幅增多。同时，线上渠道也给传统企业的流程设计和操作层面带来很大变化。

例如，以前的保险销售都是通过代理人或电销外呼人员完成的，公司需要管理庞大的销售团队来实现销售目标。现在，很多保险产品已改为线上形式，由客户自助购买，这大大减少了企业的销售管理成本。新形式带来的新挑战是，如何通过线上渠道导入流量、提高转化率：需要通过各种运营手段，吸引有购买保险诉求的客户进入公司网站或 landing page（着陆页）；需要保证自己的产品界面清晰、交互友好，以实现让尽可能多的潜在客户转化为成交客户；同时通过各种策略和机制，鼓励客户帮助产品传播口碑，引入更多流量和销售线索。要实现这一切，C 端产品经理和运营人员是不可或缺的。

如何把故事讲好，如何把产品最吸引人的地方展示清楚，如何让客户尽快下单付款——这些都是 C 端产品经理和运营人员要思考的问题，这实际上也是一个好的销售人员要思考的问题。不同之处是，销售人员可以通过面对面沟通掌握客户的真实心理动态，做出对应的举措，而产品经理则通过大量的数据统计来优化交互和流程。

1.2.2　什么是 B 端产品

B 端产品也叫 2B（to Business）产品，使用对象是企业或组织，用来解决某类经营管理问题，承担着为企业或组织提高收入（规模）、提升效率（效率）、降低成本（成本）、控制风险（风险）、保证品质（品质）的重任。

1.2.1 节提到，C 端产品是企业与客户在互联网渠道接触的桥头堡，但在 C 端产品极简体验的背后，可能有一个非常复杂庞大的业务支撑体系，需要多个业务团队、业务单元协同配合。

例如，我们熟悉的电商，对于消费者来说，只需要使用 App 挑选商品、下单、收取快递，退款退货也都能在 App 中轻松完成。但是，其背后是财务、采购、仓储、配送、客服等一系列业务团队的协同配合，而这些团队都需要各自的业务系统来支撑其开展业务，而且所有业务流程需要被灵活地联系起来。

有些非常容易让人迷糊的问题：到底什么是产品？什么是系统？产品和系统一样吗？为什么企业内部用的系统在互联网公司也叫产品？为什么内部系统的设计人员也叫产品经理？实际上，从商业的角度来看，产品本身是指企业为了满足客户诉求提供的商品或服务。严格来讲，互联网公司的 C 端产品以及 IT 软件公司售卖的 B 端产品（包括 SaaS 产品），符合商业中产品的定义，但如前文所述，行业中产品经理的概念被模糊化，产品的定义也变得模糊。有的时候，其实很难明确区分产品和系统这两个概念。给用户端使用的软件就应该叫产品而不应该叫系统？给内部使用的软件就应该叫系统而不应该叫产品？现实中两者已经被模糊化，但作为从业者，应该理解背后的本质和成因。

B 端产品有如下特点。

- 目标用户是一个群体：B 端产品用户群体是某个业务团队或组织，这一组人需要共同协作来完成工作，所以需要 B 端产品来帮助他们实现分工协作。

- 用户和客户是不同的人：如果是商业化售卖的 B 端软件产品（例如 CRM 产品销售易、纷享销客），在多数情况下，购买软件的客户（严格来讲应该是购买关键决策人）和软件的最终用户（即用户）不是同一个人，比如购买销售易这款软件的客户是企业，购买决策人主要来自销售业务的负责人，但软件的最终用户是一线销售人员和主管。而对于 C 端产品，付费的客户和用户多数情况下是同一个人。这个特点我们会在第 2 章进一步阐述。

- 效能第一，体验第二：B 端产品的目标是解决组织的某类业务问题，因此聚焦于流程，提升业务效能是最重要的，打磨交互体验则处于次要地位。例如，设计产品时并不会过多地考虑 UI 设计，也不会为了几个按钮的摆放位置花费太多时间，即便某个功能的交互设计不太符合常理，业务人员为了完成工作也还是会使用软件（但这并不意味着 B 端产品经理可以无视交互体验）。

- 强调抽象和逻辑：B 端产品背后的业务复杂度高，人员、分工、协作、流程、规则随时可能调整，这就需要产品经理有非常强的抽象能力和逻辑思维，将看似散乱无章的业务抽象出共性，进行合理建模和设计。

- 收益难以量化：B 端产品要支持、解决业务问题，但业务成效的影响因素非常多，很多时候并非取决于 B 端产品设计的好坏。例如，采购部门的核心绩效是找到更多优质的低价供应商，但这并不取决于采购软件设计得好坏，而更多地依赖于采购员的人脉和专业技能，以及管理考核体系（不过，供应商在合作过程中的服务如何，则可以通过 B 端产品进行监督和评价）。我们很难直接衡量

B 端产品上线的新功能对业务价值的贡献。这也是 B 端产品经理经常面临的烦恼——难以外化项目效果。

和国内某知名物流公司交流时，我曾经遇到一个有趣的问题，当时一名业务负责人问我，给快递员个人使用的 App 究竟算 C 端产品，还是 B 端产品？我们从产品的定位及用户群体来分析，快递员使用的 App 本质上是公司为了开展快递业务，赋能快递员的作业工具，核心目的是支撑业务的运作，快递员本身是公司的员工，具有劳务关系。所以，我认为配送人员使用的 App 属于 B 端产品范畴，就像销售型 CRM 是给销售人员使用的 B 端产品一样。

不过通过这个问题进行延展，我又想到了一个有趣的话题。对于滴滴来讲，给专车司机使用的 App 和给快车司机使用的 App，分别属于 B 端产品还是 C 端产品呢？这个问题我留给大家思考，当然，答案本身并不重要，也没有绝对的对错。有趣的地方在于，分析的时候你必须去思考产品背后的业务模式、产品的目标和定位、产品的用户和服务对象，以及产品究竟是以解决谁的痛点为主。

B 端产品的部署方式可分为如下两种。

- 私有化部署：将软件部署在公司自己的 IDC 及专门配置的主机与存储设备中，与外部网络隔离，安全性强，网络稳定。
- 云部署：将软件部署在第三方云服务商（或企业自建 IDC 实现云管理），在保证安全性的前提下节省数据中心成本。业务系统一般采用私有云部署，安全性相对较高。

B 端产品的技术架构可分为如下两种。

- B/S（Browser/Server）架构，即浏览器/服务器模式，用户通过浏览器访问系统。目前市面上的 B 端产品基本都采用 B/S 架构实现产品设计。
- C/S（Client/Server）架构，即客户端/服务器模式，这是早期的 PC 软件普遍采用的架构模式，用户需要安装客户端来使用软件，每次软件升级都需要进行客户端更新，非常烦琐。现在，已经很少使用这种模式。需要注意的是，通过原生代码编写的移动端 App 也属于 C/S 架构。

B 端产品按产品特点可分为（我们将在第 2 章具体讨论这个话题）如下几类。

- 业务型产品，包括 ERP、CRM 等。
- 工具型产品，包括电子签章、会议系统等。
- 交易型产品，即交易系统。

- 基础服务产品，对某些软件能力进行抽象化下沉后的公共组件和服务。

B 端产品按照交付方式可分为如下两种。

- 从乙方外采，外采的软件产品也有两种交付形式。
  - 定制化项目制：一般由 IT 公司或外包团队，基于某个基准版本或纯粹定制化交付一套系统，常常采用私有化部署。
  - SaaS 产品：一般指云端部署的标准化产品，通过接口和公司内部系统做集成。
- 甲方自研自用，即公司自研软件系统，在互联网企业比较常见，现在很多有实力的传统企业也开始采用自研模式。

广义上来讲，B 端产品是一个很宽泛的概念，传统的 IT 厂商的各种标准化、半标准化产品及项目制的定制软件、SaaS 公司的标准化产品、企业自研的软件产品都属于 B 端产品。

以上提到的三类 B 端产品，在软件设计上的某些核心方法论一致，但又在很多方面存在很大的不同，简单总结在表 1-1 中。

表 1-1　不同交付方式的 B 端产品对比

对比项	乙方交付		甲方交付
	定制化项目制	SaaS	自研自用
设计目标	• 满足客户需求	• 帮客户成功 • 实现商业价值	• 解决业务问题
设计要点	• 需求理解 • 需求管理	• 产品定位 • 客群定位 • 平衡个性化需求和标准化功能	• 低成本解决业务问题
软件设计人员的能力要求	• 需求分析	• 需求分析 • 抽象思维 • 商业思维	• 需求分析 • 业务能力
商业模式特点	• 盈利模式相对单一 • 客户买断产品	• 盈利模式相对丰富 • 客户租赁产品	• 不涉及

还有一些比较特殊的软件产品，比如 To G 产品，即政务类软件系统，在行业中多数以定制化项目制存在，这两年发展势头很迅猛，在软件产品设计上的要点和 B 端定

制化项目制交付的模式很类似，也可以算作广义上的 B 端产品。

作为一名 B 端软件产品设计人员，无论是从事项目制的项目经理、需求分析师，还是 SaaS 公司的产品经理，抑或是甲方企业从事自研工作的软件设计人员（在互联网公司一般叫产品经理，在传统企业一般叫需求分析师或项目经理），一定要认识到，不同交付方式的 B 端产品设计工作，有很多相似之处，也有很多不同之处。随着本书的深入，我们将逐步给大家展示这些不同之处；在本书最后一章，我们还将进一步阐述不同产品方向的职业发展问题，以及能力模型要求。

1.2.3　什么是中台产品

随着中台概念的火爆，这两年很多企业的招聘岗位中出现了所谓中台产品经理。

中台本身是一种软件抽象设计的思想，已经在 IT 领域存在了很多年；中台产品，在业界并没有权威的、统一的定义或解释，很多企业对中台产品定义不同，可能包括了电商交易系统的模块，例如订单、商品，也可能包括了企业特殊的业务模型层，例如统一定价中心、内容分发中心，而所谓数据中台，则包括了数据仓库、BI 可视化等，除此以外，中台可能还包括消息推送、统一权限管理、支付中心这类基础服务。

所以，中台产品经理本身是 B 端产品经理的子集，且工作范围各不相同，具体从事的方向和工作内容，要看企业的具体定义。

1.2.4　什么是 SaaS 产品

从技术角度来讲，SaaS 是指软件的部署、交付方式，将标准化软件产品部署在云端，通过多租户形式提供给不同的客户使用。正是因为这种特殊的部署方式，给软件行业带来了颠覆式的变革，重塑了软件公司的商业模式，改变了公司的估值模型。最为人津津乐道的是，SaaS 新贵 Salesforce 发展短短数年，市值就超过了商业软件大亨Oracle。

广义上的 SaaS 产品并不局限于 B 端，例如给个人使用的美图秀秀也属于 SaaS 产品，不过目前行业中提到 SaaS，更多还是指企业应用类软件。

理解 SaaS，就需要同时理解 PaaS、IaaS 这几个概念，图 1-3 诠释了在云计算三层架构以及私有化部署中，作为甲方的"你"和第三方厂商，分别需要维护管理哪些模块。

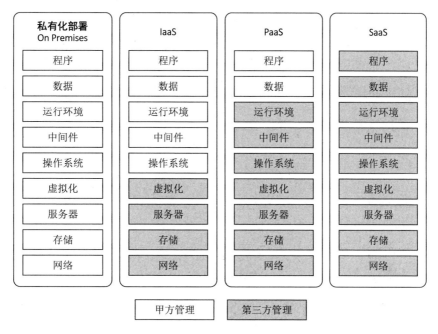

图 1-3　甲方和第三方分别需要维护管理的模块

- SaaS（Software as a Service）：甲方用户直接使用终端软件，但不用关心背后的基础设施，包括网络、硬件等；北森、销售易、钉钉都是典型的 SaaS 产品。

- PaaS（Platform as a Service）：甲方用户通过第三方提供的环境开发、维护、部署自己的软件系统，但不用关心背后的基础设施，包括网络、硬件等；狭义上的 PaaS 更多指 aPaaS，多数成熟的业务型 SaaS 产品背后都有强大的 aPaaS 能力。

- IaaS（Infrastructure as a Service）：甲方用户使用第三方提供的计算、存储能力，包括操作系统、中间件、服务器等，但不用关心背后的基础设施（如服务器硬件、机房）；Amazon AWS、阿里云等都是典型的 IaaS 厂商。

关于 PaaS、IaaS 等概念，在第 8 章还会进一步探讨。

1.2.5　什么是数据与策略产品

数据产品是对企业内外部所有数据进行挖掘并利用的产品，通过数据反映出来的深层次信息来有效提升对应业务的绩效。因为策略产品同样是基于数据应用的，所以我们把数据产品和策略产品放在一起讨论，统称数据与策略产品。

数据与策略产品经理有以下工作方向。

- 数据仓库建设：设计公司底层数据仓库，包括业务数据模型、指标体系等。通过对业务的理解，设计一套合理的指标体系，识别业务的过去和现状、趋势和变化，协助诊断业务。

- 应用层设计：包括报表、BI 等应用层产品，将成熟的数据分析体系和思路，通过操作简便、易于理解的可视化工具呈现出来，让用户能够轻松、快速地通过图表解读、分析、洞察数据。

- 算法策略输出：结合业务诉求，对数据进行探查与挖掘，设计出各种策略算法（包括画像标签的建设），并应用在不同产品方向上。例如，基于价格敏感度分析的优惠券投放策略、外卖系统的派单与路径规划策略、电商首页的千人千面及商品推荐策略。

- 数据监控：设计并持续优化监控工具，向客户售卖监控工具并提供相关服务。埋点产品（例如 Google Analytics、百度统计）也可以属于数据产品的范畴。

基于使用对象，还可以将数据与策略产品分为以下两类。

- 对内产品：可视化报表或策略算法输出都是供企业内部使用的，给企业赋能。

- 对外产品：将企业的数据、算法或报表工具提供给外部客户使用，可以是免费的（例如百度指数、阿里指数），也可以是收费的（例如阿里云 QuickBI 等）。

从事数据与策略产品建设，一定要认识到**数据的挖掘、探查、分析和价值输出才是产品的"灵魂"，而报表、可视化工具只是产品的"表面"**。例如，一套 BI 产品设计得好坏，并不在于其可视化效果是否炫酷，而在于其呈现的指标体系、内在逻辑是否合理，以及能否对业务做到全面的解读和诊断。数据与策略产品经理要将工作重点聚焦于前者，才能更好地成长。

1.2.6　什么是商业变现产品

商业变现产品，顾名思义，就是帮助互联网企业将流量转化为收入的产品。互联网企业往往手握巨大的流量，最常见的变现方式就是广告售卖，具体产品形态包括搜索引擎营销、广告投放平台、在线广告联盟，除此以外，有些公司会把提供增值服务的产品也归为商业变现产品，具体介绍如下。

- 搜索引擎营销（Search Engine Marketing，SEM）：最古老、最有效的互联网商业变现手段，对于百度、谷歌来说，SEM 是其核心主营业务收入；很多其他互联网平台也开通了这项业务，例如淘宝、京东、58 同城，都会售卖搜索关键词，实现按点击付费（CPC，Cost per Click）的广告投放，也就是常说的竞价排名。

- 广告投放平台：拥有研发实力的流量型互联网公司，往往会设计适合自己平台的创意广告形式，以及投放管理后台，从而方便广告主管理广告投放。例如，抖音会设计符合自己 App 风格的广告素材与投放管理后台。

- 在线广告联盟（Ad Network）：拥有流量的中小网站和 App 可以通过 Ad Network 实现广告变现。Ad Network 是一套完整的广告交易平台，在 Ad Network 中，广告主发布广告内容，中小网站和 App 承接广告，将自身的流量变现。Ad Network 是一个概念，更是一个生态和产业。有很多互联网巨头实现了自己的 Ad Network 产品生态，例如谷歌 AdSense、百度网盟、阿里妈妈等。

- 增值服务：给消费者提供的比基础服务更高层次的服务，一般都是收费的。例如，QQ 虚拟道具的设计和售卖、会员权益售卖等。

商业变现产品是互联网企业重要的创收来源之一，尤其针对 C 端产品，最容易变现的方式就是广告售卖。我们可以发现身边的很多内容型网站、工具型 App，以及抖音这样的现象级产品，都内置了大量广告。

1.2.7　什么是 AI 产品

凡是利用人工智能技术的产品，都属于 AI 产品。 AI 产品体系包罗万象，包括操作系统、图像识别、语音交互、无人驾驶等。AI 产品的核心是数据、算法和应用场景的结合。

AI 产品的功能模块包括数据的收集处理、算法的优化、应用场景的设计和策略的落地。例如，针对语音识别算法，有后台采集数据加工处理的方向，有持续优化语音识别和算法的方向，有针对语音产品包装后产生商业应用的方向（又可以细分为智能呼叫中心语音应答、服务话术动态解析提示、语音输入法等），这些都是 AI 产品经理可能从事的领域。

各家互联网公司都把 AI 产品的落地作为战略级决策，投入了大量资源进行研究和探索。AI 在某些工作、生活场景中已经实现了价值明显的商业化应用，例如通过图片自动鉴黄可以自动拦截涉黄图片的上传；IVR 语音交互，例如在车险热线中通过和机器人对话快速出险报案；但是，在很多复杂场景和领域的商业化中依然面临较大的困难和挑战。

我们将互联网领域的常见产品方向汇总起来，如图 1-4 所示。你可以思考一下，目前自己从事的工作属于其中哪个方向呢？

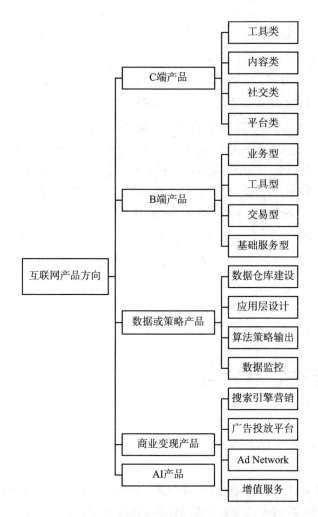

图 1-4　互联网领域的常见产品方向

1.3　B 端产品有哪些分类

　　我们已经介绍了互联网产品方向，接下来，进一步介绍 B 端更细致的产品方向。

　　根据产品特点，我们将 B 端产品划分为四个方向：支持多人协作，解决某个经营管理整体性问题的**业务型产品**；解决某个明确场景局部问题的**工具型产品**；支撑企业商品服务售卖与履约的**交易型产品**；以及提供公共服务的**基础服务产品**。这四个方向基本覆盖了典型的 B 端产品线。下面就来详细介绍一下这四类产品方向。

1.3.1　业务型产品

业务型产品，是 B 端产品分类中较为复杂的一类，具备 B 端产品所有的关键特征，在企业中用来支撑多人协作达成业务目标；产品背后的业务链条长，业务复杂性高，涉及多人协作。

业务型产品可以进一步分为垂直业务型和办公协作型，前者一般涉及企业的关键业务运作，个性化强；后者相对来讲是企业职能部门使用的支持性系统，标准化程度相对较高。

常见的业务型 B 端产品分类如图 1-5 所示。

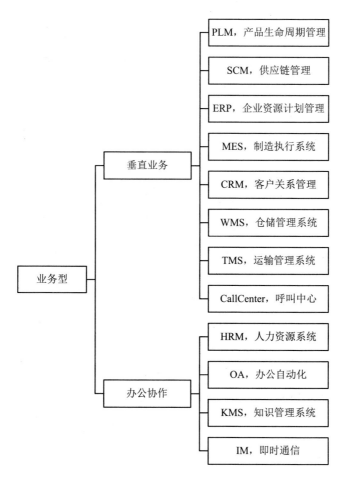

图 1-5　常见的业务型 B 端产品分类

- PLM：Product Lifecycle Management，产品生命周期管理。常见于制造业中的产品创新与设计管理。

- SCM：Supply Chain Management，供应链管理。广义的 SCM 包括完整的供应商管理、采购管理、仓储和配送管理；狭义的 SCM 指供应商管理。

- ERP：Enterprise Resource Planning，企业资源计划管理。广义的 ERP 是一套庞大复杂的体系，涵盖供应链管理、原材料管理、仓储配送管理、财务管理，甚至还包括客户管理、销售管理等；狭义的 ERP 常常被理解成财务系统，或轻量级的进销存系统，或电商交易系统。

- MES：Manufacturing Execution System，制造执行系统。生产制造业的制造执行管理系统。

- CRM：Customer Relationship Management，客户关系管理。广义上的 CRM 包括从客户开发、管理、营销、服务的客户全生命周期管理；狭义的 CRM 是指给销售人员使用的销售过程管理软件。

- WMS：Warehouse Management System，仓储管理系统，用来支持仓库管理业务。

- TMS：Transportation Management System，运输管理系统，用来支持配送管理业务。

- CallCenter：呼叫中心。广义的呼叫中心包括客服平台与话务平台，涉及软件、硬件、通信这一套完整体系；狭义的呼叫中心是指支持客服进行呼入呼出业务的软件系统，包括客服系统、质检系统、知识库系统等。

- HRM：Human Resource Management，人力资源系统，包括招聘、简历管理、入职管理、薪酬管理等功能。

- OA：Office Automation，办公自动化。主要提供资料查询、单据审批等功能，是最基本、最常用的办公软件。

- KMS：Knowledge Management System，知识管理系统。帮助企业沉淀知识并进行传承分享的管理软件系统，有些 KMS 还会包括培训考试模块。

- IM：Instant Message，即时通信。用于及时沟通的工具，企业内部的办公通信产品。

1.3.2　工具型产品

工具型产品，同样是解决企业某一类业务与运作问题，但解决问题的场景更加聚焦且明确，背后的业务链条短，复杂度相对较低，不太涉及多人协同。

典型的工具型产品包括电子签名、视频会议、文档协同、营销自动化、企业网盘等，解决问题的场景相对明确且单一，一般由个人使用，用完即走。

常见的工具型 B 端产品分类如图 1-6 所示。

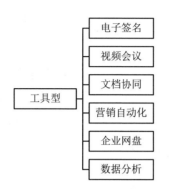

图 1-6　常见的工具型 B 端产品分类

1.3.3　交易型产品

在现代商业环境中，几乎所有企业都会将自己的交易过程线上化、数字化。**承担企业售卖产品和服务的线上化交易与履约的系统，就是交易系统。**因为它实在太重要了，所以我们将交易系统单独提取出来，归为交易型产品。

在银行、保险等行业，交易系统属于核心业务系统，曾是企业信息化建设中最核心的命脉；而经典的 ERP 系统本身也包含了交易履约的模块，例如订单模块（OMS，Order Management System）、商品管理模块等；而现代企业广泛使用的电商系统，也属于典型的交易型产品，只不过电商系统体系更加庞大，除了需要具备交易履约这些底层能力，还需要强大的 C 端获客、转化能力。

一般典型的交易型产品要包含支撑商品服务售卖的最小能力闭环，即客户下单的 C 端，以及管理整个交易业务的后台模块，包括订单、商品、营销、清结算等能力。

不同的商业模型对交易系统的诉求不同。典型的商业模型包括单边市场和多边市场两种模式。在**单边市场**中，企业向消费者直接提供商品售卖和服务，例如各大品牌的直营官网，就是典型的单边交易模式（单边市场）；而在**多边市场**（也叫多边平台模式）中，企业本身不提供商品和服务的售卖，而是作为一个平台，将供应商和消费者聚在一起，撮合几方完成交易，例如天猫、京东 POP 就是典型的多边市场（具体应该

叫双边市场)。

常见的交易型 B 端产品的分类和关键系统如图 1-7 所示。

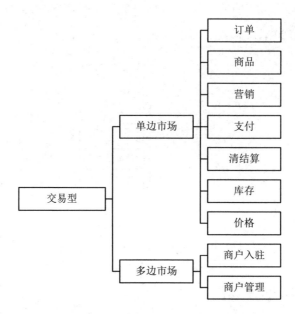

图 1-7　常见的交易型 B 端产品的分类和关键系统

交易型产品的部分模块可能会发展为公司的基础服务产品，例如支付模块就可能发展为集团的公共服务，为所有业务线提供支持；而订单模块也可能成为集团的订单中台，为多业务线提供订单履约的核心能力。

1.3.4　基础服务产品

从企业级的角度来看，在软件产品的体系架构中，不同产品存在共性需求，例如各个产品都需要进行权限管理，各个 C 端产品都需要消息推送管理。如果为每个产品都实现一遍这样的需求，将会严重浪费开发资源，且导致软件架构冗余。因此，在软件体系搭建过程中，有必要将各个系统都需要的、功能重复的软件模块抽象出来，统一建设维护，这些抽象出来的公共服务或组件，叫作基础服务（当然有时候也可以被称为中台，其实名字是什么并不重要，重点在于抽象设计背后的思维模式)。

常见的基础服务产品如图 1-8 所示。

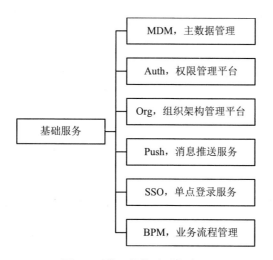

图 1-8　常见的基础服务产品

- MDM：Master Data Management，主数据管理。主数据管理是企业数据架构设计中非常重要的概念，简单来讲，一家企业在很多业务领域和主体中，应该有且只有一套相关的资料存储系统，以保证数据管理的一致性和唯一性。

- Auth：Authorization Management，权限管理平台。公司的业务人员经常要访问不同的内部业务系统，如果针对每个业务角色在各个业务系统分别设置管理权限，那么管理成本将很高，并且浪费研发资源。常见的做法是通过集中的权限管理平台，把全公司的业务系统统管起来。

- Org：Organization Management，组织架构管理平台。公司不同的业务团队有各自的管理层级，需要一套系统来统一管理业务团队的组织架构，并且允许其他业务系统获取组织架构数据。

- Push：消息推送服务。用于在 App 中推送消息的基础服务；另外，类似的短信服务也可以被统一设计成基础服务，背后封装不同短信供应商的通道。

- SSO：Single Sign On，单点登录服务。单点登录服务可以让用户只登录一次系统，就能访问所有接入单点登录服务的其他业务系统。单点登录服务是非常重要的业务系统基础服务，可以给用户带来极大的方便。

- BPM：Business Process Management，业务流程管理，包含流程引擎 Workflow。一般用于技术团队快速定义、开发业务流程。

基础服务背后的一些概念和知识，可能会让很多读者觉得抽象、难以理解。不要着急，随着本书内容的深入，大家会逐渐理解这些产品及其背后的设计思路。

1.3.5 不同种类的 B 端产品的建设特点

我们将上述介绍的产品方向汇总起来，绘制一张 B 端产品方向的整体示意图，如图 1-9 所示。

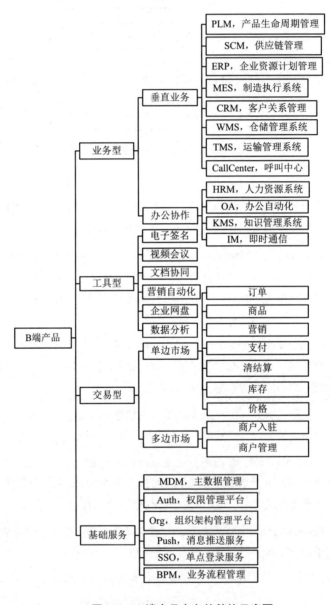

图 1-9 B 端产品方向的整体示意图

请大家注意，图 1-9 只是列出了一些常见的产品和模块，并不是企业中可能涉及的全部产品和模块。而且，有很多产品同时具备多个特征，并不能简单地归于某种单一类别，例如，支付产品既可以属于交易平台类，也可以属于基础服务类。另外，很多数据产品本身也属于 B 端产品的范畴，例如 BI（Business Intelligence）与报表引擎（其实这两类产品已经高度趋同），也可以属于工具型 B 端产品。我们应该从整体上理解 B 端产品的范围，形成宏观的感受，不必拘泥于细节，给每个产品贴上一个严格的类别标签。

以上四个 B 端产品方向，不仅产品特点不同，在设计的方法论、产品标准化程度、商业化售卖的业务模式上也完全不同。我们首先来看表 1-2 中的对比。

表 1-2　不同类型的 B 端产品的对比

	代表产品	产品特点	标准化程度	购买决策人
业务型	• ERP • CRM • HRM	• 业务链条长 • 协同角色多 • 个性化诉求强	• 低	• 公司高管 • 业务负责人
工具型	• 会议系统 • 电子签章 • 企业网盘	• 业务链条短 • 协同角色少 • 场景单一明确	• 高	• 业务负责人 • 业务一线
交易型	• 交易系统 • 电商 ERP	• 围绕交易场景 • 涉及功能模块多	• 中	• 公司高管 • 业务负责人
基础服务	• Push 推送 • 支付中心	• 技术属性强	• 高	• 技术团队

业务型产品

业务型 B 端产品，背后服务的业务运作链条长，涉及协同角色多，并且个性化需求非常强烈，例如 ERP 在企业中的实施，很少有通过简单配置就能直接运行的，而是需要由专业顾问、实施团队进行全面的业务分析和梳理后，进行个性化的调校、配置甚至定制开发，才能运作起来。

因此，业务型产品标准化程度一般都比较低，很难通过少量的配置就能覆盖多数客户的诉求，而需要做复杂的实施甚至二次开发；为了解决这个问题，业务型产品都会实现比较强劲的 PaaS 底座能力，提升产品的定制化能力，降低二次开发成本。

我们放眼市面上的业务型软件产品，不论是 Oracle EBS、SAP 这样的商业级巨无霸应用，抑或是 Salesforce、北森、销售易这样的 SaaS 应用，都投入了大量的资源研发 PaaS 平台作为标准化产品的基座，来解决个性化需求及多行业拓展的诉求。

因为业务型产品服务于企业的核心业务模块，实施后对业务的影响巨大且深远，因此业务型产品的购买往往由甲方企业的高层及业务负责人来共同决策，并且决策周期长，决策过程复杂；所以对于软件公司来讲，不论是 IT 项目制厂商，甚至是 SaaS 厂商，在销售环节都需要由专门的销售人员长期跟进，经过很多努力，最终获得客户。

工具型产品

工具型产品解决单一场景下的明确问题，即便是不同类型的客户甚至是不同的行业，在某些相同的局部场景，诉求也是高度集中且明确的，因此工具型产品的标准化程度非常高，通过简单的配置，就可以解决客户的需求。大家可以想一想，类似腾讯会议这样的工具型软件，不同客户会需要复杂的定制化开发吗？一般并不需要。

工具型产品通过参数配置就能很好地解决不同客户的个性化需求，所以对 PaaS 的依赖并不强。可以说**工具型产品是 SaaS 模式最理想的产品类型**。SaaS 产品的挑战之一是如何做好标准化产品和个性化需求之间的平衡，工具型产品在这方面具备天然优势。

工具型产品背后的业务场景局限且单一，很多时候甲方的中层管理人员甚至业务专家就可以做出采购决策，决策周期短，决策链条简单。因此，工具型产品的公司更像一个 SaaS 公司该有的样子，业务模式轻，通过线上获客、内容沉淀，持续地孕育影响潜在消费者，最终完成自发性转化，并持续复购和增购，这两年很火的 PLG（Product Leading Growth，产品驱动的增长）理念，在工具型产品上有很好的实践。

交易型产品

交易型产品围绕着交易发生和履约的场景，可以只聚焦于线上买卖，也可以包括完整的供应链体系（包括采购、仓储和配送）。交易型产品的标准化程度中等，既没有业务型产品那么复杂多变，也没有工具型产品简单。

对于相同业务模式的交易型产品，标准化程度较高，一套产品通过配置即能给不同客户使用；但在**不同的交易模式下，标准化程度就很低了**，例如，在实物电商中，类似于 3C 数码、服装这类的标品售卖，就和生鲜这类非标品的售卖区别非常大，一套实物电商的交易系统基本无法在生鲜行业使用。

交易型产品作为企业的核心业务系统，承载着交易线上化的关键任务，甲方的购买周期长，会非常慎重地做出决策。

基础服务产品

基础服务产品更多是为了支撑企业的软件应用架构建设、软件的抽象化设计而存在的。绝大多数基础服务都体现出标准化、组件化的特征，例如给 App 发推送的 Push 服务，任何一家公司的诉求都是相通的，基本无须定制化。

基础服务产品一般由甲方 IT 团队、技术人员来做出购买决策；当然有时候也可能会有业务部门参与，例如对于聚合支付、短信服务这类涉及持续的运营费用的服务。

不同类型产品的设计方法不同

以上介绍了不同类型 B 端产品的不同之处，最后，我们再聊一聊这几类产品在设计方法上的不同。

对于工具型产品设计，产品经理更加聚焦场景洞察和探索，采用 C 端产品的设计方法将更加合理，例如 KANO 模型、用户故事地图等工具的应用；而对于业务型、交易型产品设计，除了洞察分析场景，还需要对场景背后的业务本质进行提炼，进行高度抽象的设计，需要以传统软件工程和需求分析的方法论（例如 UML、ER 建模等）为主，并结合 C 端的方法论。

虽然同样是 B 端产品，但不同类型产品的设计方法完全不同！如无特殊说明，本书后续所说的 B 端产品，均指业务型 B 端产品。本书所探讨的设计方法论也主要是针对业务型产品的设计，同时部分适用于交易型和基础服务产品，但并不适用于工具型产品！

1.3.6　SaaS 产品都有哪些方向

以上我们介绍了 B 端产品的四个分类，也同样适用于 SaaS 产品。除此以外，行业中还会将 SaaS 分为业务垂直和行业垂直两个方向。

业务垂直，即 SaaS 软件厂商在某个垂直业务方向进行深耕，例如销售、客服、供应链等。

行业垂直，即 SaaS 软件厂商在某个细分行业，针对该行业提供整体性产品解决方案，覆盖不同的业务场景，例如聚焦于房地产领域的明源云。

不论是业务垂直型，还是行业垂直型，都是 SaaS 公司通过不同维度切入细分领域或行业的一种方式；SaaS 产品必须聚焦，这样才可能实现标准化的产品设计。

1.4　B 端产品与迈克波特价值链模型

迈克·波特（Michael Porter）是全球著名的竞争战略之父，他创造的价值链理论（Value Chain）在今天依然被广泛应用。在价值链理论中，波特将企业创造价值的过程分为基本活动和辅助活动，基本活动创造价值，辅助活动进行支撑，如图 1-10 所示。

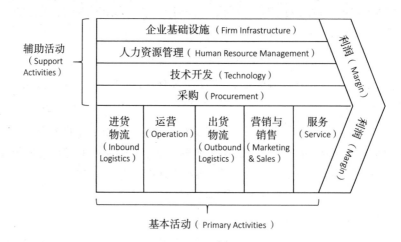

图 1-10　迈克波特价值链模型

我们所探讨的业务型产品，正好契合了价值链模型中的各类关键活动。

首先，垂直业务线产品覆盖了所有基本活动，以及部分辅助活动，例如，PLM、SCM 支撑了技术开发和采购活动，ERP 和 MES 支撑了进货物流、生产制造（运营），WMS、TMS 支撑了出货物流，CRM 支撑了市场销售，CallCenter 支撑了客户服务。

其次，办公协作产品支撑了大部分辅助活动，例如，HRM 支撑了人力资源管理，OA、KMS、IM 都是企业基础设施。

业务型软件产品是企业经营运作的核心，支撑了整个业务的开展和管理。

而我们探讨的工具型产品，一方面可以应用于各类关键活动内的局部场景，例如在市场营销板块的私域流量管理 SCRM 产品，另一方面也可以应用于各个关键活动中的同类场景，例如企业网盘、电子签名。

工具型软件产品是企业经营运作的补充，支撑了各个细分场景的效率。

作为一名 B 端产品经理，只有具备丰富的企业经营管理基础知识，才能进一步深刻地理解业务，从而掌握软件辅助支撑业务的要点和特点。在这里，我们介绍迈克波特价值链模型，是希望大家能够培养一种将 B 端软件和企业经营结合在一起分析的思维意识，你会发现如果始终保持这种思考模式，就能抓住企业软件产品设计的"牛鼻子"。

设计篇

从业务诊断到形成方案

从本篇开始，我们将正式进入 B 端产品设计的主题：**如何从零开始构建一套 B 端产品来支持一条业务线**。这其实是相当有挑战的，设计人员要完成业务梳理、问题诊断、产品定位、业务建模、界面设计、权限设计等一系列工作，既要有对宏观的把控能力，又要有对细节的专注力；如果涉及的是商业化售卖的产品，还需要对市场、客户有充分的理解认知，并做出正确的决策。

为了便于大家理解，我们将结合一个完整的案例——设计一个分销平台，来讲述 B 端产品设计各个环节中的方法、要素和技巧。各章的主要内容如下。

第 2 章概述 B 端产品设计的一般流程，并引出贯穿全书的 M 公司案例的背景；第 3 章介绍 B 端产品的业务调研，这是产品设计开始之前的重要工作；第 4 章介绍 B 端产品的整体方案设计，一起分析并勾勒出产品的轮廓；第 5 章介绍 B 端产品的细节方案设计，包含 B 端产品细节设计的所有关键主题，例如业务建模、界面设计、数据埋点等；第 6 章介绍 B 端产品需求挖掘的十三要素五步法，洞察需求背后的本质诉求；第 7 章介绍以用户为中心的体验设计，让 B 端产品也能做到体验良好；第 8 章介绍 B 端产品化的思路，探索产品标准化和个性化之间的平衡；第 9 章介绍 B 端产品经理应该具备的技术常识，理解这些技术常识，对日常工作会有很大帮助。

现在，让我们做好准备，开始这场有趣的 B 端产品建设旅程吧！

B 端产品建设概述

B 端产品往往涉及复杂的业务关系和场景，该如何设计并实施一套 B 端产品呢？其实是有规律可循的，遵循标准的流程逐步开展工作，可以提升效率、少走弯路。本章将从总体上介绍 B 端产品建设的一般流程，以及流程中每个环节的要点。此外，我们还将对比 B 端和 C 端产品建设流程的区别，帮助大家理解二者的不同。

2.1　B 端产品的总体建设流程

我们探讨 B 端产品建设，首先要区分两种情况，第一种是设计自研自用的软件系统，在公司内部使用；第二种是设计商业化对外售卖的软件产品。在这两种情况下，产品设计的关键过程相同，但又有不同之处，尤其是产品设计的思维模式，在某些方面两者区别很大。在后续的章节中，我们会随着内容的深入，在不同环节分别讲解两种情况下设计的区别。

B 端产品的总体建设流程需要遵循软件工程自顶向下的设计思路，从抽象到具体逐步展开工作，大体上可分为市场分析与业务调研、设计产品方案（包括整体方案和细节方案）、落地并优化产品方案（又分为技术方案设计、实施、运营迭代）三大阶段，每个阶段包含具体的关键步骤，不同阶段会涉及不同的参与人员，如图 2-1 所示（其中 PM 代表产品经理）。按照这个流程和思路来梳理业务、进行产品设计，比较容易保障工作效果。

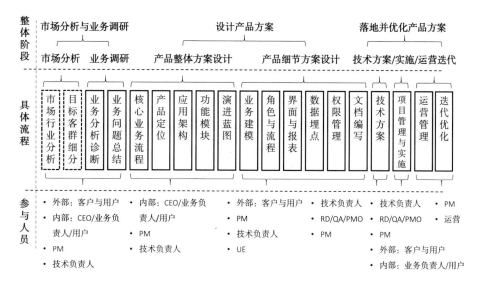

图 2-1　B 端产品的总体建设流程

市场分析与业务调研

如果是商业化对外售卖的产品，初期的工作首先是市场分析，找到细分的目标客户群体以及种子客户，从而进一步开展调研工作。

在业务调研阶段，产品经理要全面研究并理解业务的现状和规划，挖掘并总结业务问题。尽可能地用各种手段和工具收集业务关键信息，通过对业务负责人、一线业务人员等角色进行访谈，获取全面的信息；另外，可以邀请技术负责人一起参与业务调研，确保对业务的理解是一致的。

通过业务调研找到关键业务问题和客户痛点，这是设计产品解决方案的核心前提，也是产品找准商业化定位的核心要点。

我们将在第 3 章详细讲述市场分析与业务调研。

产品整体方案设计

B 端产品整体方案设计讲究系统性、结构性。基于对业务现状与发展方向的理解，产品经理需要和架构师、技术负责人一起，规划产品的功能范围、定位，以及和公司现有产品体系如何融合，形成对后续细节设计有指导意义的整体方案，包含以下方面。

- 核心业务流程：梳理整个业务主干流程，并确定其中哪些环节需要由该产品实现线上化。

- 产品定位：在宏观层面上，确定产品的目标客群和核心价值；在执行层面上，明确产品由哪些子系统组成，用户群体和业务目标是什么。
- 应用架构：考虑该产品和外部系统架构环境的融合关系。
- 功能模块：基于对业务的理解，抽象出该产品的具体功能模块。
- 演进蓝图：根据业务优先级与发展策略，制订实现各功能模块的计划并规划实施节奏。

在产品整体方案设计阶段，业务负责人有必要参与讨论，并且所有参与者需要通过讨论得出一致认可的结果。

我们将在第 4 章详细讲述产品整体方案设计。

产品细节方案设计

梳理了核心业务流程、产品定位、应用架构、功能模块和演进蓝图，相当于完成了万丈高楼建设的规划蓝图；接下来的细节方案设计就要基于蓝图，逐一分析业务细节，设计产品的具体功能。

业务建模包含了数据建模与流程建模，是细节方案设计中最重要的环节，是保证产品设计严谨可行的关键工作。只有基于对业务的理解，抽象出合理且灵活的数据模型，才能设计出有持续灵活性和扩展性的应用系统。

角色与流程设计会涉及业务团队的组织架构和岗位编制，需要产品经理深入理解业务后设计默认执行方案。

界面与报表是对业务运行过程和结果的呈现，背后体现了深刻的业务监控分析思考。

我们将在第 5、6、7 章详细讲述与产品细节相关的产品设计方法论；在第 8 章探讨标准化产品设计的话题。

技术方案设计

产品的整体方案、细节方案都设计好后，就需要技术人员做技术方案设计了，从而保证软件系统在正确的技术选型和合理的技术架构下进行编码开发工作。产品经理一般不需要直接参与技术方案设计，但是有必要理解相关技术知识。

我们将在第 9 章讲述与技术方案设计相关的内容，并梳理产品经理应该具备的技术知识体系。

项目管理与实施

技术方案设计完毕，接下来就要进入具体的开发实施环节了。

如何设计合理的产品研发流程和机制，确保产品以可控的成本如期高质量交付，是项目管理工作要解决的问题。

我们将在第 10 章详细讲述 B 端产品的研发模式，以及项目监控、推进执行的相关问题。

运营迭代

新系统上线后，产品经理要和运营人员一起参与产品的运营迭代工作，包括宣传、推广、使用效果分析、问题和反馈意见的收集，以及持续的迭代优化。

如果是商业化售卖的 B 端产品，运营工作可能包括市场获客、销售转化、项目实施、客户成功等。

如果是内部使用的 B 端产品，运营工作可能包括系统落地推广、培训、问题处理、需求采集等。

我们将在第 11 章详细讲述 B 端产品的运营管理。

对于迭代优化工作，B 端产品也有自己的特点，我们需要管理好需求、定义好优先级、分配好研发资源、选择合适的迭代模式。

我们将在第 12 章详细讲述 B 端产品的迭代优化。

2.2　B 端产品与 C 端产品建设流程的区别

在产品从 0 到 1 的建设过程中，B 端产品和 C 端产品在很多环节上是完全不同的。图 2-2 将两者的建设流程对比呈现了出来，我们可以清晰地看出两者的异同点。其中，C 端产品的建设流程是根据经验总结抽象出的常见流程，不同的需求和背景下的流程可能略有不同。

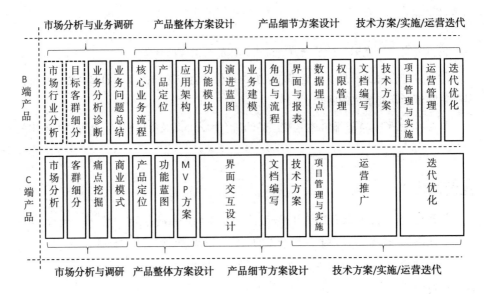

图 2-2　B 端产品和 C 端产品建设流程对比

从图 2-2 可以看出，B 端产品和 C 端产品的建设流程有很大不同，具体体现在如下方面。

设计起点不同

进行产品设计之前都需要进行调研，这是设计的起点。因为 B 端产品和 C 端产品的定位、目标完全不同，所以两者的设计起点不同：

- B 端产品是为了解决业务问题而设计的，在自研自用的情况下，设计的起点是进行业务调研，研究业务问题；在商业化售卖的情况下，设计的起点需要做市场分析，但同样也要做业务调研，因为 B 端不可能脱离业务做设计。
- C 端产品要实现公司商业模式的落地，承载着公司的商业目标，设计的起点是对商业模式本身的分析与研究，包括客群分析、商业模式分析等。

MVP 思路不同

MVP（Minimum Viable Product，最小可行产品）是《精益创业》一书中提出的产品理念，在互联网公司中被广泛接受并实践，简单讲就是用最小的投入去验证业务，通过快速迭代逐步优化。

在建设 B 端产品和 C 端产品时，大的原则是类似的，都是先做加法，即充分讨论、穷举所有需求和可能性；然后再做减法，选出最核心的需求点；最后设计具体方案并将其落地，用最短的时间和最低的成本支持业务启动。

但是在选取最小功能集合（或最小可行产品）时，B 端产品和 C 端产品的区别很大：

- B 端产品要支持业务整体运作，所以在选取最小功能集合时，即便再简化，也要保证一个核心业务流程的运转，因此 B 端 MVP 往往是一个具备一定复杂度的系统，不可能是一个或几个功能点。

- C 端产品需要解决用户的痛点，需要挑选一个核心痛点去打动用户，如果核心痛点定位错误，就会导致验证失败。所以在选取最小功能集合时，C 端 MVP 要聚焦用户的核心痛点，C 端 MVP 可能只包含一两个功能点。

细节设计不同

两类产品在细节设计上的关注点完全不同。

- B 端产品面临复杂的业务场景和用户场景，因此进行细节设计时，必须关注建模、抽象、角色、权限等问题。

- C 端产品面临的场景相对单一，并且使用者是相对独立的单个用户，因此不用关心角色、权限管理，而要关注用户的体验，需要在交互设计上投入很大精力。

对运营的依赖程度不同

相对 B 端产品来说，C 端产品对运营更依赖：

- B 端产品上线后，如果是自研自用产品，要进行全员宣导培训，产品运营工作相对简单；如果是商业化产品，尤其是 SaaS 产品，运营工作会比较复杂，承载了获客、转化、服务的重任。不过即便是 SaaS 产品，运营的套路和手段与 C 端产品也完全不同。

- C 端产品上线只是走完了万里长征的第一步，接下来需要运营团队进行持续推广，并且通过快速迭代迅速优化产品，响应用户需求。可以说，C 端产品上线后还要靠运营团队继续奋战才可能走向成功。在图 2-2 中，我们将 C 端产品运营迭代的过程绘制得更长一些，以体现运营工作对 C 端产品的重要性。

以上介绍了 B 端产品和 C 端产品在建设上的区别，实际上也是业务型 B 端产品和工具型 B 端产品的区别。工具型 B 端产品，在产品特点和建设模式上与 C 端产品高度类似，和业务型 B 端产品有着本质区别。

如果说业务型 B 端产品的设计过程是盖大楼，那么 C 端产品（也包含工具型 B 端产品）的设计过程就是盖平房；盖大楼需要详尽的规划、设计，一旦动工就很难推倒重来；盖平房不用进行复杂的设计，可以快速落地，而且如果出现偏差完全可以推倒重来。

2.3   案例：M 电商公司的渠道分销产品设计

通过 2.1 节的讲解，大家对 B 端产品的整体建设流程应该有了初步认识。接下来，我们会通过一个**贯穿设计篇和管理篇**的大案例，按照图 2-1 所示的流程，带领大家一步步搭建一个 B 端产品。首先，我们来介绍一下案例的背景。

2.3.1   案例背景与目标

背景

M 集团是一家经营了十几年的成功企业，旗下拥有零售连锁超市、生鲜电商、金融理财等多条业务线，业务发展良好，系统建设成熟。

M 公司是 M 集团下属的电商公司，成立五年，主营生鲜商品，以 C 端客户为主，业务稳定。

M 公司在三个月前尝试开展分销业务（也可以叫大客户业务，或者叫 To B 业务），成立销售团队，将生鲜品卖给企业客户。分销业务的目标客户是大型的餐饮连锁集团，以及大型生鲜分销商等企业级客户。需要注意的是，M 公司并不会参与客户对商品的二次转卖环节（例如不会参与下一级批发商购买生鲜品后的分销过程）。

业务试点在北京、上海开展，三个月以来业务发展迅速。目前分销业务月流水 50 万元，以每月 20% 的增幅快速发展。但是，在高速发展中，若干流程、管理、风险问题越来越突出。

诉求

由于分销业务发展迅速，现急需配套的软件系统来提升业务效率，控制经营风险。

公司希望寻找新的业务增长方向，考虑到在生鲜领域的数字化实践水平较高，希望这次搭建的分销系统，除了可以给自己使用，未来还可以作为 SaaS 化软件产品对外售卖，发展成公司的新业务。

评估

经管理层评估，公司决定投入研发资源建设软件系统，支撑分销业务发展。在项目开展期间，CTO 全力提供资源支持。

目标

在两到三个月的时间内搭建一套分销业务平台，至少支撑分销业务在未来两年内的高速发展，有效地提升效率、控制经营风险。

在内部系统落地成熟后，将这套分销业务平台 SaaS 化对外售卖。

以上就是案例的大概背景。之所以选择一家集团企业下属电商公司的分销业务作为案例，是因为它非常有代表性：

- 首先，M 集团是一家成熟集团，拥有完善的应用架构，大家可以了解如何将新设计的产品与公司现有产品架构融合。

- 其次，分销业务场景具备足够的复杂性，既要支持公司对客户的运营管理，又要支持客户的自主管理，设计的系统具备比较全面的功能。

- 再次，分销业务模式涉及复杂的多层级子母账号[1]管理和组织机构管理，这是 B 端产品设计中的典型问题，也是设计的难点。

- 最后，很重要的一点，案例中提到，IT 部门要实现的系统未来还要满足商业化售卖的需求；实际上这种模式也是国内很多公司在实践的方法，当甲方企业的自研信息化、数字化建设达到一定水平后，可能会成立科技公司，将自己的系统商业化改造后对外售卖，追求新的业务增长点。

- 另外，如果把案例稍微改一下，M 公司请外部 IT 公司来进行开发，同样也很有代表性。国内很多 IT 厂商做标准化产品的起点，都是早期针对种子客户做出第一套定制版系统。

为了让大家更加聚焦产品设计而非业务规则，我们将会对一些无关紧要的业务细节做处理，大家阅读时请重点关注业务分析、产品设计的思路，忽略案例中可能存在的数据和流程上的瑕疵。

1　母账号（也叫根账号）是供客户或机构用户使用的最高级别的管理员账号；子账号一般是分配给具体业务人员使用的个人账号。

2.3.2　制订工作计划

接下来闪亮登场的，是 M 公司的两名产品经理：老马和果冻，是本书中案例的关键主角，将一直陪伴大家完成分销平台的设计和推广工作。

老马是 M 公司的资深产品专家，从业十多年，对电商交易系统建设有着丰富的经验，在甲乙方公司都工作过。这次，他将作为产品总负责人牵头完成分销平台的设计规划。

果冻，是一名毕业一年多的初级产品经理，这次作为老马的助手参与分销平台的设计。对于这次工作安排，能够经历一个完整的从无到有的设计过程，果冻既兴奋又期待！

老马接到公司安排的任务：在两到三个月的时间内搭建一套支撑分销业务的软件系统。时间紧，任务重，首先需要做的是梳理工作思路，拆解任务，并制订时间计划，只有严格遵循时间计划执行工作，才能保证整体工作有序展开，如期落地。

在制订项目计划时需要略微卡紧节奏，老马按照两个月来安排，这样能够为各种意外情况留一些应对时间。假设目标是两个月时系统一期上线，根据此目标倒逼排期：最后一到两周联调，往前三到四周进行开发，最开始的三周完成业务调研、方案设计工作（如图 2-3 所示）。当然，这只是老马初步安排的时间表，接下来需要尽快了解更多信息和情况，才能做出更合理细致的时间预估。

序号	任务	负责人	进度	前置任务	Jun				July			
---	---	---	---	---	W1	W2	W3	W4	W1	W2	W3	W4
1	业务调研	产品经理，业务人员	100%	-	■							
2	系统整体方案设计	产品经理，架构师	10%	1		■						
3	系统细节方案设计	产品经理	0%	2			■					
4	技术方案设计	研发人员	0%	3				■				
5	xxx模块开发	研发人员	0%	4					■			
6	yyy模块开发	研发人员	0%	4						■		
7	联调	研发人员，测试人员	0%	5、6							■	
8	上线	研发人员，运维人员	0%	7								■

图 2-3　分销平台项目整体计划表

图 2-3 是一个简化版的甘特图，虽然简单，但非常实用。左侧列出了拆分后的具体任务、负责人、进度，右侧列出了项目计划的时间周期，采用了比较粗的周粒度来计划时间。这样，任务的先后顺序、时间计划就都清晰了。在刚开始的阶段，这个表

格可能只是产品经理自己的行动计划，并没有向团队或项目组展示，但是它可以让产品经理对事情有基本的判断和预期。随着工作的深入，工作表会被拆分得越来越细，甚至细化到天，每日跟踪计划和风险点，保证项目如期进行。

当我们接手一件比较复杂的工作时，制订明确的工作计划是一种良好的工作习惯。即便是个人管理使用，梳理思路并拆解出关键任务和计划的时间点，也是非常有必要的，会让自己感到踏实，有节奏感。如果没有进行时间管理，则很容易感到焦头烂额，难以控制。因此，不论做什么事情，都应该先从总体上厘清思路，列好时间计划。

制订好工作计划后，我们就可以进入业务调研环节了。

第 03 章

B 端产品的市场分析与业务调研

市场分析与业务调研工作是产品设计的基本前提。对于商业化产品，首先应该对选择的目标市场做充分的分析和判断；而不论是商业化 B 端产品，还是企业自研自用的 B 端产品，都需要通过业务调研深入了解业务，这样才能保证产品满足实际需求，并且顺利落地；未经过充分业务调研的设计方案只能算凭空想象的空中楼阁，脱离实际；甚至对于商业化软件产品，如果负责人在不了解业务本质和细节的前提下直接进行市场分析和定位，很容易产生错误的判断和决策。

针对商业化产品，我们可以从外部和内部两个视角进行分析研究工作。

从产品目标客户的外部视角，要对客户所处的行业、产业链进行分析和定位，明确目标客户群体的同时，还要研究同业竞争格局等，这是商业模式设计、产品定位的重要决策依据。

从产品目标客户的内部视角，要对典型客户（或自研软件产品的对口业务方）进行深入的调研，理解业务运作的原理、模式、机制和规则，这些都是软件产品具体功能规划和设计的重要指导依据。

本章将首先介绍 B 端产品在商业化运作前期的市场分析和客群定位工作，接下来讲述业务调研的流程、目的和分析框架，最后以 M 公司的分销平台的业务调研为例，陈述 M 公司的业务现状和问题。

3.1 分析市场并细分客户群体

任何商业行为的核心都可以用一句话描述，即：给谁，提供什么价值，解决什么问题。商业的起点，首先要分析市场，确定目标客群，从而针对目标客群的痛点设计产品解决方案。

3.1.1　研究并探索产业链大盘

在分析目标客户市场时，我们不仅要分析客户群体，还要从宏观的角度分析客户所处的产业结构和价值链，全面了解客户业务生态的上下游，这将进一步帮助我们做出准确的目标市场选择和定位。

当然，分析的层次和角度也要取决于软件产品本身的定位特点，如果是行业一体化解决方案，则必须要理解客户的产业链；而如果是适用于不同行业的业务型或工具型产品，则分析客户产业链的意义不大。

例如，聚焦于房地产的明源云，除了研究房地产企业本身的业务运作，还需要在宏观层面上广泛研究土地政策、原材料供给等产业相关问题。

再例如，对于一款工具型视频会议产品，研究的重点应该是不同行业会议应用场景的特点，而没必要分析客户所在的产业链结构。

所谓产业链，简单来讲，是指在社会经济运作中，产品从原材料通过各个环节最终加工流通到终端消费者手中的全链路。在社会化分工越来越细致的今天，产业链中的不同环节也有着明确分工，很少有企业会参与到上下游的全链条，而只会负责其中的某个环节，处于不同环节的企业对产品生产传递带来的附加值不同，利润也有着巨大的差别。例如，苹果手机的生产，从设计、研发，到原材料供给、生产、制造，各个环节都有若干公司参与，形成完整的生态，显然，苹果公司负责的设计研发环节是整个价值链条中附加值最高的部分，也是利润率最高的业务。

处于产业链不同位置的公司，面临的挑战不同，要解决的问题不同，利润率不同，盈利能力不同，对 IT 系统的诉求不同，在 IT 方面的预算投入也不同。在软件产品的市场分析过程中，商业决策人员必须要充分理解不同产业链环节所对应的潜在市场规模和发展特点。如果挑选了一个不合适的领域或方向，客户群体本身都面临较大的经营压力，怎么可能在 IT 建设上投入很多成本？

在着手进行具体的业务调研工作之前，老马给果冻安排了一个任务，让果冻分析国内农产品的价值链运作方式和特点，果冻有点摸不着头脑。

果冻（疑惑地）："马老师，我不太明白，咱们不就是开发一个给内部使用的分销系统吗，为啥还要让我分析产业链呢？"

老马："虽然目前这款产品会首先在内部使用，但是公司也考虑下一步将其商业化对外售卖呀，所以我们要提前对市场进行分析。而且我们自身的定位是**农产品流通的整体数字化解决方案服务商**，并不是局部的供应链软件提供商，所以有必要对整个产业链进行梳理。"

果冻："我好像明白了，我们要做的是行业解决方案，而不是垂直业务，虽然目前我们要设计的是公司内部使用的自研系统，但考虑到未来要做商业化，所以我们要像一个创业 SaaS 公司一样来思考问题！"

老马："是的！M 公司相当于是我们切入行业的种子客户，也是标杆客户，拿下这个标杆，积累最佳实践，就容易展开业务了！"

果冻："可是，产业链分析好难啊，我根本不知道从何入手！你那里有啥好资料可以提供吗？"

老马："是有一定的难度，但是也有很多办法可以获取现成资料啊，实际上很多时候我们做市场分析时，市面上有很多收费或免费的报告、数据、资料都可以作为参考。你作为产品新人，要积累这方面的资源，知道需要找素材时从哪儿下手。比如说要分析生鲜产业链，我想到的第一个资料平台就是××网，喏，我把网址给你，但是需要你自己去检索实践，要自己动手，而不要一味索取；作为一名优秀的产品经理，高效地检索信息是很重要的能力之一！"

果冻："明白，我来研究研究……"

半天后……

果冻："果然，平台的数据库中就有农产品相关的报告，我从中找到了一张农产品产业链的流通图（图 3-1），而且看了报告后，我对整个产业的运作和其中各个环节的痛点有了进一步的认识！"

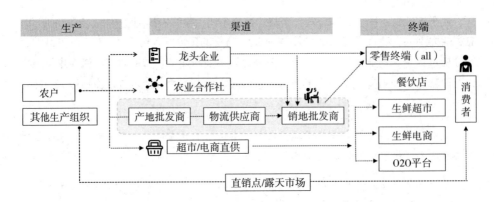

图 3-1　农产品产业链的流通图（来自某咨询报告）

老马："很好，学习很快嘛！你看，我们目前要做的软件系统、服务的目标客户，实际上就聚焦于流通渠道中的批发商这一块！"（说着，老马用虚线浅色背景将图中的"产地批发商""物流供应商""销地批发商"三个节点圈了出来。）

果冻："是啊！咱们 M 公司本身做的业务也正包括了从原产地采购、物流和批发环节！"

老马："对，而且还有其他渠道可以进行农产品流通，包括龙头企业自产自用、农业合作社、传统的露天市场直销，这些渠道并不是我们目前解决问题关注的目标！对产业链的分析，除了要绘制基本的链条以外，更重要的是对不同环节的特点、痛点、高利润节点进行充分的研究分析。"

果冻："明白！我们先根据最适合当前情况的切入点来做，未来也可能向产业链的其他方向纵深拓展！"

老马："没错！"

3.1.2　分析市场结构与竞争格局

确定目标市场后，要做进一步的深入分析，包括市场规模、发展情况、市场结构、竞品分析等；对市场分析得越透彻，商业的决策判断就会越准确。

市场规模

市场规模是指市场整体的产量、交易量。我们分析一个行业，首先要搞清楚它的市场规模有多大，变化趋势如何；如果市场规模有限，且发展呈现下降趋势，那么要考虑清楚是否要进入这个领域。

图 3-2 是某咨询公司统计并预测的中国企业级 SaaS 市场的规模。可以看到，市场规模整体呈现较快的增长趋势，年复合增长率大概在 30%；以 2020 年为例，市场规模大概在 538 亿元，代表该年有 538 亿元的 SaaS 软件购买交易发生。

作为商业化软件产品，评估市场规模时，如果没有直接的数据可以参考，可以根据软件产品目标客户自身业务的市场规模，以及 IT 投入占比来进行估算。

例如，M 公司即将研发的分销平台，目标客户是农产品渠道商，渠道商业务的市场规模在万亿元的级别，而这些渠道商在信息化、数字化方面的投入只占营业额的 0.01%，所以可以测算，针对农产品领域的分销类软件产品，年市场规模大概在 1 亿元人民币（注意，以上数据是为了演示说明而虚构的）。

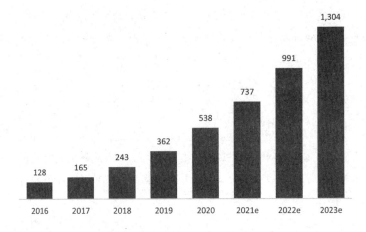

图 3-2　中国企业级 SaaS 市场的规模（亿元）（e 代表预测）

市场结构

评估市场规模后，下一步要分析市场结构，包括市场中的竞争对手都有哪些，各自的市场占有率如何，头部厂商的占有率如何，未来的新进入者可能有谁等问题。

研究市场结构很重要的方法之一是分析行业集中度，也叫行业集中度指数（Concentration Ratio，CRn），是指行业中前 n 家最大企业所占市场份额的总和，通过行业集中度指数，可以判断行业竞争的充分程度，是否形成了垄断或寡头市场。

例如，在农产品分销软件平台领域，市场占有率最高的 3 家软件供应商，总共占据了 40% 的市场份额，则说 CR3 = 40%，是一个竞争充分的市场。

竞品分析

在市场分析工作中，还应该对典型竞品进行充分研究。在 3.1.4 节，我们会进一步探讨竞品分析主题。

3.1.3　细分并定位目标客户群体

细分客群是商业成功的核心要素

任何成功的商业，一定对目标客户群体（简称"客群"）有清晰准确的画像和定位，企业的资源是有限的，不可能无限制地为所有人服务；聚焦于细分领域的客户群体，有利于企业发挥自己的特点和长处，实现差异化的竞争策略。

对于商业软件产品，尤其是 SaaS 软件公司，清晰准确地细分目标客群，更是业务成功的关键。

细分客群有以下三点价值：

- **业务更聚焦**，将有限的资源聚焦到一点发力，容易形成专业能力，形成竞争壁垒。

- **实现差异化竞争**，一方面减轻竞争的激烈程度，另一方面避免和大公司的正面交锋，大公司往往忽视细分赛道的市场，这就给细分赛道的玩家留出了成长空间和机会。

- **需求高度收敛**，避免无穷发散的个性化。细分领域的业务运作模式、机制相似度高，这就让软件需求容易收敛，并形成标准化的软件产品。

通过 STP 理论来细分客群

对客户进行细分（也可以叫作市场细分）并定义目标客群（也可以叫作目标市场），可以采用营销学理论的奠基人菲利普·科特勒提出的 STP 理论，即 Segmentation（细分市场）、Targeting（选择目标市场）、Positioning（市场定位）。

Market Segmentation： 从某些维度将市场进行细分。

在 To C 领域，细分客群的维度可能包括年龄、性别、地域、工作类型。例如，抖音的目标用户群体是一二线城市年轻人，快手则是三四线小镇青年（早期的定位）；再例如，保时捷的目标客群是新贵群体，奥迪的目标客群则是中高端商务群体。

在 To B 领域，同样需要进行客群细分和定位，细分企业客户的维度可能包括行业、企业性质、营收规模、地域等。例如，在全球财务软件领域，Oracle EBS 的目标客群是巨型、大型企业，Intuit 的目标客群是中小型企业，Xero 的目标客群是小微企业。

在 M 公司的分销平台设计中，已经明确了服务的客户群体聚焦于产业链的渠道批发分销流通环节（实际上在农产品流通渠道中，批发商本身就是和龙头企业、农村合作社、直销/露天市场平级的一个市场细分选择），对该环节的目标客群可以从营收规模、区域、行业等维度进行客群细分。例如可以分为大型农产品批发商、中小型农产品批发商、小微农产品批发商。

Market Targeting： 选择一个细分市场作为目标市场。

M 公司本身属于中小型农产品批发商，一方面作为标杆客户而存在，另一方面作为产品负责人的老马，也希望即将实现的这款商业化 SaaS 软件聚焦于中等体量规模的客户群体（这是有原因的，下一节会探讨）。

Market Positioning：创建针对目标市场产品的定位和价值主张。

在农产品批发分销业务中，交易模式比较复杂，老马初步将产品的价值聚焦于解决行业复杂的交易模型下的便利性和安全性问题。

B 端产品切入某个赛道的"随机性"

在现实中，B 端产品切入某个赛道或行业的情形会更加复杂一些。

有些做 B 端产品的公司，并不是通过分析市场而选择进入一个行业，而仅仅是因为当年接了一个大客户订单，通过和大客户的项目制合作，完成了对业务领域的学习和认知，然后实现产品化转型，进一步持续深耕这个领域。

还有很多 SaaS 公司或 IT 科技公司的创始人，本身就是在某个领域深耕多年的业务专家或商业专家，自然而然地对某个细分市场有着深刻的理解和洞察，从而选择了在自己熟悉的赛道去做探索。

讲这些，并不是说市场研究不重要，相反，专业、深刻的分析和研究工作决定了产品的定位和生死；但我们也要认识到 B 端软件产品业务开展的复杂性和特殊性。

【资源推荐】

开展商业层面的市场分析和研究工作需要进行系统的体系化训练，例如学习 MBA 课程。在 MBA 的课程体系中，产品经理最应该学习的课程是市场营销。

菲利普·科特勒（Philip Kotler）教授的《市场营销——原理与实践》（英文书名为 *Marketing Management*），是学习营销课程的最经典权威的教材，也是营销学的开山之作，这本书自 1967 年发行第 1 版，到 2021 年已经发布了第 17 版，不得不佩服大师的坚持和与时俱进！书中从公司战略、市场研究、渠道设计、品牌心智等方方面面阐述了商业设计的核心与真谛，是每一名产品经理的必读商业图书。

3.1.4 B 端产品的竞品分析工作

B 端的竞品分析工作，需要根据自研自用、商业化运作两种模式分开探讨，两者的竞品分析的目的和手段不同。

商业化软件产品的竞品分析工作

对于商业化软件产品设计人员，竞品分析是市场分析环节的重要工作之一。如果在激烈的市场竞争中，不理解竞争对手的策略、产品，就不可能做出正确的商业决策。

做商业化产品的竞品分析，和分析市场、规划产品的思路是一样的。一份完整的竞品分析报告需要包括以下内容：

- 竞争对手的基本情况、核心管理团队如何？
- 竞争对手的目标市场定位和自己是否有区别？
- 竞争对手的产品定位解决客户的哪些问题？
- 竞争对手的定价策略、收费方式是什么样的？
- 竞争对手的渠道和销售策略、运作模式如何设计？
- 竞争对手产品的主体功能清单结构对比如何？
- 竞争对手产品的交互体验、用户体验的分析如何？

以上很粗浅地罗列了竞品分析的关键主题，完整的竞品分析工作和自己做一份产品的商业计划书要研究的主题大同小异，思路是一致的。在做竞品分析时，要根据分析的目的来决定分析的层次和深度；比如说，如果只是功能层面的对比分析，那关于目标客户和定价的主题就可以忽略。

要想做好竞品分析，首先要对市场、客户、产品有着充分的认识和思考，如果自身认知很混乱，做竞品分析时就找不到主心骨，也没有发力点和抓手。

企业自研系统的竞品分析工作

对于设计自研系统的产品经理，竞品分析工作主要是指了解竞争对手所使用的相关系统的设计原理和思路，而研究系统该如何设计，本质上需要理解系统背后业务运作的模式和机制。如果你是一名自研系统的设计人员，竞品分析研究工作的重心应该是业务本身，如果只研究竞争对手的软件系统，是不可能掌握其设计精髓的，因为系统只是承载支撑业务的一种工具，只有掌握了业务运作的特征，才能深刻理解系统设计的原理。

不论是企业内自研系统，还是商业化产品建设，**竞品分析中有个客观存在的困难，就是你很难有机会去实际试用、体验对方的软件产品。**虽然现在很多 SaaS 产品都支持试用，但更多的情况是你根本没有机会摸到、碰到对方的产品。这是做 B 端产品特有的痛苦，不能像做 C 端产品一样自由体验竞品的产品和服务。

对于这个行业共性问题，并没有很好的解决思路，最有效的办法是和同业者交流。而在 B 端软件领域，如果工作时间久了，你会发现自己的前同事分布在各个竞品公司。这也许算是长期主义的坚持带来的人脉资源优势吧。

3.1.5　SaaS 产品，应该选择什么样的市场？

在《SaaS 创业路线图》一书中，吴昊老师根据企业数量、企业营收规模两个维度，将企业所在的市场划分成三种典型的结构，分别是正三角、倒三角、枣核型，横轴宽度代表企业数量，纵轴从下到上代表企业营收规模增加，如图 3-3 所示。

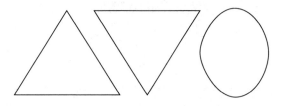

图 3-3　三种典型的市场结构

- 正三角形市场：底部（尾部）营收规模小的企业数量最多，越往上，企业营收规模上升，企业数量下降；物业、家政等部分服务行业是典型的正三角形市场，小微型规模的公司数量最庞大。

- 倒三角形市场：底部营收规模小的企业数量很少，越往上，企业营收规模上升，企业数量增加；典型的倒三角形市场，例如银行领域，工农建商是头部四大商业银行，腰部是各地的城市商业银行，尾部的小微型银行基本没有；再例如通信领域，移动、联通、电信是头部企业，腰部和尾部基本没有。

- 枣核形市场：头部大企业和尾部小微企业数量都很少，腰部中等规模企业数量最多；典型的枣核形市场，例如教育行业、SaaS 行业，百人规模的中等腰部客户数量比较大；另外随着中国社会经济的发展，餐饮、零售行业正在从正三角形市场向枣核形市场结构演变，你可以看一下身边的街边小吃店、夫妻便利店是不是越来越少，被各种连锁加盟品牌店所取代。

请先花 1 分钟思考一下，以上三种市场结构中哪种适合成为 SaaS 产品的目标市场？

在正三角形市场中，尾部小微企业数量多，但企业成活率低，付费能力差，并且公司人数少，管理不规范，业务不太需要用软件进行标准化管理，所以不一定适合 SaaS

产品。

在倒三角形市场中，头部大型企业数量多，管理标准化，尤其需要软件来解决管理和运作问题，但是头部企业体量大，业务管理个性化强，定制化要求高，很难做出适用于所有客户的标准化产品。

在枣核形市场中，腰部中型企业数量多，这类企业的业务度过了探索期，发展稳定，逐步走向正轨，需要软件产品解决业务运作中的问题，且企业付费能力强。还有很重要的一点，就是个性化需求相对可控，因为中等规模的企业本身还处在学习的过程中，更希望参考、吸收、学习大型头部企业的管理经验，所以背后的需求相对收敛，容易做出标准化产品。枣核形市场结构比较适合 SaaS 产品。

除了以上三种市场结构，还有一种哑铃形市场，两头大中间细，这种市场同样不适合做 SaaS 产品。你可以想一想为什么？

虽然 SaaS 产品在欧美已经取得了成功，在中国目前也发展火爆，是公认的未来趋势，但我们也要冷静客观地认识到，在中国，并不是所有行业、领域、业态都适合做 SaaS 产品，IT 项目制系统研发依然会在未来有很长时间的生命力。

例如，在银行、保险、能源等领域的业务型软件系统（例如 ERP、MES、CRM），SaaS 产品基本难以介入，不论是从企业的安全性要求，还是企业自身的个性化诉求方面，都不适合采用 SaaS 产品的方案。

SaaS 是一种先进的运作模式，但并不一定是你所在行业及其现处发展阶段在商业上的最优解，决定是否切入 SaaS 赛道时，一定要做谨慎的分析和判断。

3.2　通过调研深入理解客户业务

在上一节，我们从客户外部的视角，介绍了从产业链、行业的角度分析市场和业务大盘，这是商业化产品设计的重要工作。

接下来，我们从客户内部的视角，探讨具体的业务问题调研和分析。不论是商业化软件产品，还是企业自研自用软件产品，设计人员都要针对典型客户（或自研系统的对口业务方）进行充分的调研。

尤其是商业化软件产品，在启动设计阶段，不可能凭空基于对业务的假想完成设计，而更可能针对一个有代表性的标杆客户进行充分调研，透彻理解业务，并刻画出 MVP 版本。

3.2.1   业务调研的五个环节

B 端业务调研的核心流程包括明确调研目标、选取调研对象、确认调研方法、执行调研计划、总结归纳输出五个环节，如图 3-4 所示。

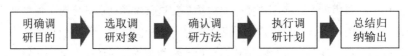

图 3-4   B 端业务调研的核心流程

明确调研目的

调研工作开展前要明确调研的目的、目标，这样工作才能朝正确的方向开展。究竟是为了一个局部的优化工作？还是为了全新的产品设计规划？抑或是为了产品经理熟悉业务？要掌握的是业务的规划，还是执行的流程？这些目标都要提前明确。在 3.3 节我们将详细探讨。

选取调研对象

对于 B 端业务调研，调研对象一般包括业务高管、业务经理、一线业务人员、合作伙伴高管、合作伙伴经理、合作伙伴一线人员等。

针对高管，可以了解业务战略定位、战略目标等信息；针对经理或负责人，可以了解业务的管理思路、经营思路等信息；对于一线业务人员，可以获取作业过程、操作细节等信息。

B 端业务背后涉及的人员与利益方较多，识别关键人员是确定调研方法前的重要工作。在 3.4 节我们将详细探讨。

确认调研方法

调研方法包括定性分析法和定量分析法，具体包括访谈、轮岗实习、问卷调研等方法。在实践中，需要结合具体情况选取合适的调研方法，例如，某业务团队一共有 10 人，可以很方便地对每个人都进行访谈，因此就没有必要准备调查问卷了；又如，某个项目预留的调研时间非常紧迫，因而无法安排轮岗实习。

关于业务调研方法的具体介绍，详见 3.5 节。

执行调研计划

如果前面的准备工作做得足够充分、细致，那么具体执行时就会相对顺利且有效。调研工作需要耐心，需要专注和投入，每天晚上结束后还要整理素材或资料，保证获取的所有信息都能被及时准确地记录下来。

总结归纳输出

业务调研的主要目的是掌握业务情况、诊断业务问题。调研结束后，要产出一份详细的调研报告，总结业务现状和问题，并确定各个问题的优先级，以便为后续的方案设计和实施路径提供决策支持。

需要注意，如果是自研系统的场景，设计良好的 B 端系统能够规范流程、提升效率，但这不代表所有的业务问题、管理问题都可以通过软件系统来解决。一个优秀的团队用 Excel 也可以管理好业务，只是到一定规模后效率会变低。有了这样的基本认知，产品经理在梳理问题时就要做出判断，哪些问题可以用软件系统提效，哪些问题和软件系统无关，更适合用线下方式处理。

关于调研输出的示例，详见 3.7 节。

3.2.2　业务调研的三个阶段

调研是一个持续性工作，在一个新产品从无到有的设计过程中，根据调研目的不同，我们可以粗略地将调研工作划分为几个阶段，每个阶段的工作重点和产出物不同，如表 3-1 所示。

表 3-1　从无到有设计新系统调研的三个阶段

调研阶段	介入时间	调研目的	调研对象	产出物
初期	产品整体方案设计之前	了解业务全貌、核心场景、面临的挑战、不同利益方对系统的期待，是产品定位和概要设计的基础	管理人员，以及一线员工代表	业务调研报告 立项计划书 产品整体方案设计

续表

调研阶段	介入时间	调研目的	调研对象	产出物
中期	产品细节方案设计前中期	具体深入了解每个场景背后的细节，作为产品细节方案设计的基础	相关场景的一线业务人员、基层管理人员	业务流程图 业务规则约束 产品细节方案设计
后期	产品细节方案设计后期	查缺补漏，提前预调研技术方案	相关场景的一线业务人员、产品研发相关对接方	产品细节方案设计

对于已上线系统的持续优化完善涉及的调研工作，则相对灵活，并没有严格的要求或限制，根据需求的实际情况灵活处理即可。

3.3　B 端业务调研的目的和业务分析框架

产品经理做业务调研，首先要明确调研目的，这样才能选取合适的调研手段，调研正确的对象。同时，B 端业务涉及企业经营管理，具有高度的专业性和复杂性，如何将一个陌生的业务庖丁解牛，逐步分析理解业务的核心和本质，对产品经理的综合能力有着相当高的要求。

3.3.1　业务调研的三个目的

总体来讲，业务调研有三大目的，分别是：

- 了解业务远景
- 把握业务策略
- 掌握业务活动

在从无到有设计产品的过程中，三者都会涉及，产品经理需要充分理解客户业务开展的背景、策略，以及具体的业务执行规则细节。

在日常需求管理和产品迭代工作中，可能只涉及第三点，产品经理主要基于业务流程、活动相关工作的分析，完成产品局部功能的迭代升级。

对于第 1、2 点，一般通过和高级别管理人员的面对面访谈来获取信息和输入；对于第 3 点，一般通过和业务一线/基层管理人员、合作伙伴等通过访谈、问卷等多重手段获取信息和输入。第 3 点和产品细节方案设计紧密相关，但是前 2 点决定了产品的定位和边界等宏观层面的整体性设计，显然更加重要。

3.3.2　业务分析的三层框架

面对一项并不熟悉的复杂业务，该从何处切入进行分析呢？我们对业务梳理的思路实际上和企业开展新业务的思路一样，具体如图 3-5 所示。

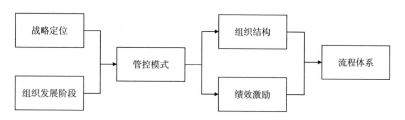

图 3-5　企业开展规划业务的思路

在企业开展新业务时，首先要结合自身的战略地位、组织发展阶段，思考业务目标和当前情况，从而推导出基本的管控模式，再进一步设计组织结构与绩效激励体系，基于这些顶层设计，最后才是业务开展的具体流程体系。

基于上述业务开展的整体思考框架，我们进一步构建比较详尽的 B 端业务分析框架，包含了更加丰富的细节，如图 3-6 所示，这个分析框架也体现了一个业务在开展前自顶向下进行规划的思路。

战略层	战略目标	使命	品牌		文化	
		愿景				
战术层	经营策略	产品策略	组织治理	组织架构	管控模式	财务管理
		定价策略				
		渠道策略		人力资源		
		营销策略				
执行层	运营执行	综合支持	流程机制		培训考试	
		激励考核	合规质检		数据分析	

图 3-6　B 端业务分析框架

我们按照框架中给出的结构梳理分析业务的方方面面，可以做到全面、严谨，不会漏掉关键的环节；帮助产品经理不仅理解业务运作的细节，更重要的是对业务的全局形成整体的认知，对后续产品定位、框架设计工作非常重要！

接下来，我们分别介绍这三层框架中的关键点。

3.3.3 战略层：审视企业的现在和未来

战略层包括了战略目标、品牌和文化，定义了企业存在的价值以及期望前进的方向；战略是基于使命和愿景的进一步落地计划，是公司关于生产经营活动的顶层设计，决定了公司的走向和资源的聚焦点；战略决策会对公司的经营发展乃至生死存亡产生影响。

使命定义了公司存在的原因，愿景描述了公司希望成为的样子，战略本身也是企业击败现有及潜在竞争者的计划。

业务调研首先要明确该项业务在公司中的战略定位，因为战略定位会决定具体的经营策略，并最终影响产品方案设计。理解战略定位、战略计划，可以在产品方案设计的关键点上做出正确选择。

以某自研系统场景为例，某集团决定以独立品牌开启新业务，希望两个品牌之间隔离，不希望消费者认识到两个品牌同属一个集团。基于此战略定位，在设计产品体系时，可以考虑重新搭建一套客户资料库，和公司已有客户池隔离，两个品牌的用户账号体系也进行隔离，客户需要分别注册账号来体验两边的服务。当然，这会在一定程度上影响两边业务人员做一些离线的客户资料打通分析。

反之，如果集团希望消费者认识到两个品牌属于同一个集团，那就是完全不同的战略定位了，所做出的设计也会完全不同，需要采用一套账户体系，以保证集团层面客户资料的唯一性，以及客户体验感知的一致性和便利性。

【资源推荐】

公司战略是管理学中很重要的研究范围，制订战略需要研究市场、经济、环境等方方面面的因素。研究公司战略最有名的方法论是管理学家迈克·波特（Michael Porter）在 20 世纪 80 年代提出的五力模型（Five Force Model）。随着经营环境的变化，更多的方法论被提出，例如互联网公司比较推崇的研究商业模式和公司战略的工具精益画布（Leads Startup Canvas），还有分析外部环境的 PEST 模型（Political Economic Social Technological），分析内部业务的波士顿矩阵（BCG Matrix）等。

关于企业战略课题，推荐两本读物，分别是迈克尔·希特（Michael Hitt）的《战略管理》，以及迈克·波特的《竞争战略》。前者是战略领域的通识教材，后者则是全球竞争战略之父的经典著作。这两本书都有一定的"年代"，可能有些理论并不完全适用于如今的社会和经济场景，但其中蕴含的思想体系以及专业知识和丰富案例，绝对值得所有从业者学习了解。

3.3.4　战术层：设计承载战略落地的打法

战术层对战略层的认知进一步具象化，可以从经营策略、管控模式两个方面开展分析。

经营策略

经营策略，通俗来讲就是做买卖的思路，包括产品策略、定价策略、渠道策略、营销策略等；产品经理需要掌握企业开展业务的经营策略思路，理解短期、中长期业务运作的规划，这些是业务决策和运营的核心。

例如，某流量巨头 App 对销售渠道做了这样的规划：针对一线城市，计划开展大客户地推直销、中小客户电销直销；针对二三线城市，计划开展代理商合作模式。有经验的产品经理应该敏感地意识到这几种销售模式的区别非常大：大客户地推直销业务重在线下销售过程管理，中小客户电销业务重在电话作业流程管理，代理商合作业务重在业绩核算分析。三种业务模式的重点完全不同，需要建设的系统也不同，在 CRM 产品设计上一定要分别建设，不能糅合在一个系统中。

管控模式

管控模式是指集团对下属企业的集权、分权管理策略，也可以指总公司对分公司的运营管理策略。不同的管控模式所需的配套管理系统当然大不相同，因此这也是 B 端业务调研需要弄清楚的事项。

例如，有些公司会把运营决策权下放到分公司，并提供足够的经费支持；而有些公司会把运营决策权集中到总部，分公司只负责执行。系统需要具备灵活的权限管理体系，随时支持管控模式的调整和变化。

3.3.5　执行层：定义业务运作的规则体系

执行层包含比战术层更具体的执行策略，包括管理层和运营层两方面。

管理层

在明确了经营策略、管控模式等基本方针后，需要梳理组织架构关系，以便对组织架构做出优化；还需要明确人力资源计划，从管理角度保障上层策略的落地。这是业务调研的又一个目标。

运营层

接下来就是明确具体业务流程、绩效管理、风险控制等更加细节的规则，以便在实际运营中推进上层策略的落地。其中，梳理具体业务流程是理解并掌握业务的重要途径，同时也能厘清人员、岗位、职责的关系。流程合理会让管理和运营提效、风险可控，这也是 B 端产品的重要业务价值之一；流程不合理，会导致成本增加、服务质量降低。

除了新业务需要梳理业务流程，还有很多已有业务需要重构不合理的业务流程，即业务流程重构（BPR，Business Process Reengineering），这是管理学中一个很重要的概念，已经有大量的理论和实践积累。

还要留意一点，流程规范化是一把双刃剑，一方面可以规范管理，另一方面可能导致僵化死板，在梳理、设计业务流程时要把握好尺度。

关于组织架构和业务流程的业务调研示例，详见 3.5 节。

3.4　B 端业务的多利益方识别和管理

B 端业务涉及多角色协同，并且不同角色的诉求不同，产品经理在产品设计前，首先应该梳理清楚业务中存在哪些角色和利益方，这是理解业务运作、合理安排调研计划的基本前提。

利益方是一个经典的概念，在软件工程、需求分析工程、项目管理中都有提到，**利益方的另一个名字叫作涉众**（StakeHolder），也可以叫干系人。如果对利益方识别不准确，不仅影响调研工作的开展，甚至会让产品经理迷失，搞不清产品到底要解决谁的问题。

3.4.1　B 端业务有哪些典型的利益方

不论是哪种类型的业务，我们都可以将利益方归类总结为三大类，即从企业内部（这里所说的企业，是指使用软件的企业，而非研发软件的企业）、企业外部、政策法规这三个视角进行分析。

企业内部

业务提出人：一般是指公司的最高层管理者，包括董事长、总经理、CEO，业务提出人制订公司的战略、规划，对某个业务的开展提出要求和预期，并招聘业务管理者负责具体业务的设计、执行和落地；业务提出人一般也是软件购买的出资人，提出业务诉求，并且出资购买软件。

对应"业务分析的三层框架"，我们一般和业务提出人探讨战略层面的主题，例如向他们了解对企业的规划、对业务的展望和期待。

业务管理者：对某一具体业务负责，可能是事业部负责人（例如 M 公司分销业务负责人），也可能是职能部门负责人（例如财务部负责人）。业务管理者作为业务结果的终极负责人向 CEO 汇报，并承载具体企业战略的执行和落地。业务管理者一般也是 B 端产品服务的终极客户，因为 B 端产品核心的价值就是帮助业务管理者达成业务目标。

我们一般和业务管理者探讨战术层面的主题，例如向他们了解业务的设计思路、策略、管控模式等，当然也并不绝对。

业务执行者：包括**一线业务人员，以及一线的管理者**；业务执行者负责业务具体的开展运作，也是 B 端软件产品最直接的核心用户。我们将一线管理者归类为业务执行者，是因为一线管理者并不为业务最终结果负责，一般情况下业务执行者只需要做好岗位要求的工作内容即可。

我们一般和业务执行者探讨执行层面的主题，例如向他们了解具体的业务运作流程、规则等。

业务协作者：包括**企业内部配合相关业务部门开展工作的兄弟部门或团队**，例如 M 公司分销业务开展中相关的仓配团队、财务团队，以及仓配相关的产品研发团队。

我们一般向业务协作者了解与执行层工作开展相关的内容。

企业外部

在业务工作开展中，企业外部的相关组织和人员，属于业务外部利益方，可能包括平台业务中的供给方、需求方，交易中的买方，以及外部合作机构以及第三方的技术服务商，等等，这些相关人员和角色也是产品经理在分析业务开展与调研工作中不可忽视的对象。

政策法规

政策法规是一类比较特殊的涉众，包括法律法规、行业政策、协会要求等。虽然政策法规不是自然人，但却在业务开展和执行中具有明确的利益诉求，并约束了业务的运作。例如金融类、支付类软件产品的设计，必须严格遵守银保监会的相关要求与规范。

在 M 公司的分销业务中，相关利益方如下。

- 业务提出人：M 公司的创始人兼总经理。
- 业务管理者：分销业务的负责人。
- 业务执行者：分销业务的运营人员、销售人员。
- 业务协作者：M 公司围绕分销业务的财务、仓储、配送、相关产品研发团队。
- 业务外部利益方：M 公司的供应商、从 M 公司购买生鲜品的客户、分销平台打算对接的第三方聚合支付公司等。

3.4.2　通过涉众地图分析利益方特征

在产品设计与项目管理工作中，常常通过涉众地图（Stakeholder Mapping）这个工具来分析不同利益方的相关特征。

我们首先通过"软件购买的决策权（影响力）""软件使用的兴趣和利益（兴趣）"这两个维度，绘制一个四象限地图，如图 3-7 所示。

接下来，我们尝试将不同的利益方放置在四个象限的不同位置，完成涉众地图的绘制。因为不同类型的 B 端产品区别非常大，所以我们以业务型和工具型为例，分别探讨。

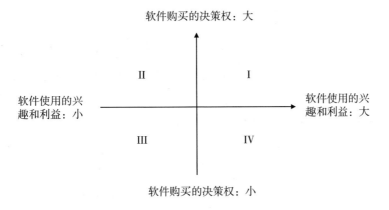

图 3-7　涉众地图——二维矩阵

业务型产品的涉众地图分析

绝大多数的业务型和交易型 B 端产品，软件的购买决策人是管理者，使用人是执行者；同时，两者对软件的兴趣和利益都很浓厚，只是出发点不同：前者希望软件帮自己管理业务，后者因为每天都要使用软件，所以对此更加在意。

因此，我们将业务管理者绘制在第 I 象限，将业务执行者绘制在第 IV 象限。

业务提出人不一定关心软件系统的采购和使用，但作为一把手，同样具有采购的决策权，所以我们将其绘制在第 II 象限。

业务协作者和外部利益方，一般不会参与软件选型采购决策，但可能会用到软件功能，所以我们将其绘制在第 III、IV 象限交接，偏向于第 III 象限的位置。

业务型 B 端产品的涉众地图如图 3-8 所示。

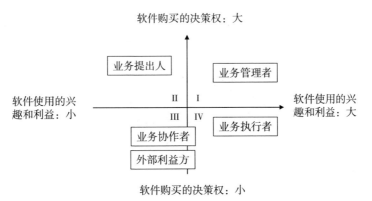

图 3-8　业务型 B 端产品的涉众地图

工具型产品的涉众地图分析

绝大多数的工具型和基础服务型 B 端产品，软件的购买人和使用人都是执行者。

业务执行者既具备购买决策力，又是软件使用最大的兴趣方和利益方，我们将其绘制在第 I 象限。

业务管理者作为业务执行者的上级领导，在工具的应用以及购买决策方面都可能介入，但相较而言程度要比执行者弱很多，所以我们将其绘制在第 I、II 象限交汇处，但位置更偏向左下方一些。

业务提出人，作为公司的最高层，一般情况下不会关心公司的具体工具软件的购买，因此我们将其绘制在第 II 象限。

工具型、基础服务型 B 端产品，可能并不存在业务协作者或外部第三方，即便有，关联性也很弱，所以我们将这两类涉众绘制在第 III 象限。

工具型 B 端产品的涉众地图如图 3-9 所示。

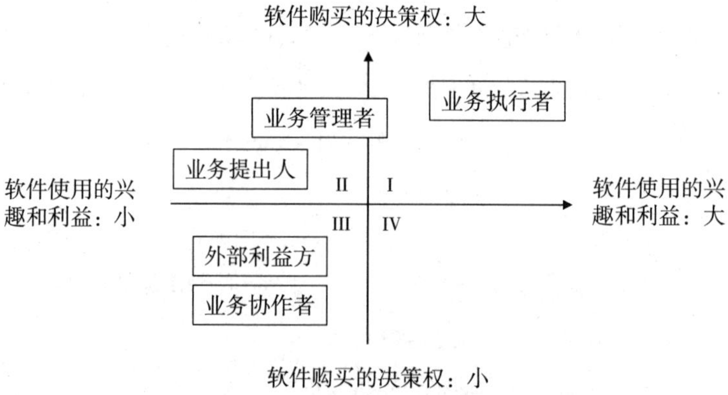

图 3-9　工具型 B 端产品的涉众地图

我们总结绘制了两种典型 B 端产品类型背后的涉众地图，大家要注意的是，这里给出的只是参考示意，并非绝对的标准，目的是让大家产生思考。在实际工作中，即便是同类产品，基于不同的行业、客户规模，涉众地图也可能是不同的。

3.4.3　定义利益方的优先级

通过涉众地图，我们可以得出不同利益方在软件产品的购买决策和兴趣利益上的分布特点，这对调研工作有很好的指导作用，同时，也引发了进一步的思考：

- 面对不同的利益方，究竟谁的优先级最高？

- 我们的产品，究竟解决谁的问题？

- 面对有限的研发资源，我们应该先满足谁的诉求？

- 业务管理者不是最终用户，但却具备采购决策权，他们的需求，我们应该全力支持吗？

- 业务执行者使用软件最频繁，但采购决策权较弱，他们的需求，我们应该全力支持吗？

- 面对业务管理者和业务执行者利益冲突的情况，我们应该以谁的利益为主？

这些问题是软件产品设计前必须严肃思考并给出明确答案的，因为这是产品规划以及具体执行的核心指导方针，决定了软件产品后续的演进蓝图甚至商业成败。

如果我们对涉众地图的四个象限定义四个优先级策略，则具体分别如下。

- 第一优先级：重点管理（全力满足诉求）。

- 第二优先级：尽量满足（尽量满足诉求）。

- 第三优先级：保持沟通（持续沟通，有选择性地满足诉求）。

- 第四优先级：关注动态（关注即可，不用满足诉求）。

不同象限应该安排什么样的优先级呢？接下来，我们分别来聊一聊项目制和 SaaS 模式下的不同应对方式。

3.4.4　项目交付制的利益方优先级原则

项目交付制的软件产品是传统 IT 企业最经典的运作方式。在项目交付制中，客单价高，软件产品是一次性买断的，因此如何成功拿下客户是最重要的事情，在软件产品的设计实施过程中，会优先解决购买决策权比较大的利益方的诉求，即图 3-10 中被标记为灰色的第 I、II 象限的位置。

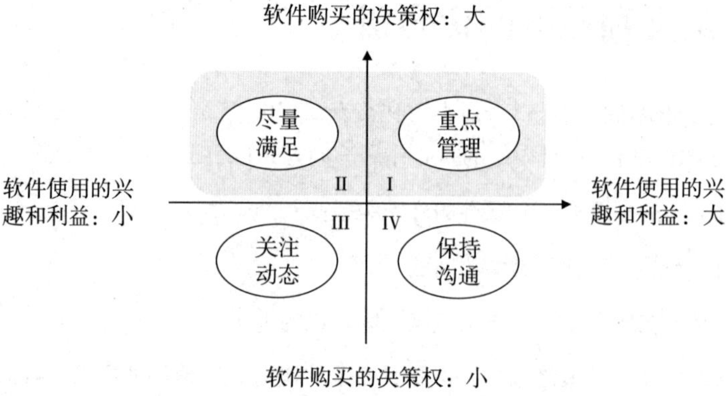

软件购买的决策权：大

软件使用的兴
趣和利益：小

尽量
满足

重点
管理

II　I

III　IV

关注
动态

保持
沟通

软件使用的兴
趣和利益：大

软件购买的决策权：小

图 3-10　项目交付制的优先级原则

象限 I 是最核心的服务对象，需要"重点管理"。

象限 II 是次重点服务对象，即便他们对软件使用的兴趣和利益不大，但因为拥有很高的决策权，所以依然要采取"尽量满足"的策略。

象限 III 不论是决策权还是使用软件的兴趣都很弱，是所有利益方中和项目、业务最不相关的群体，可以采用"关注动态"的策略，保持关注即可。

象限 IV 是软件的核心、重点用户，但因为其采购决策权较弱，所以在项目交付制中可能会采取"保持沟通"的策略，并不会优先跟进支持。

以业务型 B 端产品为例，通过涉众地图定义的优先级策略如图 3-11 所示，大家可以看到不同利益方在象限中的位置，以及每个象限的优先级。

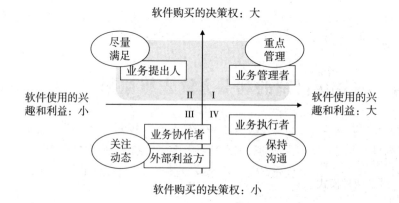

图 3-11　项目交付制模式下业务型产品的优先级原则

3.4.5　SaaS 模式的利益方优先级原则

和项目交付制不同，SaaS 软件按年收费，首年年费并不高，更看重客户的续费，因此，软件能不能帮客户解决实际问题，客户用得开不开心，变得更加重要，尤其是一线执行者，作为软件最直接的用户，是 SaaS 产品必须重点服务的对象之一。对于 SaaS 产品，更关心第 I、IV 象限中的利益方，如图 3-12 所示。

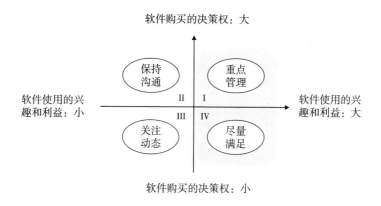

图 3-12　SaaS 产品的优先级原则

象限 I 是最核心的服务对象，需要"重点管理"，因为这一象限兴趣利益最大，购买决策权最大，当然是第一服务对象。

象限 II 采用了"保持沟通"的策略，这和 IT 项目制完全不同，SaaS 要解决实际的业务问题，持续赋能客户，产生续费和增购更重要，因此，即便象限 II 中的群体拥有很高的购买决策力，但从 SaaS 模式的长久利益出发，并不是重点服务对象。

象限 III 和项目交付制的原则一样，"关注动态"即可。

象限 IV 又是一个和项目交付制处理策略不同的区域，在 SaaS 模式下，我们对象限 IV 采取"尽量满足"的策略，因为位于象限 IV 的利益方和业务强相关，是软件产品真正应该服务的重点对象之一。

依然以业务型 B 端产品为例，通过涉众地图定义的优先级原则如图 3-13 所示，大家可以将其和图 3-11 做一下对比，感受一下两者的区别。你也可以尝试自己绘制工具型 B 端产品在两种模式下的涉众地图，以及自己所负责的产品背后的涉众地图和优先级原则。

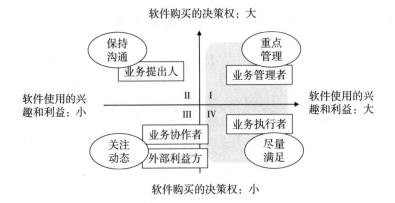

图 3-13 SaaS 模式下业务型 B 端产品的优先级原则

以上我们探讨了在两种软件交付模式下，所涉及的不同利益方的优先级管理策略。不论我们设计的是内部使用的软件系统，还是商业化软件产品，不论我们采用了项目交付制，还是 SaaS 模式，都需要识别产品背后的利益方，并决定服务的优先级。想清楚这些问题，很多棘手的情况就都有解决思路了。

例如，假设你是一名设计给销售人员使用的 SFA CRM 的 SaaS 产品经理，如果客户老板普遍反馈希望加强拜访管理功能的约束和限制，但是一线销售人员又不希望增加这样的功能，那么到底该不该加呢？作为一名产品经理，首先应该思考的是老板希望这么做的目的和诉求是什么，有没有更好的双赢的解决思路，如果深刻分析后发现老板和员工在这件事上就是存在不可调和的矛盾，必须选择其一去支持，我想，此刻你心中一定有了答案。

还有个有趣的话题，有人说钉钉是一款给老板使用的企业协同工具，而飞书是一款给员工使用的企业协同工具，飞书代表了 SaaS 软件的最新实践理念，更关注员工和一线用户，释放了团队和个人的激情与活力。你认为飞书背后的利益方有哪些，位于哪个象限？飞书为谁服务？要解决的终极问题是什么？是谁的诉求？

3.5 B 端业务调研的方法

B 端业务调研的常用方法包括深度访谈、轮岗实习、调研问卷、数据分析、行业研究。这些方法使用起来都有一些技巧和注意事项，下面我们就来一一介绍。

3.5.1　深度访谈

深度访谈是了解业务全貌最快的手段。通过一对一面谈，可以直面问题，迅速获得答案。在做深度访谈时，产品经理就像一个记者，要在有限的访谈时间内，赢得访谈对象的信任、好感，获得有价值的信息。做深度访谈时有以下注意事项。

准备好访谈大纲

提前准备好访谈思路、大纲、问题，选好访谈对象，想清楚通过访谈想要了解什么。如果事前没有做好准备，就好比记者采访前没有准备好提纲，必然会导致对话内容发散、混乱，无法收集到足够多的有效信息。典型的访谈大纲模板如表 3-2 所示。

表 3-2　典型的访谈大纲模板

调研访谈表					
访谈对象	×××	部门	×××	职务	×××
联系电话	×××	Email	×××	微信	×××
访谈时间	2019-06-15 14:30-17:10	访谈地点	北京分公司		
访谈人员	×××				
访谈目的	了解KA销售的数据需求				
访谈记录	将访谈内容详细记录于此				

从高级别人员开始访谈

从高级别人员开始访谈工作，按照从概览到局部、从全局到细节的顺序研究业务，更容易把握整体调研工作的脉络和节奏。如果一开始就陷入细节的汪洋大海，会抓不住关键问题。

提前研究访谈对象

访谈前要从各种渠道了解访谈对象的背景，尤其针对高级别访谈对象，了解得越充分、细致越好。比如，有些访谈对象可能在项目中是利益受损方，如果提前不知道这个情况，可能会得到很多干扰信息，对决策和判断产生影响。

和访谈对象保持联系

访谈结束后，最好和访谈对象建立长期联系，尤其是一线业务人员。人和人面对面聊过后，会产生基本的信任感和好感，要借助访谈的机会，拉近和业务人员的距离。如果后续项目中遇到问题，想获取最真实的一线反馈，则可以联系之前的访谈对象，寻求帮助。

3.5.2　焦点小组

焦点小组是一门应用广泛的调研技术，在市场、社会科学等领域都有大量实践。简单来讲，焦点小组会挑选并安排 6~9 人的用户作为一个小组，在组织人的控制下，不偏离主题地自由探讨，主持人在其中观察人们的态度、反应。

在产品设计领域，焦点小组常常用来做产品可用性测试（Usability Tests），分析人员将新系统的交互设计方案进行现场演示，然后让小组人员针对旧方案和新方案分别进行可用性静默打分，并探讨感受，从而判断新版设计方案是否更优。

【资源推荐】

关于焦点小组的进一步探讨，可以阅读人机交互大师 Jakob Nielsen 在 1997 年发表的名为 "The Use and Misuse of Focus Groups" 的文章。

3.5.3　轮岗实习

轮岗实习是指，产品经理深入一线，直接体验一线业务人员的具体工作，这是深入了解业务的最好方法。

做产品经理，最忌讳的就是凭自己的主观感觉进行设计，脱离实际。如何准确挖掘客户的真实需求？要么不断地和客户沟通、确认，要么直接和客户一起工作，看看到底遇到了什么问题。

老马回忆起曾经在某金融企业做内部系统产品经理时的经历，当时公司的催收业务部向老马反馈一线催收员压力大、人效低，系统不好用，提了一堆需求，要对催收外呼系统做各种改动。老马收到需求后，并没有马上开始编写 PRD（产品需求文档，第 6 章会介绍），而是去催收部做了一周的催收工作，并且和一线员工打成一片，深入沟通，最终发现业务人员抱怨多的主要原因并不是系统不好用，而是呼出的电话 80% 都打不通，极大地影响了效率。为此，老马只做了一件事情：采用预测试外呼的技术手段，即系统自动呼出电话，客户接通后马上给空闲的业务人员弹屏提示，这样保证业务人员的时间花在了和客户沟通上，而不是不停地尝试拨打无人接听的电话上。功能上线后，催收人员效率极大提升，从根本上提高了人员效率；而老马也自此升职加薪，一路开挂，走向了人生巅峰！

深入一线是产品经理有别于传统需求分析师的重要特征之一。如果不能深入一线，而只是被动地接受需求，产品经理的价值就会大打折扣，产品经理的成就感和积极性也会越来越弱。只有投身于一线，才能深刻地理解业务，做出正确的决策。产品经理要当一个冲在前线的人，而不是在后方拍脑袋的人。

对于商业化软件公司的产品经理，可能无法进入客户公司通过轮岗实习学习业务，但也要尽量去走访客户，观摩现场，理解体会业务运作的方式和过程。

3.5.4   调研问卷

线上的调研问卷是比较灵活的调研手段，既可以进行定性分析，也可以进行定量分析，并且很容易推广。问卷的内容设计一定要谨慎，因为问卷一旦发出，就无法修改问题了，如果辛辛苦苦收回了大量反馈，却发现当初的问题设计不合理，是多么让人崩溃的事情。设计调研问卷时要注意以下几点。

激励用户完成填写

问卷调研首先要确保能够回收足够多的、有效的反馈结果。如果问卷冗长、乏味，用户填写到一半很可能就离开了，因此要控制问卷的长度。在问卷的开头部分，最好告知问卷设计的目的、预计占用的时间，以便填写者有大概的心理预期。最好能带一些活动礼物，提高大家参与的积极性。

控制好开放式和封闭式问题

问卷中的开放式问题和封闭式问题的比例要合适。一般来讲，建议大部分使用封闭式选择题，以便获取定量分析的数据支撑。在问卷结尾可以留一到两个开放式问题，以保证调研对象可以自由表达想法。如果开放式问题超过两个，你需要谨慎地思考每个开放式问题的意义是什么，是否必须采用开放式。毕竟很少有人愿意花时间填写大段的文字。

避免诱导性问题

在问卷设计中，要避免诱导式的提问，例如不要问"我们要做一个更好的个人管理功能，您会使用吗？"而要尽量采用中性描述，例如，"您使用这款产品的体验如何？"

也尽量不要设置非此即彼的问题，例如"您是否喜欢我们的产品呢？"，可以提供多个描述主观感受的选项供调研对象选择。注意，选项要采用平均切分主观感受的描述，最好是通过打分尽量将主观感受数字化处理。

如果你想了解被调研对象对某个功能点的喜好，有两种问法。

问法一：针对某功能 X，您的感受是

a、非常喜欢　b、喜欢　c、无所谓了　d、不喜欢　e、非常不喜欢

问法二：针对某功能 X，您的感受是

非常喜欢 1 2 3 4 5 6 7 8 9 10 非常不喜欢

以上两种问法，第二种问法应用更广泛，通过计分的方式可以将主观感受尽量客观化。

谨防"幸存者偏差"

英军曾经对战斗结束后的飞机进行检查分析，发现机翼部位的弹孔较多，因此判定机翼是战斗机交战中容易受到攻击的部位，从而决定加强机翼装甲。但实际上，战斗中坠落的飞机大都是因为腹部受到了攻击，腹部才是战斗机最薄弱的地方。幸存的战斗机对分析工作产生了误导，这叫幸存者偏差。

在实际工作中经常存在"幸存者偏差"，例如，假设你需要收集业务团队对某功能的评价，选择了在北京的团队投放问卷，但实际上北京团队很少使用该功能，因而得到的反馈无法反映真实的状况，价值不高。在问卷调研工作中，要当心"幸存者偏差"，分析并选择合适的样本。

3.5.5　数据走查

调研时，有必要掌握业务的关键过程指标和结果指标。

对于分销业务来说，过程指标包括新客户开户时长、订单处理时长、分拣配送时长、销售拜访量、新销售线索进量、销售线索转化率等；结果指标包括订单量、客单价、收入、成本、利润率等。

产品经理要像业务经理那样关心业务运行的各项数据，这样才能了解业务现状，并进行业务诊断。

3.6　制订一份调研计划

当我们已经明确了调研目的、调研对象，下一步可以准备具体的调研计划并安排
工作开展执行。

3.6.1　典型的调研计划表

业务调研的要点，是**在合适的阶段，采用合适的方法，调研合适的用户，掌握正
确的信息**，具体可以参看表 3-3。

表 3-3　制订一份调研计划表

调研目的	调研阶段	调研对象	调研话题	调研方式
了解业务远景	初期	业务提出人	战略层：战略/品牌/文化	访谈
把握业务策略	初期、中期	业务管理者	战术层：经营策略/组织治理/管控模式	访谈
		政策法规	政策法规	分析政策文件
掌握业务活动	中期、中后期	业务执行者	执行层：综合支持/流程机制/培训考试/合规质检等	访谈/问卷/焦点小组/轮岗实习
		业务协作者		
		业务外部	执行层：综合支持/流程机制等	访谈/问卷/焦点小组

大家要注意的是，在实践中，并不一定严格按照上表执行，而需要根据实际情况
做出灵活变通。我们在调研之前，可以根据对业务的初步了解情况，将调研目标进行
整理分析，填入表格，尤其是可以将相关调研对象在项目上的兴趣利益和决策影响力，
也列入表格中，方便自己做一份有的放矢的调研计划表。

3.6.2　案例：M 公司分销业务调研计划表

针对 M 公司分销平台的业务调研工作，在老马的指导下，果冻设计了如表 3-4 所
示的调研计划表。

表 3-4　M 公司分销业务的调研计划表

调研阶段	调研目的	涉众类别	调研对象	调研话题	调研方式	影响力	兴趣利益
初期	了解业务远景	业务提出人	M 公司创始人	战略层：战略/品牌/文化	访谈	高	高
初期	把握业务策略	业务管理者	分销业务负责人	战术层：经营策略/组织治理/管控模式	访谈	高	高
初期	把握业务策略	政策法规	政策法规	政策法规	分析政策文件	高	高
初期中期	掌握业务流程	业务执行者	分销业务运营人员	执行层：综合支持/流程机制/培训考试/合规质检等	访谈/问卷/焦点小组/轮岗实习	中	高
初期中期	掌握业务流程	业务执行者	分销销售人员	执行层：综合支持/流程机制/培训考试/合规质检等	访谈/问卷/焦点小组/轮岗实习	中	高
初期中期	掌握业务流程	企业外部	客户的管理人员	执行层：综合支持/流程机制/培训考试/合规质检等	访谈	低	高
初期中期	掌握业务流程	企业外部	客户的采购人员	执行层：综合支持/流程机制/培训考试/合规质检等	访谈/问卷	低	高
中期后期	掌握业务流程	业务协作者	M 公司仓配运营人员	执行层：综合支持/流程机制/培训考试/合规质检等	访谈	低	低
中期后期	掌握业务流程	业务协作者	M 公司财务相关人员	执行层：综合支持/流程机制/培训考试/合规质检等	访谈	低	低
中期后期	掌握业务流程	业务协作者	协作团队的 IT 研发人员	执行层：综合支持/流程机制/培训考试/合规质检等	访谈	低	低
中期后期	掌握业务流程	企业外部	聚合支付公司	执行层：综合支持/流程机制/培训考试/合规质检等	访谈	低	中

在调研初期，老马会带着果冻访谈公司的高层，包括 CEO 和分销业务负责人，了解大佬们对业务的展望，对系统的期待。当然在这个过程中果冻主要以学习为主，毕竟在和高级别管理人员交流时，没有相应的视野、知识储备和业务能力，是没办法平等对话的。

接下来，依然通过访谈的方式，和分销业务运营、销售的人员，代表客户的管理、采购人员，以及 M 公司内部协作部门的核心人员进行交流，了解他们遇到的困难、挑战，对系统的期望。

初期通过和代表人员的访谈，了解业务大盘、整体运作情况、关键业务场景、典型业务问题和挑战，对产品的下一步定位和规划工作打好基础。

初期调研完成后，需要总结输出调研结果，这部分内容将在下一节详细介绍。根据调研结果，接下来要做立项、产品定位、概要设计等工作，然后会进入更加细致的调研与产品细节方案设计阶段，进一步通过访谈、问卷等方式明确各个明细场景中的业务运作。

在调研的后期阶段，对产品细节方案设计也进入尾声，可以和对接的产研团队以及外部第三方进行技术层面接口对接、系统对接的方案设计和准备工作。不过如果在调研中发现某些业务流程、运营方案会受到系统架构和技术方案的影响、约束，则可能需要技术人员提前介入。不过如果有条件的话，技术负责人也可以在调研阶段就全程介入，一来加深对业务的理解和把控，二来可以更准确地拿捏技术方案的设计。

3.7   总结输出调研结果

完成初期调研工作后，我们对业务的运作模式、现状、痛点有了整体了解，下一步要将调研结果做总结输出。做过 IT 管理咨询的同学对以下内容可能很熟悉，我们在做企业级软件产品设计的时候，很多工作思路和过程确实是相通的，对于一名产品经理，不仅要以商业化的思维分析市场，也需要能够像一名咨询顾问一样深入客户的业务中分析、梳理、诊断业务。

3.7.1   业务现状梳理

战略定位和战略目标

通过对 M 公司高层进行访谈，我们确定 M 公司对分销业务的战略定位是，扩充并尝试新销售渠道，发展高端零售的分销通路；战略目标是在 3 年内打入主要的一二线城市的高端零售分销市场，并站稳脚跟，形成初步竞争力。

经营策略

通过对业务负责人的访谈，我们了解到 M 公司对分销业务给出的经营策略是，目标客户群体是大型的餐饮连锁集团，以及大型生鲜分销商等企业级大客户；定价策略是能够基本覆盖采购、仓配成本加运营管理成本，不追求利润率，甚至可以在一定范围内略微亏损，以快速占领市场的；供应链采用当前 C 端供应链体系，即现有的仓配服务。

管控模式

通过对业务负责人的访谈，我们了解到 M 公司对下属部门采取了事权下放的管控模式，下属部门在遵守基本规则的前提下拥有售卖定价权、运营管理权等权利。

组织架构

通过对业务负责人的访谈，我们梳理出当前分销业务部基本的组织架构图，如图 3-14 所示。分销业务部是独立运营的新事业部，负责人直接向 CEO 汇报。分销业务部下属的运营部由分销业务部直管，支持北京和上海分公司的运营工作，包括客户资料审核、报价管理、订单管理、账期回款等，北京和上海分公司只安排了销售人员，负责开发客户。这是业务开展初期能够快速运转的一种团队结构安排。通过梳理组织架构图可以理解人员结构和岗位设计，为系统的权限管理设计做好准备。

根据与分销业务部负责人沟通，分销业务的管控模式将进行如下调整。

- 计划北京和上海分公司各自成立运营部，自己直接管理运营工作，不再由分销业务部统一管理。业务负责人希望通过这样的调整，将决策权下放给分公司，让分公司实现更灵活的经营管理，提升效率。
- 随着分销业务的规模不断增大，风险控制的需求越来越凸显，因而公司决定在分销业务部下面成立业务支持与风控部门，负责整体把控运营执行情况，控制分公司运营风险。

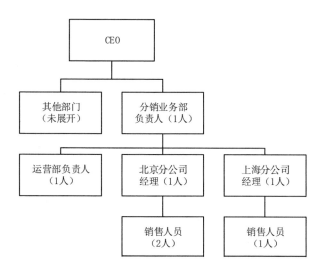

图 3-14　M 公司分销业务部目前的组织架构图

图 3-15 是 M 公司分销业务计划调整后的组织架构图，其中深灰色的节点为计划新增加的业务单元。

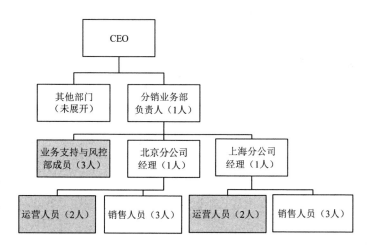

图 3-15　M 公司分销业务计划调整后的组织架构图

核心业务流程

经过对业务负责人、业务运营人员、销售主管、销售人员以及分销客户进行全面访谈，我们绘制出目前分销业务的手工作业流程，如图 3-16 所示。图表采用了经典的泳道流程图，横轴代表相关的业务部门，纵轴代表涉及的业务系统。这种方式可以清晰地描述业务在不同部门之间如何流转，以及流转过程中涉及哪些业务系统。第 6 章会进一步介绍流程图的绘制要点。

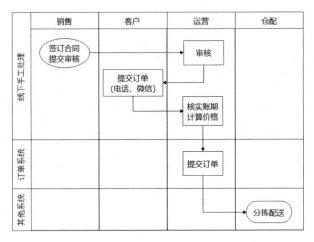

图 3-16　M 公司分销业务的手工作业流程

从流程图中可以看出，目前分销业务的客户签订合同、提交订单、核实账期，都是在线下完成的，从提交订单开始走线上流程，完成后续的生产配送。

对于业务人员来说，流程中最麻烦的就是下单环节。由于生鲜价格实时变化，和客户签订的商务合同又要求在商品售价的基础上按一定折扣出售，因此下单人员每次需要根据客户提报的采购清单拉取当天的商品售价，按照该客户的折扣系数表换算售卖价格，再手工改价录入订单系统。下单前还需要先确认客户账期[1]是否逾期，是否允许发货。

由于流程复杂，容易出错，目前一个运营专员只能维护 5 个左右的客户，每日处理 10 笔订单，人效极低。

显然，业务人员在下单环节的工作非常烦琐，有待优化。

数据走查

最后，我们通过数据走查整理当前的关键业务指标和全年的业务目标，作为了解业务运作情况和预期的一个重要补充资料，总结如表 3-5 所示（注意，此处只是示例，

---

[1]　所谓账期，是 B2B 分销交易中很常见的一种结算模式，即商品发货后买方并不马上给卖方结款，而是在约定的某个时间，例如每个月 15 号，先进行对账，无误后，在一定时间内完成打款。如果买方在账期到期后仍然没有完成结算并付款，则存在逾期，卖方会停止发货，避免进一步的损失。

不用纠结数字指标之间的关系)。

表 3-5　M 公司分销业务的关键指标总结

指　　标	当前（5 月）情况	全年目标
月营业额	500,000 元	6,000,000 元
利润率	15%	20%
月增长率	20%	–
月订单量	250	–
平均客单价	2,000 元	3,000 元
月下单客户数	25 人	–
累计合作客户数	20 人	50 人
开展业务的城市	北京、上海	北京、上海、深圳、广州

3.7.2　业务问题总结

我们对业务现状有了充分的理解，这也为我们进一步深刻地理解业务痛点打好了基础。接下来，我们将不同利益方所面临的挑战和诉求进行总结，并且初步给出解决思路、背后应对的场景（场景会和产品功能模块有一定的映射关系），以及业务优先级。M 公司业务问题总结如表 3-5 所示。

注意，**解决思路并不一定只包含通过技术手段解决的方式，业务管理的调整、改变都属于解决思路。**

表 3-5　M 公司业务问题总结

利益方	业务痛点与诉求	解决思路	对应场景	优先级
分销业务负责人	无法实现客户总部集采、大区集采、门店自采等混合采购模式	系统支持复杂客户模型与混合下单模式	客户管理下单管理	高
	不能及时控制账期客户的回款进度和账期风险	系统记录、管理客户账期，下单时进行账期检查	账期管理	中
分销运营人员	客户散落在 Excel 中，管理混乱	系统统一管理客户	客户管理	中

续表

利益方	业务痛点与诉求	解决思路	对应场景	优先级
	对账和开票工作复杂，需要处理大量数据表，容易出错	自动化对账	财务管理	低
	生鲜实时变价，每次下单要根据折扣表手工计算价格，效率低，易出错	系统实现实时动态价格计算	定价管理商品管理	高
分销销售人员	客户审批线下邮件进行，比较低效	通过 OA 系统实现审批线上化	开户管理	低
分销客户管理员	某些客户希望针对部分商品进行预加工以及加急配送处理	系统标记特殊客户，分拣配送系统进行个性化处理	订单履约	低
	不能控制管理下属门店可以购买哪些商品	客户管理员可以定义下属门店购买商品的目录	定价管理商品管理	中
分销客户采购员	无法及时看到最新商品信息和价格，下单需要邮件或微信，烦琐麻烦	提供一站式下单工具	下单管理	高

我们将业务主流程优化确定为高优诉求，将小众功能、风控功能列为低优诉求，经过探讨和业务人员达成一致，产品一期将聚焦高优诉求的实现。

通过对业务问题梳理和总结，我们更加深刻地理解了业务，掌握了业务的特点和挑战，做好这些准备工作，下一章我们将进入产品整体方案设计环节。

3.8 B 端产品与 C 端产品业务调研的区别

在本章最后，我们聊一聊 B 端产品和 C 端产品在业务调研上的区别。

3.8.1 调研目标不同

B 端产品面向企业用户，产品目标是更好地支持业务运转。所以调研目标是分析业务现状和业务问题，为方案设计提供支撑，最终解决企业的业务问题，提升运转效率。

C 端产品直接面向终端用户，而且一般是承载着公司的商业目的（可能是变现，也可能是获取更多流量，等等）的。所以，调研目标是获取真实有效的用户需求和体验感受，以便后面结合用户的需求、痛点设计解决方案最终实现商业诉求。

3.8.2　调研对象不同

B 端产品的目标用户是一个组织或机构，所以调研对象要涵盖组织机构中的不同人员，从高层管理人员到一线执行人员，关键角色要全部覆盖。

C 端产品的目标用户是独立的个体，所以调研对象一般都是个人，主要是基于用户细分和用户画像的代表性用户。

3.8.3　调研方法有所不同

作为一名 B 端产品经理，必须认识到，很多 C 端产品设计的方法论和工具并不完全适用于 B 端产品，调研的方法和思路也不完全适用于 B 端产品。

比如 C 端产品调研问卷的常见工具 KANO 模型就不完全适用于 B 端产品（在第 12 章我们将进一步介绍 KANO 模型和其在 B 端应用的局限性）。

再比如，C 端产品经理本身就是产品用户之一，往往通过移情、同理心等手段和技巧来感受用户诉求；但 B 端产品服务的是业务，绝大多数产品经理并没有做过相关业务，更没有管理过相关业务，因此不能通过想象、移情等方式来理解业务管理者和一线人员的诉求、感受，必须深入业务，甚至通过轮岗，来理解、学习具体的业务。

第 04 章

B 端产品的整体方案设计

通过业务调研，我们已经对业务脉络有了较好的了解和掌握，对业务问题有了比较准确的判断和总结。现在，需要从整体上构思产品的解决方案了。

B 端产品的整体方案设计需要遵循自顶向下的设计思路，可以依次设计核心业务流程、产品定位、应用架构、功能模块、演进蓝图，从抽象到具体，逐步勾勒出 B 端产品的轮廓。这些是后续细节设计的指导性方针，是细化设计的基础。

4.1 通过精益画布构建商业模式

探讨产品定位之前，我们先停一停，再次回到商业化主题，聊一聊 B 端产品的商业模式设计。

4.1.1 对精益画布的解读

为什么我们已经完成了初步业务调研，反而再次回到商业化主题呢？这是因为，做 B 端产品必须深刻地理解客户的业务和痛点，如果 CEO 或产品负责人对业务不理解，就不可能设计出合理的商业模式。**产品不能是凭空想出来的，尤其是业务型 B 端产品，设计这类产品最怕拿个榔头（产品）找钉子（客户），这样多半会失败，而应该先找到钉子（客户），再去拿榔头（产品）钉钉子。**

所以，在 M 公司的案例中，产品负责人老马带着果冻，深入分析典型种子客户（M公司）的痛点和诉求后，再次返回商业模式构建和论证阶段，思考关于客群定位与痛点识别、产品定位和价值主张的问题，这才是水到渠成的事情。

当然，并不是说，我们必须完成业务调研才能做商业模式论证。理论上，商业模式论证应该是在业务调研之前、市场分析之后紧接着完成的工作。只不过，在本书的案例中，我们将商业模式设计安排在了这个环节，在实际工作中，大多数的 B 端创业者本身就是行业专家，对客户痛点和领域有着深刻的理解、洞察，当然不需要在调研完客户后再做商业模式论证。

关于商业模式的构建，有很多方法论和工具模型，可用于从不同的视角和关注点进行商业分析；我推荐 Eric Ries 在《精益创业》一书中提出的精益画布（Lean Canvas），这是一种清晰简洁、涵盖了商业论证关键要点，并且特别适合做软件项目的工具方法论。

精益画布中给出了商业模式构建的九个关键要素，这九个要素可以帮助你把商业运作的关键问题都想清楚，如图 4-1 所示。

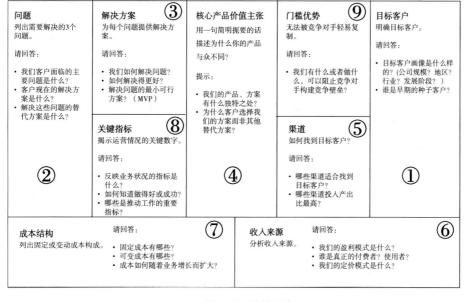

图 4-1　精益画布

画布中心是核心产品价值主张，画布左侧描述的是产品，右侧描述的是市场，底部描述的是收入来源和成本结构。你可以按照从①到⑨的顺序层层递进，逐步展开分析。精益画布本身很容易理解，图 4-1 中的每个要素都有详细的说明，我们不再赘述。需要注意的是，在《精益创业》一书中，作者是从②开始分析的，在思考客户痛点的同时明确了客户画像；在本书中，我们是从①开始分析的；在实践中没有绝对的先后顺序，对市场和客群的分析可能会经过多次迭代调校。

4.1.2   案例：分销平台商业化的精益画布绘制

老马："果冻同学，现在你对业务已经越来越了解了吧，接下来，你可以做一版商业模式分析报告，构想一下，如果我们将这套平台，以 SaaS 模式商业化对外售卖，商业模式该如何运作。"

果冻（兴奋地搓搓手）："好啊好啊，想想就激动，这么高屋建瓴的工作，感觉下一步就要当 CEO 了呢！"

老马："一个好的商业化产品经理，除了要具备软件设计的基本功和对业务的深刻理解，更要具备商业视角和思维模式，毕竟产品只是商业的一部分。你好好琢磨琢磨，利用精益画布的方式，明天给我一份报告，虽然这只是一个模拟练习，但对于你培养基本的商业认知和感觉是有帮助的！"

第二天……

果冻："工作完成啦，虽然懵懵懂懂，但这个思考过程太有意思啦！感觉自己就是CEO 啦！"

老马："说来听听。"

果冻："首先是目标客群，我们即将研发的这套系统，目标客户是中等规模企业，年营收大概在 5000 万元到 10 亿元的生鲜品一级批发商和二级批发商，选择这个群体，主要是考虑到规模更小的批发商业务利润不足，体量也并不需要信息系统支撑运作，而体量更大的客户，基本都选择了自研系统；另外，M 公司就是我们的种子客户！"

老马："不错，继续！"

果冻："这类目标客户的主要问题是，在商品销售流通中面临各种复杂混合采购模式，以及生鲜品动态变价，如果没有系统支持，一方面无法很好地实现混合采购，另一方面调价工作靠手动完成，效率低，极容易出错，会造成毛利损失。目前客户只能手动做报价工作，没有很好的解决办法。虽然市面上也有面向生鲜农产品的交易平台，但都是基于标品模式设计的，对非标品和动态变价这些核心场景都没有支持。"

老马："非常好，客户当前解决问题的方案是我们需要非常重视的，如果客户说自己遇到的问题目前没有解决方案，那么可能这就是个伪需求，或者客户并不关心，如果围绕这种痛点和需求构建产品，一定要谨慎！"

果冻："我们的解决思路，就是设计一套基于非标品、动态变价售卖模型的交易平台，来支持生鲜品批发商的作业模式。MVP 版本要能支持最基本的正向、逆向下单和售后作业场景！"

果冻（喝了口水，清了清嗓子）："这也同样是我们的产品特色和价值主张，我们的产品更理解非标品的生鲜业务，对生鲜品的交易模式支持得更加彻底和专业！"

老马（微笑）："很好，你掌握了精髓！"

果冻："关于渠道部分，因为我们的目标客群数字化意识相对较弱，而产品形态偏复杂，因此主要还是通过销售渠道完成，依靠推式销售，而非一般工具型 SaaS 采用的拉式销售。"

老马（扮鬼脸）："没毛病，关于产品运营和销售管理的话题，本书第 11 章还会做进一步介绍。"

果冻："接下来，是收入模式问题，方法非常多，比如说通过订阅按年按账号数收费；或者使用免费，根据交易额抽佣；再或者采用 Freemium，小规模使用免费，到达一定水平后收费等。"

果冻："成本部分：房租、固定资产属于固定成本，市场费用、员工工资属于可变成本，不过这部分属于会计范畴，我确实不专业！"

老马："没关系，很不错了，等有一天你当了老板，会计和财务报表方面的知识都得深入学习！"

果冻："衡量业务的关键指标有很多啦，包括客户数、收入留存率（NDR, Net Dollar Retention）、日活等这些都算！"

老马："这些指标都很重要，但是对于公司经营来讲，不同阶段需要锚定核心的关注指标，以便全公司统一发力，这也是互联网领域北极星指标（第一关键指标）的设计理念。"

果冻："最后就是竞争壁垒啦，我们本身就有业务经验，对行业理解更深刻，这就是最好的竞争壁垒啦！"

老马："这算一个，竞争壁垒有很多，不仅是产品，渠道、老板 IP、资本也都可能属于竞争壁垒。"

果冻："明白！"

老马（大笑）："整体分析得非常棒！明天我就在董事会提名你作为下一任 CEO！"

4.1.3　精益创业与 PMF

一款商业化软件产品的运作，是理性和艺术相结合的工作，把一个点子变成一门成功的生意是相当有挑战的事情。

在传统的软件研发模式中，一个新产品的诞生，从前期的市场分析、设计，到投产、销售，要经历一个相对较长的周期，有时候甚至可能需要花费一两年时间，结果上线后，发现市场需求已经发生了较大的变化，设计出来的产品已经不符合最新的诉求而卖不出去。

为了降低新产品设计研发的风险，针对高科技企业的精益创业（Lean Startup）方法论由 Eric Ries 在 2008 年提出，并于 2011 年被总结成《精益创业》一书，鼓励创业者通过快速迭代、小步快跑、不断试错优化调整的方式来迅速检验产品市场，缩短研发周期，降低运作风险。

在精益创业的基础上，Benchmark 资本的联合创始人 Andy Rachleff 提出了 PMF（Product/Market Fit）的概念，进一步强调了对初期市场的验证与评估。

PMF 将新产品市场评估为四个阶段。

- 概念阶段（Proof of Concept）：提出了早期的创意想法和产品概念。
- 原型阶段（Prototype）：将产品的外观实现出来，可以让潜在客户试用并提出感受。
- MVP 阶段：定义产品的最小可行性版本并实现。
- PMF 阶段：将 MVP 版本投入市场，检验市场接受度（需要从留存率、页面访问深度、跳出率等多个指标判断产品是否契合了市场达成 PMF）。

虽然 MVP 和 PMF 概念都是为了解决 C 端产品而被提出的，但是其中蕴含的思想对 B 端产品依然有很好的借鉴价值；尽管业务型 B 端软件比较厚重，但在商业层面的运作上，一定要始终秉承"尊重市场，尊重客户，找准定位，快速迭代"的理念。

【资源推荐】

我们身处 VUCA 时代，VUCA 时代的商业创新与实践需要全新的思路和方法论，Eric Ries 的《精益创业》，以及 Ash Maurya 的《精益创业实战》，正是针对 VUCA 时代高科技产品创新的商业实战指导，教你如何将一个好点子变成一门好生意。尤其是《精益创业实战》，书中给出的精益画布（Lean Canvas）是对《商业模式新生代》一书中的商业画布（Business Canvas）的升级，我认为更适用于软件产品场景。后续，我们还会深入探讨精益画布工具的应用。

4.2　确定核心业务流程

现在，让我们回到产品设计本身，我们要梳理核心业务流程，定义问题边界，并确定产品定位。

从核心业务流程切入产品设计，是开展整个设计工作非常好的起点。核心业务流程代表业务的主干脉络，需要思考业务的各个参与方和涉及的系统。

只有定义清楚业务边界，才能定义产品边界。**很多时候我们会发现产品的定位模糊混乱，这是因为设计时对产品要解决的业务问题的边界和场景定义得就不清晰。**

在核心业务流程绘制过程中，只需要绘制关键场景和节点，不用陷入细节。

在第 3 章的调研工作中，我们已经绘制了业务线下运作的流程，在此基础上，我们可以进行简化，绘制出核心业务流程图，如图 4-2 所示。

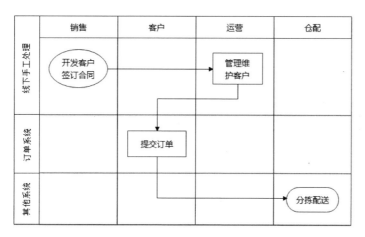

图 4-2　M 公司分销业务的跨部门核心业务流程图

在核心业务流程图的基础上，我们进一步思考，新设计的分销平台要覆盖哪部分业务场景，圈定的业务边界在哪里。

考虑到分销系统的核心应该是管理交易，而非客户开发，因此从产品化层面来讲，客户开发过程中的线索商机管理并不是分销平台要覆盖的场景。同时，经过和分销业务负责人沟通，线下客户开发目前也并没有很明确的系统支持诉求，这些工作应继续保持在线下运作。

因此，我们考虑将客户签订合同后开始录入系统作为一个分界点，签约之前的环节依然在线下运作，签约之后的客户管理由分销系统负责。

此外，分销系统拥有独立的全新订单子系统，客户下单工作将直接在订单子系统中完成。当然，也可以将之前的 B2C 订单中心抽象成基础服务（或叫作订单中台），继续给分销系统提供订单支持；只不过，目前我们选择的方案是独立做一套全新的订单系统，之前的订单数据不做迁移。这样做的重要原因之一是，分销系统要实现商业化售卖，订单作为核心模块要和原有订单系统解耦。

接下来是仓库分拣配送的正向履约环节。M 公司有成熟的仓配系统，分销平台只需要将订单和仓库系统做对接即可，但是作为一套商业化产品，还需要考虑其是否具备基本的仓配模块，因为目标客户的信息化水平比较低，如果购买了分销系统，而没有基本的仓配支持能力，核心业务线上化工作相当于只完成了一半。

因为目前第一版系统毕竟还是支持 M 公司分销业务的，因此我们先不考虑重建仓配模块，而是选择与 M 公司已有仓配系统打通；如果下一步商业化需要追加仓配模块，那么由于这是相对独立松耦合（这个概念在第 9 章会深入讲解）的模块，因此也是比较容易落地实现的。

调整后，体现出分销系统（或平台）覆盖场景范围的核心业务流程图如图 4-3 所示。

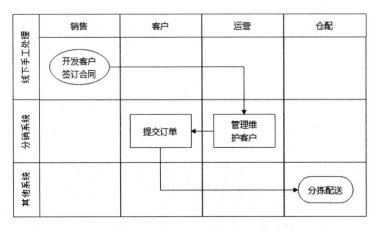

图 4-3   M 公司基于分销系统的核心业务流程图

4.3 明确产品定位

产品定位是产品设计的指导思想和灵魂，梳理了核心业务流程和业务场景后，我们对客户的问题、痛点有了明确的范围界定，接下来，可以从宏观和执行两个层面来探讨产品定位。

4.3.1　宏观层面的产品定位

从宏观层面来讲，产品定位是指对于一个选定的目标市场，企业如何设计产品承载价值主张来解决目标客户的痛点和诉求。用一句话来概括就是，**产品的目标客户是谁？解决了他的什么问题？为他提供了什么价值？**这也是精益画布中①、②、④点描述的要素。

针对 M 公司即将研发的分销平台，在宏观层面，从商业化的角度来讲，产品定位可以概括为：服务于中等规模的农产品一级批发商、二级批发商，解决其在非标农产品售卖和履约中的各种棘手问题，帮助其扩大盈利规模，提升交易效率和运营效率。

针对企业自研自用系统，也需要明确宏观层面的产品定位，但自研系统不存在目标客户群体的概念，因为服务的目标客户就是自己公司的业务方。

针对分销平台，在宏观层面，从自研系统的角度来讲，平台的产品定位是：服务于 M 公司分销业务 BU（Business Unit，业务单元），解决非标农产品采购模式复杂、难以管理、效率低、易出错的问题，帮助分销业务 BU 提升收入。

4.3.2　执行层面的产品定位

任何一套复杂的软件产品，都不太可能只靠一套独立系统来运作，而会由若干子系统来协同运作，支撑业务。

在 B 端产品设计中，我们要逐步分解、细化产品设计，在确定了产品整体定位后，下一步我们要思考应该设计几套子系统来匹配不同的业务场景，支撑业务运作，这也是执行层面的产品定位问题，我们要说清楚，**产品由几套子系统组成，每套子系统的目标用户是谁，解决他们的什么问题。**

划分子系统时，可以通过目标用户与场景进行子系统的定义和拆分。拆分的目的是让系统从业务层面上边界更加清晰，易于理解和使用，这也会传导到技术实现上，让系统底层的设计逻辑更加严谨、完备，在高粒度层面做到松耦合、高内聚。

另外，产品经理也要认识到，**多套子系统的定义只是在应用层面上的划分，在技术实现上很可能是一套统一的底层加多套前端的表皮而已**，相关的技术架构的话题在第 9 章还会进一步探讨。

基于调研工作中对 M 公司分销业务运作的理解，我们在分销平台的子系统设计中有如下思考。

首先在分销业务中，客户（这里是指生鲜品买家，而非商业化软件产品的买家，下同）需要一个快速下单的工具，所以可以提供一个手机版商城 C 端。考虑到投入产出比，公司决定通过 H5 来实现，而不是 App。通过 H5 所写的网站具有独立域名，外网可访问。

其次，需要为客户提供一套方便操作的管理后台，因为涉及大量的商品定价编辑、处理，以及账号、门店管理等功能，所以暂时只考虑实现 PC 版本，不实现手机版本。

最后，考虑到客户管理人员和 M 公司（使用分销平台的生鲜品卖家）管理人员的管理诉求不同，操作功能和页面差异较大，所以决定将管理后台拆解为两个独立的系统：给客户管理人员使用的客户管理后台具备独立域名，在外网也可以访问到；给 M 公司管理人员（和运营人员）使用的运营管理后台也具备独立域名，但仅限在内网访问。因为运营人员有移动办公的需要，要随时处理调整业务，所以考虑将部分核心功能也通过 H5 实现。

经过以上分析，可以进一步将分销系统拆分为三个独立系统，每个系统的定位不同，具体如下。

- **分销商城前台**（H5 端）：为买家的采购人员提供采购下单的功能。
- **客户管理后台**（PC 端）：为买家的管理员提供从卖家采购货物的运营管理支持功能。
- **运营管理后台**（PC 端、H5 端）：为卖家的业务部门提供客户管理及所有业务运营支持功能。

可以用表 4-1 帮助自己整理分析。

表 4-1　从角色到终端形态的拆解

角色	工作场景	子系统	终端形态
分销业务负责人	• 随时随地看报表	• 运营管理后台	• PC 端 • H5 端
分销业务运营人员	• 在办公室中处理工作 • 下班时也要随时处理	• 运营管理后台	• PC 端 • H5 端
客户管理员	• 在办公室中处理工作 • 下班时也要随时处理	• 客户管理后台	• PC 端
客户下单专员	• 随时随地下单	• 分销商城前台	• H5 端

设计业务系统时常见的问题是，为了省事，或者由于业务部门之间边界模糊、权责界定不清晰，导致很多本应该独立的功能被糅合到一个系统中，这样会造成将来管理的混乱，尤其是系统维护的混乱。理想情况下，独立的业务部门应该由独立的系统来支持工作。

举例来说，假设 M 公司分销业务的运营人员和公司订单中心的运营专员是同一拨人，你会考虑在订单系统上扩展功能，来支持分销业务吗？

4.4　梳理应用架构

所谓应用架构，是指公司所有软件系统的整体结构和布局，我们在"进阶篇"会详细讲解。任何公司的应用架构都不是随意设计的，都有复杂的设计思想蕴含在其中。

4.4.1　自研软件系统的应用架构

在设计一套新系统时，必须考虑如何和公司现有的系统架构融合，不同系统的模块之间如何衔接。这项工作复杂度较高，不仅需要有丰富的架构经验，而且需要深刻理解业务特点和可能的演进方向，还要熟悉公司目前的系统架构，这样才能快速提炼出相关问题。一般由产品负责人和公司的架构师甚至 CTO 共同讨论确定。

M 公司已经发展了多年，软件体系结构非常成熟，这就意味着在设计一套新的系统或产品时，完全可以复用现有的部分系统或模块，从而快速实现，提高系统建设效率，减少重复开发，更重要的是可以保证整体系统架构合理。

对于新设计的分销平台，该如何和公司现有系统融合呢？

首先，M 公司作为一家成熟的公司，之前已经有面向零售业务的 C 端商城，用于支持个人客户线上购物。那么针对分销业务的客户，我们是单独做一套 C 端商城，还是改造、复用现有的 C 端商城呢？经过分析评估，个人客户和分销客户（属于企业客户）需要的功能差别较大，因而两套商城的整体区别较大，如果通过对原有商城进行改造来支持分销业务，需投入的工时会很多，甚至可能比新开发一套系统还要多，而且还会影响主营业务系统的健壮性，因此公司最终决定开发一套新的 C 端商城系统（分销商城前台）来支持分销业务。

其次，我们要思考的问题是如何维护、管理客户数据：是在分销平台中独立管理，还是通过公司现有的客户资料管理模块来管理？对于 M 公司来讲，现有 C 端客户资料全部存储在客户主数据 MDM（Master Data Management）系统中，我们认为无论是 C 端客户信息，还是分销业务的 B 端客户信息，都是企业的核心资产，应该采用公司统一管理的方式，因此决定通过改造现有客户主数据系统，支持分销业务的客户信息存储和管理。

接着我们要思考如何管理客户账号体系。账号是用户登录系统的凭证，对于企业来讲，账号和客户是两个概念，一个客户可能有多个账号，但一个账号只会对应一个客户。比较成熟的企业都具备一套成熟的用户管理中心（Passport）系统，实现统一账号管理。经过思考，我们打算将现有 Passport 系统升级，从单一账号体系升级为子母账号体系，支持分销渠道的企业客户账号管理。

然后我们考虑如何连接订单和仓配系统。公司已经有一套成熟的订单中心了，基于订单中心可以完成正逆向交易操作及财务处理，且目前已经可以支持分销业务手动下单模式的作业处理。因为分销业务售卖的商品和 C 端业务售卖的商品来源是相同的，所以订单中心能够完美支持分销业务，因此决定分销平台不单独开发订单中心，而直接把交易发送给现有订单中心，由它作为桥梁，连接后续生产配送环节。这样就实现了分销平台和仓配系统的完美解耦。

关于分销平台的商品管理，完全可以复用 C 端的商品中心，只需要对价格模块进行定制开发。

最后，我们考虑后端系统的权限管理，以及分销商城前台的支付问题。由于 M 公司现有权限管理系统（Auth）与支付平台（Pay）都是基于服务化建设思路实现的完善解决方案，因此可以作为基础服务快速支持新系统，无须重复开发。

至此，我们梳理并确定了分销平台和公司现有架构的融合关系，确定了系统的复用方案。我们将分销平台分为三个子系统，将其绘制到公司整体应用架构图中，如图 4-4 所示。深灰色矩形是新增的系统，浅灰色矩形是原平台中需要结合本次项目进行升级改造的系统，白色矩形是原平台中不受影响的系统。关于这张架构图代表的含义、形成的原因、分层的目的，在"进阶篇"会详细讲解。

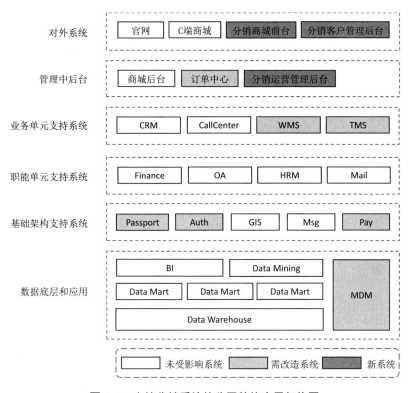

图 4-4　支持分销系统的公司整体应用架构图

4.4.2　商业化软件平台的应用架构

从事乙方商业化软件系统建设的设计人员，同样需要具备企业应用架构的常识。

首先，任何一个商业化软件产品，在实施过程中都要考虑和甲方已有架构的融合问题，如果产品经理不懂应用架构的常识，在软件的集成能力设计、模块的通信设计上就会出问题。这不单纯是技术问题，还是一个业务问题，甚至是商业问题。

其次，乙方厂商如果有多产品线协同，同样需要思考应用架构的体系设计问题。一方面，产品矩阵背后需要有一体化的架构设计思考，另一方面，为提升公司研发效率需要避免重复造轮子等问题。

例如，有赞有零售、美业等不同行业的独立产品线，虽然这些产品对于各自客户来讲可能毫无联系，但在背后的客户主数据、订单中心、消息推送服务等能力和组件上，也会有统一的架构设计诉求，以支持不同事业部的 SaaS 产品。

不论是甲方企业背后的应用架构，还是乙方产品体系的应用架构，没有本质上的区别，因为软件工程和管理应用系统从底层到上层的设计思路都是相通的，因此，当你看到图 4-5 所示的用友云平台架构蓝图时，一定不会陌生。

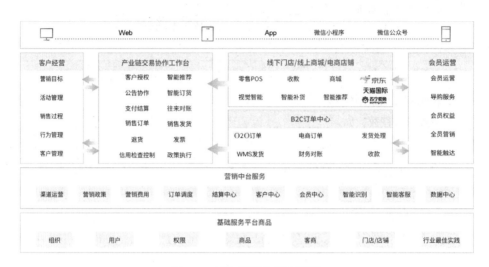

图 4-5   用友云平台架构蓝图

最后补充一点，对于某些工具型的 B 端产品设计，不用过多考虑应用架构问题，例如工业软件、绘图工具、安全监控工具等；这类产品，场景非常聚焦，并且不太涉及和其他系统的协同，最多需要考虑权限、账号系统的集成打通。

4.5   定义场景与功能模块

明确了应用架构，以及需要新建或改造的系统之后，我们需要进一步细化，为每个系统设计功能模块。这个系统应用于哪些业务场景？用户可能在系统中做哪些操作？通过思考这些问题来抽象出需要具备的功能模块。产品经理设计的功能模块代表了其对业务本质诉求的理解和提炼，蕴含了他对业务、系统未来发展的期望。

我们常说，系统建设要有规划、有节奏，实际上功能模块图就是一幅完整的规划蓝图，能体现出系统的一二级导航菜单结构，是系统的骨架。结合业务需求实现的每一个具体功能，都是在对骨架不断地填充血肉，让它更真实、更立体、更丰富。

设计功能模块的常见问题是模块层次混乱，以及后来新增功能的随意摆放，这都会造成用户使用系统时产生困惑，同时也会导致研发人员编码设计混乱。下面我们来聊聊如何设计功能模块。

4.5.1　从场景到功能模块

我们调研 B 端业务，得到的都是场景、流程、业务规则，那么如何将这些离散的、不具备关联性的内容，整理、抽象、结构化成系统的模块呢？这需要设计人员有较高的经验积累和沉淀，是一件很有挑战的工作。

在每个独立的业务场景中，用户可能会跳转、访问不同的模块和页面，设计人员需要识别不同场景中的共性内容，进行抽象和归纳总结，这就好像将一堆错综复杂的线头梳理整齐摆放，如图 4-6 所示。

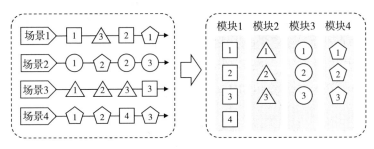

图 4-6　从场景和流程中梳理抽象出模块

在 M 公司分销业务调研中，我们整理总结了几个典型业务场景，如表 4-2 所示。

表 4-2　将 M 公司分销平台的场景提炼到模块规划

场景提炼	诉　　求	关键流程	模块规划
创建客户	管理维护客户基础数据	新增客户=> 新增门店	客户管理
维护定价	管理客户可以采购的商品和价格	定义商品清单=> 设置采购价格=> 对门店或客户进行配置	客户管理 商品管理 定价管理
客户下单	客户采购人员进行下单	挑选商品=> 添加购物车=> 创建订单并支付	商品列表 购物车 结算页
退款退货	客户采购人员退款退货	发起售后申请=> M 公司运营审批=> 逆向物流退货=> 确认收货并退款	订单管理 售后管理 财务管理

续表

场景提炼	诉　　求	关键流程	模块规划
对账开票	在两方周期节点下对账开发票	发起对账=> 双方确认=> 开具发票=> 邮寄发票	财务管理

在模块的抽象定义中，最难的一步就是从流程到模块的转换那一小步，看起来水到渠成，细想下去又毫无头绪，而"老师傅们"在教徒弟时，每到此处，又总是神秘到模棱两可，表现出只可意会不可言传的架势。其实也不是老师傅们故弄玄虚，确实是这临门一脚的抽象设计更多的时候来自经验的积累和见多识广，尤其是对同类产品的"观摩学习"。

当然，我们依然可以总结出几个经典的模块抽象思路。

4.5.2　三种经典的模块抽象思路

B 端产品的功能模块划分，可以总结为以下三种思路：基于业务领域抽象模块、基于业务场景抽象模块、基于业务对象抽象模块。第一种思路应用最为常见和广泛，第二种次之，第三种在一些特定系统（例如 SFA CRM）类型中可以看到。

基于业务领域抽象模块

最常见的模块划分方式是基于业务领域的，业务领域是一个很宽泛的概念，可能包括业务部门、业务单元、业务主体等。业务领域作为模块划分依据，让模块之间体现出了更强的内部聚合性及松耦合特征。

图 4-7 展示了典型的电商 ERP 系统功能模块设计，其中包括销售管理、商品管理、客户管理、CMS 管理、工具管理、运营管理、系统管理等模块，体现出了基于业务领域划分模块的特点。

图 4-7　典型的电商 ERP 系统功能模块设计

基于业务场景抽象模块和基于业务领域抽象模块的区别之处是，后者的内聚属性更强，和技术架构的模块设计比较贴合；而前者更多从用户体验和业务逻辑出发来做模块划分，在场景菜单下可能会融合多个模块的功能。

你可以回顾一下表 4-2，表中有场景和模块的对应关系，很显然，在分销系统的设计中，如果从业务场景出发来定义菜单，感觉会比较混乱，而从功能抽象模块的角度来定义菜单，用户的理解和记忆反而会更容易一些。

基于业务场景抽象模块

不过有的时候，通过场景来定义菜单反而逻辑更清晰，更容易理解。例如，在某些流程属性比较重的业务系统中，通过业务场景划分模块也能较好地做到功能模块解耦合的抽象归类。图 4-8 是 WMS 系统的菜单设计，一级菜单包含了运输管理、进货管理、出货管理、退货管理、盘点管理等模块，这些都是典型的仓配业务场景。

你可以仔细思考对比一下基于业务场景和基于业务领域进行模块设计的区别。前者体验属性更强，后者逻辑抽象属性更强。

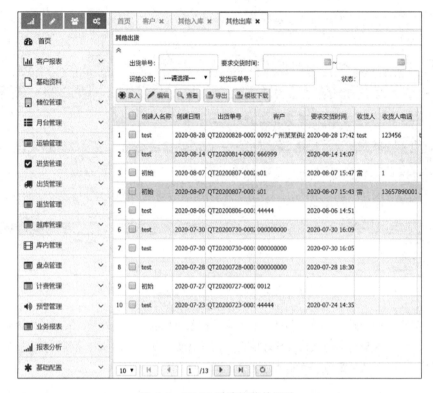

图 4-8　WMS 系统的菜单设计

基于业务对象抽象模块

还有一种比较少见的模块抽象思路，即基于业务对象抽象模块，也就是将业务开展运作中关键的业务对象（人、事、物都有可能）定义成模块，比较有代表性的是给销售团队使用的 SFA CRM。

如图 4-9 所示，在 CRM 系统中，客户、商机、订单、联系人都是关键数据对象。做过 CRM 系统的同学都知道，客户、线索、商机既是业务运作管理的关键数据对象，也是销售过程管理的不同阶段。所以，虽说 SFA CRM 基于业务对象来划分模块，但其实对象的背后也影射了场景。

以上总结分享了三种划分模块的思路，在实践中，往往会将几种思路融合在一起，没有绝对的原则和方法论。我想强调的是，企业的运作管理体系已经发展多年并非常成熟，对应的管理软件建设也十分成熟；任何形态的管理软件系统、B 端产品，在模块划分和抽象设计中都要尽量参考同类业务软件系统的设计思路，这是前人重要的总结沉淀，蕴含着对业务的深刻理解和洞察，切勿自己发明创造，浪费时间。

图 4-9　典型的 CRM 系统功能模块设计

4.5.3　案例：M 公司分销平台的功能模块设计

通过自顶向下的分析思路，我们明确了分销业务的三个独立系统（分销商城前台、分销客户管理后台、分销运营管理后台），以及三个系统与公司整体架构的融合关系（见图 4-4）。接下来，我们进一步拆解设计，来看一看每个独立系统应该具备哪些功能或模块。我们把能想到的功能进行集成，现在或未来可能需要的功能都列出来，这是一个对产品做加法的过程。

分销商城前台

分销商城前台即客户下单的 H5 工具，是一个经典的电商 C 端系统，分销客户需要在上面完成下单购买操作，也需要完成自我管理（例如对下属门店的管理，对发票、售后的管理），因此该系统主要包括购买流程和个人中心两大部分。从购买流程的角度考虑，商城需要具备以下功能或模块：首页、搜索/推荐、列表/详情、购物车、结算、收银。个人中心要包括账号维护模块、订单管理模块、发票管理模块、售后管理模块等；针对分销业务的特殊诉求，还需要包括门店维护模块、对账管理模块。分销商城前台的功能模块如图 4-10 所示。

图 4-10   分销商城前台的功能模块图

分销客户管理后台

分销客户管理后台是给分销客户管理员使用的系统，主要用来管理下属门店和子账号；还需要随时了解下属门店和子账号的经营情况，因而需要查询所有下属门店和子账号的数据；此外还需要进行统一的财务管理。因此，分销客户管理后台一共包括下面三个模块，其功能模块图如图 4-11 所示。

- 客户管理模块：支持子账号管理与门店管理。

- 综合查询模块：实现所有可能的查询与信息检索诉求，包括门店报表、订单查询、综合报表、售后查询。

- 财务管理模块：支持基本的对账管理、发票管理，以及分销业务特有的预付款管理。

图 4-11   分销客户管理后台的功能模块图

分销运营管理后台

分销运营管理后台是支持 M 公司分销业务的核心业务系统，同时也是一套典型的电商管理后台。典型的电商管理后台需要具备商品定价管理、财务管理、风控管理、运营管理、客户管理、报表管理几大模块，另外，针对案例中的分销业务，还需要具备账期管理模块，其功能模块如图 4-12 所示。

- 商品定价管理：一般支持商品管理、价格管理。根据之前的分析，在 M 公司的分销业务中，其商品管理模块将完全复用 C 端业务的商品中心；其价格管理将通过价格系数设置模块和门店价格管理模块完成；商品的基本定价数据将从 C 端业务的价格中心获取，然后在分销平台维护价格系数表和门店报价单，从而计算针对不同客户和门店的售价。

- 财务管理、账期管理：基于前期业务调研，我们明确分销业务要支持账期和预付款管理，所以相对应的回款监控、预付款管理都是必备功能。

- 报表管理：报表管理模块将提供各类分析报表，如报价分析、业绩分析、客户分析报表，实现对业务运作情况的监控和诊断。

- 风控管理、运营管理：在这两个一级模块中还可以实现定价风控、订单风控、CMS（内容管理）及消息中心等模块，这里不再一一介绍。

- 客户管理：完成基本的账号、门店管理操作。

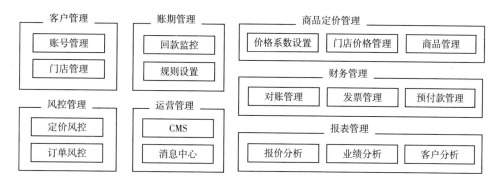

图 4-12　分销运营管理后台的功能模块图

4.6　规划演进蓝图

通过绘制系统的功能模块图，我们可以明确业务和系统的规划脉络。将能想到的功能集合都列出来，这是一个做加法的过程。但是我们不可能一次实现全部功能，而要根据业务优先级，拆分成几期来完成，所以接下来需要做减法：确认产品的功能规划与实现节奏，就是常说的演进蓝图（Roadmap）。

在对 M 公司的业务调研中，我们不仅列出了需求，而且明确了需求的优先级（参见 3.7.2 节）。根据优先级，以及前面绘制的分销平台三个系统的完整功能模块图（图 4-10、图 4-11、图 4-12），我们计划将分销平台分为三期实现，其演进蓝图如图 4-13 所示。

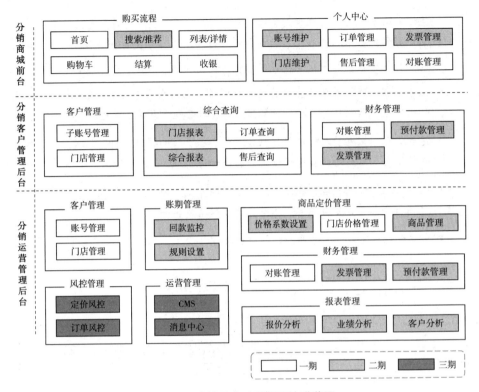

图 4-13　分销平台功能规划演进蓝图

　　一期项目聚焦解决最基本的业务流程线上化问题及核心痛点（例如对账功能），也就是支撑业务能闭环运行的最小功能集合，在图 4-13 中用白色矩形表示。一期项目要实现哪些功能？有一个原则可以参考：凡是可以手动处理和解决的问题，暂时都不做系统支持。例如，报表管理功能可以通过定期运行 SQL 语句实现；价格系数设置功能的使用频率低，可以由 RD 在后台修改数据库完成；缺少搜索/推荐功能并不会对客户下单的效率产生明显影响，因为根据调研，目前每个客户维护的 SKU 数量最多也不过20 个。

　　二期项目聚焦于解决部分特殊业务刚需的诉求。对于 M 公司的分销业务，需要支持预付款管理、对账管理、发票管理，如果时间允许，还可以实现报表查询的若干功能，其在图 4-13 中用浅灰色矩形表示。

　　三期项目聚焦风险控制，并强化运营功能，在图 4-13 中用深灰色矩形表示。一般来讲，公司业务开展初期都会聚焦于业务本身，当业务达到一定规模时，则考虑引入风控管理，实现事前、事中、事后的风险控制。

此外，基于本案例 B2B 业务的特点，我们在设计中并没有考虑太多的 C 端功能。实际上 C 端功能只需要保证分销客户能够轻松下单，并做一些简单的运营、通知即可。

随着设计的深入，以及业务的开展、变化，功能模块可能需要修正和调整，但只要业务的本质模式没有变化，功能模块就不应该出现结构性的改动。功能模块图和演进蓝图代表的是概要性方案，指明了整体的产品方向，是后续细化设计的指引和准则。

上述功能模块图有一个局限，无法体现不同终端下的功能模块规划。我们略做调整，用表格的方式重新呈现功能模块，如表 4-3 所示。

表 4-3　M 公司分销平台功能模块规划表（仅选取部分作为示意）

子 系 统	功　　能	PC 版本	H5 版本	App（安卓）	App（iOS）
商城前台	购买流程/首页	—	√	—	—
	购买流程/购物车	—	√	—	—
	个人中心/订单管理	—	√	—	—
客户管理后台	客户管理/子账号管理	√	√	—	—
	综合查询/订单查询	√	—	—	—

在表 4-3 中，分销商城前台只需要实现 H5 版本，客户管理后台多数功能只支持 PC 版本，但有一些特别重要的涉及随时调整处理数据的也计划实现 H5 版本，以方便业务人员在移动办公场景下能够及时处理问题。

上述区分了不同终端的功能表格清单，不一定必须在整体方案设计阶段提供，因为很多具体的细化功能和页面在下一步细节方案设计阶段才能明确。但我们可以勾勒一个初步的蓝图，后续再进行细化调整。

设计软件产品时必须遵循自顶向下的设计思路，相信大家已经有了初步的感觉。此外，在互联网产品圈中很流行的用户体验五要素及其涉及的五个设计层次（表现层、框架层、结构层、范围层、战略层），也体现了一种自顶向下、由粗到细的设计思路，感兴趣的读者可自行查阅。

4.7　数字技术赋能业务的五个阶段

单纯从业务效能优化的角度来讲，数字技术赋能业务可以总结为五个发展阶段，这五个阶段循序渐进，逐步推演，对业务进行全面优化和赋能。在进行产品规划时，大家可以参考这五个阶段，制订产品的演进路径和策略。

这五个阶段分别是流程化、线上化、自动化、数据化、智能化，如图 4-14 所示。

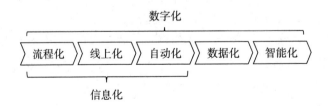

图 4-14　数字技术赋能业务的五个阶段

流程化

信息技术对业务管理最基本的价值是，将业务管理、运营标准化建立科学的管理体系和运作机制，要想做到这一点，首先要梳理管理制度和流程，任何信息系统建设的核心问题，首先都是业务问题，软件系统只是承载业务落地固化的手段。如果业务本身管理混乱，不具备基本的流程管理、标准规范，是没有办法构建系统的。

老马回想当年刚来到 M 公司时，那会儿要负责 B2C 业务自研 SFA CRM 系统的设计。早期公司销售部门只有几十号人，客户管理都记在自己的小本本上，客户的分配、流转也没有任何流程可言，大家基本上凭业务结果说话。

但是当团队发展到几百人时，粗放的管理完全处于失控的边缘，公司决定自研 CRM 系统解决问题，首先要做的事情是梳理销售线索、商机流转规则，SOP（Standard Operating Procedure，标准作业流程），如果业务本身没有进行最佳管理实践及标准化，就没有办法通过系统来进一步管理业务。

线上化

只有对业务制订管理规范和标准，才可以通过系统来将其固化并落地，甚至很多时候只有通过软件系统才能将科学管理方式落地执行。所谓线上化，就是指将业务运作的过程转移到线上进行管理和执行。其实，只要管理体系规范，用 Excel 甚至纸质单据也可以管理好业务，但这样做效率太低，数据安全性也没有保障，因此，软件系统线上化就是最好的信息技术助力业务的手段。

在 M 公司将 B2C 销售工作重新梳理、规范业务流程后，老马着手安排了系统设计，将业务流程标准落地。例如，新销售线索的手动分配、线索的流转及掉落机制、销售对线索的跟进、商机的转化、商机的阶段管理，这些销售管理中的关键业务阶段，都可以在线上由 CRM 系统统管起来。

自动化

业务线上化之后，则可以进一步考虑如何将某些业务流程、环节自动化，从而节省业务人力，提高业务效率。业务流程自动化是最直接、最朴素的提升管理系统业务效率的手段，设计人员要找到所有流程环节中可以进行自动化的机会点来进行业务效率优化。

至此，从流程化到线上化，再到自动化，基本完成了传统意义上的信息化建设过程，即可以通过软件系统对业务进行规范管理和自动化处理了。

CRM 上线后，老马梳理了业务流程中可以实现自动化的机会点，例如，对于某些低质量线索，完全可以通过 IVR 语音外呼进行初次清洗，这在很大程度上节省了销售人力；再例如，很多业务上之前的判单、审核流程，在某些确定的情况下完全可以由系统根据业务数据进行自动化处理，这都很好地提高了业务运作效率。

数据化

数字技术要想更加全面立体地赋能业务，就必须进一步借助数据的力量。业务系统只是沉淀了业务流程中的业务数据，随着数字生活的深化、传感设备的普及，越来越多的数据可以被企业采集，企业必须捕获这些数据，并结合场景进行深度应用。

M 公司的 CRM 系统在老马的带领下，除了能够管理业务流程，还能提供更丰富的能力，这要感谢不同技术团队提供的协同支持。例如，对于客户浏览网站的行为，不论是来自小程序、App、电商网站、官网，都可以做到将其识别和打通，这些数据被深度清洗、处理、归一后，有着丰富的应用场景，例如可以作为潜在线索产生二次意向，系统能够根据行为自动识别这些数据，并将其推送给销售人员跟进，对线索库资源进行最大程度的利用。

智能化

当企业拥有了丰富的数据后，可以结合软件系统进一步实现智能化业务管理。智能决策系统的应用基础正是丰富的数据沉淀，只有在充分的数据的支撑下，加上算法的持续调校训练，才能在各个商业应用场景下实现有实际意义的功能落地。

现代企业对数字技术应用的最高层次，一方面是可以颠覆商业模式，另一方面是对已有业务进行智能化重构升级，通过智能系统来管理、执行业务流程，基于数据进行自动化决策，而非人为决策。

所谓数字化，就是聚焦数据的采集和应用，发挥数据的价值，最终实现智能化经营管理。在数字化实践的过程中，一个单一软件系统实现业务的流程化和线上化是不够的，需要从企业整体经营环境、消费者环境、市场环境出发，综合采用数字技术，多场景协同，灵敏、柔性地综合应用数字能力，构建全新的应用场景。

例如典型的外卖派单系统、供应链的自动补货系统、销量预测系统，都是基于丰富的数据支撑的智能决策工具。在 M 公司，随着数据的积累，包括销售人员的能力、行为，潜在线索的质量、价值，CRM 系统就可以做到智能线索分配，将合适的线索分配给合适的销售，解决人工分配线索低效、作弊的情况，这就是典型的智能化应用。

以上五个阶段的建设过程具有严格的递进关系，建设过程中要逐步开展，不可进行跳跃式建设，例如，如果连基本的业务流程标准化都没做到位，就不可能实现线上化，也就无法沉淀业务过程的关键数据，更不可能实现智能化的业务管理与决策。

在做产品规划时，可以借鉴以上思路，定义产品逐步演进的路径，说清楚每个阶段的建设目标和相关功能模块的设计思路。

第 05 章

B 端产品的细节方案设计

经过整体方案设计，B 端产品的轮廓和结构变得越来越清晰了，我们已经为细节方案设计做好了准备。

B 端产品的细节方案设计，通过对整体方案中总结出的业务场景，逐个进行深入分析，包括业务数据建模、页面流转设计、界面设计、权限设计等，**在对关键场景的各个击破中梳理出系统全貌的细节**。这些工作流程和任务都是产品经理的必修课，即便没有经历从 0 到 1 的设计过程，也会在日常的迭代工作中经常接触。

我们在上一章总结了分销业务开展中几个核心的业务场景，本章将结合其中的"客户管理"这个场景进行深入分析，构建客户模型，解决支持客户混合下单的诉求。

首先介绍业务数据建模，这是对业务进行抽象的过程，合理的建模会让后续的功能设计水到渠成，而不合理的建模会导致后续设计重复返工。接下来将通过梳理业务流程和角色来确定系统需要的页面，以及各页面之间如何流转。然后讲解 B 端产品设计中的必备知识，包括界面设计、报表设计、数据埋点设计、权限设计，最后介绍文档编写与管理的内容。

注意，本章挑选了部分业务场景作为例子进行讲解，并没有覆盖分销系统所有的细节功能设计。在实践中，我们在细节方案设计阶段，要挑选优先级和重要程度比较高的业务场景，进行进一步的业务调研，梳理每个场景背后的业务流程，完成功能设计，最终汇集得到完整的产品方案。

5.1　业务数据建模

业务数据建模也叫数据建模、实体建模，是指将业务的核心数据对象特征进行提炼，归纳并设计对应的底层数据模型的过程。

B 端产品进行细节设计的常见流程是，首先梳理业务流程，接下来提炼背后的数据模型，然后基于流程和数据模型确定页面流转图，再着手进行每个页面的具体设计，同时提前规划好系统用户角色，最后完成权限设计。

为什么数据建模这么重要呢？**这是因为软件系统的核心本质上是对现实世界的对象和规则的抽象与管理。**软件系统设计的难点恰恰在于合理地总结客观世界的对象和关系，并实现最基本的数据模型设计。只有总结并设计出正确的数据模型之后，才能思路清晰地完成功能模块和交互操作的设计。

实际上，业务数据建模是数据库设计中最重要的部分，会影响数据库表结构的设计，体现了设计者对业务本质的理解和认知。很多产品经理常常忽略业务数据建模，只关注功能界面设计，最终陷入混乱的逻辑中。**一定要在设计细节方案初期就进行业务数据建模。**

如果你在阅读本节的过程中有很多困惑，始终不理解数据建模和软件产品设计有什么关系，请不要气馁。理解这些概念确实需要一定的经验积累和历练，请保持信心，坚持阅读，随着工作经验的积累，再回过头来阅读这些内容，肯定会有不一样的收获。

5.1.1　已知流程的数据建模

数据建模工作面临两种情况，第一种是已有业务流程，第二种是还没有业务流程。前者的建模工作相对简单一些，需要做好已有数据表单、实体的识别和抽象；后者情况更复杂一些，设计人员没有线下的流程和表单可供参考，需要自己从零梳理设计。

我们首先来探讨已知流程情况下的数据建模工作。这也是基本功，掌握了背后的技巧，也就比较容易去做未知流程的数据建模工作了。

针对已知流程做数据建模，参考业界的一些最佳实践，我提炼总结了三个步骤：找到实体、梳理关系、确定关键属性，如图 5-1 所示。

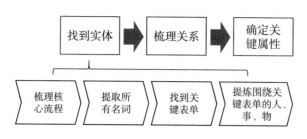

图 5-1　数据建模三步法

找到实体

数据建模的第一步是准确地找到实体，找实体又可以拆解成四步：

梳理核心流程→提取所有名词→找到关键表单→提炼围绕关键表单的人、事、物

接下来，我们通过拆解 M 公司分销平台的客户下单业务场景来演示这个过程。

首先，我们用文字来描述目前线下作业中，一个采购员从 M 公司下单的核心流程。

　　小李是 XX 公司的采购员，小李在工作日每天都需要拿着 M 公司的业务员发给他的最新商品清单和报价，检查自己所在门店的缺货情况，购买黄瓜、土豆等蔬菜，整理记录在自己的记事本上，仔细核对后，将本次采购清单用微信发给 M 公司的运营人员，等待对方确认。

接下来，我们将这个流程中所有的名词标记出来，这些名词就是所有的备选数据实体。

　　小李是 <u>XX 公司</u>的<u>采购员</u>，<u>小李</u>在工作日每天都需要拿着 <u>M 公司</u>的<u>业务员</u>发给他的最新<u>商品清单</u>和<u>报价</u>，检查自己所在<u>门店</u>的缺货情况，购买<u>黄瓜</u>、<u>土豆</u>等<u>蔬菜</u>，整理记录在自己的<u>记事本</u>上，仔细核对后，将本次<u>采购清单</u>用<u>微信</u>发给 <u>M 公司</u>的<u>运营人员</u>，等待对方确认。

　　然后，我们要找到这个流程中的关键表单。所谓表单，就是在流程中要填写的信息单据明细，是业务型系统设计中的重要概念，表单驱动了作业流程的执行。例如买保险时填写的投保书、保单，就是典型的表单；再例如购物开具的小票，也是表单。在本例中，商品清单、采购清单都是表单，因为我们更关心下单过程，所以将采购清单（其实就是订单）定义为关键表单（当然你也可以定义多个关键表单）。

　　最后，我们要找到围绕关键表单的人、事、物。我们将标记的名词做一些合并同类项的抽象工作。

　　例如，黄瓜、土豆、蔬菜这些名词体现的都是商品，因此我们提炼出了商品这个实体。

例如，小李、采购员这些名词，虽然包括了人名、岗位，但本质上描述的都是下单的用户，因此我们提炼出了用户这个实体。

至此，我们总结出了三个比较重要的实体，分别是用户、订单、商品，如图 5-2 所示。

图 5-2　数据建模三步法：（1）找到实体

除此以外，围绕订单，还有类似于审核人员、采购清单（这是个更复杂麻烦的概念）这些实体，为了简化案例，我们不做过多讨论，大家可以自己进行思考，尝试梳理。

梳理关系

确定实体后，我们要梳理实体之间的关系，判断哪些实体有关系，是什么样的关系。

继续下单的案例，在"商品""订单""用户"这三个实体中我们先看用户和订单之间的关系。显然，用户和订单之间具备关系，一个用户可以创建多个订单，每个订单只能归属于一个用户，所以我们将用户和订单之间连一根线，用户这一头写一个"1"，订单那一头写一个"*"，我们可以说，用户和订单是一对多关系，或者也可以说，订单和用户是多对一关系。

进一步，我们也可以很容易确认商品和订单之间具备关系。一个商品可能存在于多个订单中，每个订单可能包含多个商品。所以，商品和订单之间连一根线，他们之间具备多对多关系。

最后，我们再思考商品和用户之间是否具备关系。一般情况下，商品和用户是没有任何关联关系的。但如果用户对某些商品具有访问或控制的特殊性，例如用户收藏了商品，则用户和商品之间也有多对多的关系存在。在本例中，我们暂不考虑这种场景。因此，梳理关系后得到图 5-3。

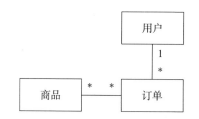

图 5-3　数据建模三步法：（2）梳理关系

实体之间的关系一般有一对一、一对多（或者反过来说，叫作多对一）、多对多这三种，其中连线上代表数量的记号有多种写法，具体如表 5-1 所示。

表 5-1　实体关系的标记方式

记　号	说　明
1	1 个
*（或写 n）	0 个到多个
1...*（或写 1...n）	1 个到多个
0...1	0 个到 1 个

如图 5-4 所示，一个订单必须包含一个或多个商品，订单中不允许没有商品；一个订单对应 0 个或多个运单，因为订单可能没有被配送，或者被拆成多个运单配送；同时一个运单必须有一个对应的订单。

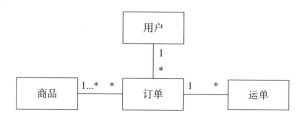

图 5-4　不同的实体关系示意

确定关键属性

所谓关键属性，是指实体中的关键字段。如果需要（例如为了强调字段在业务中的特殊性和重要性），我们可以在梳理实体的过程中，提前将其中的关键字段进行标记。例如，图 5-5 描述了订单实体中包含了"状态""总金额"两个关键字段。

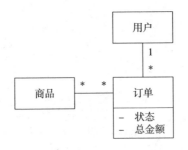

图 5-5　数据建模三步法：（3）确定关键属性

以上是数据建模的一般性过程，并通过 ER 图进行了呈现，我们在 6.3 节会进一步介绍 ER 图的概念。

关于数据实体建模工作，你在工作中肯定接触过它。例如，我们在设计产品时，经常要讨论一些对象的对应关系，是一对多还是多对多，这实际上就是在用数据建模的方式进行思考。

作为产品经理，进行基本的数据建模可以让自己通过抽象思维来提炼业务本质，梳理背后的核心场景和逻辑。

5.1.2　未知流程的数据建模

未知业务流程下的数据建模工作相对更复杂一些，因为流程未知、表单未知，所以设计人员没有切入点和参照物，需要在建模的同时去设计业务的模式和机制。接下来，我们以客户管理场景下的客户模型设计为例进行分析和演示。

完美版客户模型

我们首先回顾一下客户诉求。在目前的分销客户中，有比较大型的集团客户，下设若干机构、库房和门店。调研时，集团客户有如下诉求：

- 上海分公司采用了中央仓库模式，客户从 M 公司采购商品后，商品首先会被配送到中央仓库，再由客户自己从中央仓库向上海地区各门店发货。因此上海分公司需要开通采购员账号，以实现在中央仓库系统中下单。
- 广州天河区也采用了中央仓库模式，客户从 M 公司采购商品后，商品首先会被配送到天河区中央仓库，再由客户自己从中央仓库向天河区各门店发货。因此天河区需要开通采购员账号，以实现在天河中央仓库系统中下单。

- 广州其他区是门店自采模式，即门店采购员自行下单采购，商品直接从 M 公司配送到门店，因此需要针对每个门店创建采购员账号。

- 广东省还需要一个高级别的采购员账号，能够帮广东各仓库和门店代下单。

对上述需求进行拆解分析，我们有以下思考：

1. 客户拥有多层级的管理结构。

2. 树形结构，是支撑企业多层级管理结构的经典方案。

3. 哪些账号能给哪些门店下单，实际上是一个数据权限管理问题。

4. 树形结构，也是 B 端产品实现数据权限管理的经典方案。

树形结构，是计算机数据结构课程的重要概念，在 B 端产品设计中无处不在，一棵树是由无数的叶子节点组成的，最上边的叶子叫作根节点，叶子下边还可以长出叶子，叫作子节点，子节点的上级节点叫作父节点，任意长满叶子的节点也可以叫作子树。

M 公司分销业务的组织机构树如图 5-6 所示，深灰色节点构成了这棵树的所有叶子节点。

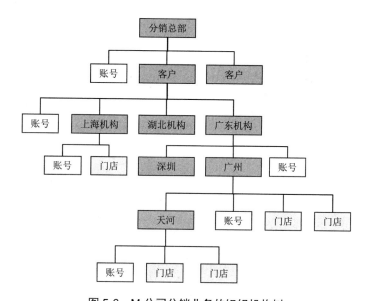

图 5-6　M 公司分销业务的组织机构树

在图 5-6 中，我们还引入了两个全新的数据对象来支持混合采购的诉求，分别是账号和门店。

门店对象，图中用浅灰色节点表示，是下单的目标。案例中提到中央仓库、库房和门店，这三个看上去不是一回事，但本质上都是一个收货地址固定的收货对象，所以没必要设计成三个，统一抽象成一个实体——门店即可。

账号对象，图中用白色节点表示，代表系统的用户（例如采购员、运营人员等）。

通过将账号和门店对象关联在不同的树形结构的节点上，再结合不同数据权限范围的设置，就可以实现通过不同的账号管理不同门店的下单操作，在 5.7.3 节会详细解释。

以上，我们通过描述数据结构梳理了解决思路，接下来，我们将这个数据结构用 ER 图的方式进一步提炼抽象。

每个机构节点都有一个"上级机构"的关键字段（即父节点 ID），基于这个字段，可以绘制出完整的组织机构树；每个账号或门店对象只能隶属于一个机构节点。

最终绘制的理想版客户模型 ER 图如图 5-7 所示。

图 5-7　理想版客户模型 ER 图（通过业务数据建模得到的模型）

ER 图看似简单，但能够清楚地表达组织机构树中各种对象之间的关系。实现了这样的模型，便可以灵活支持各种客户混合采购的诉求。

简化版客户模型

树形结构在研发工作中具备较高的复杂度，有一定的实现成本，经过和业务方、研发人员探讨，产品经理决定采用一个简化版的设计方案，并预留未来升级为复杂版方案的灵活性。

在新的方案中，我们暂时不实现树形结构（但在设计中可以保留树形结构，只不过不展开去使用），将账号、门店全部关联在客户上，并且直接指定账号和门店的管理关系。这里依然通过一张示意图呈现，如图 5-8 所示。

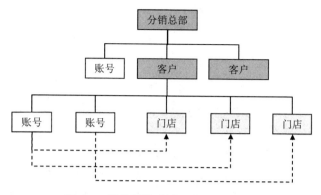

图 5-8　简化版的分销业务组织机构树

从图 5-8 中可以看出，现在每个客户节点只有一个父节点（隶属于分销总部）；客户的所有账号和门店都挂在该客户节点之下；账号和门店的管理关系不再需要通过遍历机构节点来获取，图中虚线箭头直接标明了它们的归属关系。

这个设计方案的研发实现成本会低很多，因为工程师不需要处理一棵层级复杂的树形结构，也就不需要编写大量的递归算法，这大大降低了开发难度。但是，这个方案会导致账号无法对不同层级的门店进行灵活管理。

比如在完整版方案中，想在广东省下边加一个能给所有门店、中央仓库下单的采购员账号，只需要将新增账号挂在广东节点下，然后把数据权限配置成"当前节点及以下所有数据"即可，操作很简单。如果在简化版方案中实现这个诉求，则需要把所有相关的门店都关联一遍，非常麻烦。这就是底层设计方案和业务运营效率以及技术方案成本之间的权衡取舍。

完整版方案的业务场景灵活，但是开发实现成本高；简化版方案的业务场景能力被弱化，但是开发实现成本低。作为产品设计人员，最终需要做一个合理的取舍，而且要和客户或业务方说清楚"这么做的原因是什么，问题在哪儿"。

将上述方案抽象成 ER 图，呈现如图 5-9 所示。

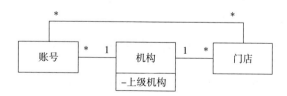

图 5-9　简化版客户模型 ER 图

　　仔细观察可以发现，该模型与图 5-7 中的模型相比，唯一的变化是在账号和门店两个对象之间建立了关联关系。这样处理保持了模型的可扩展性，将来需要实现全面的组织架构管理时，将账号、门店之间的对应关系打断，在业务系统中实现递归算法和组织机构树管理维护功能即可，整个数据底层基本不需要调整。

　　请读者仔细思考并理解 ER 图中的对象模型，以及为什么这样的模型能够描述出一棵完整的组织机构树。这个模型是 B 端产品设计中非常典型的设计模型，组织机构树也是业务系统中最常见的数据模型。例如，对于 CRM 系统，销售团队分为总部、大区、大组、小组，这就需要用组织机构树来实现对销售团队的多层级管理，此外，团队成员能够查看哪些客户数据、业绩报表，也需要依据组织机构树体现的管理范围来实现数据权限控制及汇总运算。

　　在上面的案例中，没有涉及业务流程和表单，但是，通过提炼、抽象数据模型，我们对业务场景有了深刻的梳理，并且找到了方案设计的关键点，接下来进行页面和功能设计时便会胸有成竹。如果没有梳理清楚这些逻辑，在做功能和界面设计时必然会一头雾水、漏洞百出。

5.1.3　业务数据建模错误会导致灾难

　　业务调整的灵活性取决于软件系统的灵活性，而软件系统的灵活性取决于业务数据模型的可扩展性。为什么业务数据建模这么重要？让我们来分析一个错误的建模案例。

　　对于图 5-9 中的客户模型，如果设计人员认为，目前的业务诉求很明确，一个门店只能被一个账号管理，那么账号和门店的对应关系应该为一对多（而非多对多），如图 5-10 所示。

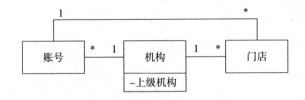

图 5-10　客户建模错误的 ER 图

　　假如有一天，客户的某个门店雇用了多名采购员，因而客户要求实现账号和门店多对多的设计，这在现实世界中是一种非常合理的业务场景。

　　为了实现此诉求，开发难度将非常大，因为从数据底层到前端功能实现，都认为子账号和门店是一对多结构，如果将结构改成多对多，首先需要调整底层数据库结构，所有历史数据都要处理；其次，基本上所有涉及读取账号和门店关系的功能代码全部需要重写。看似简单的一个改造，却会造成一场灾难。

　　可见，设计人员在设计之初就需要做好预判，虽然早期业务诉求中账号和门店是一对多关系，但是因为在现实世界中多对多关系是一种合理的存在，因此数据模型依然要按照多对多的关系来设计。只要设计好模型和数据底层，后续调整就会很简单。

　　尤其是面对多客户开发的商业化软件产品，必须在底层设计时保留好这样的扩展能力，这样在面临不同客户的诉求时，可以在应用层面做开关配置。如果底层模型不支持，在应用层面如何努力都解决不了问题。

　　那么问题来了，是不是所有对象的关系都设计成多对多就行了？也不对，比如门店和订单的关系，在现实世界中只可能是一对多的（某个订单只能是针对一个门店提交的），不可能是多对多的。

　　业务数据建模能力体现的是设计人员对客观世界的抽象描述能力，只有对业务本质理解透彻，再结合积累的软件设计经验，才能抽象并构建出合理的业务数据模型。

5.1.4　案例：数据建模在企业级架构中的实践思考

　　数据建模工作，不仅在单一软件系统设计时非常重要，甚至在企业级架构搭建中也具备核心地位。老马曾经负责一家创业初期的在线教育公司的系统设计搭建工作，当时带着一名小徒弟小李。面对整个平台的设计，小李以为非常简单，但是和老马请教过后，对企业架构中数据模型的重要性有了更深刻的理解。

　　老马当年所在的创业在线教育公司，业务面向低龄儿童，因为客单价高，所以成立电销中心团队完成销售工作。老马为了让新人小李能够参与到整个设计过程中，有所成长和提升，于是和小李聊起了系统体系架构设计的话题。

　　老马："小李啊，公司计划开展在线教育业务，让我们首先聚焦在客户的模型设计部分，你可以聊聊你的想法。"

　　小李："马老师，客户建模是什么？这个问题不是很简单吗？我们只需要一个 C 端的 App，有一套账号中心，客户完成常规注册后，在销售人员（简称'销售'）的引导下下单不就可以了吗？"

　　老马："这个工作会比你预想的复杂很多，客户模型的设计对整个业务的开展和系统的建设，都有全面的影响。我会慢慢引导你理解。不过你可以先基于你刚刚的说法，尝试用我教你的 ER 图画一个草图出来，我们在此基础上一步步展开分析。"

小李："好啊马老师，我认为我们面对的是典型的 C 端客户，只需要一个账号对象，每个账号下可以创建多个订单，ER 图就像这样（如图 5-11 所示）。"

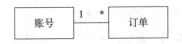

图 5-11　最简版模型 ER 图

老马："很好，账号和订单是很常见的两个实体。那么，客户注册后会由电销销售人员跟进服务，我们需要设计 CRM 系统给销售人员使用。你认为销售人员在 CRM 系统中操作管理的客户对象应该是什么，是账号吗？"

小李："我觉得销售人员在 CRM 系统中管理操作的对象是"账号"好像没什么问题，但又感觉怪怪的，感觉销售人员跟进的应该是客户，而不是账号，但我说不清楚这里边的关系和定义。"

老马："你的感觉是正确的，销售人员在 CRM 系统中管理的应该是客户，而不应该是客户的账号。实际在销售管理中，我们认为新注册的客户、账号等都属于销售线索，线索就是指潜在客户。在典型的 CRM 系统中，除了线索，还有商机的概念，不过在这里我们用不到。"

小李："好像这样清晰一些了，感觉 CRM 系统和客户的登录账号没有明显关系嘛。"

老马："也不能说没有关系，只是我们在做数据建模的时候，要分清楚这些对象的概念，保证逻辑定义的清晰。在我们的业务中，可以将线索和账号设计成一对一关系，因为每个新注册的账号会产生一个一一对应的线索等待销售人员跟进；销售人员和线索是一对多关系，即一个销售可以拥有多条线索，每个线索只能属于 0 个或 1 个销售。"

小李："为什么一个线索还可能属于 0 个销售呢，这是什么意思呢？"

老马："因为在 CRM 系统中，并不是每条线索都有销售管理跟进，有些线索可能是无人维护跟进的状态，所以线索和销售是一对多关系，其中的'多'，是指'0 或多个'。我们将 ER 图完善后是这样的（如图 5-12 所示）。"

图 5-12　支持了销售业务的模型 ER 图

　　小李："这张图看起来更清晰了，背后对应的设计思路也比较明确。不过我还是有点不理解，为什么非要把账号和线索这两个实体分开，除了逻辑上更清晰，还有什么好处呢？"

　　老马："对实体进行明确的建模和设计，除了逻辑上更清晰以外，还有很重要的一点，就是这样做可以降低软件系统设计的耦合性。如何理解这句话呢？ER 模型最终会转化成数据库表结构设计，线索和账号可以分别保存在两张数据表中，进一步讲，就是隶属于两个不同的数据库，即 CRM 系统的数据库和账号中心的数据库。我们来看一下这张图（图 5-13）。"

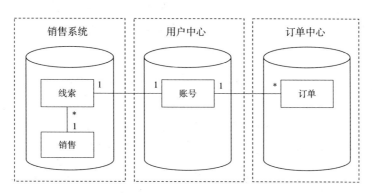

图 5-13　支持了销售业务的模型 ER 图（体现了数据库的解耦合）

　　老马喝了口水，继续说道："我在 ER 图外边绘制了两个框，圆桶代表数据库，圆桶外边的矩形代表业务系统，可以看到，实际上我们在 ER 图中描述的四个实体，分别隶属于三个数据库和各自的业务系统。这样的 ER 图设计，被清晰地传导到数据库底层设计，以及应用系统的设计，可以保证销售系统、用户中心、订单中心三者很好地解耦合，各自独立，互不影响。例如，CRM 系统如果更新时出了问题，并不会影响到用户中心系统，至少客户还可以登录访问 App。而如果线索和账号被设计成一个实体，对应的表结构设计可能就是一张表，就会导致多个应用系统使用同一个数据库底层，可能造成 CRM 更新一个销售拜访的功能出问题并影响到 C 端用户登录 App。"

小李："明白了，听起来很有道理，ER 图展示的模型不仅在逻辑上展示得很清晰，在物理存储上也很清晰。怪不得我们以前公司创业时做的系统总说耦合在一起，非常死板，仓库系统做个升级，就能让销售系统崩溃掉。"

老马："很多时候，系统耦合都是创业公司为了快速上线做的设计方案上的妥协，比如针对各个业务系统做成一套代码、一套数据库。当然，我在这里举这个例子，主要是想说明 ER 建模对数据库表设计及应用系统设计的传导和影响。"

小李："嗯嗯，这下对技术的理解又深刻了一层。"

老马："我们再回到建模设计本身。现在的模型依然存在很多问题。比如说，在目前的模型中，如果小朋友的爸爸妈妈都注册了账号，该怎么办？"

小李："听起来没啥问题啊，那就各自注册呗。"

老王："其实问题很严重，因为爸爸妈妈各自注册后，会产生两条没有关系的销售线索，一般情况下 CRM 系统会分配给两个销售跟进，但对于这个家庭来讲，实际上只需要给孩子购买一次课程，那么两名销售为了各自搞定家长获得提成，可能就会产生恶意竞争，给客户做出虚假的承诺，甚至给爸爸妈妈的表述不一致，造成极差的客户体验，而且如果成单（客户付费），很难说清楚到底是哪个销售的功劳更大，这就会造成销售人员之间天天打架扯皮，非常不利于业务开展。"

小李："有道理，那如果爸爸注册了，妈妈再注册，把妈妈的线索分配给之前跟进爸爸线索的销售，不就可以了吗？"

老马："说得没错，问题是，我们并不知道爸爸和妈妈是否是一家人啊。我们的模型设计并没有预留这样的能力支撑。你想想，该怎么修改呢？"

小李（沉思了一会儿）："有了，我们可以将以前的单一账号体系改成子母账号体系，账号可以彼此建立归属关系，这样如果爸爸和妈妈绑定了彼此的账号，销售人员就能够识别同一家庭的家长，就不会有冲突了（如图 5-14 所示）。"

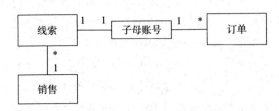

图 5-14　通过子母账号支持家庭单元的模型 ER 图

老马："很好，你的这个模型，在数据底层提供了能力支持，是我们在应用层面解决销售冲突业务问题的一个前提。"

小李："不过我还是没想明白，这个底层模型如何支持业务，因为一般 C 端用户并没有动力在注册时做家庭账号关联啊！"

老马："你说得很对，一般 C 端用户并不会主动去做账号关联，但是如果我们有这个数据底层设计的支持，就可以在应用系统层面做各种功能来解决业务问题。同时，还要结合业务制度。比如，销售部门可以明确做出规定，所有销售在第一次跟进新线索时必须先在电话中和客户确认，家庭中是否有其他成员已注册账号并且被销售跟进。如果发现是，则在 CRM 系统中提供功能，做账号合并，将两个或多个账号关联起来，根据这样和账号一一对应的线索，也就能梳理出关联关系了，让多个相关的线索被调配给同一名销售。同时也可以在 C 端提供功能，引导家长完成家庭多手机号的绑定。**正因为我们在数据建模时考虑到了这个问题，做好了数据底层设计的准备工作，未来才能在应用功能层面实现这些功能点，解决业务问题。**"

小李："明白了，真是神奇！如果销售部门已经明文规定了要确认账号是否重复，而销售人员依然不遵守规定，那么即便第二个销售跟进成功，系统依然会判定佣金属于第一名销售，只要规则明确，大家就必须遵守，纠纷就容易解决了。"

老马："你说得很对！不过你的子母账号的设计可能会造成一种管理和被管理的感觉，在 C 端的体验并不是特别好，是否有其他方案呢？"

小李（挠挠头）："想不出来啊！"

老马："其实，我们的业务面临的客户结构就是典型的家庭结构，在数据底层可以按照家庭的模型来建模，在账号之上设计一个家庭实体，账号都在同一个层级，隶属于某一个家庭，这样也可以完成账号关系的绑定和关联（如图 5-15 所示）。"

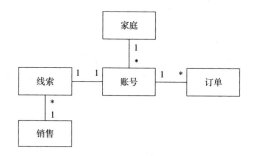

图 5-15　通过家庭节点支持家庭单元的模型 ER 图

小李："精彩！家庭和账号是一对多关系，线索和账号是一对一关系，这样就能在数据底层保证可以对多线索进行唯一性识别！"

老马："是的，实际上，账号本身和线索、家庭关联也并不是很合理。账号只代表一个用户访问系统的凭证，并不代表用户自身。在现实中，一个用户完全可能有多个手机号，对于企业来讲，理想的情况是能够识别唯一的客户，以及他背后的多个手机号。所以，从建模的严谨性来讲，我们还需要抽象出一个实体，就是家长。修改后的 ER 图是这样的（如图 5-16 所示）。"

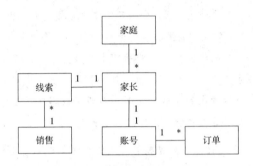

图 5-16　将账号和家长分离的模型 ER 图

小李："我不太理解，这样做的目的是什么呢？你在图中也没有将家长和账号设计成一对多啊。"

老马："将家长和账号设计成一对多，会在一定程度上增加系统的复杂性，也会让用户的操作体验变复杂。实际上，在目前大多数互联网公司的业务中，将客户和账号设计成一对多对业务价值的影响并不是特别大，所以为了简化，都采用了一对一的设计方案，但是某些业务就必须采用一对多设计了，比如支付宝，通过身份证来识别唯一客户，同时允许一个客户注册多个账号（其实支付宝这样做也是历史原因导致的）。但是，即便将家长和账号设计成一对一关系，为了保证逻辑的清晰，我们也需要将两个实体（家长和账号）分离开，毕竟账号只是登录凭证，并不代表用户自身。**我们可以在应用层面将复杂的系统逻辑简化呈现，但是如果可能，就尽量在数据底层保持逻辑的严谨性，虽然会带来底层设计的复杂度，但这可以保证系统在应用层面设计的灵活性。**"

小李："很有道理，受教了！"

老马："这个模型中还有致命问题会影响到业务。"

小李："啊？还有啊？我以为已经很完美了！"

老马："目前订单是关联在账号下的。如果一个家庭有一个小朋友，这样的模型是没问题的，如果一个家庭有多个小朋友，该怎么办？实际上目前的模型不支持这个业务场景。"

小李："是啊，这个问题的核心是我们的模型中没有小朋友的实体！"

老马："进步很快啊，那你思考一下，这个模型该如何完善？"

小李："我想想，是不是可以这样，在家庭下增加一个孩子实体，订单挂在孩子实体上，系统默认创建一个孩子，购买的订单就挂在第一名孩子身上。如果家里有多个孩子，那么也支持家长增加孩子，并且可以针对其他孩子创建订单。ER 图可以修改成这样（如图 5-17 所示）。"

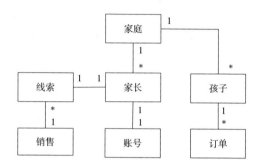

图 5-17 将孩子和家长分离的模型 ER 图

老马："非常棒，你的这个模型很好地解决了先前的业务问题！"

小李："不过我还是有困惑，这样做会不会太复杂了？其实如果有多个小孩，那么让客户再注册一个账号，不要合并家庭，直接创建订单支付，不就解决了吗？"

老马："你说得很对，确实有变通的处理方案，但会损失客户体验，并带来其他业务问题。实际上，我们做产品设计，重要的是能够想清楚所有的业务场景和问题，**然后基于研发资源和实现周期，做出一个综合评估后的合理方案，这是一个首先做加法，再做减法的过程**。尤其是在 ER 建模的过程中，必须思考得非常缜密、全面，因为你会发现，ER 建模的过程就是帮你梳理业务的过程。确实，如果底层模型设计过于复杂，可能会造成研发工作量指数级的上升，但更重要的是，你能考虑清楚所有业务场景，评估不同设计的投入产出比，和业务人员、技术负责人一起充分沟通，最终做出一个充分评估论证的设计方案。"

小李："明白了，前辈所言极是！"

老马："我们回到刚刚提到的多孩场景，实际上，你在上图绘制的 ER 模型已经能够非常灵活地支持各种业务诉求了。比如说，如果一个家庭下有两个小朋友都购买了课程，并在某一天同时上课，而此时孩子的爸爸妈妈分别在外地，想分别去看两个宝贝上课的情况（在线教育常见的监课功能），正因为有这个模型的支持，才能在 C 端的 App 上做出强大的功能，父母各自登录，查询到家庭下的两个孩子，并且分别切换看两个孩子上课的情况。"

小李："明白，确实，如果没有这个模型，而让家长再注册一个账号，在销售管理上也会带来混乱。"

老马："是的。所以，这些问题，我们都要想清楚。另外有一点需要十分关注，ER 建模最终会转换成数据库表设计，在软件工程中，一旦表结构定型，以后再想修改，是非常麻烦的事情。比如，如果我们一上来就按照最简单的方案设计了客户模型，那么未来有一天，想切换到上述理想模型，研发的投入会非常巨大，甚至是无法承担的。对于软件系统重构，最头疼的问题就是如何将历史数据迁移到新的数据结构下面。"

小李："理解，所以 ER 建模是一项非常核心的设计工作，必须经过充分探讨，务必谨慎！"

老马："没错。接下来，我再问你一个问题，因为刚刚绘制的 ER 模型还是有瑕疵。"

小李："我晕，还有啥问题啊？"

老王："如果孩子也有账号，也需要用自己的手机号登录系统，你的模型该怎么调整？"

小李"：啊，真是！我还以为我们做的是幼儿教育，小朋友都得用爸爸妈妈的账号登录 App 完成学习。不过确实有这种可能性，如果我们的教育产品拓展到小学或初中，现在的小朋友都是有手机的。我想想，要不然改成这样？（如图 5-18 所示）"

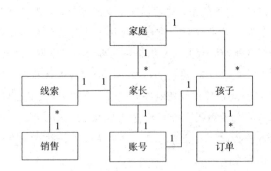

图 5-18　孩子也拥有账号的模型 ER 图

老马："你这么设计是没有问题，但你不觉得抽象的实体有些冗余吗？孩子和家长实际上都是'人'嘛，无非是不同年龄的'人'。"

小李："我想想，呃，要不改成这样？（如图 5-19 所示）最终家长和孩子这两个实体被进一步抽象到'人'的维度，通过'人'的某个属性来标记是家长还是孩子（甚至都不需要标记，只需要通过年龄进行识别，并产生相关的业务规则）。不过，这样设计好吗？会不会在逻辑上看起来清晰干净，但是会让工程实现变得复杂？嗯，这个事儿还得找技术负责人老李再好好合计合计。"

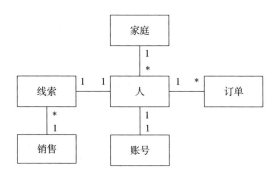

图 5-19　理想版的模型 ER 图

老马："对，一定要和技术负责人一起沟通探讨，而且想得越复杂越好！不过，我还有问题要问你。"

小李："您请讲！"

老马："在最后的这个模型中，订单究竟应该挂在'人'上，还是挂在'账号'上呢？订单对应的课时应该挂在'人'上，还是挂在'账号'上呢？如果人和账号是一对多关系，订单又该怎么挂呢？家长购买课程产生的积分应该挂在'人'上，还是'账号'上，还是'家庭'上呢？学生上课获得的奖励应该挂在'人'上，还是'账号'上，还是'家庭'上呢？"

小李："妈呀，怎么感觉无穷无尽的复杂啊！我想，这些问题就留给我们聪明的读者来思考吧！哈哈！"

老马："我看行！"

5.2　流程和角色

通过业务数据建模，我们对业务的本质有了更深入的思考和沉淀，对业务中要研究和分析的对象有了深刻的提炼。

接下来，我们开始设计分销客户管理场景下业务的流程和角色。流程合理、角色清晰是系统正确设计的前提和保障，流程确定后，再绘制页面流转图，最终完成页面细节设计。

5.2.1　绘制客户管理场景下的流程图和角色

我们首先明确，系统中涉及的角色基本和前期业务梳理中的利益相关方（或岗位）一一对应。

分销业务在 M 公司内部包含如下几个角色。

- 卖方–销售人员：M 公司分销业务的销售人员，负责完成客户开发与合约签订（目前继续采取线下作业的方式）。

- 卖方–分公司运营人员：M 公司分销业务分公司运营人员，负责具体的客户创建、维护、报价单维护等事务性工作。

- 卖方–总部运营人员：M 公司分销业务总部运营人员，负责客户审核等事务性工作。

分销业务客户包含如下几个角色。

- 客户–管理员：分销客户的管理人员，维护并管理客户公司内的所有子账号、门店。

- 客户–采购员：分销客户的采购人员，负责给门店下采购单、补货。

在本案例中，之前并没有线下运作的客户管理流程，因此需要由我们自己重新设计流程。结合上一节数据建模提炼出的数据对象，在客户维护流程中，除了卖方管理员要创建客户和客户管理员账号，还需要由客户管理员创建并管理子账号与门店。

基于上述分析，我们绘制出更细致的业务流程图，如图 5-20 所示。

图 5-20 中的各个环节分析如下。

首先，分销业务的销售人员（角色为"卖方-销售人员"）在线下开发客户，将签约客户的合同交给分公司运营人员（角色为"卖方-分公司运营人员"）进行审核。这些都是没有系统支持的线下动作。

分公司运营人员审核通过后，在运营管理后台创建客户以及客户管理员账号（母账号，也叫根账号），其中，客户的信息包括机构名称、营业执照、税号等，客户管理员账号只是提供给客户的管理员使用的系统账号。

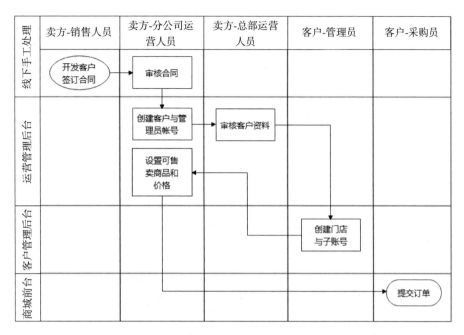

图 5-20　创建维护客户与下单操作的流程图

客户信息创建录入后，由总部的运营人员（角色为"卖方-总部运营人员"）在运营管理后台再次审核客户信息。

审核通过后，由分销业务的销售人员（角色为"卖方-销售人员"）通知客户，此时客户可以使用客户管理员账号登录客户管理后台，维护并管理具体的收货门店和子账号（对应"客户-采购员"角色的账号）。

创建收货门店后，必须由"卖方-分公司运营人员"在运营管理后台针对门店编辑报价表，只有设置了报价表，门店才能购买商品。报价管理是一个核心场景，具备完整子流程，在流程图中用子流程节点来表示（具体报价管理场景本书不再探讨）。

这些工作都完成后，"客户-采购员"就可以通过子账号登录商城前台，给关联的门店进行下单操作了。

图 5-20 清晰地描述了从客户开发到下单的关键流程节点，以及不同的角色在不同的子系统中各完成了哪些操作，最终完成整个流程。**通过跨职能分系统流程图，可以清晰地看出谁（操作角色）在哪儿（哪个系统）做什么（完成什么工作）**。无论是大型系统设计，还是某个具体需求的设计，都应该绘制流程图来帮助自己梳理业务、厘清思路。

关于角色还需要说明一点。角色在业务开展初期就已经存在，但是在设计系统中的角色时，需要结合业务流程进一步梳理，并修正完善，以保证各角色的工作内容是明确且固定的，各角色之间尽量避免职责交叉，这样才能保证团队成员分工明确，共同协作，达成业务目标。当角色梳理清晰之后，公司会从管理角度设置不同的岗位，方便管理。

有时可能会出现一个岗位对应多个业务系统角色的情况，例如工作人员 A 负责某电商运营岗工作，A 在系统中被赋予"运营人员"的角色，本职工作是设计并配置商品的促销方案。但老板也安排 A 在工作闲暇之时协助订单专员做一些订单审核工作，因此 A 在系统中也被赋予"审单员"的角色。这种安排相当于要求员工身兼两个岗位的工作，在一些规模比较小的公司或业务开展初期的团队中，这种情况比较常见；在管理步入正轨的公司中，这种情况很少见，如果在系统管理中发现某些员工需要被赋予多个角色，最好和业务部门确认一下岗位的分工与定位是否合理。

5.2.2　绘制客户管理业务的页面流转图

梳理完业务流程和角色，下一步进行页面流转图设计。对于系统设计来讲，业务流程图依然属于比较粗粒度的概要性设计，如何将它与软件产品的页面设计对应起来呢？绘制页面流转图是一个很好的衔接方式。

页面流转图描述的是，用户完成某项工作需要访问的页面及页面跳转顺序。绘制页面流转图可以帮助设计人员审视、思考系统中的页面设计方案，包括系统中总共需要哪些页面，哪些页面可以重复使用，哪些页面需要定制化开发。一般来讲，我们绘制页面流转图时，都是针对某个单一角色绘制某个特定场景下的页面访问和跳转逻辑，从用户的视角来梳理一遍所有相关页面，每到一个新页面时都要思考：需要新做一个页面，还是可以复用原有页面？最终整理出系统涉及的所有页面的初稿。

绘制页面流转图没有明确的形式要求，重点在于帮助设计人员在大脑中构思页面设计思路，铅笔和白纸是最好的绘制工具。

我们以卖方-分公司运营人员创建客户和客户管理员账号，以及卖方-总部运营人员审核客户这两个子流程为例，演示如何绘制页面流转图。

请你闭上眼睛，在脑海中思考，如果你的角色就是卖方-分公司运营人员，需要创建客户和客户管理员账号，都需要访问哪些页面呢？

卖方-分公司运营人员首先需要登录系统，进入首页，因为要创建客户和客户管理员账号，所以需要分别访问客户列表页与账号列表页，在列表页中都有创建按钮，单击"创建客户"或"创建账号"按钮后，分别进入客户创建/编辑页和账号创建/编辑页。

创建客户后，需要由卖方-总部运营人员进行客户资料审核。

卖方-总部运营人员同样要先登录系统，进入首页，因为要处理客户审核工作，所以需要访问客户列表页。针对某个客户单击"审核"按钮，进入客户审核页，在客户审核页中可以录入审核结果，并执行通过或拒绝操作。

这里面有一个问题：卖方-分公司运营人员和卖方-总部运营人员都要访问客户列表页，二者看到的客户列表是否是同一个页面？我们从实际情况考虑：总部运营人员可以对每一条客户信息进行查看明细、审核、删除的操作，而分公司运营人员只能查看客户信息的明细，可见二者查询客户列表的诉求是类似的，只是操作的功能点不同，这样的差异点完全可以通过权限配置实现（见 5.7 节），而没必要开发两套客户列表页。

构思完页面访问操作的场景，我们开始绘制页面流转图，如图 5-21 所示。图中对每个页面做了编号，如果两个流程中某一页面的编号相同，则代表同一个页面，例如两个流程中都有"2.1 客户列表页"。

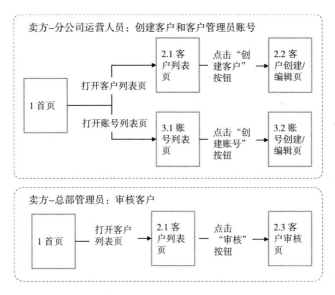

图 5-21 页面流转图示例

可见，页面流转图比业务流程图更加细致。在之前的业务流程图中，关于"卖方-运营人员"创建客户和创建客户管理员账号的操作，只是通过一个矩形框就完成描述了，但是在页面流转图中，需要更加细致准确地描述实现操作的具体步骤和对应的页面。

有一点需要注意：**不是所有的页面都来自页面流转图**，因为有些页面是独立于总体流程之外的，例如报表页、对账查询页等，这些页面源自对功能模块设计的思考。

5.2.3　数据建模和流程梳理谁先谁后

现在，让我们再次回到产品细节方案设计的起点，当我们梳理一个全新的业务场景时，究竟应该先做数据建模，还是先做流程梳理呢？

在经典需求分析工程中，软件设计初期的业务建模工作分为两个部分：对业务模型和数据对象进行提炼的数据建模，以及对业务流程和用例进行规划的流程梳理。一般情况下，业务型 B 端产品面临流程繁杂、数据单据复杂的特点，对于设计人员，从已有流程入手分析业务是一个很好的选择。但有些时候，线下还没有业务流程在执行，设计人员就需要自己设计表单和流程了，M 公司客户管理模型就是这样一种情况。

在实践中，并没有绝对的优先顺序，数据建模和流程建模需要互相依赖，持续迭代优化调校。有可能数据模型定义清楚了，流程才能确定下来；也可能流程必须整理好，背后的数据模型才能有思路和眉目。我们不必纠结或拘泥于谁先谁后的问题，只需要根据实际情况按照最顺手的方式处理就可以。

5.3　梳理场景并提炼汇总

对于比较复杂庞大的软件，不同模块可能会安排不同的产品经理跟进，但是产品负责人必须对产品整体有全面的把控。即便是由独立一人负责的产品设计工作，梳理完不同业务场景后，也应该有一个整体的汇总和进一步的总结提炼。

5.3.1　提炼汇总数据模型

场景梳理完毕后，产品设计人员应该将完整的数据模型进行拼接和提炼。当然，这个工作也可能由技术人员完成，但是我强烈建议产品经理也能够做出数据模型的定义和设计，不用太精确，但是对于帮助厘清系统背后的核心业务非常重要。

图 5-22 展示了完成了对客户维护、定价、下单、售后场景的分析后，将背后的业务数据模型处理、合并后得到的分销平台数据模型 ER 图。

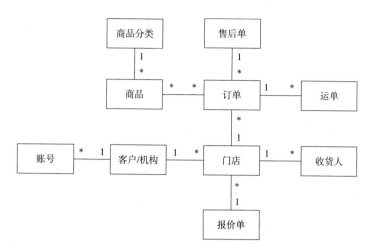

图 5-22　分销平台数据模型 ER 图

这张 ER 图体现了很多分销业务的管理模型和运作特点。

和 To C 的电商不同，To B 的分销业务的订单关联在门店上，而非下单账号上。因为一个门店可能有多个下单账号，而一个账号可能会变更所负责的门店，因此订单不应该关联在账号上。从业务实际场景来讲，订单也是针对门店创建的。

门店的收货人可能和下单人并非同一人，收货人不应该和下单账号有关系，而应该归属于门店，所以收货人关联在门店下边。

每个门店都应该有一个配置好的报价单，报价单中描述了门店可以采购的商品有哪些，价格是什么样的，基于这个报价单，账号（采购员）针对门店挑选合适的商品，并创建订单。报价单可以被多个门店使用，所以门店和报价单是多对一关系。

以上随便举了几个例子，让大家进一步感受理解数据模型和业务场景、业务运作之间的关系，对于其他场景的细节不再展开分析。大家有兴趣可以进一步去绘制完善如图 5-22 所示的模型。

5.3.2　提炼汇总系统角色

接下来，我们将不同场景中的角色进行整理汇总。在 M 公司的案例中，分销平台中涉及的所有角色，也就是在客户管理场景下梳理出的五个角色，分别如下，不再赘述：

- 卖方-销售人员

- 卖方-分公司运营人员

- 卖方-总部运营人员

- 客户-管理员

- 客户-采购员

在商业化软件产品中，很多时候由实施团队根据客户的运作模式和流程来设计并配置角色。即便如此，系统也应该根据标准流程预置一些默认角色，作为基准版本存在。

5.3.3　提炼汇总页面功能清单

不同的场景有可能会涉及相同的页面，因此非常有必要统一整理不同场景涉及的所有页面。有时，在页面清单的梳理中就可以将关键功能点也整理出来。不过在 M 公司的案例中，我们只统计到页面的粒度。

经过对业务流程、使用场景、页面流转的完整梳理，我们总结出在分销平台需要开发的页面，如表 5-2 所示（此处只展示了部分页面）。仔细观察可以发现，这些页面其实就是针对不同对象（客户、账号、门店、报价单等）的增删改查页面。

表 5-2　分销平台需要开发的页面

子系统	页面	PC 端	H5 端	App（安卓）	App（iOS）
商城前台	首页	—	√	—	—
	购物车	—	√	—	—
	个人中心/订单管理	—	√	—	—
客户管理后台	首页	√	√	—	—
	客户管理/账号列表页	√	—	—	—
	客户管理/账号详情页	√	—	—	—
	客户管理/账号编辑页	√	—	—	—
	客户管理/门店列表页	√	—	—	—
	客户管理/门店详情页	√	—	—	—
	客户管理/门店编辑页	√	—	—	—
	综合查询/订单查询页	√	√	—	—

从本质上讲，**一套软件系统就是对不同数据对象的增删改查操作的集合**，这个特点在业务型 B 端产品中更加显著。下一节，我们将更加详细地介绍软件产品典型的页面和组件。

5.4　界面与常见组件设计

我们已经完成了功能模块设计、演进蓝图设计、业务数据建模、业务流程梳理、角色梳理、页面流转梳理这一系列环节，已经细化到每个操作需要访问哪些页面、总共有哪些页面，现在需要为每个页面设计具体的交互功能了，即进行界面设计。

虽然在界面设计之前的流程很长，但只要你细心体会就会发现，我们对整个业务形态和系统形态已经了然于心，对整个项目和产品的掌控力越来越强。此时，界面设计已经是水到渠成之事。

5.4.1　界面设计的流程

在团队分工明确、人力储备充足的情况下，开发一套全新的 B 端业务系统时，界面设计的流程一般如下：

1. 产品经理绘制线框图原型，表达软件中每个页面的设计需求。

2. UE 设计师协助产品经理完善交互体验，并制作交互原型。

3. UI 设计师基于交互原型进行美工设计，生成切图文件。

4. 前端工程师拿到切图文件，进行前端开发，包括实现交互、动效等。

当一套业务系统上线后，后期迭代则基本不再需要 UE 和 UI 设计师的支持，前端工程师参考线框图就可以直接进行前端页面开发，因为前端工程师一般会采用现成的控件，例如按钮、文本框、下拉框、表格等。这种情况下，产品经理相当于同时承担了交互设计师的职责，一定要保证线框图排版整齐、重点突出。

5.4.2　线框图的绘制

产品经理需要将每个页面的排版样式、控件设计及交互效果，用通俗易懂的形式表达出来，以方便其他同事快速理解。线框图（也叫原型图）是一种很好的表现形式。绘制线框图的工具有很多，常见的有 Axure、Visio 等。

　　线框图的重点在于说清楚界面上的交互功能设计，而非 UI 效果。如图 5-23 所示，展示了通过 Axure 绘制的分销商城前台结算页的线框图示例，图中呈现了结算页中的所有关键信息，包括收货信息、商品信息、购买数量（可以编辑），以及切换收货账号和提交订单按钮。通过这幅线框图，已经可以清楚地看明白该页面需要具备的基本内容和交互效果了。

图 5-23　分销商城前台的结算页线框图示例

　　关于线框图的绘制方法，网上有大量的学习资料，读者可自行查阅并实践，本书不再展开。

5.4.3　导航布局的设计方案

在一个新系统从无到有的设计过程中，首先要确定导航方式和框架结构，其中有两个基本要素很重要，第一个是关于内置多标签页，第二个是导航菜单的排版方式。

所谓内置多标签页，是指在系统内部具备多标签页的交互形态，即打开新的页面和菜单时，会在系统框架内部打开一个新页签。如图 5-24 所示，管家婆云 ERP 采用了内置多标签页的横排导航方式。

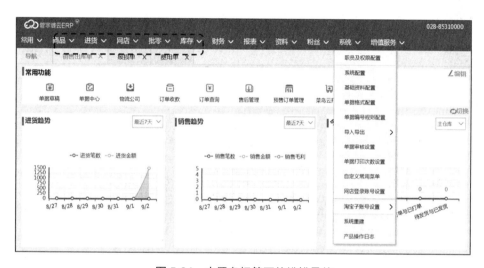

图 5-24　内置多标签页的横排导航

虽然现在的浏览器本身都支持浏览器级别的多标签页，但在某些场景下，系统级别的多标签页设计是很有必要的，比如类似于客服业务的作业场景，操作人员有可能需要在多个页面来回切换进行操作和处理，并且由于其工作本身也容易被打断，因此系统默认提供多标签页就很有必要。

导航菜单的排版方式是另一个框架层面的关键要素。一般来讲，典型的排版方式包括横排排版、竖排排版，以及横竖混合排版。横排排版常见于官网、企业办公门户，除此之外已经很少见了，竖排排版已经成为主流选择。如图 5-25 所示的有赞商城后台的截图就展示了无标签页的竖排导航。

多标签页和无标签页，以及横竖排导航之间究竟有什么优劣势呢？我们在表 5-3 中做了一个对比，以便大家直观地理解。

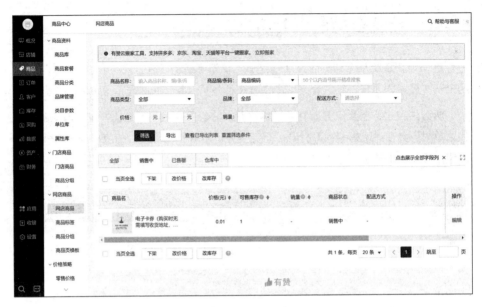

图 5-25　无标签页的竖排导航

表 5-3　几种排版特征的对比

特　征	优　点	缺　点
横排导航	• 对于二级菜单选项多并且结构复杂的情况，可以做比较好的级联展现效果，多见于官网，例如阿里云 • 在企业级门户场景下，适合多应用多系统的整合呈现	• 菜单过多后尾部被隐藏 • 文字过多后菜单被撑长 • 不容易找到想要的菜单
竖排导航	• 展开后菜单名称一目了然 • 折叠后可以通过图标快速定位菜单 • 折叠后可以节省屏幕空间 • 有足够的空间容纳非常多的一级菜单	• 无
无标签页	• 前端研发简单	• 不能同时打开多个窗口操作
内置多标签页	• 多场景并行处理平滑切换 • 对于需要嵌入软电话条的系统一般使用内嵌多标签页，避免软电话条的会话状态出现不一致	• 页签打开太多容易让浏览器崩溃，对前端技术框架要求高

以上探讨的是 PC 版本的框架交互方案，对于移动端场景，UI 框架比较简单，一般采取底部导航菜单的方式，我们不再赘述。

5.4.4　首页和工作台的设计方案

首页是用户登录系统后看到的第一个页面，如果设计得当，能极大地优化用户体验。例如，传统 B 端软件典型的问题是操作复杂，需要来回在不同页面跳转，对于不熟悉系统的新手，很容易被搞崩溃。但是，这些问题都可以通过设计优雅的首页来解决，因为作为一线作业人员，工作的重点无非是处理各种待办，如果在首页中能够把所有需要处理的工作合理呈现，实际上并不需要用户自己去跳转各个页面做操作。

我们设计首页，可以从两类场景出发进行分别设计，一类是管理人员的系统首页，一类是执行人员的系统首页。

针对管理人员的首页设计

管理人员每天的工作是什么？最重要的就是盯紧并跟踪当天的关键数据指标，及时发现运作中出现的异常，排查问题，产生管理动作，执行并跟踪。

对于管理人员，首页中一般包括快捷菜单、公告、消息、待办，以及大量的实时数据仪表盘。相比其他类型的用户，管理人员使用系统的时间更少，因此一个能够快速、直接解决问题的首页就显得非常重要。

针对执行人员的首页设计

执行人员每天的工作是什么？当然就是把领导安排的工作做到日清日结。所以执行人员的首页应该包括快捷菜单、公告、消息、仪表盘，尤其是待办组件，罗列了所有需要处理的工作和任务。

针对执行人员比较理想的系统设计，应该由系统半自动化地输出工作任务，用户只需要每天按照系统给定的优先级，将每一条工作任务执行好，做到日清日结。当然，这个想法说起来简单，做起来难度挑战都很大，因为如何让系统决定员工每天该做什么，优先级是什么，是一件非常复杂的事情。

如图 5-26 所示，展示了一线销售人员使用的 CRM 首页。注意，图中的核心区域是销售业务中当天新分线索、新增商机、新增订单的汇总仪表盘，这背后其实也是若干个待跟进任务。

图 5-26   一线销售人员使用的 CRM 首页

首页和工作台的区别是什么

从定义来讲，**首页是指用户登录进入的默认页，工作台一般是指集成办公页面**，用户在工作台应该能够集中完成任务的分发和处理。

多数时候，我们直接将首页以工作台的方式实现，但也并不绝对，首页到底该怎么设计，主要还是看业务场景。

例如，图 5-27、图 5-28 分别展示了某集团企业门户网站的首页和工作台，可以看出，首页承载了集团的新闻通知公告，工作台则集成了所有待办事项和日历。这样分开设计显然是为了强化集团新闻、公告的重要性。

图 5-27　某集团企业门户网站的首页

图 5-28　某集团企业门户网站的工作台

移动场景下的首页设计

移动办公场景和 PC 场景的区别非常大，首页的设计思路也不太一样。移动办公场景下，首页的设计首先要满足移动办公的便携性，要符合高频、碎片化操作的诉求（例如实时仪表盘、消息、待办），而非沉浸式设计（例如信息流、大量通知公告）。

在移动 App 中，常见的首页可能采用**消息页、仪表盘、待办，或者工作台的形式**。

如图 5-29 中左侧图片所示，展示了钉钉的移动端首页。钉钉作为一款基于 IM 的办公协作平台，首页当然是消息页，工作台放在正中间（飞书、企业微信的设计类似）。

如图 5-29 中右侧图片所示，展示了销售易的移动端首页。可以看到，销售易的首页主要是待办工作的集成页面，包括了日程和待办管理。很明显，这么做是因为销售易首先是一款 SFA CRM 软件，强调销售人员的任务执行和管理工作。

图 5-29 从左到右分别是钉钉、销售易的移动端首页

5.4.5 全局搜索的设计方案

B 端产品的全局搜索功能是一个非常精巧的设计组件，却往往被人忽略。强大的全局搜索可以帮助用户查询功能、视图、数据、导航菜单、报表等任意类型的资源，而不是单纯地检索一些报告和文档。

当然，对于复杂的全局搜索进行设计实现也是需要耗费很多时间和精力的，但对于一款成熟的商业化软件产品，一定要有强大的全局搜索能力。

图 5-30 展示了 Salesforce 的全局搜索功能。当我们在搜索框中敲入字母 "l" 时，会看到动态提示框中出现了各种推荐的搜索结果，前两条是包含 "l" 字母命名的仪表盘和报表名称（Leads Dashboard / Leads by Lead Source），接下来是名称中含有 "L" 字母的两条 Account 类型的数据和一条 Energy Auduit 类型的数据，再往后是命名中含有字母 "L" 的各种视图。

从图 5-30 中可以看到 Salesforce 全局搜索功能的精巧、复杂，值得每一名 B 端产品经理学习参考。

图 5-30　Salesforce 的全局搜索功能

【资源推荐】

Salesforce 的用户体验学习中心 Lightning Design System 有非常全面的全局搜索设计讲解，具体大家可以在 Lightning Design System 官网的 guidelines/search/global/ 路径下学习。

5.4.6　公告和消息的设计方案

在软件产品的组件设计中，很容易犯的错误之一就是创建太多的消息通知组件，以及各种交互形态的消息通知，让用户感到无所适从，分不清主次，最后形同虚设，永远没有人阅读。

对于一套独立的软件系统，通知组件最好只有两类，分别是公告和消息。

公告：公告是一种内容比较重的通知形式，一般要包括标题和富文本格式的正文（即拥有丰富的格式编辑和多媒体处理能力），用户需要点进去查阅具体内容。

消息：消息是一种轻量化的通知形式，核心目的是提醒事件的发生，但并不提供细节。可以在消息中嵌入链接，跳转到相关的具体页面或场景。消息根据来源又可以分为系统消息和人工消息。**不同类型的消息应该通过唯一的消息组件进行统一管理，不应该针对不同类型的消息创建不同形态的消息组件，因为后者的设计肯定会导致信息呈现的混乱和爆炸，让用户无所适从。**

不论公告还是消息，都是通知行为，并不要求用户跟进执行某个具体动作。如果希望用户能执行某个动作，则通过"待办"组件实现，待办和消息完全不是一回事，很多人总是将两者搞混：待办是一个需要用户跟进处理的任务对象，有自身的状态和过期时间；而消息只是一条无状态通知。一条待办被创建后，可以选择通过消息组件给用户发送提醒，也可以不发送，但不论是否提醒用户，待办一定要在首页或工作台等某个位置呈现出来，提示用户跟进处理。

图 5-31 是 AntDesign 的通知（公告）、消息、待办组件示例。

图 5-31　AntDesign 的通知（公告）、消息、待办组件示例

成熟的商业化软件产品，应该提供灵活的消息配置能力，以便用户自己决定接受什么样的消息提醒。图 5-32 是项目管理软件 Teambition 消息配置界面的 PC 版本（该产品的移动版同样提供了类似的配置功能），可以看到其配置化能力非常强，可以对不同类型的事件、行为设置不同级别的提醒方式。请大家仔细研究图 5-32 中消息提醒方式的几种类型，根据消息的优先级和重要性的不同可应用于不同的场景。

图 5-32　Teambition 消息配置界面的 PC 版本

5.4.7　待办与日程的设计方案

待办的设计

待办是软件产品中一种重要、常见的功能组件，用户通过待办来管理工作，系统也可以根据业务规则给用户自动创建待办。有的系统将待办叫作任务，其实都是一个意思。

待办本身也是一类数据实体，一个典型的待办有以下关键字段。

- 描述：待办的具体内容。
- 创建人：创建待办的人员。
- 执行人：需要执行待办的人员，可能是创建人，也可能是其他人。
- 开始时间（可选）：一般不需要设置开始时间，如果需要，可能也只是为了控制待办显示的时机。
- 截止时间：待办的截止时间，逾期后可能触发各种业务逻辑，例如某个报价维护任务如果超时，则自动关闭客户账户。

- **是否提醒以及提醒时间**：待办到期前多久进行提醒，例如可以通过消息组件来进行提醒。
- **待办状态（系统自动生成维护）**：未开始、待处理、已超时、已完成。

图 5-33 是飞书和钉钉的待办创建界面。不同软件产品的待办管理组件基本上都大同小异，没有显著区别。

图 5-33　飞书和钉钉的待办创建界面

待办的应用场景非常丰富。

例如，销售在 4 月 2 日 12 点联系客户后，客户说现在不方便，希望三天后再联系，则可以生成一条和客户关联的待办，开始时间是 4 月 5 日 0 点，结束时间是 4 月 5 日 22 点，提醒时间在到期前 12 小时。

例如，某运营人员 A 创建了一条新的商品记录，希望另一名运营人员 B 在 2 天内进行交叉检查，则可以创建一条和商品关联的待办，分配给 B，到期时间是 48 小时。

待办在个人工作和协作中无处不在，设计良好的待办可以和系统中任意实体对象进行关联，从而丰富待办功能的应用场景。例如，图 5-34 是销售易中任务（即待办）

的编辑界面，其中有一个字段叫作"关联业务"，"关联业务"可以引向客户、联系人、线索等实体。在业务开展中，如果业务员 A 希望业务员 B 针对某个客户或报价单等数据对象做协同处理，则可以针对相关数据对象创建一个任务并发送给 B。

图 5-34　销售易中任务（即待办）的编辑界面

日程的设计

日程是另一种常见的功能组件，在协同类、通信类软件产品中经常出现。

日程和待办非常相似，但信息含量更丰富，包含的典型字段如下。

- **主题**：日程的名称。
- **内容**：描述具体日程事项。
- **创建人**：日程的创建者。
- **参与者**：日程的参与方，参与方一般会收到消息或邮件通知。
- **日程的开始和结束时间**：精确到分钟。
- **日程的提醒时间**：在日程开始时间之前多久进行提醒。
- **日程的地点、附件等**。
- **日程是否重复**：可以将日程按一定的周期规则进行重复设置。

图 5-35 是飞书和钉钉的日程创建编辑界面。

图 5-35　飞书和钉钉的日程创建编辑界面

待办和日程容易让人混淆，其实两者的区别还是很明显的。日程关注的是时间范围内的工作计划，始终存在；而待办只是一条有截止时间的任务，处理完成后就消失了（一般在交互设计中通过这样的中横线来划掉）；多数待办都没有"起始时间"，而只有"结束时间"。

5.4.8　列表页的设计方案

列表页和视图

业务系统经常需要将某些数据对象的集合展现给用户，呈现的页面就是列表页。列表页是 B 端产品中最重要、最常见、最基本的页面，也很讲究设计技巧；图 5-36 就是通过 Axure 绘制的分销运营管理后台的报价管理列表页的线框图。

图 5-36　分销运营管理后台的报价管理列表页的线框图

业务型系统中往往有大量的列表页需要开发，例如，在 M 公司的分销业务系统中，仅"分销运营管理后台"这一个子系统，就需要实现客户列表页、账号列表页、门店列表页、报价管理列表页等多个页面。

对于研发人员来讲，如果把所有的列表页一一开发出来，那简直可谓纯体力劳动：没有很高的技术含量，但有大量的重复性开发工作，不同的搜索项、不同的列表字段都需要一遍一遍地核对、开发；经常需要调整界面布局、增加搜索条件选项、调整默认字段排序等。

我们可以对列表页进行高度抽象，因为在所有列表页上实现的不外乎增删改查操作。通过观察成熟的列表页可以发现，其上的元素主要包括检索条件区域、结果列表区域、分页器（控制页码的小组件）等有限的类型，因此只要实现一套高度灵活的前端控件，能够自定义配置所有内容，就可以实现列表页的灵活定制。虽然实现这样一套灵活控件的周期比较长，但是长远来看非常有必要。

对于自研自用系统，多数情况下选用硬编码列表页是投入产出比最高的做法；但是对于一款商业化软件产品，面临不同客户的诉求，就需要考虑在合适的时机实现一套灵活的自定义列表页控件（一般叫视图编辑器，View Editor）。

那么，该如何设计灵活的前端控件呢？一个好办法就是向成熟的优秀软件学习。目前，市面上绝大多数成熟的商业软件列表页的设计都非常灵活，支持完全个性化的列表页配置，产品经理完全可以学习借鉴。

我们先来看一看大名鼎鼎的项目管理软件 JIRA 是如何实现灵活的列表页配置功能的，JIRA 的列表页组件设计也是我见过的设计方案中最好的。JIRA 提供了一种叫作过滤器的功能，通过新增过滤器来配置一个全新的列表页。过滤器的编辑页面提供了非常灵活的列表页自定义设置功能，如图 5-37 所示。

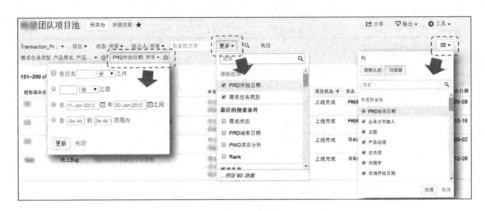

图 5-37　过滤器的编辑页面提供了非常灵活的列表页自定义设置功能

首先，用户可以设置任意的查询条件。点击图 5-37 中间虚线框中的"更多"选项，可以显示 JIRA 中所有可能的搜索条件字段，勾选字段，便可以将该字段增加为搜索条件。

其次，增加某个搜索条件之后，还可以设置它的默认搜索值，例如可以对图 5-37 左侧虚线框中的"PRD 开始日期"字段设置搜索默认值，从图中也可以看到，JIRA 的日历控件功能非常强大，可以进行各种时间检索类型的设置，比如过去多久以内、多久之前、某个时间范围之间等，非常灵活。

再次，用户可以设置任意的列表结果字段，图 5-37 右侧虚线框的下拉选项显示了自定义列的设置，可以增加或删除任意需要在列表页中呈现的字段，且字段顺序可以任意调整，也可以进行排序，并且将这些特性保存下来。

JIRA 甚至还提供了一种检索语言 JQL，以便让用户实现更加复杂的检索诉求。单击图 5-37 中上部的"高级"选项，切换到 JQL 编辑视图，可以看到设置好的查询条件已经按照 JQL 的格式呈现，如图 5-38 所示，用户可以像写 SQL 语句一样继续编辑 JQL 语句。

图 5-38　JIRA 提供 JQL，方便用户进行更复杂的自定义查询配置

　　JIRA 还对列表页提供了一个特别赞的功能：批量操作功能。单击图 5-37 右上角的"工具"选项，会显示如图 5-39 所示的下拉选项，可以选择当前页面数据或所有查询出的数据，并进入批量操作界面。

图 5-39　JIRA 列表页的批量操作功能

　　进入批量操作界面后，如图 5-40 所示，在"步骤 1"中让用户选择需要批量处理的数据条目，在"步骤 2"中选择要完成的操作，如编辑问题、移动问题等，然后继续后续操作。

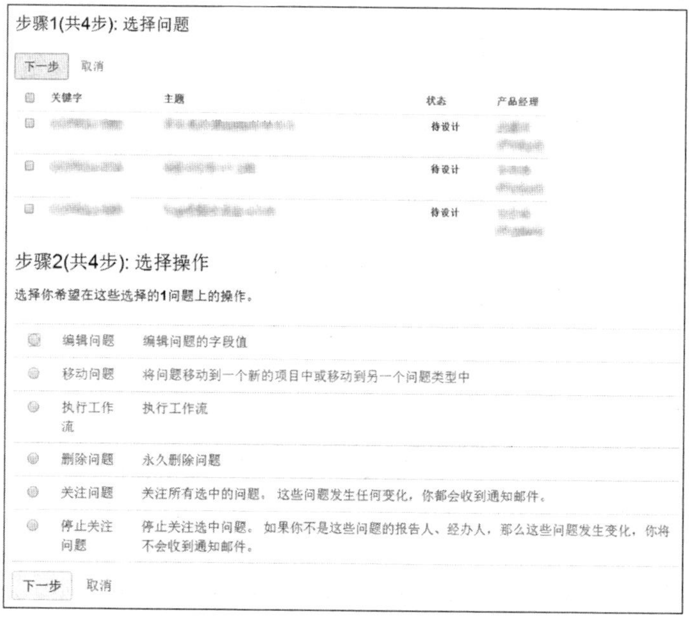

图 5-40　JIRA 批量操作的分步骤处理

　　设计批量操作功能时，很重要的一点是帮助用户快速选择操作对象。JIRA 在"步骤 1"中让用户选择了需要批量处理的数据条目，在"步骤 2"中让用户再一次细化选择操作，这些细节设计非常贴心，值得我们思考借鉴。

列表页设计 Bug "找碴儿"

接下来我们通过一个案例，让大家体会设计不合理的列表页界面导致的各种问题。图 5-41 展示了通过某原型工具绘制的分销运营管理后台的门店列表页的线框图，里面有三处很常见的设计瑕疵，你能找出来吗？请先不要往下阅读，试着自己找一找。

图 5-41   设计有瑕疵的门店列表页

问题一：交互功能不合理

第一个设计瑕疵是一个交互体验的问题——没有全选按钮。

假设用户在列表中搜出 50 条记录，需要全部删除，虽然界面上提供了"批量删除"按钮，但却需要用户先逐条勾选数据，一共要单击 50 次（至少）才能全部选中，这时可能手都快抽筋了，然后才能批量删除。如果每天要重复数次类似的操作（B 端产品的用户往往需要每天重复使用某些功能），那将是很崩溃的。如果提供一个小小的全选按钮，就会简单很多，记录数越多，这个按钮越有必要。

问题二：逻辑不严谨

第二个问题是搜索条件中有一个"请选择门店创建时间"的搜索项，但是在列表页中却没有"门店创建时间"字段。

假设用户在"请选择门店创建时间"搜索项中选择了某一周作为查询时间段，但是在结果页中却无法看出各门店的具体创建时间，将是一件很别扭的事情。

列表页的显示字段要和搜索条件匹配，这是一个基本的设计要求，却很容易被忽视。

问题三：技术风险与安全风险

在列表页设计中，分页问题是一个典型的问题，如果处理不好，会造成很多潜在隐患。图 5-41 中的分页器就存在典型的设计问题。

图中采用的分页方案显示了最开始几页的页码、省略号、最后几页的页码，我们由此猜测后台代码读取了所有数据，计算并显示了总页数，且用户可以直接跳转到最后几页。这样做会造成两个问题：

● 存在技术风险。很多时候用户只需要浏览几页数据，但是代码可能读取了所有数据，如果数据量非常大，就会对数据库造成很大压力。不要小看这个问题，**实际工作中经常出现因分页设计不合理导致数据库崩溃的情况。**

● 有数据泄露风险。用户可以根据页码数和每页的显示数量计算出总体数据量，如果列表页再有导出按钮，那么还可以一次性导出所有数据，这很容易造成数据泄露。

为了避免用户一次查询的数据量过大，常见的做法是在某些日期选择字段上进行控制，例如一次只允许查询一周以内的数据。

比较合理的分页设计方案，可以参考图 5-43，即用户只能看到当前页前后几页的数据，不能直接跳转到最后一页，也不知道总共有多少页。当然，具体的分页设计要结合实际业务来处理。但是大家要认识到，分页设计绝对不是一个很简单的"小 feature（特征）"，而是要经过慎重思考、处理的。

5.4.9　详情页的设计方案

详情页包括单条数据的呈现和编辑页面（也可以叫表单），也是 B 端产品中最基本、重要的页面形态。

和列表页相同，自研系统往往采用硬编码的方式实现详情页，而商业化软件产品则通过产品化功能，以配置的方式，将背后的数据对象按照要求的格式呈现出来。

　　图 5-42 展示了 Trello 这款轻量级项目管理软件(已被出品了 JIRA 的公司 Atlassian 收购）的详情页，很有代表性，上方区域是详情页的信息呈现，下方区域是针对该条数据的编辑轨迹、评论、追加的附件等信息。

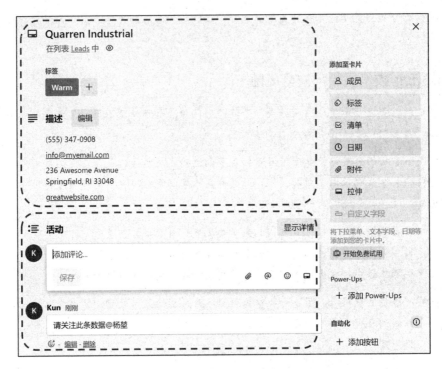

图 5-42　详情页示例——Trello

　　近些年，很多商业软件为了提升办公协作效率，都实现了针对详情页的数据对象添加评论的功能，就像图 5-42 所示的这样，不仅可以评论，还可以@某个人，这样对方会在消息盒子中收到提醒。

　　这个设计范式已经被广泛采用，在 5.4.7 节介绍的产品的"待办"设计中，飞书和钉钉都支持对待办添加评论；在销售易、纷享销客等系统中，用户也可以针对线索、商机等数据对象添加评论、上传附件。

5.4.10　界面设计建议

　　总体来讲，B 端产品的界面交互模式固定，经典的交互控件可以解决 80%以上的业务场景诉求，这里提供一些界面交互设计的建议，供大家参考。

借鉴成熟软件

　　研究并借鉴成熟软件的界面设计方案，可以提升设计能力，少走弯路，这个方法我们已多次提到。网上有很多免费试用的系统可供学习，比如 Google Analytics、百度统计、Salesforce、钉钉、飞书等。结合你设计的软件形态，找到行业内相似的 SaaS 软件，借鉴并参考其布局、交互方式，可以提高设计效率与合理性。

　　产品经理要经常浏览、研究不同系统或 App 的交互设计方案，多看、多用，很多基本的交互设计感觉就会潜移默化地植入脑海中，在做产品设计时就会想起曾经见过的类似的功能设计，从而借鉴参考。

善于使用模板

　　除了借鉴成熟的商业软件，还可以使用原型绘制工具提供的模板实现快速设计。图 5-43 就是对某原型绘制软件的模板进行修改后，得到的分销运营管理后台的门店管理列表页线框图。按照这个原型页面来编写产品需求文档（PRD），或者给研发人员阐述设计方案，是完全够用的。

图 5-43　分销运营管理后台的门店管理列表页线框图

采用标准控件

　　B 端产品不需要花哨的前端界面，不需要充满创意的控件。很多产品新人喜欢在界面设计或交互设计上做太多的创新，实际上大可不必，因为 B 端产品的用户需要的是解决业务问题、提高效率，交互体验并不是他们最在意的，而且复杂的界面和交互设计会增加研发的工作量。我曾经见过一个业务系统，把其中的多选控件做得异常复杂，多选框中隐含了其他的交互形态，导致前端工程师需要耗费大量的精力去定制开发，实在没有必要。

选用标准的控件方案可以节约产品经理和前端工程师大量的时间。什么叫标准的控件呢？Visio 或 Axure 里提供的可以绘制的控件就是标准控件。**不必创造这些标准控件以外的控件！**

【资源分享】

如何做好界面和交互设计？最重要的是多看。

看得多了，用得多了，脑海中就会形成印象，下次遇到类似的设计场景，就很容易找到参考方案。本书中提到的商业软件产品，截至本书第二版写作时，都是可以免费注册、试用的。建议大家平日可以多体验不同产品的设计风格，在脑海中形成素材库，需要用到时自然会想起来。

关于交互设计的学习资源和组件库，首先推荐蚂蚁金服 AntDesign，其官网中有大量的标准化控件设计（从 PC 端到移动端，从报表呈现到复杂的 BI 交互），还有很多交互设计的原则，很值得学习了解。

接下来，重点推荐 Salesforce 的交互组件设计平台 LightningDesignSystem。LightningDesignSystem 是 Salesforce 的一套 UI 标准规范，在 LightningDesignSystem 网站中，Salesforce 不仅开放了这套平台的标准，而且总结归纳了大量的 B 端体验设计思想，包括前文提到的全局搜索、列表页、详情页、异常反馈等场景设计思路，是少有的从企业级软件的角度研究交互设计的宝贵资源！

5.5　报表设计

任何业务的开展和运营都需要报表，报表是业务管理中不可缺少的工具。一线业务人员需要通过报表来掌握自己的工作情况，并根据需要调整工作节奏；一线主管需要通过报表来掌握团队的工作情况，和目标进行对比，调整工作安排；分公司或总部分析人员需要通过报表进行详细的数据分析，掌握业绩情况，并输出报告；高管需要通过报表掌握核心指标的每日变化，以及公司整体的经营情况。

业务报表的核心价值是掌握事实、发现问题、分析原因、产生对策。产品经理要和业务人员一起，关注完整的体系化指标建设，设计有实用价值的报表。**观察、分析**

问题的视角和思路是报表设计的核心，绚丽的交互只是次要的外在。

5.5.1　报表设计与应用流程

报表设计可能非常简单，也可能非常复杂。简单的情况是，业务人员提交了报表需求，明确了报表表样，产品经理不用思考表格设计的思路，只需要负责实现即可；复杂的情况是，产品经理要参与业务分析工作，建立业务分析监控体系，并负责实现线上化。我们这里讲的是第二种情况。

报表可能是一张简单的明细表，例如订单明细表、销售记录表，明细表常常作为基础数据，帮助业务分析人员做进一步的复杂分析。报表也可能是一张复杂的汇总表，例如按区域的销售额进行汇总的表、按产品类别的销售额进行汇总的表。从什么维度进行汇总？这里面蕴含了观察、监控业务的视角和思路，因而汇总表的设计具有较高的难度，需要产品经理和业务人员、领导层等一起讨论决定，形成一套科学的指标体系，来准确、有效地监控业务运转中的各种情况。

从业务的视角来看，一套完整的报表设计及其应用流程如图 5-44 所示，其中前三个环节是产品经理要直接负责的环节，后面三个环节是报表用户使用报表的过程，产品经理需要理解用户使用报表的方式，和用户持续沟通，不断优化报表设计。只有**从用户使用报表和分析问题的角度考虑**，才能设计出优秀的报表产品。

图 5-44　完整的报表设计及其应用流程

构建分析体系

之所以设计报表，往往是因为需要针对某个业务主题或业务诉求进行监控和分析。

构建分析体系之前，首先要明确分析目的，即需要通过分析发现哪些方面的问题；然后思考该采用什么方法来识别、诊断这些问题，其中可能的困难是什么。构建分析体系必须建立在对业务深刻、准确的理解之上，并且要和一线管理团队多沟通，可能很多问题的分析框架和思路已经被一线工作者发现并有效实践了，一定要善于发掘并参考、借鉴。

例如，我们需要监督并考核线下销售团队，该如何设计一套分析体系来进行合理的评估、管理呢？可能的思路是对销售过程和销售结果两个方向进行监控诊断，对于销售过程，重点在于判断销售人员的努力程度，可以进一步拆解为电话拨打量、线下拜访量、客户线索录入量等；对于销售结果，重点在于判断销售的业绩是否达标、利润率是否良好。这就是构建报表分析的框架和思路。

定义观察指标

厘清了分析框架和思路，下一步要确定观察指标，设计具备明确业务含义的指标来考量业务。一般会先从大的方面拆分出几方面的观察指标，然后考虑是否将指标进一步拆解为二级指标，甚至三级指标，从而在更精细的维度观察、分析业务，更准确地反映业务特征。

针对销售过程管理，我们设计的观察指标包括每日外呼电话量（又可以进一步拆解出呼通电话量、拒接电话量）、每日电话通话时长（又可以进一步拆解出手机通话时长、座机通话时长等）、每日拜访量（又可以进一步拆解出有效拜访量、无效拜访量等，近 30 天内重复拜访量、近 N 天内首次拜访量等），通过这些指标来衡量销售人员是否足够努力；针对销售结果管理，我们设计的观察指标包括签约客户数、月销售额、人均产能，通过这些指标来衡量销售人员的最终销售结果。

设计呈现形式

确定了观察指标后，我们要思考以什么形式呈现这些指标，以便用户能够准确、快速地理解、掌握指标以及变化特征。例如，是采用数据表格还是柱状图呢？在这个环节，产品经理要和实际用户多讨论，寻找最佳的呈现方式。报表的可视化呈现会在 5.5.2 节和 5.5.3 节中详细讲述。

我曾经在设计报表时，非常不理解为什么业务用户对一些核心指标的呈现要求是，希望简单地呈现当天的数值及其与昨日的环比变化，而不是列出近期的变化折线图；也很难理解为什么业务用户希望将大量的数据指标干巴巴地呈现出来，而不是用各种变化漏斗或趋势图来直观呈现。

直到后来，自己有了一段创业并管理业务的经历，每天要看各种报表，才体会到，作为一名业务管理人员，对各种核心数据都是了然于心的，看一眼当天的数字，就知道有什么异常。管理人员需要的只是干净的界面和能够实时更新的准确数字，其他炫酷的交互效果并不需要。

跟踪指标变化

管理要用数据说话，报表数据就是诊断和决策的依据。管理人员要认真对待、分析报表中各种数字的变化、波动。如果只是走马观花地浏览报表，看不出任何问题，报表就失去了意义。作为一名管理人员，必须对数字非常敏感，能够快速地感知并解读数字背后的变化和问题，这是出色的管理人员必须具备的素质。

分析变动原因

如果指标发生了明显的波动，需要跟进分析波动的原因，分析工作可以由数据分析师完成。

业务团队最好每周分析上周数据走势及变化的背后原因，以便及时、准确地掌握业务变化情况及原因。

跟进处理问题

分析出问题后，下一步当然是给相关部门或人员安排工作，解决问题，这也是报表设计的初衷。

5.5.2　报表引擎与 BI 的应用

报表设计的第三个环节是设计呈现形式，需要产品经理和报表使用者讨论想要的可视化效果。确定了想要的可视化效果后，该如何实现呢？如果使用者只需要直接用简单的表格来呈现（实际中这种情况很常见），那么实现起来当然比较简单。如果使用者要求的呈现方式有一定的复杂度，例如复杂表格、折线图、柱状图等，该怎样实现呢？

一种方案是请研发人员写代码来实现各种效果，但这样会花费大量时间，尤其是交互比较丰富的控件，对前端工程师的能力要求很高。因此实际中往往不这么做。

更常用的方案是使用成熟的报表引擎，这是一种现成的报表软件产品解决方案。后端工程师准备好数据[1]后，产品经理只需要指定数据源，写好 SQL 语句，定义好报表样式和基本交互方式（例如搜索选项、分页器等），报表引擎就可以完成接下来的数据

1　无论报表有多绚丽，交互有多复杂，对应的都是后端提供的业务数据。在后端，需要由专门的数据产品经理来负责数据指标口径的设计、核对、校准等工作，重点是保证数据的准确性和时效性。可见，报表的可视化呈现和后端的数据处理，二者在产品设计及技术处理上都是完全不同的，往往分开建设，由不同的团队负责。

呈现工作了。

例如，如图 5-45 所示的是 Salesforce 产品提供的报表编辑器，左侧方框区域列出了报表对应的数据字段、分组选项，以及筛选器，通过定义字段对应的行或列，就可以得到图中所示的二维表格，此外，还可以通过"图形"选项设置基于表格的数据图表呈现形式。更多的报表引擎表样参见下文，其设置过程和界面与此处展示的二维表格的设置是类似的。

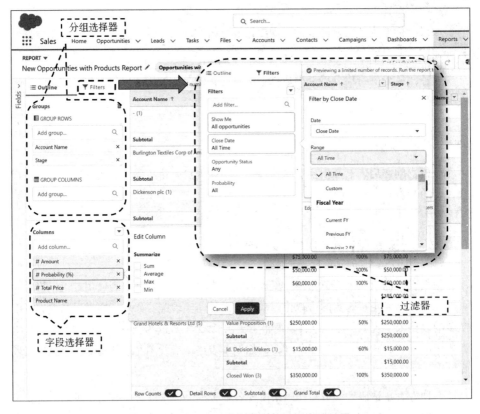

图 5-45　Salesforce 产品提供的报表编辑器

采用报表引擎可以大幅提高企业对报表类产品形态的开发速度，非常经济有效。市面上有大量收费或免费开源的报表引擎可供使用。除非有很特殊的呈现需求，其他情况都推荐采用成熟的报表引擎。

大多数商业化软件产品都有自己的报表引擎模块，也有很多厂商专门将表引擎或者 BI 平台做成产品，国内比较知名的有帆软、QuickBI 等。

常见的报表引擎表样

接下来和大家分享一些报表引擎提供的成熟表样，一起感受一下报表引擎的强大。本节中的图表都来自 Salesforce 的沙盒环境。

图 5-46 是一张标准的明细报表，这种报表样式是最简单、最基本的形式，主要用于为业务人员提供基础数据，一般都会提供下载功能，以便业务人员通过基础数据做灵活分析。

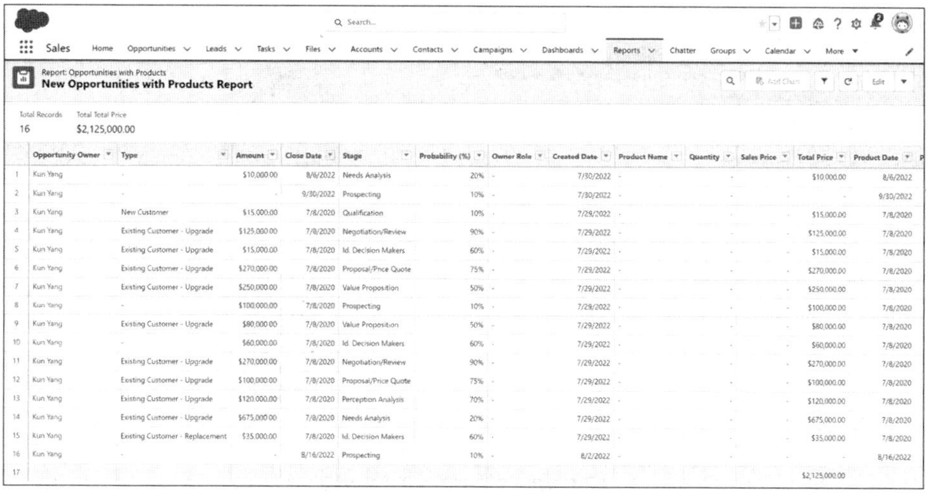

	Opportunity Owner	Type	Amount	Close Date	Stage	Probability (%)	Owner Role	Created Date	Product Name	Quantity	Sales Price	Total Price	Product Date
1	Kun Yang	-	$10,000.00	8/6/2022	Needs Analysis	20%	-	7/30/2022	-	-	-	$10,000.00	8/6/2022
2	Kun Yang	-	-	9/30/2022	Prospecting	10%	-	7/30/2022	-	-	-	-	9/30/2022
3	Kun Yang	New Customer	$15,000.00	7/8/2020	Qualification	10%	-	7/29/2022	-	-	-	$15,000.00	7/8/2020
4	Kun Yang	Existing Customer - Upgrade	$125,000.00	7/8/2020	Negotiation/Review	90%	-	7/29/2022	-	-	-	$125,000.00	7/8/2020
5	Kun Yang	Existing Customer - Upgrade	$15,000.00	7/8/2020	Id. Decision Makers	60%	-	7/29/2022	-	-	-	$15,000.00	7/8/2020
6	Kun Yang	Existing Customer - Upgrade	$270,000.00	7/8/2020	Proposal/Price Quote	75%	-	7/29/2022	-	-	-	$270,000.00	7/8/2020
7	Kun Yang	Existing Customer - Upgrade	$250,000.00	7/8/2020	Value Proposition	50%	-	7/29/2022	-	-	-	$250,000.00	7/8/2020
8	Kun Yang	-	$100,000.00	7/8/2020	Prospecting	10%	-	7/29/2022	-	-	-	$100,000.00	7/8/2020
9	Kun Yang	Existing Customer - Upgrade	$80,000.00	7/8/2020	Value Proposition	50%	-	7/29/2022	-	-	-	$80,000.00	7/8/2020
10	Kun Yang	-	$60,000.00	7/8/2020	Id. Decision Makers	60%	-	7/29/2022	-	-	-	$60,000.00	7/8/2020
11	Kun Yang	Existing Customer - Upgrade	$270,000.00	7/8/2020	Negotiation/Review	90%	-	7/29/2022	-	-	-	$270,000.00	7/8/2020
12	Kun Yang	Existing Customer - Upgrade	$100,000.00	7/8/2020	Proposal/Price Quote	75%	-	7/29/2022	-	-	-	$100,000.00	7/8/2020
13	Kun Yang	Existing Customer - Upgrade	$120,000.00	7/8/2020	Perception Analysis	70%	-	7/29/2022	-	-	-	$120,000.00	7/8/2020
14	Kun Yang	Existing Customer - Upgrade	$675,000.00	7/8/2020	Needs Analysis	20%	-	7/29/2022	-	-	-	$675,000.00	7/8/2020
15	Kun Yang	Existing Customer - Replacement	$35,000.00	7/8/2020	Id. Decision Makers	60%	-	7/29/2022	-	-	-	$35,000.00	7/8/2020
16	Kun Yang	-	-	8/16/2022	Prospecting	10%	-	8/2/2022	-	-	-	-	8/16/2022
17												$2,125,000.00	

图 5-46　一张标准的明细报表

图 5-47 是一张常见的较为复杂的汇总报表，将二维表格数据做了一些轻度的汇总运算。

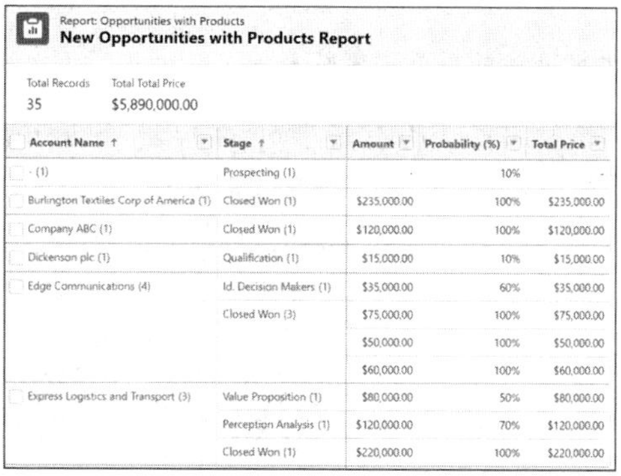

Account Name ↑	Stage ↑	Amount	Probability (%)	Total Price
- (1)	Prospecting (1)	-	10%	-
Burlington Textiles Corp of America (1)	Closed Won (1)	$235,000.00	100%	$235,000.00
Company ABC (1)	Closed Won (1)	$120,000.00	100%	$120,000.00
Dickenson plc (1)	Qualification (1)	$15,000.00	10%	$15,000.00
Edge Communications (4)	Id. Decision Makers (1)	$35,000.00	60%	$35,000.00
	Closed Won (3)	$75,000.00	100%	$75,000.00
		$50,000.00	100%	$50,000.00
		$60,000.00	100%	$60,000.00
Express Logistics and Transport (3)	Value Proposition (1)	$80,000.00	50%	$80,000.00
	Perception Analysis (1)	$120,000.00	70%	$120,000.00
	Closed Won (1)	$220,000.00	100%	$220,000.00

图 5-47　一张常见的较为复杂的汇总报表

动态仪表盘也叫管理驾驶舱，是 BI 中的概念，在业务系统中也经常采用。其设计目的是为业务管理人员提供一个高度集成的报表界面，将管理人员关心的所有核心数据在一个页面上友好、清晰地呈现出来，而且动态仪表盘中的数据多为实时的或准实时的，方便管理人员全面掌控当前的业务情况。图 5-48 是动态仪表盘的表样。

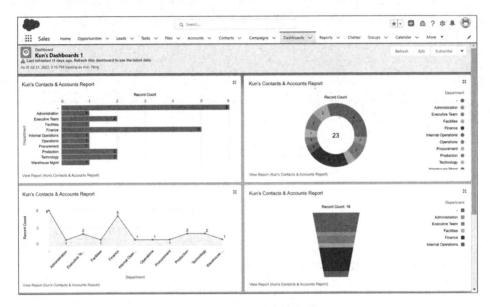

图 5-48　动态仪表盘的表样

以上简单介绍了一些报表引擎提供的报表样例，建议大家亲自使用一下成熟的报表引擎，设计并实现自己想要的可视化效果，感受一下成熟报表产品的形态。

【资源推荐】

你可以体验国内比较有名的报表引擎帆软。

除此以外，推荐大家研究学习 BI 软件 Tableau（已被 Salesforce 收购，不过本节展示的是 Salesforce 自带的报表功能，而非来自 Tableau），Tableau 提供了很多不同的可视化分析组件，不论是交互设计，还是背后的分析理念，是学习数据可视化的极佳材料。

5.5.3　二维表格设计 Bug "找碴儿"

在报表的可视化呈现中，二维表格（即常见的汇总统计表、明细表等）是最常见的数据呈现形式。可以用报表引擎来实现二维表格的呈现样式，也可以直接由团队手动设计实现（毕竟自己设计二维表格呈现样式的难度不大）。

不过产品经理也不要小看简单的二维表格，很多产品新人在自己设计时会犯一些交互设计错误，虽然是细节问题，但非常影响用户使用。下面将通过一个示例提醒大家在二维表格设计中常见的问题。

表 5-4 展示了一张非常常见的销售报表，请大家仔细观察，看看你能找到多少个设计瑕疵。

表 5-4　一张非常常见的销售报表

大　　区	销售额	毛利率	投诉数量
华北	3245634	11.23%	3.00
华东	1231234	10%	——
华南	2342342	15.16%	2.00
西南	989786	13%	——

在这张表格中，存在很多典型的设计瑕疵，具体如下。

- 数字没有右对齐。这会导致用户无法直接看出数字之间的大小关系，因为无法通过长度来判断两个数字的量级差异。

- 没有采用千分符（即从个位起，每三位数字之间加一个逗号）。这会导致阅读者无法快速识别数字的量级。虽然千分符是西方的计数习惯，但在全球商务界被普遍采用，习惯后会发现这是一种非常好用的数字表述方式。

- 呈现百分比时没有统一小数位数。这同样不方便用户直接看出数字之间的大小关系。虽然原始数据中第二、第四行的小数点后是 0，但要保持格式统一，写成 10.00% 和 13.00%，不能省掉小数点后面的两位。

- 出现了不必要的小数位。"投诉数量"这个字段的值肯定是整数，因此没有必要保留两位小数。

- 没有使用占位符。单元格中如果没有内容，不应该空着，容易让人以为漏掉了数据。根据数值的含义，要么填入 0，要么填入占位符"——"。

- 表头文字没有加粗（或用黑体）显示，不够醒目。

我们将表格进行调整，得到表 5-5，是不是看起来更舒服、更清晰一些呢？

表 5-5 格式调校后的销售报表

大 区	销售额	毛利率	投诉数量
华北	3,245,634	11.23%	3
华东	1,231,234	10.00%	—
华南	2,342,342	15.16%	2
西南	989,786	13.00%	—

大家平时可以多观察《华尔街日报》、上市公司财报等规范的商业文件或报告，里面的表格呈现形式都非常讲究、专业。正是这些小细节体现了设计人员的专业性，无论是报表设计，还是平日做分析报告，都应该留意这些细节。

5.5.4 报表设计建议

报表设计是 B 端产品经理必须掌握的技能之一。针对报表设计，我们有如下建议。

聚焦业务分析本身

业务分析思路才是报表设计的核心，产品经理要尽量参与分析体系构建的过程，这是帮助自己进一步理解业务运行和管理机制的非常好的机会，不要把太多的精力投入在交互体验设计上。

之前提到过，根据工作性质不同，产品经理在报表设计过程中的介入程度、工作内容会有很大差别：有些情况下，产品经理要负责建立整个分析体系；有些情况下，产品经理只需负责后续开发。不论是何种情况，产品经理都要尽量贴近业务，即便是被动地接受报表需求，也要努力思考其背后的设计思路。

不要急于线上化

在业务团队中，新设计的报表一般都是由数据分析团队手工制作的，需要在实践中随时优化修改。如果着急将这类报表线上化，有可能会面临无数次返工。

试想，在一张新的管理报表试用期间，管理人员随时可能要求调整个别指标，或调整格式。如果是线下的，马上就可以调整完毕，但如果已经在系统中上线，就涉及开发、调试、上线，不能很快响应，影响工作。

等新的报表在线下试用的过程中调试好各种问题后，再实现线上化，是一个更好的选择。

上线后不要急于推广

报表研发面临的典型困难和挑战是对数据准确性的验证测试问题，尤其是比较复杂的数据指标，运算过程复杂，验证测试困难：

- 如果是线下已有指标，则需要将线上系统计算的结果和线下计算的数据对比，如果发现不同，则分析其中的原因，但并不能认为线下手工计算的、长期使用的数据就一定是正确的。

- 如果是线下没有的指标，测试工作就更加麻烦，只能非常谨慎小心地手工模拟核算，再和系统计算的结果对比，需要足够的细心和耐心。

鉴于此，报表上线后，应该谨慎、小心地进行一段时间的并行验证，即将线上系统的计算数据和线下手工计算的数据进行核对、验证。确定线上系统的计算数据准确无误后，再进行全面推广。否则，如果线上系统计算出来的是错误数据，则会导致业务决策出错。

理解掌握数据仓库原理

想要完成高阶的报表设计，以及针对企业整体经营分析的报表设计，需要进入一个更加专业的领域，即数据仓库领域。

从企业的视角来看，广义的"报表"设计是一个非常庞大的体系化工程。如何保证各个业务团队看到的都是同样口径的准确数据？如何保证不同团队的人对同一份数据有同样的理解、在同一个频道对话？如何保证企业数据得到"治理"，数据管理井井有条？如何保证软件工程能够提供灵活的数据和工具，让分析团队能够快速高效、随时随地分析数据？

要解决这些问题，需要专业的技术人才运用专业工具进行企业级数据、报表体系设计，构建一套合理的企业级数据、报表平台，这就要用到数据仓库的知识。这是一个业务和技术高度交融的方向，产品人员必须同时具备技术架构知识及业务知识，才能正确开展设计工作。

B 端产品经理需要了解数据仓库的基本概念，包括掌握数据体系的逻辑架构，理解数据集市、星形模型、数据立方体等基础概念，这对报表设计十分有帮助。

【资源推荐】

学习数据仓库知识，推荐阅读《大数据之路——阿里巴巴大数据实践》，书中对大数据、数据仓库都有全面、通俗易懂的阐述，对新人比较友好。本书书名虽然叫《大数据之路》，但大多数内容在讨论数仓话题。

5.6　数据埋点

数据埋点设计是产品交互设计过程中必须同时进行的工作，数据埋点无论是对 C 端产品还是对 B 端产品来说都很重要：对于 C 端产品来讲，通过数据埋点可以分析用户行为，持续优化产品，如果没有数据埋点，C 端产品运营就无从下手；对于 B 端产品来讲，数据埋点是考核产品使用程度的一个重要依据，也是业务用户行为分析、产品分析、产品改善的重要参考数据来源。

作为产品经理，有必要理解数据埋点的技术原理、埋点手段、各类埋点工具的使用方式和特点，以及基于数据埋点的分析思路。

5.6.1　什么是数据埋点

数据埋点的历史和含义

在 Web 1.0 时代，网站设计人员及分析人员需要了解网站的访客数量、访客来源、页面访问情况等信息，从而优化网站结构和内容。例如，分析人员需要知道什么样的排版设计可以提高转化率，哪些版块内容比较吸引人、应该加大投入。

为了满足这些分析诉求，程序员可以自己开发一套数据监控平台，记录访客相关的所有数据，再开发一套报表呈现平台，让分析人员能够方便地进行数据观察和分析。但是这样做的成本非常高，小公司根本没有实力做这些事情。

然而，监控、分析访客的行为，研究站点的流量来源和走势，这是网站运营的刚需，尤其是在各类线上广告投放体系（例如 SEO、AdExchange）成熟之后，网站主更加需要功能强大的分析工具，帮助其优化网站、提升网站的转化率和商业价值。

于是，各类专业的网站监控、流量分析的统计工具应运而生。知名的网站分析软件有国内的 CNZZ（后来和友盟合并）、百度统计，国际上有 Adobe 的 Ominiture 和大名鼎鼎的 Google Analytics。

使用这些分析工具的方法非常简单，一般是将一小段唯一的 JavaScript 代码片段注入网站的一个公共 JavaScript 文件（或公共的 HTML 代码片段）即可，工作量非常小，部署非常方便。如果需要更加精细地监控按钮点击等行为，则需要针对每一个交互事件插入更有针对性的代码片段。**这些在网站中注入分析工具提供的代码片段，以便网站分析工具能够准确捕捉用户行为的工作，就叫数据埋点**。移动端 App 的数据埋点和 Web 端大同小异，也需要在 App 代码中"埋入"各种分析工具提供的代码片段。

数据埋点的流程

数据埋点的流程一般包括申请分析网站账号、获取埋点代码片段、将代码片段"埋入"网站或 App、观察分析数据，如图 5-49 所示。以下流程中的前三步一般都由研发人员负责，产品经理重点参与第四步。

图 5-49　数据埋点的流程

5.6.2　常见的 B 端埋点工具简介

目前国内使用比较多的 Web 端埋点工具有 Google Analytics（GA）、百度统计，移动端埋点工具有 GrowingIO、诸葛 IO、神策。简单介绍如下。

Web 端埋点工具

- GA：功能强大、全面，遗憾的是国内访问 GA 站点很不稳定，经常无法访问。更准确地说，GA 在后台的数据采集（捕获）功能是非常稳定的，可以正常使用，但是分析、报表功能经常无法访问。

- 百度统计：和 GA 功能相似，支持各种分析诉求。百度统计和自家的广告平台结合比较紧密，使用起来非常方便，容易上手，图 5-50 所示的是百度统计的工作台界面。

图 5-50　百度统计的工作台界面

移动端埋点工具

各家的移动端埋点工具的核心功能基本相似，有些强调私有化部署，有些强调无埋点技术，扩展功能上有所不同，但本质上区别不大。

因为移动端 App 大多采用原生架构或者原生+Web 的混合架构，所以无法像纯 Web 站点那样做一次埋点即可全站监控，而需要对每个界面都写入埋点代码，比 Web 埋点要麻烦一些。

如果不考虑数据安全性问题，建议 Web 版的 B 端产品部署百度统计，因为接入简单方便，而且足够做基本的统计分析。对于移动端的埋点软件，区别不大，根据偏好自行选用即可。

5.6.3　埋点工具的数据分析

完成埋点后，埋点软件就开始采集用户访问网站或使用 App 的各种行为数据了，登录埋点工具管理后台，产品经理便可以查看、监控数据，进行各种有趣的分析，我们主要以 GA 为例进行介绍。GA 是 Google 的产品，功能极其强大，已经成为埋点分析领域的标杆，其他埋点工具或多或少都参考了 GA 的设计理念。因此，只要理解 GA 的工作原理和使用方法，就很容易理解并使用其他埋点工具。

基本分析

通过埋点工具，可以让分析人员对网站的全体用户、分群用户、个体用户的浏览行为进行全面、准确地监控和分析，从而优化站点内容，提高留存率、转化率等。我们通过 GA 提供的 demo 账号来看一下相关功能。

一张典型的 GA 网页分析报表如图 5-51 所示，这张报表呈现了网站页面的访问情况，包括 Pageviews（页面浏览量）、Unique Pageviews（页面唯一身份浏览量）、Bounce Rate（跳出率）、Avg. Time on Page（平均停留时长）等基本信息。左侧是菜单，右侧是数据表格及图形化呈现。折线图可以更改成其他图表类型，也可以添加对比指标，还可以通过折线图上方的 "+Add Segment" 按钮来细分用户群组，观察不同用户群组的访问行为。

图 5-51　一张典型的 GA 网页分析报表

GA 功能强大，可以统计访客来源（运营商、渠道、通过搜索引擎搜索等）、设备信息（浏览器、操作系统等）、访客属性（性别、年龄等）、页面访问量、停留时长、流转去向、跨设备情况等一系列信息，可以让分析人员从不同的维度观察流量特征。

除了基本分析，GA 还提供了很多有意思的主题分析，我们继续来看。

桑基图

桑基图（Sankey Diagram）也叫能量分流图，可以通过桑基图方便地观察流量的流转情况。GA 提供了强大的桑基图交互功能，可以对任何流量分支进行标记、下钻，或者观察细分用户群体的流量特征。如图 5-52 所示，GA 通过桑基图对页面流进行观察，分析的起点是流量的来源，包括 Google、直接访问、邮箱等，来自不同渠道的流量会走向不同的页面。通过桑基图，我们可以概要性地迅速观察用户的整体访问路径和习惯，以及在哪些页面、什么情况下用户会中断访问。

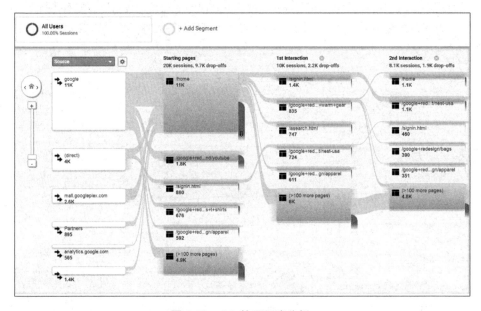

图 5-52 GA 的页面流分析

Cohort 分析图

Cohort 分析（中文是群组分析、队列分析等，没有统一译法）是一种经典的留存分析方法，如图 5-53 所示是 GA 提供的一组用户访问留存的 Cohort 分析图，纵坐标代表新用户第一次访问的日期，横坐标代表当日访问的新用户在第二天、第三天、第四天再次访问的百分比，可以看到时间越往后衰减越严重。除了研究用户访问留存率，Cohort 分析图还可以用在复购分析的场景中。

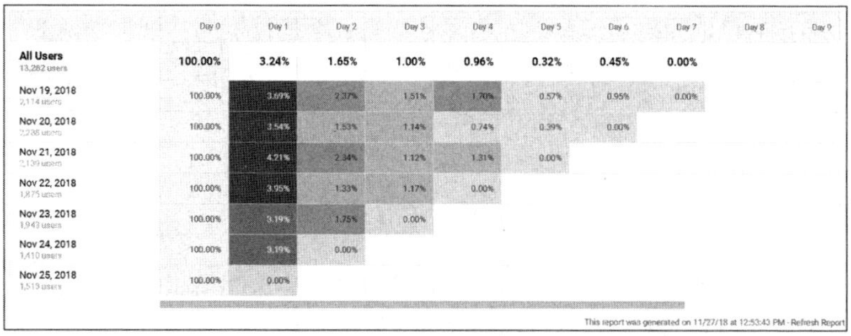

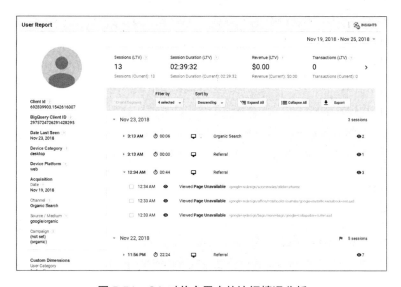

图 5-53　GA 提供的一组用户访问留存的 Cohort 分析图

访客分析

客观分析全面的用户行为数据，是线上业务取得成功的重要因素之一。用户在线上的每一个动作、行为，都可以被准确地捕获、记录，这是线下世界无法企及的。例如，在线上环境中，顾客看过哪些商铺、浏览了哪些商品、对哪些商品关注的时间最久等，所有细节都可以被记录，并进行充分挖掘，形成对用户兴趣爱好、行为、特点的刻画，进而提供相关的推荐和差异化推送服务。

GA 可以准确记录每一个用户的所有行为，如图 5-54 所示，用户在什么时间点做了什么事情，一目了然。这个功能对研究个体用户的浏览行为有很大帮助，对研究 B 端业务用户的使用习惯，甚至是排查作弊操作也帮助巨大。有很多埋点软件甚至还提供录屏功能，可以回放用户的操作过程。

图 5-54　GA 对单个用户的访问情况分析

以上非常简单地介绍了 GA 的一小部分功能，这些只是 GA 强大功能的"冰山一角"。建议大家通过免费的 demo 账号去体验、研究 GA 的功能，不仅可以提升数据埋点的专业技能，还能提升数据分析、软件设计的水平。

热力图

热力图（Heat Map）是一种通过标记页面不同区域的颜色深浅，来呈现网页不同区域点击热度的图表，可以方便地观察页面中不同功能的点击使用情况。

图 5-55 展示了百度统计提供的热力图效果。

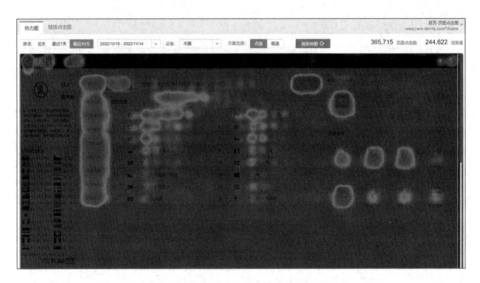

图 5-55　百度统计提供的热力图效果

使用热力图可以非常方便地监控页面功能使用情况，例如，假设有一个列表页，里面有十几项搜索选项，我们想观察这些搜索选项的使用情况如何，有三种办法：

- 分析点击搜索按钮后的 log（日志）中记录的 query，通过识别 query 的传参来统计搜索选项的使用情况。
- 对每一个搜索选项进行埋点监控，观察每个按钮控件的点击情况。
- 使用热力图观察页面上搜索选项区域的点击热力分布。

显然，第三种方法最简单、高效。

对于 B 端产品，我们可以通过热力图来观察功能页面中具体功能的大概使用情况，而不用像 C 端产品那样对页面中每个按钮、每个文本框进行埋点监控。

5.6.4　B 端产品与 C 端产品数据埋点的区别

B 端产品和 C 端产品在数据埋点的诉求和方案设计上有较大区别，产品经理应该准确理解两者的不同，以便确定合适的方案。

诉求不同

B 端产品，尤其是业务系统，往往借助埋点观察并研究用户对各项产品功能的接受程度、使用情况，以及用户的操作习惯等，从而进一步评估功能设计是否合理，是否帮用户提高了效率等，为持续优化提供依据。

C 端产品通过数据埋点来持续优化设计。C 端产品对交互设计要求高，非常重视用户体验。因此 C 端产品经理和运营人员要想尽办法持续优化功能，而优化的前提是细致、全面的数据埋点和分析，这样优化方向才是明确的。

方案不同

B 端产品多为 PC 端 Web 站点，在 Web 埋点工作中，很多时候只需要分析页面级别的流量和行为就足够了，所以只需要部署一次公共 JavaScript 代码片段就完成埋点工作了，然后就可以做基本的分析监控了。当然，默认的埋点只能记录 URL 的访问、跳转等数据，如果想记录视频播放、按钮点击、文本框录入等行为，则需要针对事件做更细致的埋点监控。

C 端产品多为移动端 App 版本，用户的操作都在屏幕的方寸之间完成，保证良好的用户体验非常重要，因此 C 端产品对各种点击、交互行为的监控非常严格，会对所有交互行为做细致的埋点，以便全面掌握用户的动作，并进行准确优化，工作量会大很多。

另外，因为 C 端用户可能同时访问 Web 版本的 PC 端、安卓原生 App、苹果原生 App、移动端 H5 版本，如何在多个终端之间识别唯一用户和行为特征，是现代埋点软件面临的挑战。多数埋点软件已经弱化了 PV、UV 这样的概念，而是统一监控分析所谓的 Event，任何页面浏览、按钮点击行为都可以定义为 Event，这样相对比较容易解决多终端的统一行为分析。

还需要说明一点，无论是 B 端产品埋点还是 C 端产品埋点，无论是 Web 端埋点还是移动端埋点，都要遵循公司统一的埋点格式要求。所谓埋点格式，是指在埋点过程中需要记录的扩展字段。例如，业务系统在埋点时，除了捕获按钮点击行为，还要记录事件发生时该业务用户所在的团队，这样就可以利用分析工具观察不同业务团队的操作习惯，以及对不同功能的使用情况。

5.7 权限设计

现在，我们已经完成了产品细节设计的大部分工作：我们设计好了业务流程图和页面流转图，掌握了各个角色会进行哪些操作、访问哪些页面，并完成了页面的详细设计。在 5.2 节的例子中，有一个小细节值得注意："分销-管理员"和"分销-运营人员"都需要访问客户列表页，只是要进行的操作不同。对于这种情况，我们没有开发两套客户列表页，而是在一套客户列表页上设计了不同的权限，非常方便地满足了不同角色的需求。

本节要讲述的就是权限设计，**这是业务系统设计中一个非常重要的环节，它反映了设计人员对整个业务体系中岗位和流程的理解。**权限设计的前提是合理的角色设计，在此基础上，只需要明确不同角色能访问哪些页面、能看到哪些数据以及能做什么操作即可。在界面设计完成后，就要做相关的权限设计了。软件系统的权限包含两部分：

- 功能权限，指各个角色可以操作的界面、按钮等，例如管理员可以进行新增、删除、修改等操作；运营人员在同样的页面上只能使用各种筛选条件查看数据，无法做更改。

- 数据权限，指各个角色在各页面中能看到的数据范围，例如分公司管理员在订单查询页能看到分公司的所有订单，而区域主管在订单查询页只能看到所在区域的订单。

下面我们就来看一下如何设计这两部分权限。

5.7.1 功能权限设计

设计页面的功能时，要考虑页面中的各个功能点是否要做权限控制。相应地，在每个页面的设计文档中，除了描述页面功能本身，还需要描述系统中不同角色对页面中的各个功能点的访问权限。我们通常用**权限表**来描述权限、角色的配置关系，这张表在产品设计阶段就需要准备好。

我们来看权限表的示例，如表 5-6 所示，展示了分销运营管理后台功能权限表。M 公司分销运营管理后台的部分功能页面、页面元素如表中左侧的三列（除序号外）所示。其中，"一级导航"列代表页面所在的一级导航目录，如果系统存在二级导航目录，则可以加入"二级导航"列；"页面"列代表某具体页面；"页面元素"列代表某页面中需要实现权限控制的功能点。现在，我们针对"分销-管理员"和"分销-运营人员"这两个角色梳理功能权限，见表 5-6 右侧的两列，其中"√"表示可以访问或操作，"—"表示不可以访问或操作。

表 5-6　分销运营管理后台功能权限表

	一级导航	页　面	页面元素	卖方-管理员	卖方-运营人员
1	首页	首页	—	√	√
2	客户管理	门店列表页	—	√	√
3	客户管理	门店列表页	"编辑"按钮	√	√
4	客户管理	门店列表页	"删除"按钮	√	—
5	客户管理	门店列表页	"关联账号"按钮	√	√
6	客户管理	门店列表页	"停用"按钮	√	—
7	客户管理	门店列表页	门店名称，是超链接形式	√	√
8	客户管理	门店列表页	"创建门店"按钮	√	√
9		门店详情页	—	√	√
10		门店创建/编辑页	—	√	√
11	客户管理	账号列表页	—	√	√
12	客户管理	账号列表页	"编辑"按钮	√	√
13	客户管理	账号列表页	"删除"按钮	√	—
14	客户管理	账号列表页	"创建账号"按钮	√	√
15	财务管理	对账管理	—	√	√
16	财务管理	发票管理	—	√	√
17	财务管理	预付款管理	—	√	√

具体分析如下。

第 2 行，"门店列表页"这个页面可以被两个角色访问。"门店列表页"上列出了各个门店的名称，每个门店名称都是一个超链接，点击会跳转到相应的"门店详情页"。

第 3 行，"门店列表页"的"编辑"按钮，可以被两个角色操作。

第 4 行，"门店列表页"的"删除"按钮，允许"分销-管理员"操作，不允许"分销-运营人员"操作。

其他各行以此类推。

其中，第 9 行和第 10 行比较特殊，这两行的"一级导航"列为空，表示"门店详情页"和"门店创建/编辑页"这两个页面在导航菜单中不可见，但可以被两个角色访问，具体的页面入口是"门店列表页"上的各个门店名称的超链接，以及"创建门店"按钮。

既然各个门店名称的超链接和"创建门店"这个按钮已经通过权限配置实现了针对不同角色的可见或隐藏，那么为什么"门店详情页"和"门店创建/编辑页"还要再做一次页面级别的权限控制呢？我们以"创建门店"按钮为例，除了控制按钮在列表页是否展现，还要控制是否允许用户访问"创建门店"页面的 URL，否则如果用户知道页面的 URL，即便看不到按钮入口，也可以访问页面。所以，页面级别的权限控制也是有必要的。

5.7.2　RBAC 权限模型

在前文中，我们通过一张权限表描述了页面、功能点和角色之间的关系。实际上，软件系统中典型的、完整的功能权限管理，除了页面、功能点、角色，还涉及用户组、资源等概念。关于完整的功能权限设计，最经典的理论是 1995 年由计算机科学家 Ravi Sandhu 提出的 RBAC（Role Based Access Control）模型，描述了一套用户、角色、权限组的设计理念，在业务系统设计中被广泛采用。如果产品经理需要设计功能权限管理系统或模块，就必须理解 RBAC 权限管理模型。

RBAC 模型可以简单地抽象为 ER 图（如图 5-56 所示），即每个**用户**都要被赋予一个或多个系统**角色**，每个系统角色都对应一个明确的**权限集合**，包括对菜单、页面元素等资源的访问和操作权限。RBAC 模型中还引入了**用户组**的概念，即如果用户较多，可以对用户进行分组，将角色和用户组进行关联。当有新用户时，只需要设置其所在的用户组，就会将用户组关联的权限赋予新用户。如果用户角色需要批量调整，只需要调整用户组和角色的关联关系，而不用重新变更每一个用户和角色的对应关系。

如果理解了 RBAC 模型的 ER 图的含义，就非常容易理解功能权限管理模块的设计思路。在实践中，产品经理可以研究并参考成熟软件产品的功能权限模块是如何设计的。

权限系统，是应用系统中比较成熟稳定的模块，一般可以选择使用第三方开源的组件、模块完成权限管理。图 5-57 是国内比较有名的开源工具"人人权限管理平台"的权限配置界面，研发人员完全可以将成熟的权限模块接入系统使用，而避免从头开发权限管理功能。

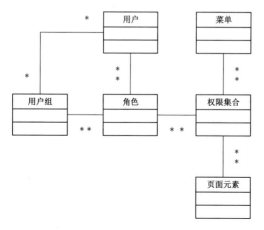

图 5-56　RBAC 模型的 ER 图

图 5-57　开源工具"人人权限管理平台"的权限配置界面

完整的 RBAC 模型理论称为 RBAC96 模型族，该模型对角色的继承关系、权限的约束关系等更复杂的话题进行了深入分析和指导。RBAC96 是对计算机系统权限管理的高度抽象模型，适用于任何业务系统。如果对权限管理的理论有兴趣，可以继续深入研究 RBAC96 体系。

5.7.3　数据权限设计

角色在页面中能查到的数据范围，叫该角色的数据权限。所谓能查到的数据范围，不是指能看到的数据字段，而是指能查出来的数据集合。例如，针对订单列表页，数据范围可能是某个城市的所有订单，也有可能是某个账户下的所有订单，也可能是某几个账户下的所有订单。

针对数据权限的控制，常见的实现方案如下。

- 方案一，通过组织机构树控制。该方案根据账号所在组织机构树中的节点位置，来判断能够查询的数据范围。这种方式最复杂，但最灵活，能够支持各种复杂的业务数据权限诉求。

- 方案二，通过客户地区控制。该方案根据账号所在区域来判断允许查看的数据范围。这种方式简单、容易实现，但灵活性差，只能满足非常初级的数据权限管理诉求。

我们重点介绍方案一。

假设我们实现了 5.1 节中的完整的组织机构树（图 5-6）和理想版的客户模型（图 5-7），如果系统能够实现通过读取这棵树上的节点来实现数据权限的控制，那么数据权限的管理将变得十分灵活。

为了向大家解释如何通过组织机构树来实现灵活的数据权限管理，我们创建一个新的"客户–采购员"角色来对比说明。我们把新创建的角色称为"客户–采购员 2"，原来的角色称为"客户–采购员 1"。其中"客户-采购员 1"能够查询用户当前所在节点及其所有子节点上的数据，"客户–采购员 2"只能查询用户当前所在节点上的数据。分销业务的组织机构树如图 5-58 所示，深灰色节点代表机构，浅灰色节点代表门店或账号，账号被赋予的角色在相应的虚线框中进行了标注。与图 5-6 相比，我们对图中的账号和门店编了号，而且"分销总部"下面新增了一个账号。根据这些信息，我们足够判断每个角色所能查询的数据范围。

- "账号 0"被赋予"分销-管理员"角色，是"分销总部"根节点的下属节点，该账号处于整个分销业务顶层根节点的位置，且数据权限范围是"当前节点及其子节点"，因此，在账号管理、门店管理、订单管理等功能中，"账号 0"可以检索出分销业务下的所有账号、门店、订单的信息，并对其进行增删改查操作。

- "账号 1"被赋予"分销–运营人员"角色，和"账号 0"的数据权限范围相同，但是页面上的功能权限略有不同。

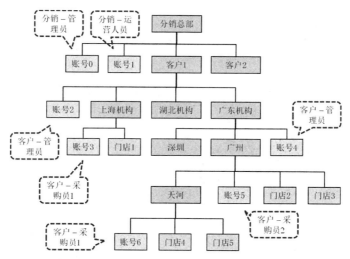

账号5的数据权限范围是当前节点

其他账号的数据权限范围是当前节点及其子节点

图 5-58　分销业务的组织机构树

- "客户 1"是某个具体的分销业务客户，"账号 2"是"客户 1"的根账号，被赋予"客户–管理员"角色，且数据权限范围是"当前节点及其子节点"，这说明"账号 2"可以查询并管理"客户 1"下面的所有账号、门店数据，并可以查询其中的所有订单数据。

- "账号 3"属于"上海机构"的子节点，被赋予"客户–采购员 1"的角色，数据权限范围是"当前节点及其子节点"，因此"账号 3"可以查询"上海机构"节点下的所有订单数据。

- "账号 5"属于"广州"节点的子节点，被赋予"客户–采购员 2"的角色，该角色和其他角色不同，数据权限范围是"当前节点"，因此"账号 5"在订单页面只能查看同级别的门店订单，即"门店 2"和"门店 3"的订单，但是看不到所在节点子节点下的门店订单，即看不到"天河"节点下的"门店 4""门店 5"的订单。

- "账号 6"属于"天河"节点的子节点，被赋予"客户–采购员 1"的角色，数据权限范围是"当前节点及其子节点"，因此"账号 6"可以查询"天河"节点下所有门店的订单数据。

我们将以上所有账号能查询的门店的订单数据范围整理在表 5-7 中。对于"账号 4"，你能否判断出它能查看哪些门店的订单数据呢？如果你能够理解这个案例中不同账号所管理的数据范围，那么说明你掌握了业务系统数据权限管理体系的核心思想。

表 5-7　不同数据权限的账号所能访问的门店订单数据范围

	在订单查询页面上能访问的数据范围
账号 0、1	所有数据
账号 2	"客户 1" 节点下的所有数据，即门店 1、门店 2、门店 3、门店 4、门店 5 的订单
账号 3	门店 1 的订单
账号 4	?
账号 5	门店 2、门店 3 的订单
账号 6	门店 4、门店 5 的订单

通过组织机构树来管理数据权限，是业务系统设计中的常见做法，大家务必理解其设计原理和设计思想。除此以外，对于成熟的商业软件产品，还可以做更精细的设置，例如，可以针对实体甚至是字段层面定义数据处理权限（注意，这不同于前端界面交互层面的功能权限，也就是说即便前端交互可以看到某个字段并且修改内容，但在修改时后端会校验针对某个字段的修改权限并进行拦截），以及定义用户对自己创建的数据、自己拥有的数据的管理权限。

【资源分享】

权限系统是软件产品中相对成熟、稳定的模块，很多企业做自研时都会选用并嵌入第三方的权限系统来实现权限管理，不用自己从无到有的研发。国内比较有名的开源权限管理系统有两个：人人开源、若依权限，可以免费体验，大家有兴趣可以研究参考。

5.8　文档编写与管理

完成了产品的分析与设计工作，下一步要编写文档，交付给研发人员进行编码实现。B 端产品的文档编写是非常严谨的工作，因为 B 端产品背后的业务复杂，逻辑繁多，必须通过清晰、严谨的文字梳理、记录、呈现、留档。

在 C 端产品领域，对文档的要求并不十分严格，因为业务逻辑并不十分复杂，或者因为要求快速上线，甚至可能早上提出一个需求，晚上就要上线。在这种情况下，过分详细的文档反而影响效率，因此有些产品经理把业务逻辑直接写在原型上，只给研发提供原型，这都是很常见的。

在 B 端产品领域，必须有详细的文档留底。一方面逻辑清晰的文字可以帮助设计人员进一步梳理复杂的业务完成设计，另一方面这也是帮助研发人员理解设计、保证沟通理解一致性的重要证物。当然，为了快速响应市场，缩短上线时间，现代软件设计文档相比十几年前的设计文档已经简化了很多，但依然是不能忽视、省略的重要产出物。

5.8.1　产品文档的类别和目的

理论上讲，软件产品涉及的文档包括表 5-8 所示的五类。

表 5-8　商业软件产品相关设计文档

文档名称	编写者	阅读对象	目的与内容
BRD（商业需求文档，Business Requirement Document）	CEO、产品经理	投资人、CEO	商业模式分析论证
MRD（市场需求文档，Market Requirement Document）	CEO、产品经理	市场人员	市场分析和产品特征与定位
PRD（产品需求文档，Product Requirement Document）	产品经理	终端用户、研发人员	用户视角下的产品功能描述
SRS（系统需求规范，System Requirement Specification）	产品经理、需求分析师 BA	终端用户、研发人员	软件功能描述，包括用例分析、功能需求、非功能需求
FRD（功能需求文档，Feature Requirement Document）	需求分析师 BA、系统分析师 SA	研发人员	研发视角下的软件功能描述，包括 UML、数据流图、接口方案

表 5-8 中，从 BRD 到 FRD，商业属性逐渐变弱，技术属性逐渐变强。在实际工作中，多数公司并没有严格的要求和规范让不同角色撰写不同的文档。

面对新产品的市场分析和研究，可能将 BRD 和 MRD 融合成一份可行性分析与立项的 PPT 报告就足够了。

而至于 PRD、SRS 和 FRD，早已被模糊地合并成了同一个文档。在早期的 IT 项目交付模式中没有所谓的 PRD，需求分析师（BA，Business Analyst）编写的都是需求规格说明书 SRS，写清楚软件功能设计方案即可，而且 SRS 和 FRD 也并没有清晰的边界。

这些年产品经理的概念变得火热，不论是项目制软件公司，还是产品化软件公司，以及互联网甲方公司，提交给研发人员的软件设计文档都被笼统地叫作 PRD，文档中可能糅合了场景描述、功能描述、UML 图表、系统架构等，是一个大杂烩。但严格来讲，PRD 和 SRS、FRD 是不一样的。

5.8.2　撰写 PRD 的两种视角

两种视角是什么

在 B 端产品设计中，我们通过梳理业务场景和流程，提炼总结出软件功能与模块。那么，在编写产品设计文档时，应该以业务场景和流程的视角来阐述设计思路，还是以功能与模块的视角来阐述设计思路呢？如图 5-59 所示。

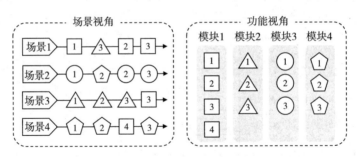

图 5-59　撰写 PRD 描述软件功能的两种视角

什么是从场景的视角来描述呢？例如，对于电商业务的退费场景，描述相关软件功能时，我们重点描述退费流程每一步涉及的页面、操作的功能点，可能包括订单页、售后页、财务页等，我们只将和退费业务相关的功能点描述清楚即可。

还有一种是从功能的视角来描述，例如，我们分别描述退费模块、订单模块、财务模块每个模块的功能页面和功能点。

很多时候，某些功能模块本来就代表了某个作业场景，场景和功能模块并非非此即彼的关系，在这里我们是做了两个极端的假设，来探讨其背后的特征和区别。

我们可以发现，从场景的角度描述软件功能符合前文中 PRD 的定义，而从功能模块角度描述软件功能符合前文中 SRS 的定义。在实践中，很少有公司将 PRD 和 SRS 分开编写并管理，而是合并成一个文档（越来越多公司都喜欢把文档叫作 PRD 而非需求规格说明书）。这就要求软件设计人员在撰写 PRD 时必须理解不同风格的优缺点，选择合适的方式。

两种视角的优缺点对比

场景视角和功能视角，各自的优缺点对比见表 5-9。

表 5-9　撰写 PRD 两种不同视角的优缺点

	场景视角	功能视角
技术属性	• 弱	• 强
业务属性	• 强	• 弱
优点	• 聚焦业务 • 解决问题 • 重视用户体验	• 抽象性强 • 完备性强
缺点	• 抽象性弱 • 完备性弱	• 可能脱离业务 • 可能脱离场景 • 忽视用户体验

场景视角，聚焦业务的实际应用场景和面临的问题，技术属性弱，业务属性强，更强调功能对业务的实际应用价值，从流程的角度出发，尤其从单一用户视角出发来研究场景，天然地更关心用户体验。在互联网公司做 C 端产品设计非常重视场景的描述、呈现；功能不重要，场景才重要；功能不重要，解决问题才重要！

场景视角有着非常明显的局限性，如果是复杂系统和复杂业态，流程和场景是不能体现业务和软件背后共性的抽象及本质的，这也是为什么类似于用户故事地图、用户旅程这类工具在单一用户视角和简单场景下的 C 端产品设计中比较常见，但是却不太适合用于 B 端产品设计（当然，某些情况下 B 端产品是可以借鉴应用的，在下一章我们会进一步探讨这个话题）。

功能视角，聚焦业务背后本质的提炼和系统完备性的方案设计，技术属性强，业务属性弱一些。对软件功能高度提炼、抽象化、模块化的表述，天然会丧失业务场景的代入感，并忽略掉背后的业务问题，而更聚焦软件功能点。功能视角是一种更加偏向于软件工程和计算机视角的思路模式，对研发更友好。

两种视角的适用情况

我们究竟该采用哪种视角来撰写 PRD 呢？实践中并不是非黑即白的选择，场景视角和功能视角可能存在融合。但是，我们可以尝试总结不同情况下两种视角的适用情况，如表 5-10 所示，大家可以思考借鉴，在实际工作中做出取舍和选择。

表 5-10　不同情况下两种视角的适用情况

不同的情况		场景视角	功能视角
产品类型	工具型	√	—
	业务型	—	√
产品阶段	1–N	√	—
	0–1	—	√
产品形态	定制化	√	—
	产品制	—	√
编写者	甲方	√	—
	乙方	—	√

表 5-10 中相关字段的具体情况如下。

- **产品类型**：工具型产品场景属性本身就很强，并且软件复杂度相对不是特别高，因此完全可以从场景视角来描述软件功能撰写文档。但是，业务型产品业务流程错综复杂，很多时候通过场景来描述软件功能可能会感到力不从心，无从下手。

- **产品阶段**：从 0 到 1 的第一版软件设计工作要像盖大楼一样画图纸，定框架，这正是功能视角工作的方式。而从 1 到 N 的工作中，更多的是围绕某些具体的场景和功能点做设计，面临的系统性挑战要简单很多，通过场景视角来拆解功能反而更轻松。

- **产品形态**：所谓产品化，要求软件产品能够支撑不同客户的诉求，对软件的抽象性和扩展性要求高，这就更需要将不同场景进行提炼抽象，从功能的角度来完成设计；定制化项目很多时候也会采用功能视角做设计，但因为定制化项目更加聚焦单一客户的个性化业务，所以有些时候从场景视角来拆解描述功能也是比较顺手的。

- **编写者**：如果 PRD 编写者是甲方设计人员，那么设计的软件产品大概率是内部使用的自研系统。内部系统更像是定制化设计，设计人员更关心解决实际业务问题和业务场景，相对不太在意软件的抽象设计，而且撰写 PRD 很重要的目的是和业务方确认，所以选择场景视角会更容易一些。

例如，在很多消费互联网公司做内部使用 B 端产品的产品经理，受到 C 端产品文化的影响，面对复杂系统设计也往往采用场景化的软件设计呈现方式，当然这会让做出的功能更贴近实际业务，但往往也使开发团队被诟病，被认为缺乏系统性和抽象性。

如果 PRD 的编写者是乙方设计人员，那么由于在曾经的 IT 项目制中本身就没有 PRD 的概念，所以编写的都是需求规格说明书（SRS），需求规格说明书本身就是功能视角的风格。时至今日，如果乙方做的是从 1 到 N 的定制项目，则可能采用场景视角；如果做的是从 0 到 1 的产品制设计，则可能采用功能视角。

我们再次强调，编写 PRD 的视角并不是非黑即白，在实践中两种视角可能是融合在一起的，而且我也非常建议不要采用单一的功能视角，必须重视对场景和问题的还原。因为**现代软件设计的目的是帮用户解决问题，而不是给用户上线功能！**

在互联网公司，PRD（产品需求文档）由产品经理编写。不同公司、团队、项目组对 PRD 的要求不同，有的比较严格，有的比较宽松，甚至在有些创业团队中根本不需要 PRD，在产品经理和研发人员的沟通讨论过程中，功能就开发完成了。但是，随着公司规模扩大，规范的 PRD 管理是非常有必要的，这可以让项目开展更加有序，大大方便产品经理和研发人员的沟通，让知识传播与传承更加准确有效。

附录 A 提供了一份 PRD 模板供大家参考，可以裁剪调整后用于自己的业务。

第 06 章

基于场景的需求分析和建模

在上一章，我们介绍了产品细节方案设计的关键过程和环节，本章，我们将聚焦需求分析这个主题，进一步深入讲解如何挖掘需求背后的本质，形成全面的设计方案，并且探讨如何通过 UML 技术进行需求建模及软件的抽象设计。

6.1 B 端产品经理如何做需求分析

B 端产品经理的需求分析与产品设计工作，要建立在正确的价值评估的基础之上，最终目标是既能做到对业务和用户的洞察与分析，也能完成软件产品的结构化抽象设计，此外还要时刻关心用户体验，具体覆盖内容如图 6-1 所示。

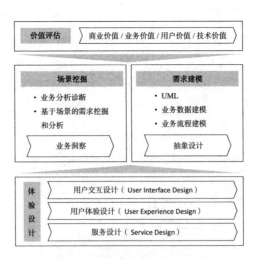

图 6-1　B 端产品经理的需求分析与产品设计

价值评估

对于每一个需求，产品经理必须清晰地判定其商业价值、业务价值、用户价值和技术价值。商业价值代表需求是否符合产品本身的定位以及商业化的诉求，业务价值代表需求是否能帮客户切实提高业务效益，用户价值代表需求是否可以赋能一线用户，技术价值代表需求是否能够提升未来的研发效能。在第 13 章我们会对价值评估进行深入探讨。

场景挖掘

需求分析的起点是场景挖掘、业务洞察。通过对原始需求的探索，B 端产品经理要深入到业务中，挖掘背后的场景和诉求。这是一个探索、洞察需求本质的过程，同时便于找到不同的解决思路和解决方案。

我们将在 6.2 节详细探讨基于场景的需求分析方法。

需求建模

一旦明确了需求的场景和解决思路，接下来要进行的就是产品方案设计。其中，需求建模是 B 端产品设计特有的工作。不论是对业务流程的进一步抽象梳理，还是对业务数据对象的识别和设计，都需要通过 UML 进行分析和呈现，而 B 端产品的灵活性和扩展性也正是取决于建模的质量。

我们将在 6.3 节详细介绍 UML 和需求建模工作。

体验设计

需求建模完成后，要进行交互界面的设计，包括绘制原型图。

交互设计属于用户体验的范畴，产品经理不仅要进行交互设计，还需要时刻思考用户体验问题。只有这样才能够做到不仅在场景、功能和抽象层面做出正确设计，还能够以用户为中心，从体验的视角切入去保证产品的易用性和满意度。

体验设计涉及用户交互设计、用户体验设计、服务设计三个层面，在第 7 章我们会进一步探讨。

在 C 端产品设计工作中，产品经理需要关注场景挖掘、价值评估、体验设计，但无须考虑复杂系统的抽象设计；在传统的项目制软件设计工作中，需求分析师关注的重点在于需求建模，要将客户诉求转化成软件抽象设计，而容易忽略价值评估和体验设计；在 B 端产品设计工作中，产品经理要同时关注场景挖掘、需求建模、价值评估和体验设计。

6.2　通过十三要素五步法进行需求分析

在介绍十三要素五步法之前，我们首先分享一个需求分析失败的案例。

6.2.1　一次不成功的需求分析

提起需求分析失败的经历，果冻有着刻骨铭心的教训。刚毕业没多久的时候，果冻负责设计一款企业自研产品——给电销团队销售人员使用的销售型 CRM 产品，主管会将一些比较简单的需求交给果冻跟进。

有一次，销售运营部的小姐姐豌豆找到了果冻，提了一个需求。

豌豆："果冻果冻，又来麻烦你了，给你提个新需求！"

果冻："好呀好呀，一起聊聊！"

豌豆（对着系统边说边比画）："咱们现在的 CRM 系统不是会有消息提醒吗？里边有很多提示，比如线索还有 1 天就要掉库时，会在消息中心弹出一条消息。窗口像图 6-2 这样，有 3 条未读消息，其中第一条就是线索要掉库的提醒。"

8月11日	
14:23:56	您的线索 ID234543 即将掉库，请及时跟进
13:11:34	您收到一条新分线索 ID345433，请及时跟进
13:01:20	您有一条待联系线索 ID342432，请及时跟进
11:11:34	您收到一条新分线索 ID345433，请及时跟进
10:59:01	您的线索 ID134343 即将掉库，请及时跟进

>>查看更多

图 6-2　目前的消息中心窗口

果冻（不好意思地挠了挠头）："呃，这个情况的确存在。不过，小姐姐，我想先请教一下，掉库是啥意思啊？"

豌豆："对了，你刚接手这类工作，还不太了解业务。在我们销售管理业务中，给销售人员分配的某条销售线索，如果销售人员 7 天没跟进，或者 14 天没成单，就要被强制收回到公共资源池中，由其他销售人员捞取并跟进。线索一直无人理会的情况就叫掉库。"

果冻："明白啦，小姐姐就是厉害，一说就透！咱们这次的需求是什么呢？"

豌豆："是这样的，目前线索的掉库提醒设置为提前一天发出，销售同学看到后很容易就忘了，大家找我反馈，希望提醒能够更紧凑一些，比如说掉库前一小时再提醒一次。事实上一小时哪儿够啊，还得忘，前 1 小时和前 10 分钟，得提醒两次，这样大家就不会忘记处理了。"

果冻听完后心中有一些疑惑：提醒了就能及时处理吗？而且掉库前 10 分钟提醒，就能保证销售同学马上放下手头工作，去跟进这个线索吗？不过虽然有诸多疑问，但是果冻对业务并不了解，刚刚已经请教过一些问题，觉得再追问太多怪不好意思的，于是……

果冻："好的，这个需求听起来很合理，估计做起来也不难，我让研发大哥评估一下，尽快排期去做！"

豌豆："太好了，那麻烦你了，果冻同学就是好，工作最高效了！"

两周后，这个功能上线了！豌豆很开心，还给果冻和研发同学买了奶茶表示感谢。

不过，上线一周后，豌豆又来找果冻。

豌豆："果冻同学，还得麻烦你。上次提的需求上线后，我问了一下销售同学，他们提了个意见，我觉得很合理，就是在消息文案中，能不能说清楚还有多久线索会掉库呢？之前没有这样的信息，是因为大家都知道收到提醒代表还有一天线索要掉库，可是现在掉库前要推三次消息，大家就不知道到底再有多久会掉库。"

果冻："嗯嗯，有道理！"（内心懊恼，直拍大腿，这么简单的问题我咋没想到！）

豌豆："还有个问题，这个提醒功能，销售同学非常喜欢，但是大家反馈提醒的内容太多了，如果能分组展示，就能一目了然，知道今天有哪些新分线索、掉库线索，安排自己的工作计划就更方便啦！"

果冻听起来感觉怪怪的，为啥要通过消息中心来管理自己的工作计划呢，不过他也想不出其他更好的主意，也找不到反驳的理由，于是就按照图 6-3 这样做了设计，过了些日子就又安排上线了！

本以为消息中心的优化到此就结束了，没想到过两天豌豆又找来了。

豌豆："果冻果冻，又得麻烦你！上次做的功能非常棒，销售同学很喜欢！我最近又想到了一个好点子。现在的消息只提示了掉库预警，销售同学经常记不住自己是否已经处理跟进。如果我们能在消息提醒后边加一个选项，让销售同学来标记这条消息是不是做了处理，这样咱们的消息中心功能就更强大啦！"

全部 | **掉库提醒** | 新分提醒 | 待联系提醒 | 其他题型

8月11日
  14:23:56 您的线案 ID234543 还有1h掉库，请及时跟进
  10:59:01 您的线索 ID134343 还有1h掉库，请及时跟进
8月10日
  17:21:14 您的线索 ID253941 还有1h掉库，请及时跟进
  13:15:10 您的线索 ID246598 还有1h掉库，请及时跟进
  12:01:40 您的线索 ID209813 还有1h掉库，请及时跟进

图 6-3　消息中心增加了消息分类

"你说的是不是这样？" 果冻拿着工具很快改了一版原型给小姐姐演示（如图 6-4 所示）。

全部 | **掉库提醒** | 新分提醒 | 待联系提醒 | 其他题型

8月11日
  14:23:56 您的线案 ID234543 还有1h掉库，请及时跟进　☑ 已处理
  10:59:01 您的线索 ID134343 还有1h掉库，请及时跟进　☐ 已处理
8月10日
  17:21:14 您的线索 ID253941 还有1h掉库，请及时跟进　☑ 已处理
  13:15:10 您的线索 ID246598 还有1h掉库，请及时跟进　☐ 已处理
  12:01:40 您的线索 ID209813 还有1h掉库，请及时跟进　☐ 已处理

图 6-4　消息中心增加了消息待办事项标记

豌豆："对对对，就是这个意思，专业人员果然有效率！"（豌豆对果冻比了个大拇指。）

果冻（思考片刻）："我想到一个好主意，我们将已处理、未处理的消息再做一次分类，这样如果消息特别多，销售同学就能一下子找到所有没处理过的掉库提醒消息了，就像这样（如图 6-5 所示）！"

全部 | **掉库提醒** | 新分提醒 | 待联系提醒 | 其他题型
全部 | 已处理 | **待处理**

8月11日
  10:59:01 您的线索 ID134343 还有1h掉库，请及时跟进　☐ 已处理
8月10日
  13:15:10 您的线索 ID246598 还有1h掉库，请及时跟进　☐ 已处理
  12:01:40 您的线索 ID209813 还有1h掉库，请及时跟进　☐ 已处理

图 6-5　消息中心增加了待办事项分类

豌豆（兴奋地搓搓手）："太棒了，产品经理果然厉害！"

经过前两次修改，研发同学已经开始抱怨这个项目，因为后台数据显示，不同标签页面的访问量基本为 0，说明很少有人通过点击这些标签来分类。但是，果冻这次依然硬着头皮找了研发同学，拍胸脯保证了需求的合理性，并说之前没人用是因为宣传不到位，最终艰难地争取到研发同学的排期实现。

过了两周，功能上线了！

这次果冻留心查看了后台数据，发现"已处理""待处理"这些新上线的标签分类还是没有人点！果冻心很慌，难道优化了这么多轮的功能完全没人用？为此他专门去找了豌豆。

果冻："豌豆小姐姐，咱们做的优化，从后台看，好像没人用啊，要不我们一起去找销售同学做做宣传！"

豌豆（懊恼地）："哎，不用去了，我已经做过好几轮宣传了，也和很多销售同学聊过，他们说这个功能的想法是挺好的，不过不是特别实用。销售同学希望消息中心在展现即将掉库线索的同时提供更多线索信息。所以，我正想找你提新需求，能不能在线索列表页中加一个新的筛选条件，可以将新分线索、掉库线索这些不同类型的线索全部给筛选出来，这样大家就**不用通过消息中心来管理自己每天的待办工作了，毕竟消息盒子只负责通知嘛！**"

果冻听完后，当即"吐血倒地"……

6.2.2　需求分析的十三要素五步法

相信阅读完上一节的案例，很多人都会会心一笑。

耗费了这么多时间和资源，做出来的功能却没能帮助到业务人员，甚至没有人愿意使用，恐怕这是最让产品经理伤心的事情了。

问题出在哪里呢？

我们应该怪罪豌豆，谴责她提需求不靠谱、不负责？

还是应该怪罪果冻，谴责他不去挖掘需求背后的真实性和痛点，只是充当了一个原型工人？

还是认为他们两人都有责任？

在任何产品设计工作中，产品经理对需求的分析、判断，以及对方案的设计都要负全责！产品经理的工作职责之一，就是帮助用户、引导用户分析他们的真实诉求，找到背后真正的问题点，而不是用户提了什么需求就做什么。**我们不能苛求用户提出合理、严谨的需求，这不是用户的责任和义务，而应该通过自己的专业能力来完成需求的采集工作。**

在上面的案例中，有几个明显的问题：

- 果冻不熟悉业务，没办法和需求方在同一个频道上对话交流。

- 豌豆只是需求的传递者，并不是需求的真正源头，而且传递时夹带了很多自己的想法。

- 果冻没有认真地去分析需求、理解需求。

- 果冻在产品设计的常识和原则上需要更多积累（例如，个人待办管理和消息中心不是一回事，这是一个基本的产品设计常识）。

当然，果冻毕竟是一个才毕业没多久的新人，需要学习和历练。那么，有没有什么方法，能帮助果冻尽量做到全面的需求分析呢？其实，在需求分析中，是存在一些套路和技巧的，只要尽可能尝试通过这些方法进行需求分析，至少就能保证在一些关键点上没有遗漏。

接下来，我们将介绍覆盖十三要素的需求分析五步法，这是我结合工作经验以及一些理论总结的一套方法论，帮助 B 端产品经理新人做好需求分析工作。

十三要素五步法，即在需求分析过程中，通过五个核心步骤来覆盖十三个关键要素，帮助设计人员尽量全面地梳理需求，挖掘需求背后的本质问题，找到所有可能的解决思路，从而做出正确的产品设计方案。这五个步骤分别是分析相关角色、了解基本场景、挖掘真实动机、发散更多场景、设计产品方案，对应的要素如表 6-1 所示。

表 6-1　需求分析的十三要素五步法

步　　骤	要　　素
步骤一：分析相关角色	1. 提出人
	2. 使用人
	3. 受影响人
步骤二：了解基本场景	4. 基本场景
	5. 发生频率
步骤三：挖掘真实动机	6. 核心诉求（痛点）
	7. 强烈程度

续表

步　骤	要　素
	8. 实际价值
步骤四：发散更多场景	9. 横向替代场景
	10. 纵向互补场景
	11. 已有方案
步骤五：设计产品方案	12. 功能需求
	13. 非功能需求

下面以果冻遇到的 CRM 消息中心线索掉库提醒的需求为例，讲解并演示十三要素和五步法的实际应用。

6.2.3　步骤一：分析相关角色

当我们接手需求后，第一件要做的事情就是识别需求背后的各个角色。这和我们在从无到有构建产品的调研前期，需要先识别关键利益方，道理是一样的。厘不清楚人，就厘不清楚事，也就无法设计出合适的产品方案。

要素 1：提出人

需求的提出人，是指原始需求的提出人，而非需求的传递人员。

在公司中，任何人都可能是需求的提出人，比如客户、销售、售前顾问、实施人员、CSM（客户成功经理）、业务运营、老板等。需要注意的是，**需求的提出人，并不一定是产品功能的使用人，而需求背后要解决的痛点也并不一定是需求提出人的痛点！**

要素 2：使用人

最终使用产品功能的人，是需求的使用人，也即产品功能的终端用户。

需求的使用人，不一定是需求的提出人。

要素 3：受影响人

最终受到产品功能影响的人，是需求的受影响人（或者叫产品功能的受影响人）。

需求的受影响人，不一定是产品的使用人。

产品经理在进行需求分析时，一定要留意对受影响人的分析，有必要时也要进行调研和访谈，从而更全面地理解问题并做出决策。

在果冻面对的 CRM 需求案例中，需求的提出人是一线销售人员，豌豆只是需求的传递者，然而在传递过程中她加入了自己的理解，并直接给出了解决问题的方案。

需求的使用人是一线销售人员，因为实现的功能最终是给他们使用的，并不是给销售运营部使用的。

在这个案例中，需求的受影响人同样是一线销售人员，并不涉及其他角色；需求解决的是一线销售人员的新分线索管理的痛点。

我们可以再举一个例子，来展示提出人、使用人、受影响人不一样的情况。假设销售部门的老板提出了一个线索分配的需求，希望新的销售线索由系统根据配置规则分配给不同销售人员，而不再由专人来手工分配。针对这个需求，提出人是销售部门的老板，使用人是销售运营（配置功能是给销售运营人员使用的），受影响人则是一线销售人员和销售主管（配置的规则会影响到一线销售人员获取新分线索的方式）。注意，在这个案例中，产品经理要解决的是需求提出人的痛点（销售部门的老板对新分线索人工分配不合理导致线索资源被浪费不满）。

可以看出，在 B 端业务场景下，仅仅是需求背后的相关方就需要先下一番功夫才能分析清楚。

6.2.4　步骤二：了解基本场景

当我们厘清了需求的相关角色后，下一步要着手分析需求背后的基本场景，也就是将需求对应的一个或多个典型场景加以还原。

要素 4：基本场景

在互联网公司做产品设计的 C 端或 B 端产品经理，在探讨产品的功能设计时，经常面对的质疑就是"设计背后的场景是什么？"一切脱离了场景的功能设计，都是脱离了实际的空中楼阁，是难以落地并发挥真正价值的。

一旦我们把干巴巴的需求通过结合场景的方式加以还原并描述出来，就会发现需求变得鲜活、生动、立体。

如何还原需求背后的基本场景呢？方法有很多，本质都大同小异，这里推荐一种简单且容易记忆的方法，就是按照写叙事作文的步骤来进行场景分析，即：

基本场景 = 人物 + 时间 + 地点 + 起因 + 经过 + 结果

将需求尽量按照这六个要点进行场景还原，就会发现需求马上鲜活了起来。

现在，果冻试着将原始需求通过这六个要点进行拆解还原。首先回忆一下原始需求：

"目前线索的掉库提醒是提前一天，销售同学看到后很容易就忘了，大家反馈希望提醒能够更紧凑一些，比如说掉库前一小时再提醒一次。"

果冻找到了最早给豌豆提需求的销售同学，并且又联系了几个愿意和产研团队交流的新销售同学和老销售同学，聊了聊这个需求背后的场景，整理后写下了这样一段文字。

场景还原：电话销售同学栗子（人物），来公司半年了，每天勤勤恳恳，手里有不少老线索，每天也会分到很多新线索。在每个工作日的早上、下午和晚上（时间），坐在格子间的工位（地点），开着 CRM 系统的同时，要忙碌地联系不同客户，可以说，不是在通话，就是在拨号的路上。然而，今天下午，栗子同学又发脾气了，又有一条优质线索，因为不小心忘了跟进而掉库了（起因）！"这个系统一点儿都不好用！"栗子抱怨着，系统中这条线索的掉库提醒只在昨天发了一条消息，一闪而过，一点意义都没有，根本记不住，也不方便统一查看管理。她希望能对提醒功能做优化，让消息提醒得更频繁、更及时（经过），总之能方便自己准确管理和及时跟进，不要漏掉每一条即将掉库的线索！（结果），不仅栗子如此，所有伙伴都有同样的经历和感受！

当果冻还原了这个需求背后的场景后，发现销售同学遇到的问题一下变得生动了，而且在场景中体现出更多问题和现象，却不需要描述解决方案，这让果冻对问题的把握一下子有信心了！

要素 5：发生频率

需求背后的事情或问题发生的频率，是我们需要一开始就了解清楚的重要情况，有必要作为一个要素列出来，以引起足够的重视。

在大多数情况下，一般会有这样一个共识，对于非常低频的需求和操作，可以将优先级调低。因为有些功能，做出来可能一年只会用到一次，既然如此还不如提供线下支持，投入产出比更高。例如某些配置功能，可能开发需要 10 人天，但是一年只用两次，如果让研发人员帮忙在后台手工设置，只需要 10 分钟，在资源紧张的情况下，这个需求还不如就让研发人员手工实现。

但是，在一些特殊情况下，即便需求的频率很低，也要考虑加以实现。例如，财务的月结工作，每个月只进行一次，但对于企业而言是非常重要的业务动作，如果有相关的处理逻辑调整，应该提前开发，做好充分测试，保证月结工作顺利进行，而不能让研发人员在月结当天手工处理，否则不仅会影响月结工作，还会导致非常严重的后果。

6.2.5　步骤三：挖掘真实动机

掌握了需求的基本情况后，接着要尽可能地尝试挖掘需求背后的真实动机。

绝大多数情况下，用户提出的需求都附带自以为正确的解决方案。这是人之常情。即便是产品经理，也需要经常自我反思，很多时候我们在给别人提需求时，是不是也会习惯性地把自己以为正确的解决思路一并提给对方，而且希望对方能按照自己的想法和意图去执行呢？

畅销书作者 Simon Sinek 在 TED 演讲中提出了如图 6-6 所示的黄金思维圈（Golden Circle）理论：可将思维模式分为三层，即 Why、How、What。我们在思考问题时，往往喜欢从外层开始，在表层上探索，却很少深入到核心的 Why 层；如果我们在思考时能够从最里面的 Why 层出发，展开到 How，再到 What，则更容易洞悉问题的本质并做出正确决策。

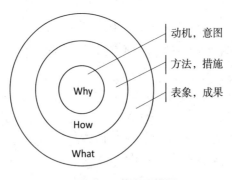

图 6-6　黄金思维圈

在产品设计与需求分析工作中，用户提交的需求往往是在 What 层面的思考，我们应该帮助用户，从思考的外层逐步深入到内层，找到核心诉求后，再向外延伸，寻找更多的解法，如图 6-7 所示。

图 6-7　需求分析和产品设计的思维方向

要素 6：核心诉求

分析核心诉求之前，我们要想清楚，**需求本质上是要解决谁的诉求、谁的痛点**。痛点既可能来自需求提出人（例如前面讲到的销售线索分配的需求，销售负责人是需求的提出人，需求对应的是解决他的诉求，但需求的使用人却是销售运营人员），也可来自功能使用人（例如果冻参与的这个案例）。

寻找需求背后的核心诉求时，我们可以采用丰田公司的大野耐一提出的 5Why 分析法，连问五个为什么，层层递进，通过打破砂锅问到底的方法，穷究问题的本质。当然，5Why 分析法只是一个参考，实践中并不一定必须问五次为什么。

果冻尝试用 5Why 分析法对需求进行分析。

原始需求是销售同学希望在线索掉库前一小时也能推送一次提醒。

为什么要多推送一次？

因为销售同学认为目前提前一天的消息提醒时间隔得太久很容易忘记。

为什么要提前到一小时？

没有原因，因为这也只是一个拍脑袋的决定，其实提前一小时推送也可能会忘记。

为什么提前到一小时也会忘记？

因为目前系统只是推送通知，推送完信息就不见了，不是刻意记忆，根本想不起来，也很难找到。

为什么推送完信息就不见了？不能持续地提示或不消失吗？

因为目前采用的是消息通知的组件来进行通知，如果希望将即将掉库的线索提醒变成一个持续存在的待跟进任务，则采用其他产品设计方案更佳。

为什么不能通过其他产品方案进行处理呢？

当然可以，销售同学遇到的问题并不是推送消息的时机问题，而是有没有更好的方法时刻提醒他们有一条很重要的待办工作存在。

设计一个一直存在的有明显提示的待办任务，销售同学就肯定能够及时跟进吗？

不一定，他们可能还是没时间处理。

为什么没时间处理？

因为目前线索分配不合理，有些销售同学会收到大量的新分线索，根本处理不完。

为什么会给某些人分配大量的新分线索？

因为目前系统采用的是销售组长人工分配的策略，销售组长分配时纯粹凭感觉，并不知道目前谁工作量饱和，谁比较清闲，因而分配得不合理。

为什么组长分配线索要凭感觉？

因为目前既没有数据报表供他们参考，也没有系统自动分配策略算法给他们提建议，他们也不知道怎么分配合理。

为什么一直没有在系统上实现这种功能，帮助他们决策或者代替他们决策？

这实际上是一个敏感话题，从某种程度上讲，组长能够手工分配线索，代表着一定的"特权"，而且销售管理层认为每个销售小组都应该有自己的管理模式，分配策略由一线管理者掌握更高效。

为什么管理层会有这种感性认识，而不是理性地基于数据进行分析？

问得好，这是存在了很久的问题，大家一直知道它存在却没有深入分析，我们应该借此机会深入分析一下目前的人工分配策略到底是否合理，是否应该从本质上解决新分线索的分配模式，让每个销售的工作量都变得公平、合理。

通过对需求不停地问为什么，其实可以发现很多问题点和改进的机会点。当然，问题挖掘的深度和方向需要产品经理自己做好把握和判断。比如，果冻在分析完后，发现出现问题的原因之一是线索分配规则不合理，因此不能简单粗暴地直接跑去质疑销售负责人。我们分析的目的应该是洞悉本质，在合理的范围内找到更多更优的解法。

同时，也要意识到，对需求做深层次的洞察，不是没完没了问为什么就足够了，一方面，需要有灵活的思路和探究到底的勇气及决心，另一方面，更需要对业务有着深刻的理解和认识。后者尤其重要。**对于 B 端产品设计来讲，如果产品经理对业务理解不够深刻，是很难洞察需求本质的。**

要素 7：强烈程度

需求的强烈程度，代表了用户对痛点的忍耐程度。如果需求强烈，说明用户痛点显著，需求真实性高；如果需求不强，说明用户痛点不显著，甚至面对的可能是一个伪需求。

如果需要判断需求的强弱程度，或者说判断需求的真实性，可以使用以下两个方法。

● **方法一：采用正反两问的方法。**

我们总是习惯询问用户，如果做了某某功能，对方是否喜欢，或是否会用。请相信我，多数情况下，用户都会回答"我喜欢""我会用"，但上线后用户却不会像之前承诺的那样热心使用新功能。除了正向询问，还应该采取逆向询问，即如果不做某某功能，对方的感受是"我很喜欢""理应如此""无所谓""勉强接受"，还是"我很不喜欢"。这也是 C 端产品设计、用户研究分析时经常采用的 KANO 模型背后的设计思路（关于 KANO 模型，我们在第 12 章中还会进一步探讨）。

● **方法二：询问目前痛点的解决方法。**

判断需求强烈程度的另一个办法，是询问用户目前是如何解决痛点的。如果用户表示需求很紧急，但在被问到目前问题是如何解决的时，又表示目前问题并没有得到解决，那么一定要留心，这个需求对用户而言可能并不像其所说的那么紧急。**如果真的是很紧急的痛点问题，即便没有人去实现相关功能，用户也一定会自己想办法解决。**

同样的方法也适用于产品初期的市场分析。在定义了目标客群后，当分析客户的痛点或遇到的问题时，如果客户当前并没有采取措施解决这些痛点，那么这些痛点可能根本不重要，客户很可能也不会为了解决这些痛点而付费购买产品。

要素 8：实际价值

需求的实际价值，是需求优先级管理中重要的排序依据。在需求分析前期，我们也需要明确需求价值。如果价值有限，或者不符合公司当前阶段产品规划的重点，甚至可以不用投入太多精力，而直接将原始需求的优先级降低。

关于需求的价值，我们会在第 12 章中进一步探讨。

6.2.6　步骤四：发散更多场景

用户提交的原始需求往往附带针对背后痛点自以为正确的解决方案。当我们已经洞察了需求背后的核心诉求后，应该跳出需求本身的范围，从更多的角度、场景切入，思考如何解决问题。

要素 9：横向替代场景

横向替代场景，是指围绕核心诉求可以找到的所有可能的解决思路或场景，这些场景彼此之间在某种程度上存在可替代关系。

原始需求所描述的场景，只是所有可选方案中的一种，而且不一定对应着最优解。通过 5Why 法分析问题本质时，我们对问题有着不同层面的理解，可以选择对其中某一层面或某几个层面分析所有可能的解法。

对问题解决思路的穷举，可以采取金字塔思维、结构化拆解的方式，遵循 MECE 原则（Mutually、Exclusive、Collectively、Exhaustive，相互独立、完全穷尽）

果冻分析需求后，发现背后的核心问题是销售同学新线索分配不合理，导致来不及跟进线索，造成掉库现象频繁发生。虽然需求希望的是加强即将掉库线索的提醒频率，但这并不是唯一的解决思路。果冻思考后，针对**提高销售人员线索跟进效率问题**，梳理出了以下解决问题的思路和场景。

1. 让线索分配流转更加合理、公平、高效

    a) 优化新线索的分配规则

    i.　实现系统自动化分配策略。

    ii.　保持人工分配，但给分配人员更多的数据支撑作为参考。

    iii.　采取机器自动化+人工分配混合的模式。

    b) 优化线索掉库流转规则

    完善线索掉库时间的规则（目前规则可能倾向于一刀切且过于严格）。

2. 让销售人员对每日工作计划的安排和执行更加合理且高效

    c) 让销售人员及时掌握当前任务待办情况

    d) 系统帮助销售人员根据优先级安排每日工作计划

果冻的分析相对全面地覆盖了可能的问题解决方向，而且他再次深刻地认识到，

需求分析的难点在于对业务理解的深度。豌豆提交的需求，只是方案 c）中的一个小功能点而已，除了 c），我们还有 a）、b）、d），都是可以选择的优化方向，而且它们彼此独立，在某种程度上是互相可替代的选择。果冻通过追本溯源，找到了问题的本质，再通过横向扩展，采用结构化思维，穷举了解决的思路，并认识到一切都应从业务场景出发！下一步，就可以选择一个确定的解决方向和场景，继续深入分析！

要素 10：纵向互补场景

纵向互补场景，是对选定的解决方案及场景，在需求点的上下游和整体的用户操作动线上，存在的考虑不够全面的机会点和优化空间。找到围绕需求点的互补场景，可以让方案更加全面、透彻。

用户提交的需求，往往只是一个点，但是背后的场景实际上是一条线，或者一个面。如果我们在设计时只是实现了一个点，那么接下来总会有接二连三的补充需求出现。作为产品经理，需要提前将这些可能的优化点、相关的补充场景都考虑周全，进行统一的规划和设计，避免局部和片面性的思考。

通过用户故事地图工具帮助梳理用户在操作动线上的互补场景，是一个有效的手段和方式。此处我们直接使用用户故事地图工具进行分析，对用户故事地图的具体讲解，可参考第 7 章。

结合目前领导对产品的规划，当前阶段 CRM 建设的重点在于赋能销售，帮助销售人员（电话销售专员）提升工作效率，因此暂不考虑线索分配策略这些涉及业务规则调整的功能设计。果冻将注意力集中在如何帮助销售人员及时掌握当前待办任务这个方向上，从原始需求"提高掉库消息提醒频率"切入，思考更加全面的设计方案。

通过在销售部门实际轮岗工作三天，以及大量的访谈工作，果冻尝试使用用户故事地图这个工具，将自己了解到的电话销售核心场景（部分）的用户故事地图（见图6-8）绘制出来，虚线部分的功能目前由销售人员在线下手工完成，系统目前还不支持。

基于自己的轮岗调研，并结合用户故事地图的呈现，果冻发现，在销售人员的日常线索跟进作业场景中，他们首先每天会拿一个小本子把待办任务整理好，并标记优先级；在收到消息通知后，销售人员还会把新分线索、即将掉库线索记录下来，更新到小本子中；每天工作结束前会回顾当天的跟进情况，并计划第二天的工作安排。

可见，系统已经无法很好地支持销售人员的当日工作管理，因此他们只能通过记事本自己管理工作。就针对线索掉库提醒的功能优化而言，单纯地提高通知频率是不够的，还需要从销售的完整工作场景入手，在各个环节都进行优化。

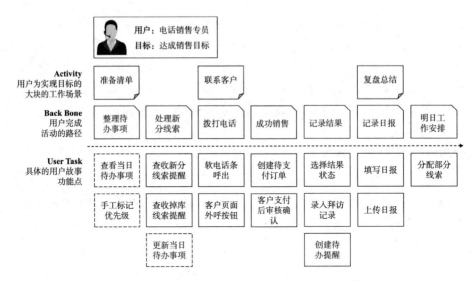

图 6-8   电话销售核心场景（部分）的用户故事地图

经过思考，在"帮助销售人员及时掌握任务代办情况"这个思路下，除了提升消息通知频率，果冻还考虑增加当日待办清单任务聚合的能力，以增强销售人员对当天工作的管理，让他们和小本本说拜拜！

需要注意的是，对于**纵向互补场景**的分析，核心是找到需求点中没有考虑全面的相关功能点，用户故事地图只是帮助产品经理进行分析的手段之一，并不是唯一办法。很多时候，对纵向场景的分析，同样也要依靠结构化思维，以穷举缺失的功能点。

6.2.7   步骤五：设计产品方案

产品经理通过对原始需求进行充分分析后，确定了整体的解决思路，接下来，要设计具体的产品方案来帮助用户解决痛点，实现业务诉求。

要素 11：已有方案

有些需求，并不一定要开发新的产品功能来解决，现有功能也许就可以在一定程度上直接或间接满足诉求。产品经理首先要对此进行判断，不要盲目地、匆忙地着手新功能的设计。如果需求优先级并不高，客户又很着急，那么通过一些已有功能部分、间接地解决问题，也不失为一个能尽快帮助到客户的好选择。

尤其是对于甲方自研自用系统的情况，研发资源有限，如果可以用一些变通的方式解决问题，并不一定必须开发功能。而且，**在甲方工作的软件设计人员必须意识到，解决业务问题才是核心目标，软件产品只是为了解决业务问题采用的手段之一，有时候通过软件产品解决问题的投入产出比反而比较低。**

要素 12：功能需求

产品经理在分析原始需求后进行软件产品设计，首先要编写 PRD，也即功能需求文档，提交给研发人员，以便其进入下一步开发工作。

除了增加掉库线索的提醒频率，果冻还设计了一个全新的待办事项面板，将销售人员每日工作中几个关键场景的待办事项聚合在一起展示出来，如图 6-9 所示。用户可以通过点击数字超链接，进入线索列表页，查看符合条件的线索记录。

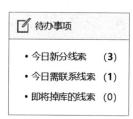

图 6-9　全新的待办事项面板

- "今日新分线索"展现的是当日新分的所有线索。
- "今日需联系线索"是指之前设置了待办提醒的当天待跟进线索。当线索被跟进并添加了拜访小结后数据就会被清除。
- "即将掉库的线索"是指 1 天内即将掉库的线索。当针对线索做了某些特定动作后，数据就会被清除。如果新增了一条即将掉库的线索，则消息中心会进行首次提醒，且将"即将掉库的线索"数字加 1。

在面板中点击数字可以进入统一的线索列表页（当然也可以进入待办清单列表页），这实际上已经实现了先前豌豆提出的对消息中心各种改造的需求。在典型的 B 端产品设计中，消息中心只负责主动式消息提醒，待办管理应该通过其他的组件设计实现。

要素 13：非功能需求

非功能需求（NFR，Non-Functional Requirement）是指软件产品在功能需求之外的功能特性，例如系统并发量、接口响应时效、安全性等指标。对于产品经理来讲，了解和关注这些指标即可。不过，在某些情况下，也可能需要在文档中写清楚，例如某些同步查询功能，要求最长响应时间不应超过 30 秒，并发量要至少支持 30 个并行查询。

【资源推荐】

软件质量评估国际标准 ISO/IEC 25010:2011 对非功能需求做出非常详尽的定义，可查阅 ISO 官网进一步了解。

6.2.8 十三要素五步法的使用建议

至此，我们已经完整探讨了需求挖掘分析的十三要素和五步法。通过这五个步骤和十三个要素进行充分的需求分析，相信会帮助你洞察、探索需求的全貌。

作为产品经理，一定要分析需求背后深层次的原因，而不是马上上手进行功能设计。只有厘清了背后的问题，才能做出合理的方案决策，确定优先级，并结合产品规划进行通盘考虑。

当然，这套方法步骤较多，执行起来比较耗时，而且每个琐碎的需求都用这五个步骤分析显然也没有必要。更重要的是，通过对要素、方法的学习培养场景化的思维意识，以及全面、缜密的思考逻辑。经过多次训练后，思维模式和思考习惯会形成肌肉记忆，在以后的工作中，即便不再刻意地采用这套方法，依然会习以为常地把握住需求分析的关键要点。

同时，也要再次强调，B 端产品成功需求分析的前提永远都是理解业务，如果自身业务知识底子不够厚实，学习再多的需求分析技巧也是枉然。

6.3 通过 UML 进行需求建模

通过上一节的学习，我们了解了深挖需求的方法，以及如何洞察场景、识别业务痛点、确定解决思路。在业务型产品的设计中，面临对复杂业务的梳理，还需要进行需求建模工作，将业务流程和数据进一步加以提炼、抽象，从而最终设计出具备抽象性和扩展性的软件功能。

需求建模是需求分析工程的核心环节。尤其是 B 端产品中很多抽象的概念、思想很难用文字表达清楚，而通过图形来描述就会容易很多，UML 正擅长此道。

UML（Unified Modeling Language，统一建模语言）诞生于 20 世纪 90 年代，经过多年发展，目前已经是一套成熟的规范和标准，是软件工程师、软件设计人员做抽象设计、需求建模的必备工具。

UML 规范中定义了类图（Class Diagram）、用例图（Use Case Diagram）、对象图（Object Diagram）、时序图（Sequence Diagram）、协作图（Communication Diagram）、状态机图（State Machine Diagram）、活动图（Activity Diagram）、组件图（Component Diagram）、部署图（Deployment Diagram）等多种图形，每一种图形都用来从某个视角解决某类程序设计的抽象描述问题。

产品经理，尤其是 B 端产品经理，必须掌握 UML 的相关知识，能够通过 UML 来辅助需求分析工作，表达阐述自己的设计思路，方便和研发人员进行高效的沟通。产品经理常用的 UML 图包括 ER 图（UML 中的类图）、跨部门流程图（使用频率最高）、状态机图，可能用到的 UML 图包括活动图、用例图。接下来，我们逐一进行介绍。

UML 图的具体分类和内容如图 6-10 所示。常用来绘制 UML 图的单机软件有 Visio（Windows 系统中）和 OmniGraffle（macOS 系统中），在线的绘图软件中推荐 ProcessOn。这些软件都非常简单、易上手，自行练习即可掌握。

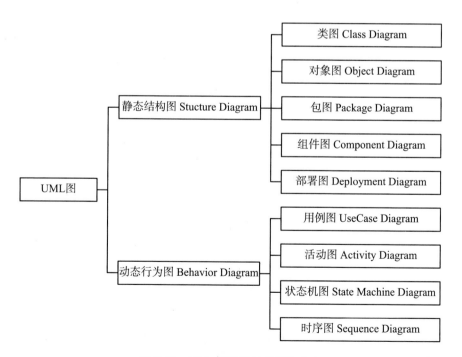

图 6-10　UML 图的具体分类和内容

6.3.1 ER 图

在 5.1 节的客户模型设计中，我们已经通过 ER 图展示了业务数据建模的方法。

ER（Entity Relationship）图是一种描述实体对象（Entity）之间关联关系（Relationship）的经典图表，由科学家 Peter Chen 于 1976 年发明，最早被用于关系数据库的表结构设计。

ER 图的呈现方式很多，比较常用的是 UML 的呈现方式。在 5.1 节，实际上就是采用类似于 UML 中类图的符号标记规范来进行描述和呈现的。

图 6-11 是用 Visio 绘制的类图，其中每一个大方框代表一个对象，方框中的第一行用来描述对象名称，第二行用来描述对象中的数据字段，例如图中"机构"对象有一个字段"上级机构"，最下面一行用来描述对象所具备的函数，由于这是程序设计时才用到的概念，因此产品经理可以不用关心，此处留空即可。两个对象之间用实线连接，在实线两端标上数字，用来描述二者的对应关系。例如，图 6-11 描述了机构和门店是一对多关系，即 1 个机构节点可以对应 0 到多个（0..*的含义，也可以简写为*）门店。

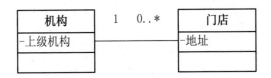

图 6-11　机构和门店在 UML 格式下的 ER 图 1

图 6-12 描述的机构和门店同样是一对多关系，但请注意，此例中 1 个机构节点可以对应 1 个或多个（1..*的含义）门店，至少要对应 1 个门店。

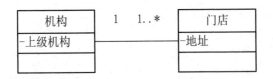

图 6-12　机构和门店在 UML 格式下的 ER 图 2

如果没有 Visio，也可以用 PowerPoint 来绘制 UML 标记风格的 ER 图。其实不用拘泥于形式，重点在于说清楚两个对象的对应关系，连接线上的数字才是重点。例如，我们用 PowerPoint 重新绘制的机构和门店对应关系，如图 6-13 所示。

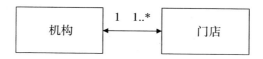

图 6-13　通过 PowerPoint 绘制的简化版 ER 图

ER 图本身只代表一种理念，具体的绘制方法涉及很多标准，图 6-14 呈现了不同标准下 ER 图的画法。不同的绘图工具，在创建 ER 图时所遵循的标准可能不同。

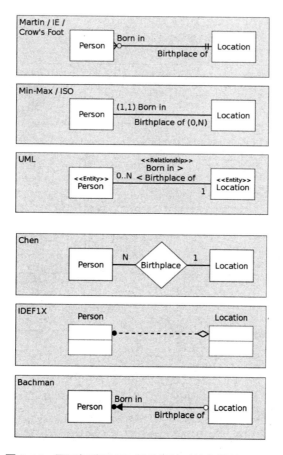

图 6-14　不同标准下 ER 图的画法（摘自维基百科）

6.3.2　跨部门流程图

跨部门流程图是一种相对复杂的流程图，可以清晰准确地描述分角色、跨系统的业务流程，它实际上是流程图的泳道化呈现，每个职能部门在图中呈现出一条"泳道"

的效果。严格来讲，流程图、跨部门流程图不属于 UML 的范畴，尤其是流程图，拥有更加悠久的历史，在各行各业均普遍被使用。

国际标准组织 ISO 在 1970 年定义了流程图的基本符号规则。在实践中，为了便于不同背景的用户阅读理解，建议尽量采用简单的绘图规则，例如，只使用开始、结束、执行、判断这四种标记符号来绘制流程图，而不要引入其他更加复杂、高级的标记符号，以保证流程图容易理解。

跨部门流程图示例如图 6-15 所示。

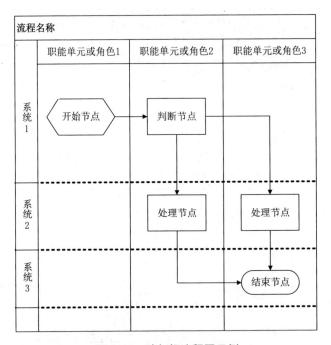

图 6-15　跨部门流程图示例

绘制跨部门流程图的要点如下。

- 开始节点、结束节点必须用专门的图形（多边形和椭圆形）来表达，这样容易让阅读者较为轻松地识别开始和结束的位置。

- 每个流程只有一个开始节点，但可以有多个结束节点。

- 尝试调整泳道的顺序，以保证各流程看起来清晰干净，而不是交叉、缠绕在一起。

6.3.3　活动图

活动图（Activity Diagram）是流程图的一种，用来描述一系列过程。活动图和流程图最大的区别是，活动图可以描述并发工作的执行过程，而标准流程图的节点必须是顺序执行的，只有判断节点才能引出两条分支。

在 M 公司的案例中，客户根账号（对应"客户–管理员"角色）被创建后，"客户–管理员"下一步要创建子账号和门店。实际上这是两个可以并行发生的动作，并没有先后顺序的要求，且门店和子账号都创建完毕后，才可以对二者进行关联。这个逻辑在流程图中无法准确呈现，通过活动图可以清晰地描述，如图 6-16 所示。"根账号生效"这个步骤的下一步产生了一个并行任务分支，表示"创建门店"和"创建账号"这两件事可以同时发生，接下来是一个分支合并，表示当"创建门店""创建账号"这两个事件都完成后，流程可以继续往下走，执行"关联门店账号"的操作，直至结束。

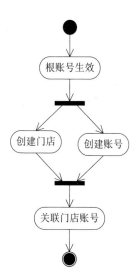

图 6-16　活动图示例

6.3.4　状态机图

状态机图（State Machine Diagram）也叫有限状态机图（Finite State Machine Diagram），是一种描述所有状态及状态之间流转规则的图形。

在软件设计领域，"状态"在业务系统中无处不在：订单要有状态，账号要有状态，门店要有状态，可以说任何对象都有状态。设计状态是一件很有意思的事情，需要注意以下事项：

- 状态值必须是有限的集合，状态的所有枚举值（即状态值）必须能够涵盖所有实际可能的情况。

- 状态值之间要互斥，不能出现二义性。

- 为了更准确细致地描述事物，状态还可以具备子状态，比如订单状态"售后中"，可以定义对应的子状态——"待退款待退货""待退款已退货""已退款已收货"。

- 状态应该是能持续一定时长的，而不应该是很快就会结束的瞬时态。例如，订单的状态可以是"待发货""待评价"，但不能是"发货中""评价中"。

- 在中文语境中给状态起名字时，可以尝试包含"已""中""待"三个字中的任意一个，这会使状态的定义变得清晰明了。

通过研究状态之间所有可能的流转规则和逻辑，能够识别状态设计的合理性，并梳理清楚业务规则。用文字描述状态之间的轮转会非常不方便，引入状态机图就可以非常好地解决这个问题。

图 6-17 是分销业务系统中"客户"对象的状态机图。可以看出，状态机有一个开始节点和一个结束节点，圆角矩形中的内容代表状态值；分销业务系统中的"客户"一共有四种状态，分别是"待审核""已生效""审核未通过""已停用"。两个状态之间连接线上的文字，代表状态变化迁移的条件。

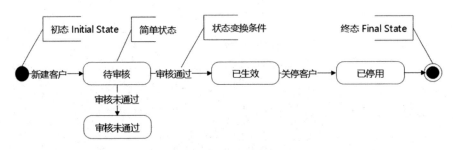

图 6-17　分销业务系统中"客户"对象的状态机图

6.3.5　用例图

用例图（Use Case Diagram）用来从用户视角描述系统的操作功能。简单来讲就是它可以表示某个角色或用户在不同场景下能做什么。图 6-18 是一个简单的用例图示例。

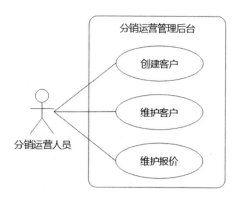

图 6-18　一个简单的用例图示例

　　在需求分析工程中，用例驱动设计（UDD，Use Case Driven Design）是针对复杂软件系统的一种经典设计方法论。用例图的绘制本身并不复杂，关键在于以用例的方式梳理角色和业务场景，并按照用例设计规范将需求进行结构化分解和描述。表 6-2 是通过用例描述的方式，为分销运营人员创建客户场景编写的需求规格说明书。

表 6-2　用例描述示例（以下表格文字说明部分引用自图书《火球：UML 大战需求分析》）

编号	[用例编号，例如 UC–01] 2.1	名称	[用例名称，即用例图中用例的描述]维护报价
执行者	[用户、角色等] 分销运营人员	优先级	高
描述	[简单描述用例，重点说明执行者的目标] 分销运营人员对客户进行可购买商品以及购买价格的维护		
前置条件	[列出执行本用例前必须存在的系统状态，如：必须录入什么数据，必须先实现什么其他用例。注意除非特殊情况，不要写类似于"登录系统"等每个用例几乎都需要具备的前置条件] 客户必须是"生效中"状态		
基本流程	[说明正常情况下最常用的流程，通常是执行者和系统之间交互的文字描述] 1. 选择客户 2. 创建可购买商品清单 3. 创建采购价格清单 4. 显示成功信息		
结束状况	[列出在正常结束情况下用例的结果] 系统保存客户可购买商品清单，以及采购价格清单		

续表

可选流程	[说明和基本流程不同的其他的可能的流程] 1. 删除商品清单 2. 删除采购价格清单
异常流程	[说明出现错误或其他异常情况时和基本流程的不同之处] 1. 发现客户不是 "生效中" 状态，显示相关提示 2. 商品清单中有非正常状态商品，进行提示并删除脏数据
说明	[对本用例的补充说明，如业务概念、业务规则等] 1. 创建商品清单的客户必须已经创建了并关联了门店 2. 必须同时创建了商品清单和采购价格清单，客户才可以进行采购

以上各种图表都是产品经理最常用到的。产品经理绘制图表的主要目的是将设计思路表达清楚。这些图表可能是给技术人员看的，也可能是给业务人员看的。在实际工作中，**产品经理应该尽量使用简单的方式来呈现自己的设计和意图。**不建议使用过于复杂的 UML 规范，因为不是所有人都具备 UML 知识。复杂的 UML 标记体系会导致其他人看不懂，从而失去用 UML 沟通的意义。

【资源推荐】

关于软件需求分析的学习资源，首先推荐《软件需求最佳实践：SERU 过程框架原理与应用的新描述》，作者徐锋在这本书中详细阐述了软件需求分析和构建全流程的方法论，并给出了若干实践建议。该书纸质版已经绝版，可以在微信读书上阅读电子版。该作者的另一本著作《有效需求分析》，篇幅更加精简，可以算是第一本书的浓缩版。

同样值得推荐的是 Karl Wiegers 的《软件需求》。它非常详尽地介绍了需求分析工作的实践，书中将传统需求分析技术和敏捷迭代方法论加以对比尤其值得称道。

关于 UML 的入门学习，推荐张传波的《火球：UML 大战需求分析》。这本书通俗易懂，将 UML 的学习融入软件需求分析的完整过程，是一本适合产品经理入门的优秀 UML 图书。

6.3.6　Use Case 和 User Story 到底该用哪个

在敏捷开发流行以前，采用用例驱动设计（UDD）来完成软件需求分析和设计较为普遍。这两年，用户故事这种轻量级的设计方法论得到了广泛的应用和普及，于是很多人产生了困惑：

- 用例驱动设计过时了吗？

- 用户故事的方式就一定好用吗？

不可否认，用例驱动设计的模式相对烦琐。通过 6.3.5 节中的用例图不难看出，用例的编写有一定的复杂度。但是，用例本身是对系统分析高层次的设计抽象。通过对多角色的定位，基于流程来梳理结构化的功能块，虽然不是从体验和场景出发的，但却适合软件设计本身的抽象要求。

用户故事是一种低粒度的基于场景的功能点描述，能够更好地贴合场景，而且应用灵活，但是它缺少整体性的分析和定义，在功能细节的描述上也不够丰富。

用例可以被拆解成用户故事，但很难通过用户故事还原用例的全貌。对于 B 端软件设计，面临高度复杂的业务和抽象，单纯通过用户故事是不可能将软件设计的全貌呈现出来的。在实践中，我们可以采用用例和用户故事组合的方式，结合用例设计的思维方式对软件背后的业务和需求场景进行整体的抽象和梳理，在具体的单一场景下，可以通过用户故事进行需求描述。

十几年前的软件设计以 UDD 方式为主，基于 RUP（Rational Unified Process，统一软件开发过程）的软件设计实践尤其盛行。当前的现代软件设计在实践中已经变得更加自由开放，不再有限定性的格式和要求。从 PRD 的编写中就能看出，曾经的需求规格说明书都非常严谨、繁复，但是现在各软件公司的 PRD 模板格式迥异、各具特色。

总体来讲，现代软件工程实践要遵循小幅快速迭代、及时验证市场、尽量紧贴场景的理念。尽管如此，在某些情况下，尤其是在从无到有的设计过程中，用例设计所体现出的高维的抽象设计，也是非常有价值的。如果是体量更加庞大、复杂度更高的商业性软件，比如说 Office、Windows，则超级详细且规范化的设计和文档则更是必不可少的。

对于产品经理，将 Use Case 和 User Story 结合起来使用，才是正确的选择。**可以不编写繁重的用例说明，但要知道从业务流程中梳理、抽象业务；可以通过用户故事描述功能，但要认识其应用局限性**。

对两者的对比见表 6-3。

表 6-3　Use Case 和 User Story 的对比

Use Case	User Story
聚焦于基于角色流程的功能设计；	从场景出发，聚焦价值；
拥有整体性、高粒度的分析和抽象；	简明扼要，但缺少实现细节；
关注细节和实现	以用户为中心，关注体验

　　C 端产品的发展促进了产品经理概念的普及和发展，也是很多新颖的设计方法论在 C 端产品上得到推广应用。B 端产品设计和 C 端产品设计有着本质上的区别，因此我们一方面可以有选择地借鉴 C 端产品设计的最佳实践，另一方面也要意识到，经典的软件设计方法论永远是值得深入挖掘的宝藏。作为一名 B 端产品经理，我们应该既掌握经典的方法论，又吸纳最新的方法论，并能做到融会贯通，以便在不同场景下选择合适的工具。

第 07 章

以用户为中心的体验设计

在现代软件产品设计中，用户体验设计是一个不可忽视的课题。B 端产品往往被诟病难用、体验差，一方面是因为 B 端软件的业务特性决定了设计人员更加关注业务需求而忽视终端用户诉求，另一方面因为 B 端业务面临复杂的多角色协同，导致设计人员往往从流程角度切入开展设计，而忽视单一用户视图。

本章将从体验设计的四个层次入手，介绍一些经典的用户体验设计的方法论和工具包，以及在 B 端产品设计中的思考和实践，帮助产品经理培养用户体验设计的基本认知。

7.1 体验设计的四个层次

体验设计可以分为四个层次，分别是界面设计、用户体验设计、客户体验设计、服务设计。其框架定义来源于 UXPA（User Experience Professional's Association Boston，波士顿用户体验专家委员会），我在官方版本的三层模型中增加了最里层的 UI 层（如图 7-1 所示），旨在尽量清晰地在一张图中描述更多概念的关系。

界面设计属于人机交互（HCI，Human Computer Interaction）设计的范畴，是最古老、最经典的数字化产品体验设计。一般我们提到 UI 更多是指图形化交互界面（GUI，Graphic User Interface），其经典的方法论是尼尔森十大可用性原则（Jakob Nielsen's Ten Usability Heuristics）。

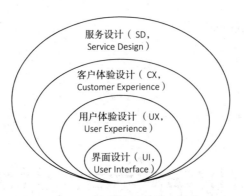

图 7-1　体验设计的四个层次

用户体验设计关注的依然是用户和产品之间的交互体验，但除了视觉层面，还要关注手势互动、语音交互等物理层面的人机交互。有的观点认为人机交互属于 IxD（Interaction Design）的范畴，UX 更应该关注用户对产品和服务的完整体验过程。

客户体验设计是更高层面的体验设计，不仅关注用户在产品上的体验，而且进一步关注用户接触服务的完整过程。其经典的研究工具包括用户故事地图。

服务设计是最高层面的体验设计，早在 20 世纪 90 年代就已经被提出。它将关注层次提升到服务提供者和客户之间所有的接触点和流程，既关注用户画像、客户旅程，更关注服务背后的企业内部运作机制。其经典的研究工具包括客户旅程地图（Customer Journey Mapping）和服务蓝图（Service Blueprint）。

体验设计相关的概念较多，也没有明确的统一认知。比如，在国际咨询公司 Forrester 的观点中，SD 和 CX（全称见图 7-1）是相交关系，而不是包含关系。我们不用纠结于这些学术化的概念细节，只要做到大体了解，并能够在工作中产生实际应用价值就足够了。

接下来，我们一一介绍以上提到的一些用户体验工具和方法论。

7.2　交互设计中的尼尔森十大原则

我们首先来探讨最基本的交互体验设计问题。在人机交互理论中，最著名和经典的理论当属人机交互大师雅各布·尼尔森（Jakob Nielsen）博士在 1995 年提出的尼尔森十大可用性原则，该理论是针对 PC 端交互设计提出的，但同时也适用于移动端交互设计。我们将结合具体案例详细阐述这十条指导原则，产品经理在绘制线框图时要注意遵循这些原则。

反馈原则（Visibility of system status）

系统应该在合理的时间、用正确的方式，向用户提示或反馈目前系统在做什么、发生了什么。

人机交互的基本原则是，让系统和用户之间保持良好的沟通和信息传递。系统要告知用户发生了什么、预期是什么，如果系统不能及时向用户反馈合适的信息，用户必然会感到失控和焦虑，不知道下一步要做什么。

以下是遵循反馈原则的一些常见设计案例。

- 安装程序时显示进度条，并预估还需要多久结束。

- 上传文件时显示进度条，并提示预估剩余时间。

- 提交表单时，如果校验失败，则在填写有误的内容旁边提示错误原因。

- 程序未响应时，系统会让用户选择是关闭程序还是等待程序响应，如图 7-2 所示。

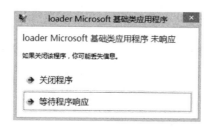

图 7-2　程序未响应时的窗口提示

隐喻原则（Match between system and the real world）

系统要采用用户熟悉的语句、短语、符号来表达意思，要遵循真实世界的认知、习惯，让信息的呈现更加自然，易于辨识和接受。

在人机交互设计中，程序的沟通和表达、功能的呈现，都要用最自然的、用户容易理解的方式，避免采用计算机程序语言的表达方式。设计时要采用符合真实世界认知的方式，让用户通过联想、类比等方法轻松地理解程序想表达的含义。

比如，某音乐播放器 App，功能按钮设计如图 7-3 所示，即便不做说明，用户也很容易理解每个按钮是做什么的。

图 7-3　某音乐播放器 App 的功能按钮设计

再比如，美团外卖 App 的类目 icon 的设计非常有趣，且非常容易理解和使用，让人印象深刻，如图 7-4 所示。

图 7-4 美团外卖 App 的类目 icon 设计

回退原则（User control and freedom）

用户经常会不小心操作错误，需要有一个简单的功能，让程序迅速恢复到错误发生之前的状态。

用户误操作的概率极高。对于误操作，软件系统应该尽量提供"撤销""重做"或"反悔"的功能，让系统迅速返回错误发生之前的状态。当然，不是所有操作都是可以"反悔"的，比如，你可以撤销一笔错误的订单，但不能撤销一笔成功的转账交易。

以下是遵循回退原则的常见设计案例。

- 编辑类软件都提供撤销功能，例如 Word、美图秀秀等。
- 点击删除或关闭按钮后，会让用户进行二次确认。
- 电商平台允许在一定的规则下取消订单。

一致原则（Consistency and standards）

同样的情景、环境下，用户进行相同的操作，结果应该一致；系统或平台的风格、体验也应该保持一致。

软件设计、产品设计中有很多约定俗成的规范，虽然没有明文规定，但用户都在遵守，因为他们已经习惯了这些规范。我们在进行设计时，应该遵循惯例，并且保持系统的一致性，不要盲目地标新立异。

例如，在 App 底部的导航图标中，"首页"永远排在第一个，个人中心（"我的"）永远排在最后。而且，对于类似"首页""购物车""订单"等常见按钮，不同 App 的设计样式都非常相似。图 7-5 展示了美团、去哪儿旅行 App 底部导航栏的设计，从中可以看到上述特点。如果有人特立独行地把个人中心放在第一个，或者采用奇怪的图标作为个人中心的 icon，用户使用时肯定会觉得别扭。

图 7-5　两款 App 的导航栏设计

此外，在一个或多个系统中，要采用统一的设计风格。不论是图标的选用，还是布局的规划，要保持整体的一致性，这样用户容易理解，并且容易习惯和适应。

例如，Office 套装软件中包含的各个产品，其界面布局和设计风格就保持了高度一致。图 7-6 展示了 Word（上）和 PowerPoint（下）的界面。可以看出，二者的"插入"一级菜单下包含的功能的排列顺序、布局方式乃至图标图形，都是高度类似的。

图 7-6　Word（上）和 PowerPoint（下）的界面

防错原则（Error prevention）

系统避免错误发生，要好过出错后再给提示。该原则也可以叫防呆原则。

进行设计时，首先要考虑如何避免错误发生，其次再考虑如何检查、校验异常。这样做一方面可以让问题更简单，另一方面可以让用户避免或减少无谓操作。

例如，有些时候，为了防止用户重复提交或重复点击，按钮在被点击后可以将其置灰，直到处理完成才恢复正常显示。

有时还会通过调整按钮顺序，避免用户误点。比如，对于很重要的操作，为了防止用户顺手误点，会将二次确认对话框中的"是"和"否"两个按钮对调位置，模拟效果如图 7-7 所示。因为常见的对话框都将"是"按钮放在第一个位置，所以用户在操作时，很容易产生条件反射，顺手点击第一个按钮，然后才发现自己点错了。虽然这样看起来有些别扭，但是很有效，因为多点一次要好过误操作。这种设计在软件卸载、App 取消会员订阅等操作中也非常常见，只不过在后两种情况下主要是为了做一些心理暗示和引导，避免用户卸载或退订。

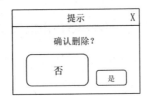

图 7-7　通过调整按钮顺序避免用户误操作

记忆原则（Recognition rather than recall）

让系统的相关信息在需要的时候显示出来，减轻用户的记忆负担。

计算机应该减轻人们的记忆负担，而不是相反。例如，当切换页面时，不应该让用户记住不同页面的内容，而应该在合适的地方积极地呈现或提示之前的信息。

比如，几乎所有的 App 和 PC 端的搜索引擎都会记录用户的搜索历史并呈现给用户，图 7-8 是大众点评 App 的搜索页，可以看到上面的"搜索发现"主要用于推荐，下面的"最近搜索"则保留了用户最近使用过的搜索关键词。

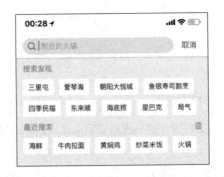

图 7-8　大众点评 App 的搜索页

再比如，在所有的电商购物流程中，在用户提交订单后，都会出现一个核对页面，让用户再次核对填写是否正确。这个设计非常有用，我就经常在下单时忘了修改默认地址，不再次核对很难发现。

灵活易用原则（Flexibility and efficiency of use）

系统的用户中，中级用户往往最多，初级和高级用户相对较少。系统应为大多数人设计，同时兼顾少数人的需求，做到灵活易用。

灵活易用原则不仅是一个交互设计原则，也代表了一种软件产品设计理念：系统既要做得简单、易用，让所有中级用户用起来得心应手，也要提供必要的帮助，让刚入门的初级用户顺利上手，还需要支持灵活的个性化定制，让高级用户能够以进阶的方式使用系统，充分发挥其价值。

让高级用户灵活定制的最典型的例子是各类软件和 App 的配置功能。基本上所有软件都会提供定制化功能，从快捷键设置，到页面布局，再到自定义参数，软件系统会尽量提供全面的个性化设置功能，来满足不同用户的使用诉求和习惯。

如图 7-9 所示，Word 的自定义功能提供了非常强大的配置能力，用户可以对 Word 的 UI 进行颠覆性的重新设置。

图 7-9　Word 的自定义功能提供了强大的配置功能

简约设计原则（Aesthetic and minimalist design）

对话中不应该包含无关的或没必要的信息；增加或强化一些信息就意味着弱化另一些信息。

重点太多，相当于没有重点。在视觉设计中，要掌握好"突出标记"的度，以及内容的呈现方式。

例如，图 7-10 展示了一份停机通知示例，左图只突出了停机这件事和停机时间，右图突出标记了更多内容，但是用户反而无法一下子抓住真正的重点。

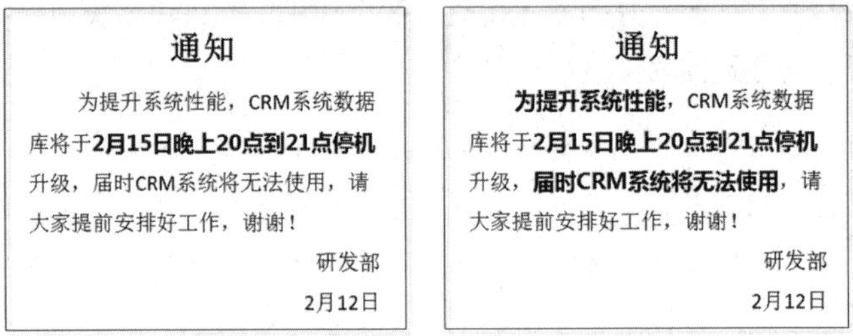

图 7-10　停机通知示例

容错原则（Help users recognize, diagnose, and recover from errors）

错误信息应该用通俗易懂的语言说明，而不是只向用户提示错误代码；提示错误信息时要给出解决建议。

对于很多运行时错误或异常，计算机程序都会返回某个错误代码，但是用户看到这些错误代码时并不明白发生了什么，所以一定要将错误代码转换成用户能看懂的信息，并告诉用户解决的建议。

访问网站时，如果页面不存在，服务器提供的标准错误提示是 404 错误，如图 7-11（左）所示，但很多用户并不理解 404 是什么意思。图 7-11（右）所示的页面就对此做了改进，将错误提示转换成用户能理解的表述，而且给出了解决建议。

再比如，设计得比较好的表单填写页面，对于不符合格式要求的内容会立即进行提示，而不是等到用户提交时才去校验并提示错误；提示时除了指出填写错误，还会说明规范的填写要求，以便用户理解错误原因并做出修正。如图 7-12 所示的网易邮箱注册页面就是这样，对于不符合格式要求的邮件地址、密码、手机号码都直接给出了提示及说明，非常友好。

图 7-11　页面不存在时的不同提示页面

图 7-12　网易邮箱注册页面

帮助原则（Help and documentation）

对于一个设计良好的系统，用户往往不需要经过培训就能轻松上手使用，但是提供帮助文档依然是很有必要的。帮助信息应该易于检索，通过明确的步骤引导用户解决问题，并且不能太复杂。

现在的软件产品，尤其是 C 端产品，普遍做了良好的交互设计，可以帮助用户快速学习使用，而不用阅读、理解复杂的说明文档。

然而，B 端产品的复杂性比 C 端产品高很多。因为 B 端产品蕴含很多业务流程的规则，系统中的一个按钮可能代表了一个复杂的业务处理逻辑。如果不了解整个业务场景和处理规则，是很难理解按钮的操作含义的。

因此，对于 B 端产品，用户进行自助服务、自助操作的难度高很多．B 端产品的帮助文档依然有存在的必要。产品设计人员要尽量在前端交互上做好引导提示，对于复杂的规则和逻辑，可以考虑通过帮助文档来指导用户。

7.3　通过用户故事地图梳理旅程和场景

在 C 端产品设计中，用户故事地图是一个非常经典的用户体验分析工具，可以帮助产品经理和体验专家分析用户在使用产品时为了达成某个目的的关键步骤和动线，并据此从场景的角度来拆解设计软件的功能点。

用户故事地图的绘制并不复杂，难点在于场景的梳理和拆解。为了达到某个业务目标，用户的操作动线首先就要在第一个层面被拆解，以得到第一级别的场景，即 Activity。可以从一级场景进一步拆解出二级场景，即 Back Bone，它就像一个叙述故事的骨架，也叫作 Walking Skeleton。在二级场景下，可以进一步更加细致地列出所有相关的功能点，即用户任务 User Task。图 7-13 是 M 公司分销平台针对采购人员使用下单工具进行下单操作的简化用户故事地图。

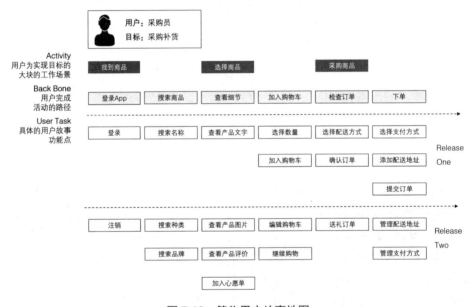

图 7-13　简化用户故事地图

按照优先级和迭代计划将 User Task 进行分组，可以得到 Release One、Release Two、Release Three 等。每一个 Release 就是迭代中的一个冲刺（Sprint），而 Release One 可以理解成这套产品的第一个最小可执行版本（MVP）。

用户故事地图中最小颗粒度的用户任务，就是敏捷开发中的用户故事（User Story）。用户故事是一种从用户场景切入去描述最小功能点的软件设计方法论。每一个用户故事按照如下结构来描述：

作为（谁），我想要（什么），这是（为什么）。（As <u>who</u>, I want <u>what</u>, so that <u>why</u>.）

在传统的软件设计工作中，尤其是针对复杂的业务型软件产品，我们往往从业务流程和功能结构切入去进行软件设计，很少考虑用户体验和场景。而敏捷软件设计中，更重视从单一用户和场景的视角切入去进行软件设计。两者的设计思路和出发点完全不同，产生的效果也不一样！

B 端产品有一个很常见的体验问题：单独来看每个功能都是完整的，用起来也没有问题，但在实际作业中，把这些功能串联起来后就非常难用。这正是因为，**很多设计人员习惯于从功能结构的角度思考设计问题，而很少从场景的角度思考体验问题。**

作为 B 端产品经理，一定要认识到，**现代软件设计，既要求有抽象设计和结构化思维，又要有场景设计和用户体验思维，这两者缺一不可。**这是每一个 B 端产品经理都应该重视并掌握的能力。

用户故事地图，以及 User Story 的产品设计方式，值得 B 端产品经理学习借鉴。当然，User Story 在 B 端产品设计上也存在缺陷和不足，这个话题在上一章已经有所探讨。

7.4　通过客户旅程地图识别情绪和机会点

客户旅程地图是企业在研究分析客户（或用户）在完整使用、体验产品和服务过程中的一系列动作后，对动作节点做出的情绪分析与优化建议。客户旅程地图和用户故事地图非常类似，用户故事地图描述了用户在旅程中产品的功能点设计（User Task），客户旅程地图描述了用户在旅程中的完整服务体验感受与改进计划。两者都是从单一用户视角切入，基于旅程和场景进行完整体验分析的工具。

7.4.1　C 端的客户旅程

我们首先简要介绍 C 端客户旅程的制作思路。图 7-14 是尼尔森诺曼集团（Nielsen Norman Group）总结的客户旅程地图结构。

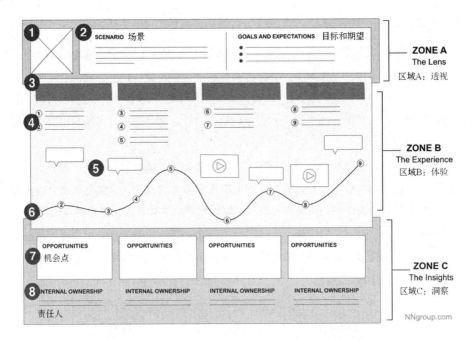

图 7-14　尼尔森诺曼集团总结的客户旅程地图结构

- 区域 A（Zone A）概要地描述了这份旅程的❶客户画像（谁），以及❷核心场景（要做什么）与商业目标。

- 区域 B（Zone B）是核心区域，包括❸细分的子场景、❹场景下的分解动作、❺客户的想法、❻体验情绪的变化。

- 区域 C（Zone C）是基于客户感知体验的结论输出，❼描述了针对细分场景下存在的优化空间，❽可以列出跟进优化的责任人。

　　客户旅程地图结构简单，且容易理解，可以很好地分解场景并做出详细的分析。尼尔森集团给出的是相对完整的客户旅程地图结构，在实际使用中可略加变化。图 7-15 展示了 mycustomer.com 网站提供的一张典型的客户旅程地图的例子，覆盖了图 7-14 中除❽以外的所有要素。

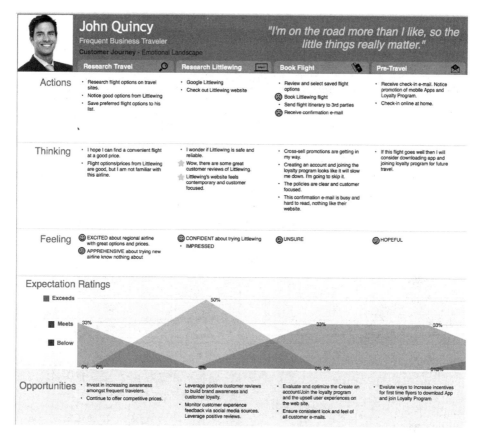

图 7-15　mycustomer.com 网站提供的客户旅程地图（仅为局部截图）

7.4.2　B 端的客户旅程

参考 C 端的客户旅程地图，经过一些调整，可以得到一份适用于 B 端用户体验分析设计的客户旅程地图。

表 7-1 是一份针对分销运营人员的客户旅程地图，实际上叫用户旅程地图更合适。这张地图的目的，是针对分销运营人员所有核心的日常工作，梳理业务流程实践或系统使用过程中的体验问题，意图通过将场景细分来逐个环节地研究相关的体验问题。

表 7-1 针对分销运营人员的客户旅程地图

角色：分公司运营 岗位职责：完成客户录入、报价管理、对账与发票开具工作				
关键阶段	阶段	维护客户		服务支持
	子场景	创建客户	维护报价	开具发票
关键行为	目标	将客户录入线上数据库	对客户进行报价更新	给客户按周开发票
	方式	使用分销后台客户录入功能	线下沟通审批，线上录入	通过订单系统导出数据手工核算后开票
问题反馈		1. 控件排序有问题，无法方便地敲击 Tab 按键逐项录入	1. 销售过度承诺、客户意见大 2. 价格变动频繁、手工调价频繁	1. 没有系统支持，开票周期长，客户不满意 2. 退费规则不明确，开票金额不准确，客户投诉
满意度	业务规则	满意	不满意	不满意
	系统体验	满意	不满意	非常不满意
重要程度		非常重要	非常重要	一般重要
优化		1. 优化控件排序	1. 销售运营跟进监督过度承诺问题 2. 通过自动刷新报价解放手工工作	1. 实现财务系统发票管理模块 2. 业务运营部门梳理退费规则

　　总结用户旅程地图可以得出，维护客户是运营人员的工作重点，包括创建客户和维护报价。在创建客户子场景中，列出的关键行为包括目标和具体的实现方式，该环节遇到的问题既可以是系统问题，也可以是业务问题。接下来进行满意度打分，因为有些不满意是针对业务问题的，有些是针对系统的，为了准确分析问题，业务和系统要分开来看，不能混为一谈。之后列出各环节工作的重要程度，作为确认优先级的参考要素。最后列出所有优化点。

　　上面是参考 C 端客户旅程对 B 端用户旅程进行的梳理。通过客户旅程地图，可以全面梳理业务用户的工作内容、流程，并挖掘用户在业务运作和系统使用中遇到的问题。产品经理或产品运营人员，可以定期（例如每季度或半年）进行梳理。其中满意度的变化，可以很好地证明相关优化工作是否取得效果。同时，这也是一种全面地一次性采集用户侧完整需求集合的好方法。

7.5　通过服务蓝图梳理企业内部业务节点

服务蓝图（Service Blueprint）主要研究服务提供者和客户之间所有的接触点、流程，尤其会进一步关注旅程节点背后对应的企业内部运作流程和机制。图 7-16 展示了典型的服务蓝图结构，我们以 M 公司分销业务中客户下单购买生鲜品并获取发票的简化旅程为例，演示服务蓝图的绘制。

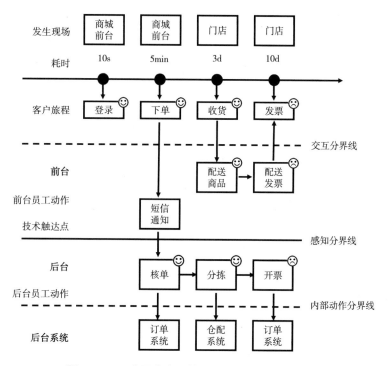

图 7-16　M 公司客户下单开票场景的服务蓝图

- **客户旅程（Customer Journey）**：是服务蓝图的核心骨架，用来描述客户达成某个目标所经历的旅程地图。在每个节点上可以标记客户的情绪体验，例如在 M 公司客户采购旅程中，在发票环节客户产生了不满意情绪。

- **发生现场（Evidence）**：客户在每个旅程节点使用或获取服务的场所，可以是数字产品，也可以是物理场所，本例中的发生现场包括 H5 版本的商城前台，以及具体收货的物理门店。

- **耗时（Time）**：旅程中在每个节点上花费的时间。在本例中，开发票用了 10 天，也许这就是客户生气的原因。

- **交互分界线（Line of Interaction）**：在这条分界线上方绘制的是客户行为，在下方绘制的是服务提供方（也就是企业端）相关的事件和行为。

- **前台（Front Stage）**：对应客户旅程地图，企业内部相关运作可以分为前、后台两端。前台是指企业和客户产生直接触达的接触点，包括员工动作和技术接触点。

- **前台员工动作（Front Stage Employee Action）**：企业员工和客户产生触达的动作节点。本例中在配送商品和配送发票两个节点，企业的配送人员和客户发生了接触；在配送发票环节，员工体验较差，也许是因为客户对发票服务不满意。

- **技术触达点（Technology）**：企业和客户发生非员工接触的触达点，在本例中，当客户成功下单后，企业会发短信提示客户，这就是一个技术触达点。

- **感知分界线（Line of Visibility）**：企业内部前后台之间的分界线。分界线上方是企业内部发生的客户有感知的事件行为，下方是企业内部发生的客户无感知的事件行为。

- **后台（Back Stage）**：对应客户旅程地图，企业内部相关运作可以分为前、后台两端，后台指的是为支持业务运作开展的企业内部运作过程。

- **后台员工动作（Back Stage Employee Action）**：支撑前台业务运作的后台业务人员动作。在本例中，客户下单后运营人员审核订单，仓库作业人员进行分拣、配送，运营人员开具发票，都是客户下单旅程背后的后台员工动作。在财务开票节点，员工体验较差，这实际上在前面的客户旅程地图中已经提到过。因为没有开票系统，业务人员必须手动导出订单来开票，这影响了开票速度，最终导致前端客户体验变差。

- **内部动作分界线（Line of Internal Interaction）**：在这条分界线的下方，是纯后台运作模块或系统。

- **后台系统（Support Progress）**：后台员工动作涉及的软件系统，或者一些模块化的更加复杂的业务运作流程和机制，可以绘制在这一层。

服务蓝图以客户视角切入，呈现了整个企业运作的全貌，全面体现出了服务前后台的关键节点。可以将企业服务比作话剧演出，图 7-17（依然来自尼尔森诺曼集团）生动地描述了服务蓝图的结构特点：观众就是客户，演员就是前台，幕后人员位于后台。

需要注意的是，因为服务蓝图体现了后端业务运作的复杂性，所以往往用于从客户的视角使用产品和服务的场景。如果想描述企业内部员工在某件事情上的服务蓝图，就要非常谨慎。比如说，我们很难绘制一名订单审核员在订单审核操作旅程中的服务蓝图，但是可以尝试绘制员工入职和离职旅程场景下的服务蓝图。

图 7-17　话剧演出和服务蓝图

服务蓝图尤其适合开发企业自研系统的产品经理使用。通过绘制完整的蓝图，可以帮助产品经理以客户为中心，从体验和场景的视角切入去分析客户体验，以及背后对应的业务运作机制和改进点。

【资源推荐】

我们在本章探讨了大量用户体验设计的工具，但我认为产品经理具备基本的审美能力同样是必不可少的。推荐一本非常优秀的设计著作《写给大家看的设计书》，全书轻松生动、引人入胜，作者 Robin Williams 将经典的设计元素融入众多案例，看完绝对能将平面设计的审美能力提升一个档次。

关于人机体验，推荐 Steve Krug 的《点石成金》（*Don't Make Me Think*），虽然它是一本描述 C 端交互体验的著作，并且已有一些年头，但是其中很多设计观点永不过时，对 B 端产品设计一样有启发性。

对于想进一步学习的读者，推荐 Donald Arthur Norman 教授的《设计心理学》，书中有很多经典的理论模型，充满真知灼见，经久不衰。

尼尔森诺曼集团定义和解读客户旅程的参考文章，可在 nngroup 官网中以 customer journey mapping 为关键词找到，位于 articles 路径下。

MyCustomer.com 网站提供的客户旅程地图 DEMO，标题为 nine sample customer journey maps and what we can learn from them，位于 experience/engagement 路径下。

第 08 章

B 端的产品化

对于一款商业化 B 端产品，如何将不同客户的需求提炼、抽象，形成标准化功能，并通过灵活的配置和设计，满足不同客户的个性化需要，是一件很有挑战的事情。

本章将聚焦于产品的标准化设计，从商业、功能、生态三个层面来拆解产品化的核心原则，其中，在功能层面，我们重点探讨 PaaS 的设计，同时也会分享关于低代码的概念和常识。

8.1 B 端产品化的三个层次

B 端产品服务于复杂业务，必然会面临不同的个性化需求。如何设计一款通用性极强的软件产品，服务于不同客户，甚至行业，对软件设计人员是一个很大的挑战。

8.1.1 为什么需要产品化

产品化的概念早在项目制软件时代就已存在。诸如 Oracle、SAP、用友、金蝶这些商业软件，虽然早期是私有化部署的，但都具备很强的产品化能力。

作为高科技企业，软件公司希望提升毛利，赚取软件产品被"复制使用"的钱。软件公司经过多年打磨和沉淀，都会尝试构建标准化产品，收取软件售卖的费用，而宁愿将定制化实施工作交给合作伙伴 ISV（Independent Software Vendor，独立软件开发商）来完成，毕竟实施、开发挣的是一份"辛苦钱"。

同时，产品化能力的强弱又决定了实施的成本。产品化做得好，实施工作简单，产品厂商就能节省很大一笔成本。当然，在某些情况下，有些公司希望赚"卖人力"的辛苦钱，反而希望产品化能力不要太强。

SaaS 模式的发展，进一步推动了软件产品标准化的建设，因为 SaaS 作为一套标准产品部署在云端，更需要灵活的功能设计来适配不同客户的需求。

8.1.2　产品化的三个层次

B 端产品的产品化可以分为如图 8-1 所示的三个层次。

图 8-1　B 端产品产品化的三个层次

首先是商业层面。任何产品都是公司战略的载体。我们必须追本溯源，从公司战略、目标客群、产品价值、覆盖场景等角度思考产品的核心本质和灵魂。

其次是功能的层面。功能属于产品的基本特性。业务型 B 端产品面临错综复杂的场景，如何提炼需求、抽象业务、设计出具有高度扩展性和灵活性的软件解决方案，面临着较大的挑战，但也有可借鉴的路径。

最后是生态层面。一方面，可以通过 OpenAPI 将软件能力对外暴露出去，让市场中更多的第三方介入，一起围绕软件构造外围应用，形成生态，例如 Salesforce、钉钉、企业微信；另一方面，可以基于产品的能力和数据打通产业链上下游，创建全新的商业、运营模式，例如用友云 BIP。

接下来，我们对这三个层面分别展开探讨。

8.2　商业层面的产品化

在商业层面，有几个关键点需要思考清楚，分别是细分目标客群、明确价值主张、规划发展路径。

细分目标客群

很多产品团队经常有一个困惑："我们的产品化面临的客户需求非常发散，好不容易提炼出共性需求，结果遇到新的客户，依然没法复用，造成团队疲于奔命、效率极低的局面。该怎么做出一套标准化产品以适配不同客户呢？"

如果遇到类似问题，可以先梳理一下自己服务的目标客户群体，判断其是否聚焦且明确。**如果客户群体比较发散，则需求一定无法收敛。**

找到并聚焦细分客群是软件产品化成功运作的关键要素之一。同类特征的客户群体具有高度相似的业务特征、管理模式、场景和痛点，这就为软件产品的标准化设计创造了天然的良好条件，不论是商业运作，还是功能设计，都会更加清晰、可落地。

明确价值主张

做产品，最难的不是选择做什么，而是选择不做什么。在商业上取得成功的产品，一定不是满足了所有客户的所有诉求，而是解决了目标客群的核心痛点。

客户什么都想要，而资源毕竟有限，究竟该做什么，不该做什么，先做什么，后做什么？决策的依据，要来自产品的价值主张——产品要解决目标客户的什么痛点，产品的独特亮点是什么。

例如，某公司核心产品是品牌连锁餐饮的运营管理系统。当客户提出希望提供一体化进销存能力时，产品经理必须做出决策（其实主要需要管理者做出决策）：究竟是把资源继续集中在核心主打产品，解决客户的运营问题上，还是覆盖更多的业务场景，提供全家桶产品方案，涵盖进销存业务。作为成长型公司，更需要在垂直领域做深做精，树立自己的竞争壁垒，而扩展场景可以考虑以 OpenAPI 的方式和其他专门做餐饮进销存业务的厂家做深度合作和集成。因此，产品经理决定，产品不介入进销存场景，而继续深耕运营管理领域。

在思考产品功能是不是要覆盖更多场景或提供更多扩展功能时，我们要反问自己：这样做，**能不能给产品解决核心问题带来更大的价值和帮助？**如果不能，相当于要进入一片全新的领域，那么客户是否已经有其他更好的解决方案？你的竞争力在哪里？这些问题，都要慎重思考。

规划发展路径

在产品发展演化的路径中，一切决策都应该基于商业诉求。要不要做 aPaaS？要不要做开放平台生态？这些看似技术化的架构和路线选择，本质上依然是商业问题。以

aPaaS 为例，对于业务型软件产品，初期首要目的是开拓市场和验证产品，把核心能力做强，而不是一上来就把产品做"重"。只有站稳脚跟后需要开拓更多行业时，才需要考虑要不要通过构建 aPaaS 能力来降低研发成本，渗透到更多客户群体。因此，要根据发展阶段来选择实现相应的产品形态，结合商业上的策略和计划做好充分规划。

现实中的挑战

在现实的商业世界中，产品化过程中遇到的情况和挑战要更加复杂，我们来看一个虚构的案例。

Y 公司是一家聚焦销售型 CRM 产品的 SaaS 公司，创始人李总在这个领域摸爬滚打多年，终于决定自己出来做一番事业，用 SaaS 的形态来打磨一款面向未来的产品！

李总精心挑选了目标市场，决定切入医疗 CRM 垂直细分领域，避免战线被拉长，和其他头部厂商产生正面竞争。

业务发展初期还比较顺利，早期的几个种子客户反馈都比较好，也有一定的续费意愿，但是在进一步的拓展中，遇到了不小的阻力和挑战，新客户的开发不如预期，而公司的现金流正在逐步枯竭，而最近在资本市场融资也比较艰难。

就在此时，李总依靠以前的人脉拿下了一个大订单，但是要进入一个计划外的行业，为一家大客户做一个纯定制版的 CRM。李总感到很头疼，如果不接这单，公司现金流会出问题，还不一定能撑到下半年；如果接了这单，客户完全不符合之前预期的目标客户画像，而且定制化的系统和标准化产品差异很大，既无法复用，也无法沉淀产品化能力。

"这不又做成外包公司了吗？"李总有点气馁地嘟囔着。

时光飞逝，一年过去了。

李总最终妥协，靠几个大型定制化项目稳住了现金流，并确保公司沿着产品化的方向继续积累和前进，公司的业务也还算可控。

创业初期，李总就决定只深耕他最擅长的 SFA CRM 方向。如果客户有其他场景的诉求，Y 公司会通过 OpenAPI 能力或和其他伙伴公司做集成，来帮助客户解决问题。不论是企业微信生态下的 SCRM（Social CRM），还是客户服务场景的 Service CRM，Y 公司都通过集成接口和其他合作伙伴做了深度绑定。

然而，慢慢地，李总发现情况产生了变化。

首先，很多客户一再提出希望得到"全家桶"的解决方案，而不希望买一堆不同公司产品的组合；其次，和 Y 公司合作的厂商居然偷偷摸摸也开始做 SFA CRM 产品，虽然功能不齐全，但是能够提供基本的"全家桶"方案给客户，甚至还是免费的。

这就让 Y 公司非常被动。

"做！他们做，我们也能做！我们除了做 SFA，也要做 SCRM！还要做 Service CRM，甚至是 Marketing CRM！"李总气愤地怒吼着！

然而切入多产品线，不仅违背了当年创立 Y 公司要聚焦细分领域的初心，还会导致公司资源被稀释，主战场核心竞争力下降；但不这么做，眼睁睁着客户被提供"全家桶"方案的竞争对手一个个拿下，欲哭无泪！到底该怎么办？

在这个虚构的案例中，李总后来的每一个决策都违背我们之前给出的建议，但却又是无奈之举。商业世界是残酷和复杂的，产品化的运作首先是商业行为，一路上充满挑战和困难，没有任何一个方法绝对指向成功，随时都要在摸索中前行。

8.3   功能层面的产品化与 PaaS

如果说商业层面是产品化的"道"，那么功能层面则是产品化的"术"，相对于"道"的不可捉摸，"术"显得更加可控一些。接下来，我们探讨产品化功能层面设计要点。正好果冻最近也在研究这个课题，而公司负责 CRM 的资深产品专家大可曾在 Y 公司做过 CRM 产品化工作，果冻可不能放过向公司前辈学习的机会，挑选了一个大可心情不错的日子，虚心地向他请教。

8.3.1   通过配置能力初步解决个性化诉求

果冻："大可老师，我一直有点晕，搞不清楚个性化、标准化、产品化这些概念到底有什么关系。"

大可："很容易理解啊，我们平常给 M 公司做内部系统，面临的业务方只有一个，所以相当于一直在做一个定制版的系统，但如果设计的系统要给不同客户使用，不同客户有不同的需求，那么你就要进行取舍，将不同客户的需求抽象提炼成配置，并使其成为标准化产品的一部分。有些时候，甚至可以拒绝某些不合理的个性化需求。"

果冻："能举个例子吗？"

大可："好，我当年在 Y 公司负责的 SFA CRM 产品，聚焦于能源客户领域。在我们的标准功能中，线索只能手动转化成商机。有两个客户分别提出不同的需求，第一个客户希望线索被跟进 3 次就自动转化成商机,第二个客户希望线索状态被调整为'有意向'以后自动转化成商机。这都是标准版不支持的功能,但是我们分析后认为需求合理,其他客户有可能也有类似诉求。所以我们对需求进行了一定的提炼抽象,实现了标准版的参数配置功能,最终效果如图 8-2 所示。"

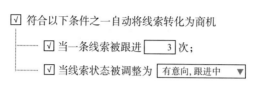

图 8-2　标准版的参数配置功能

果冻:"明白,这是对客户需求进行提炼后,做了适当的拓展,形成的标准功能。"

大可:"是的,但如何准确地把握需求,找到背后的本质诉求,进行抽象设计,需要对客户群体有很深的理解和洞察。有些时候,客户的需求并不一定合理,或者产品经理也不确定是否是共性需求,就可能忽略这些需求。比如说,客户 2 的老板还提了一个需求,要求销售人员打开优质线索的详情页后,详情页能发光,这就是一个纯个性化需求,也并不是很合理,我们可能选择拒绝。"

果冻:"但是,如果客户 2 是大客户,这个功能不实现,对方就要换其他家的产品,怎么办呢?"

大可(正在喝水,被呛了一口):"呃,这个嘛,确实比较棘手,要学会引导客户,控制预期嘛,或者,要么直接给客户做个单独部署的定制版吧!"

果冻:"直接把功能做进标准版不行吗?虽然可能不会有其他客户用,但毕竟不用搞一个单独管理的定制版啊?"

大可:"我们做产品,一定要保证标准版简洁干净。如果什么功能都往上边累加,最后会让系统变得不堪重负,不仅难用,代码维护也会越来越困难。而且对于客户 2 的情况,既然是个性化十足的大客户,还不如单独做一个定制版,如果有很好的最佳实践,再单独抽出来放进标准版。"

果冻:"明白了,听起来有道理。"

8.3.2　通过对象编辑器定义数据模型

大可:"对于业务型产品,个性化最难处理的部分还是在于业务逻辑和背后的业务数据对象，接下来我首先重点讲讲这部分的产品化设计。如果产品形态比较简单，或者客户群体足够细分，那么通过提炼抽象配置参数，是可以实现一套标准化产品的业务逻辑底层封装的，但如果客户群体多元化，或者业务场景非常复杂，通过参数配置的方式来实现就有些捉襟见肘了。"

大可："我再举一个例子。当年我们又开发了教育领域的客户 3，对方提出了一个个性化需求——针对教育领域，线索（也就是潜在学员）需要参加试听课，如果参加了 2 次以上试听课，则线索自动转化成商机，这是不是又是一个新的诉求？"

果冻："是啊，而且这个需求是一个针对新行业的新需求！"

大可："为了实现这个需求，不仅要实现配置开关，还要实现一个新的'试听课上课记录'的数据对象，和线索进行关联。线索可以对应多个'试听课上课记录'，当'试听课上课记录'的有效记录超过 2 条，就自动创建商机。"

果冻："为什么要创建一个新的数据对象呢？直接做成配置参数不行吗？"

大可："因为我们很快发现，其他教育客户有类似但又不完全一样的需求。比如有些客户是根据试听课的累计上课次数，有些客户则是根据参加试听课的累计人次，有些则是根据关键 KP 是否出席试听课，来决定创建商机的时机。总之，围绕试听课这个数据对象的业务逻辑很多，个性化字段也很多，因此有必要实现全新的'试听课上课记录'数据对象进行管理，并且基于这个数据对象来设置商机创建规则。"

果冻："妈呀，听起来好复杂。我还以为既然是标准化产品，通过几个开关参数配置就能实现了！"

大可："要有这么简单就好了。对于工具型产品，例如会议系统或企业网盘，可能一些参数配置就能解决所有客户的个性需求，但是业务型产品的背后隐藏着复杂的业务单据、业务约束和业务规则，除了已有数据对象的字段要能自定义，还要支持新增数据对象！"

果冻："听起来确实复杂。我们做内部系统设计时，如果遇到这类诉求，都是由研发硬编码解决的！"

大可："是的，但是标准化产品就不能这样做了，而要通过一些底层能力的构建，实现对数据底层对象的编辑和自定义。比较成熟的业务型商业化产品都支持这样的能力！"

大可（喝了口水继续说道）："实现对数据对象的自定义有两种典型的方案，一种是表单驱动的设计，一种是模型驱动的设计。对于业态不是特别复杂的产品，可以考虑表单驱动的设计，特点是容易上手，配置简单，缺点是灵活性有限，不能实现更加复杂的诉求。图 8-3 是知名项目管理软件 Jira 的管理后台，Jira 采用了类似表单驱动的数据模型定义能力，管理员通过定义表单中的控件来完成背后数据对象的定义。"

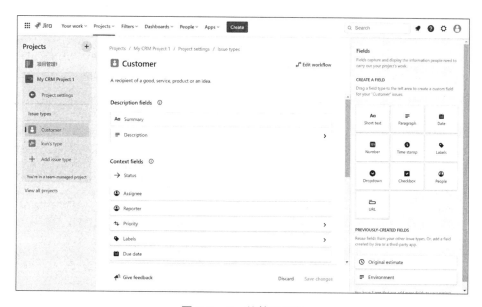

图 8-3　Jira 的管理后台

果冻："可以像我们用 Axure 画原型一样，只是把文本框、下拉框这样的控件拖到屏幕上，就能自动创建文本型、枚举型这样的数据字段吗？"

大可："是这个意思！类似于 Jira 这样的商业级软件，背后的表单设计器都是实时生效的，这就是经典的 PaaS 平台能力。也就是说，修改完字段配置后，可以马上生效，而不用像写代码那样要做编译和部署！除了修改已有数据对象（也可以叫表单）的字段，还可以新增数据对象。仔细看，左侧有个菜单叫作'Add issue type'，那就是 Jira 提供的由用户自定义新数据对象的功能。"

果冻："为什么这个菜单的字面意思是创建 Issue 呢？"

大可："不同领域的商业化产品，都有基于自身业务和场景的基本数据模型。Jira 聚焦于项目管理，所以对数据模型有一些基本的预定义。Issue 是 Jira 中很重要的预置概念，Issue 对象只能是 Epic、Bug、Task 等类别中的某一个，如图 8-4 所示。"

大可："另一种定义数据对象的模式叫模型驱动的设计，更加复杂的商业软件会采用这种方式，例如 Salesforce。图 8-5 就是可视化呈现的 Salesforce 管理后台的数据模型编辑器，它配置能力更强，但用起来也显得更复杂。"

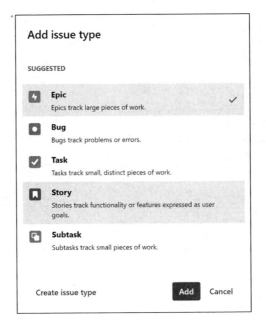

图 8-4　Jira 中可以创建的 Issue 类型

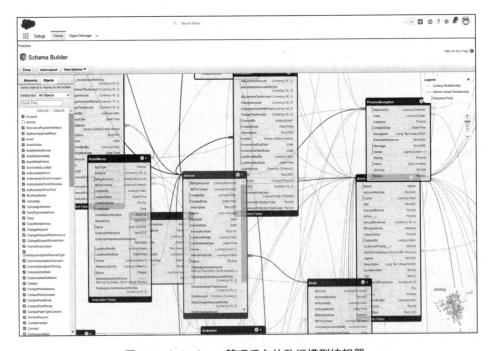

图 8-5　Salesforce 管理后台的数据模型编辑器

果冻："这个界面好像老马教我的 ER 图啊！"

大可："你说得没错，所谓数据对象，也就是 ER 建模中的实体，最终对应的是关系数据库表结构设计。不论是表单驱动，还是模型驱动，都是让我们在前台通过拖曳的方式描述数据对象。PaaS 平台会自动动态编译数据库表结构，并且自动化生成 CRUD（Create、Read、Update、Delete，数据操作的经典命令）代码。"

果冻："感觉突然茅塞顿开！"

大可："有了这样的对象编辑器能力，你想想，之前提到的教育类客户 3 的个性化需求——新增'试听课上课记录'数据对象，是不是完全可以通过拖曳实现，而不用编码？"

果冻："没错！"

8.3.3　通过流程编辑器定义业务逻辑

大可："接下来，我们要解决下一个问题，业务逻辑的灵活配置能力！你还记得客户 1 提出的需求吗？当线索被跟进 3 次后自动转化成商机。"

果冻："记得，之前的方案是把这个逻辑做成开关，并且将跟进几次做成配置参数。"

大可："这是一个业务型产品典型的业务逻辑类需求，可以通过流程引擎这样的产品底层能力实现！在业务型产品设计中，有大量的业务逻辑，可以将其提炼总结成一个范式——'在什么情况下（触发条件），对什么数据做什么处理（业务逻辑）'，流程引擎就是实现这个逻辑范式的强力组件！"

大可（整理了一下思路）："首先，需要定义业务逻辑的触发条件，可能是某个数据被修改，也可能是到了某个时间点，或者是用户做了某个动作。定义触发条件后，接下来要描述业务逻辑。业务逻辑可能包括数据的增删改查，或者发送指令、执行代码等。例如，图 8-6 是低代码产品 Airtable 的流程编辑器，左侧是触发器设置，右侧是执行逻辑。"

大可："再例如，Jira 的流程编辑器如图 8-7 所示，也是比较容易上手掌握的。可以看到，在编辑器中可以进行循环、判断这些逻辑的处理"

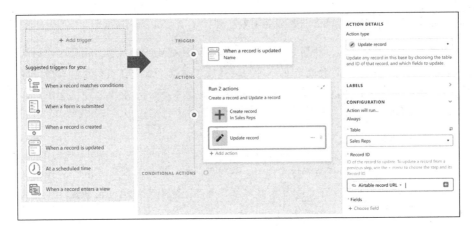

图 8-6   Airtable 的流程编辑器

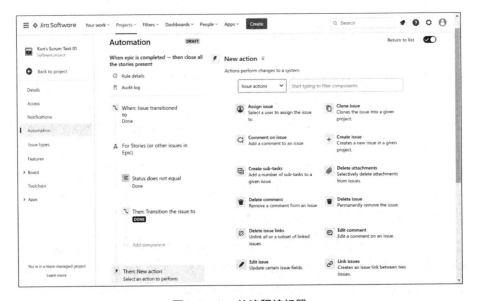

图 8-7   Jira 的流程编辑器

大可:"更加专业的流程编辑器具备流程画布交互组件。图 8-8 所示的是 Salesforce 的流程编辑器 Flow Builder 的流程画布界面,使用起来更复杂,功能也更强大。"

大可:"有了流程编辑器,客户 3 的需求也就可以轻松实现了。创建一个新流程,如果针对某个线索的'试听课上课记录'有效数据超过 2 条,则自动触发这个流程。流程中会创建一个新的商机对象,商机名称取自对应的线索,商机状态为'待跟进',商机根据规则自动分配给后续跟进的销售。"

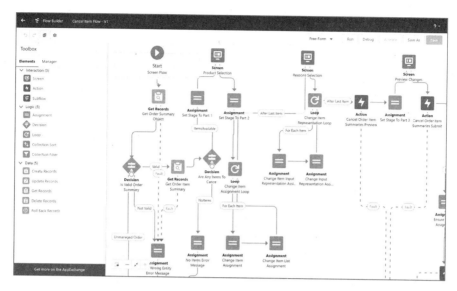

图 8-8　Salesforce 的流程编辑器 Flow Builder 的流程画布界面

果冻："太强大了。听起来，有了这样的底层能力，研发人员都得失业啊！"

大可："设计强大的对象编辑器、流程编辑器，是复杂业务型产品必须具备的能力，也是所谓的 PaaS 的核心能力。它确实可以大幅度减少研发的编码工作，但需要投入巨大的研发资源，沉淀、打磨很多年才能真正发挥价值。如果产品本身很轻，客户群体非常聚焦，就没必要做这么重的 PaaS 底层，通过参数配置就可以支持业务。"

果冻（不住地点头）："有道理，真是学习到了！不过我还有个小问题，我们平常用到的审批流和这里的流程编辑器是一回事吗？"

大可："严格来讲，审批流是工作流中的一种，而且相对简单一些。因为审批流是针对一个数据表单的多人协同处理，不涉及复杂场景下的多数据流转问题。不同公司的产品有不同的设计理念，有些会把审批流单独提炼出来作为一个功能，和工作流互相独立，方便管理员理解和使用，例如纷享销客；有些则会统一用工作流进行管理，基于统一的底层能力构建，灵活性强，缺点是较难上手使用，例如 Salesforce。"

果冻："明白了！"

8.3.4　通过前端组件定义交互层

大可："上面我们探讨的都是业务逻辑底层的产品化问题，实际上完整的产品化还要包括对前端应用层的自定义、配置化能力。例如，当我们新增了'试听课上课记录'

这个数据对象，以及背后的业务逻辑，还需要考虑在前端如何呈现这个数据，这就需要设计不同格式的'视图'（或者叫列表页）、详情页、编辑页等。不同客户对列表页、详情页、编辑页的查询条件、字段呈现、排版逻辑的需求都是不同的。如果通过硬编码来实现这些页面，随着客户数量变多，就会陷入无穷无尽的二次开发工作，因此，有必要实现可配置的前端应用层能力，来支持前端页面的各种灵活呈现。"

果冻："明白，在本书的 5.4 节，已经分享了很多类似的设计！"

大可："是的，除此以外，一套具备灵活配置能力的软件产品，需要内置成熟的组件、功能，包括首页、工作台、待办、消息等。关于这部分的探讨，留在下一节啦！"

8.3.5 一套标准化产品的功能架构

业务型 SaaS 产品的功能架构图

一套业务型标准化产品，从软件工程实践的角度来讲，是有章可循的。软件系统的本质就是在"表单数据 + 业务流程 + 约束规则"的基础上加入权限、字典、API 等能力，核心遵循 MVC 模式的三层架构，基于这个思考，我们可以总结出如图 8-9 所示的多租户形态标准化产品的典型架构。

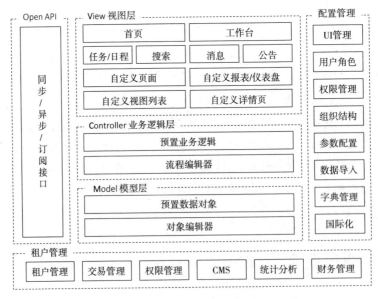

图 8-9　多租户形态标准化产品的典型架构

- Model 是模型层，也即数据底层，灵活的商业化产品可以做到用户自定义数据模型。

- Controller 是控制层，也即业务逻辑层，灵活的商业产品背后的业务流程都是可以用流程引擎自定义设计的。

- View 是视图层，包括了自定义视图、详情页、报表、仪表盘，以及各种基本前端组件，例如消息、公告、搜索、任务等。

关于 MVC 模式的技术分层思想，在 9.4 节会有详细介绍。

图 8-9 从偏技术的角度呈现了产品化建设中的关键能力和组件。**在实际工作中，可以参考典型架构，融合业务模块，进一步绘制完整的产品架构图。**

除了 MVC 模式的三层架构，标准化产品还需要具备全面的配置能力，以及系统对外的开放 API 能力；图 8-9 的最底层是租户管理模块，SaaS 产品需要通过租户管理模块实现对多租户客户的交易、产品、权限的管理。

如果从使用角色的角度来看待这张图，可以得到表 8-1 中不同板块的目标用户。

表 8-1　标准化产品不同板块的目标用户

板　　块	用　　户	目　　的
视图层	甲方用户	使用功能
Open API	内外部开发者	系统集成，开放生态
业务逻辑层	甲方管理员	初始化系统，定义核心逻辑，根据需要随时调整
模型层	乙方实施顾问	
配置管理	甲方管理员	初始化系统（数据导入），基本参数配置管理
租户管理	乙方运营	管理租户，包括订单、权限等

工具型 SaaS 产品的功能架构图

对于工具型产品，核心并不是数据表单与业务流程，而是场景化的解决方案，因此并不需要模型层、业务逻辑层的自定义能力，甚至也不需要页面的自定义能力，只需要完备的功能、丰富的 OpenAPI，以及基本的配置即可。图 8-10 就是一个工具型标准化产品的典型架构。

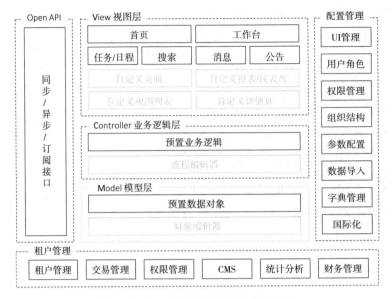

图 8-10　工具型标准化产品的典型架构

例如，会议系统、企业网盘这些工具型软件，并不需要数据底层对象的编辑能力和业务流程编排能力，需要的是 Open API 的集成能力，以及针对企业级应用场景的权限管理、组织机构同步等功能。有些工具型 SaaS 宣称自己具备 PaaS 平台能力，严格来讲那并不是真正的 PaaS，而只是一些组件化的功能封装加接口集成而已。

私有化部署产品的功能架构图

有一点务必注意，**标准化产品不一定只能采用 SaaS 模式，私有化部署的软件产品一样可以做出标准化产品。**例如 Oracle、SAP、用友、金蝶的 ERP 产品，都是私有化产品，但其产品化能力非常强。在针对不同客户做个性化二次开发时，ISV 完全可以基于标准化产品能力快速地实现诉求。

在国内，部分行业的客户分布形态具有明显的倒金字塔结构特点（参见本书第 3 章）。例如，通信、金融、政务等领域的客户数量少，但每个客户的体量都很大，而服务于这类行业的软件厂商，虽然采用私有化部署，同样会实现产品的标准化建设，以及抽象底层能力，从而降低实施团队的二次开发成本。非 SaaS 形态的标准化产品具有和其他类型标准化产品相似的架构，无非是去掉了租户管理板块，如图 8-11 所示。

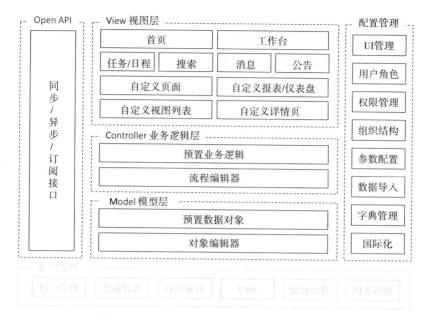

图 8-11　非 SaaS 形态标准化产品的典型架构

上面从软件工程角度梳理了标准化产品需要具备的功能和组件。可以挑选一两款成熟的商业软件产品来上手体验和研究，从而加深对上述架构图的理解。

8.4　生态层面的产品化与 Open API

所谓 Open API，即开放的服务接口。接口可以对软件背后的业务能力进行封装，而将封装的业务能力对外暴露，既可以完成系统对接，也可以扩展应用场景和放大业务价值。应用程序的接口抽象与服务化，并不是单纯的技术问题，还可能是业务问题，甚至是商业问题。

从应用系统自身来讲，如果想让系统融入客户的应用架构环境，就必须确保系统具备丰富的接口能力，能实现数据打通和系统集成。

从商业化角度来讲，灵活开放的接口体系，可以吸引更多的第三方开发者参与生态建设，构建更加丰富的应用选项，既可满足甲方的多样化需求，又可为乙方构建丰富的生态，还可以帮助 ISV 或独立开发者创收，可谓一举多得。

8.4.1　对内增强集成能力

任何一款在企业中使用的软件产品，都不可能是独立或封闭的，必须考虑和企业应用架构融合的问题。从数据底层打通，到接口的服务化，系统、模块既要保证松耦合高内聚的设计特点，又必须实现组件化、可插拔的接口能力。

例如，对于一款销售型 CRM 产品，在甲方部署实施时，首先要考虑用户账号体系、权限接入管理问题，其次要考虑底层的线索、客户数据打通或同步问题。除此以外还要思考某些功能模块组件的复用、共用问题。比如说线索的创建和查重能力要同时开放给代理商系统，再比如说对于 CRM 中的消息和待办，要考虑是不是需要将数据推送到甲方企业集团门户的统一消息、任务调度中心。

可见，企业级软件产品面临着复杂的集成场景，需要完善的接口能力支撑。良好的接口设计，还可以加强产品标准化的能力，减少个性化需求对产品的影响。例如，将个性化业务逻辑通过调用接口做成产品的外挂，就可以做到不影响产品的标准功能。

图 8-12 展示了企业微信开发者中心的"获取客户列表"接口的说明文档。可以看到，一个完整的接口涉及输入参数、输出结果、调用方式、安全性认证等内容。

图 8-12　企业微信开发者中心的"获取客户列表"接口的说明文档

接口设计虽然是技术问题，但需要设计人员对业务有很好的理解，才能抽象出合理的颗粒度和功能，产品经理可以和技术人员一起参与接口的设计工作。

关于接口相关的基本技术知识和概念，我们在 9.4 节会进一步探讨。

8.4.2　对外拓展产品边界

对于软件厂商来讲，构建丰富的应用生态，吸引更多的第三方开发者为客户提供服务，形成共赢，是一种非常值得深入研究和实践的模式。

例如，企业微信聚焦于核心产品能力的研发和健康生态的运营。在基本逻辑框架的限定下，大量第三方开发者入局，基于企业微信的 Open API 实现了不同的 SCRM 产品。有的融入了营销自动化能力，有的实现了公私海设计，这就让企业微信生态有了更丰富的产品选择，从而能解决不同客户的诉求。

再例如，Salesforce 开放了其强大的 PaaS 平台能力。围绕以客户为中心的场景，ISV 可以开发各类独立的，甚至和 CRM 无关的业务应用系统。图 8-13 展示了 Salesforce 应用程序商店 AppExchange 中财务分类下第三方应用的界面。

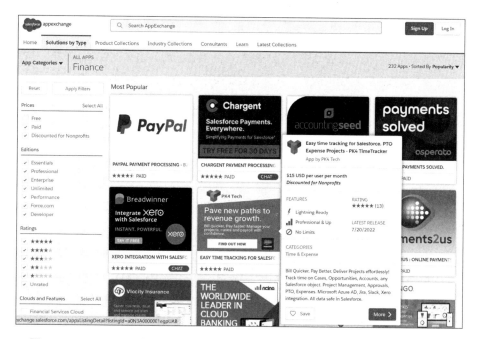

图 8-13　Salesforce 应用程序商店 AppExchange 中财务分类下第三方应用的界面

对于拥有强大资源和技术实力的软件厂商，在平台和生态的建设上会全方位地投入。例如，阿里云、用友等企业的开放平台，已经不能简单地用 PaaS 来定义；这些企业构建了完整企业级应用生态赖以运行的底座和操作系统，试图打通一切应用，链接所有信息和服务。

8.5　从定制化到产品化

介绍完理想中的产品化架构，我们再来探讨从定制化到产品化的演进路径。

对于"土豪"厂商，产品化可以一步到位，一次性实现所有理论上该有的标准功能。但创业公司因研发资源有限，对产品化的路径必须谨慎选择，让每一分钱都花在刀刃上，让每一个功能都在合适的时机上线。

8.5.1　从定制化到产品化的演化路径

在企业级领域，产品化的前身往往是项目制。完整的过程是从第一个种子客户使用的硬编码定制版，一步一步发展到功能灵活的标准化产品。

对于资源有限的创业团队，在创业前期，重点是验证市场，打磨核心产品能力，没有必要实现所有的标准化功能。举个最简单的例子，如早期客户只有十几个，而且企业对客户痛点都还没摸索清楚，就没有必要做一套可灵活定制的视图编辑器。

在软件产品的各个模块和组件中，从最死板的硬编码，到最灵活的配置化，有着可遵循的演变路径。不同产品可以根据自身的情况选择不同的轨迹和策略，来逐步完成产品化的建设。

对于一个从硬编码开始的自研系统，表 8-2 反映了在产品化的过程中，其不同功能板块可能遵循的演化思路。

表 8-2　产品化过程中各个板块的演化思路

板块		自研自用	产品化		
			阶段 I	阶段 II	阶段 III
视图层	首页	硬编码	可自定义	—	—
	搜索框	一般无	可搜索资讯	可搜索数据	可搜索功能
	消息公告等	硬编码	组件化	—	—
	报表/仪表盘	硬编码或嵌入第三方报表引擎	逐步实现报表引擎的配置能力	—	—

续表

板块		自研自用	产品化		
			阶段 I	阶段 II	阶段 III
	列表（视图）	硬编码	查询条件和呈现字段可自定义	完全灵活动态设置，任意创建自定义视图	可呈现卡片、画廊、列表等交互样式
	详情页	硬编码	可基于权限自定义呈现字段	—	—
Open API		内部服务接口	对外暴露接口平台化	—	—
业务逻辑层		硬编码	界面化配置的流程引擎（类似 Jira）	流程画布（类似 Salesforce）	—
模型层		硬编码	预留扩展字段	字段可以动态增减	实体可动态增减
配置管理		大量写死	按需实现	—	—
租户管理		无	按需实现	—	—

表中已经非常清楚地描述了方案的演化路径，因此不再详细解释。需要注意的是，**并不是所有产品都必须演化到最终形态，最终形态也并不一定适用于所有产品类型。**

以针对中小餐饮连锁品牌的运营管理产品为例，其不同客户虽然有不同诉求，但还远没有复杂到需要自定义实体数据对象的程度。面对明确的客群，系统背后的数据模型是稳定的，最多需要给不同客户配置不同的字段。因此，对于这款产品，在模型层只需要实现阶段 I 的"预留扩展字段"的方案，就足以支撑业务了，完全没有必要去开发模型编辑器、表单编辑器这类复杂的底层产品能力。

8.5.2　自研系统是否可以产品化

IT 研发中心在企业中一般属于成本中心。不论是企业自身为了寻找第二增长曲线，还是 IT 团队为了提升地位和影响力，在国内有很多公司选择将 IT 团队剥离出去，成立科技公司，尝试将自研自用的软件进行商业化运作或对外售卖。

这些尝试产品化、商业化的公司中，有些成功了，有些失败了，有些则转向项目制运作，不停地扩充人力，给客户做定制化开发。

自研软件系统和商业化软件系统，从产品形态、技术架构、商业运作模式等各方面来看，都是完全不同的"物种"。自研系统的商业化，当然可以选择或尝试，但在这之前一定要想清楚一些关键问题。

表 8-3 为两类产品形态的对比，仅供参考。

表 8-3   自研系统和商业化产品的对比

对比项	自研系统	商业化产品
产品定位	通过技术和系统的手段实现业务诉求	解决目标客群的核心问题，为公司创收
架构设计	硬编码为主，有限的成本投入下最高效地解决业务问题和诉求	抽象不同需求，以一定的技术成本实现具备灵活性和扩展性的底层模型与应用层功能设计
产品经理能力	业务思维 > 软件设计思维	商业思维 + 业务思维 + 软件设计思维
运作模式	相对简单	需要有专业的市场、销售、服务人员完成获客、转化、服务工作

可以看出，自研系统和商业化产品区别较大。如果企业决定将自研系统对外售卖，大概率需要将系统从原有的应用环境中解耦出来，并且进行全面的重构，否则很难支持不同客户的不同需求，而相关的抽象设计能力，原团队并不一定擅长，或者需要很长时间的积累和沉淀才能拥有。

更重要的是，软件商业化售卖，不单纯是产品问题，更是业务运作问题。如何组建市场、销售团队，完成种子客户的开发与拓展，诸如此类难题，和创业公司要面对的并无二致。而 IT 团队的负责人，毕竟欠缺商业化和业务管理上的经验，直接驾驭科技公司的商业运作，挑战不小。

当然，自研系统商业化，也有着自身的优势。**如果企业本身在行业中属于头部标杆，那么自己使用的软件系统，相当于融入了业务管理和运营的最佳实践，潜在客户一定会非常感兴趣。**但问题又来了，自研系统的潜在客户，可能是原公司业务上的竞争对手，那么该不该用自己的系统去赋能竞争对手呢？如果不这么做，自研系统的优势和价值又体现在哪里呢？

所以，自研系统商业化最核心的问题，还是要先想清楚商业目的。

8.6　PaaS 与低代码 LCAP

产品化的过程中，必然会涉及 PaaS、aPaaS、低代码这些概念。通过对 8.3 节的学习，我们已经能深刻理解软件平台底层配置化能力的核心，以及 PaaS 平台的本质。本节我们进一步探讨 PaaS 相关的概念，以及低代码平台。

8.6.1　PaaS、aPaaS、低代码与无代码

在业界，围绕 PaaS 派生出众多概念，很容易让新手眼花缭乱、充满困惑。我们将之前介绍过的标准产品架构图做一些调整，用图 8-14 来进一步阐述不同概念的区别。

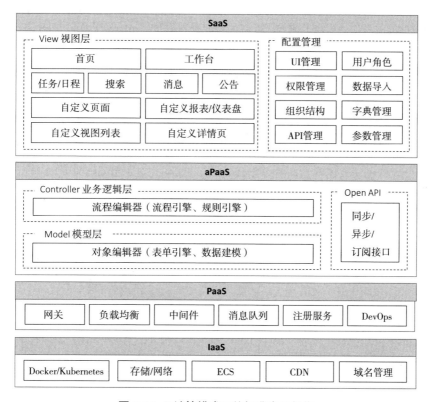

图 8-14　云计算模式下的标准产品架构

- SaaS（Software as a Service）：SaaS 位于架构最上层，提供开箱即用的软件服务，一般认为 SaaS 聚焦于终端用户使用的应用层。

- aPaaS（application Platform as a Service）：SaaS 的底层配置、定制化平台，例如流程编辑器、对象编辑器，都是典型的 aPaaS 能力组件。aPaaS 更聚焦于应用程序的定义和配置，属于 PaaS 的子集。

- PaaS（Platform as a Service）：PaaS 比 aPaaS 的范围更大，进一步涵盖了技术层面的组件和模块，例如消息中间件、运维自动化等，也包括软件的编译、发布、运行时环境。很多时候我们提到的 PaaS，等同于 aPaaS，同样聚焦于应用配置和定制开发能力。

- IaaS（Infrastructure as a Service）：云计算架构的底层，负责存储、网络、算力等资源的管理和调度。

需要注意的是，**不同功能模块所处的层次，仅仅是示意性质的总结，而且分类的方式并没有绝对的标准，要避免陷入对细节和概念的纠缠，将理解这些逻辑分层的特点和背后的思考作为重点。**例如，可以认为配置管理属于 aPaaS 层而非 SaaS 层，也可以认为视图层的报表引擎和动态仪表盘属于 PaaS 能力的一部分。

除了以上名词，还有一些很重要的概念需要了解：

- Low Code（低代码）：指通过支持拖曳操作的 GUI 交互界面与只有少量代码的应用系统开发方式，由咨询公司 Forrester 于 2014 年提出。注意，这个概念首次提出时，Forrester 并未明确指出低代码必须基于云计算架构实现。

- No Code（无代码）：相对于低代码的概念，它完全不用编码即可实现应用程序开发，起源已无从考证。

- LCAP（Low Code Application Platform）：由 Gartner 于 2019 年提出，是内涵更加丰富的低代码平台，融合了低代码、aPaaS 等概念。

习惯上，我们将 SaaS 的底层研发平台叫作 PaaS（或 aPaaS），PaaS 的目标用户是乙方实施团队或甲方系统管理员；而低代码产品（指基于云端部署的低代码产品）一般指一类独立产品，它不依赖于 SaaS，目标用户包含无技术背景的公民开发者。

事实上，已经很少有人刻意区分低代码和无代码了。一般低代码公司都喜欢称自己为 LCAP，可能是因为业界翘楚 Gartner 每年都将所有低代码供应商放在其 LCAP 魔力象限报告中进行统一打分。

8.6.2　低代码与公民开发者

低代码并不是一个新颖的概念，其背后的核心能力——数据建模、流程自动化、页面自定义、权限管理等，早在大型商业化套装软件时代就已经非常成熟，例如 Oracle EBS 和 SAP 都有类似的功能。

将低代码部署在云端，是这两年才兴起的，但由于低代码产品越来越容易学习、使用，其应用场景和目标用户群体越来越广泛。如果说以前的商业软件套件中的低代码产品只适合专业的需求分析师和实施人员使用，那么现在低代码产品的目标用户已经拓展到非技术背景的业务专家。

公民开发者（Citizen Developer）是伴随低代码兴起的概念。根据 Gartner 的定义，公民开发者是指这样一些企业员工，他们可以使用 IT 授权的工具，来创建自用或给伙伴使用的应用系统。公民开发者是一种角色画像，而非具体某个岗位，它往往属于业务部门，而非 IT 部门。

可以说，低代码厂商一个很重要的商业模式，就是希望将产品卖给非 IT 背景的业务用户，方便他们低成本、高效率的创建、管理、使用业务软件系统。

Gartner 公司每年都会对不同 IT 领域的厂商进行打分排序。图 8-15 是 2021 年 Gartner LCAP 魔力象限图，列出了全球领先的低代码厂商。

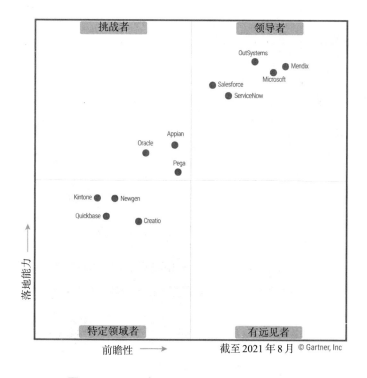

图 8-15　2021 年 Gartner LCAP 魔力象限图

8.6.3 低代码的三种模式

行业中低代码有很多分类的维度，例如从产品特征维度可以分为低代码、无代码，从厂商维度可以分为独立厂商、综合厂商，从实现模式维度可以分为模型驱动、表单驱动。我们以实现模式的维度进行探讨，并且增加一个实现模式——表格驱动模式（业界尚无统一叫法）。下面，我们对三种实现模式分别进行介绍。

模型驱动模式

- **核心特点**：通过数据对象编辑器的方式来完成底层数据建模，功能强大、灵活。
- **目标用户**：具备 IT 背景的研发人员、需求分析师、项目经理。
- **代表产品**：Mendix、OutSystem、Salesforce 等。图 8-16 是全球知名低代码产品 Mendix 的 Windows 版客户端的模型编辑器界面。可以看出，Mendix 的使用非常复杂，已经非常接近研发人员使用的 IDE（Integrated Development Environment，集成开发环境）工具。

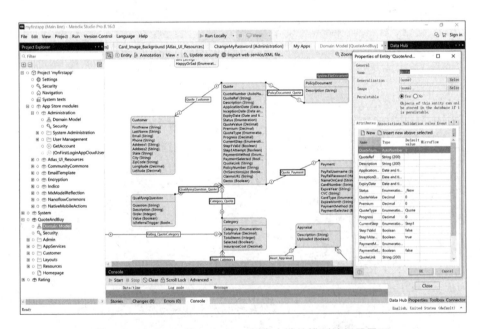

图 8-16 Mendix 的 Windows 版客户端的模型编辑器界面

一般比较复杂的业务型 SaaS 产品背后的 PaaS 平台也都采用了模型驱动的建模方式，例如 8.3.2 节展示的 Salesforce，国内的销售易、纷享销客、北森等。因为模型驱

动的产品需要用户具备一定的 IT 能力，所以这类低代码产品不论是在页面编辑功能，
还是在流程编排功能上，专业性都更强，当然也比较难于上手使用。

表单驱动模式

- **核心特点**：通过配置表单的形式来完成数据建模，容易理解和上手使用。
- **目标用户**：非 IT 背景的业务人员。
- **代表产品**：Jira、钉钉宜搭。图 8-17 展示了钉钉的低代码平台宜搭的表单编辑
  界面。从界面交互就能看出其易用性更胜一筹，但灵活性和扩展性必然会受到
  限制。

图 8-17　钉钉宜搭的表单编辑界面

一般轻量级的 SaaS 如果需要 PaaS 底层，会选择表单驱动的方式，因为研发成本
低，灵活性也不错，而且容易使用，例如 Jira、Trello 等。表单驱动模式的目标用户是
非 IT 背景人员，相关的流程自动化、页面定义功能也都比较简单易用，但定制化能力
也会薄弱一些。

表格驱动模式

- **核心特点**：用户像在使用 Excel 表格一样实现数据模型的定义。表格驱动模式
  是一种更加简单、便捷、易用的低代码产品形态。

- 目标用户：非 IT 背景的业务人员。

- 代表产品：Airtable、飞书多维表格。图 8-18 是 Airtable 的主界面，可以发现整体交互风格非常像 Excel 的表格管理与数据透视表功能。

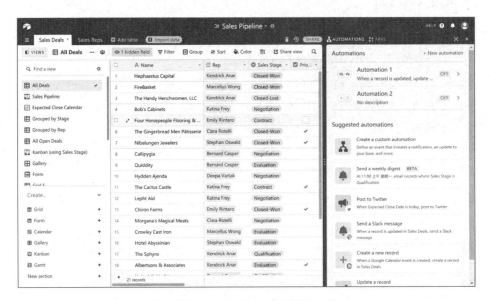

图 8-18　Airtable 的主界面

　　表格驱动模式的低代码平台采用一种更加轻量级的产品设计方案。任何熟练使用 Excel 和数据透视表的用户，只要具备基本的数据建模思维，都可以快速上手搭建系统。在体验这类产品时，我甚至一度以为自己在用 Excel + 简化版 VBA。

　　低代码和 PaaS（严格讲是 aPaaS）本质上是相通的。PaaS 更多地强调自身作为 SaaS 底座的存在。对于 SaaS 公司来讲，PaaS 首先要解决的是 SaaS 产品定制化过程中的成本问题，以及如何覆盖更多的行业和客户群体。其建设过程要围绕 SaaS 业务的核心数据底层模型与产品形态，在此基础之上，可能还需要开放 PaaS 平台给客户独立使用，或创建独立应用。

　　例如，客户完全可以使用 Salesforce 的 PaaS 平台创建和 CRM 无关的业务应用。Salesforce 的应用商店中就有大量 HR、财务、供应链等领域的系统，当然，如果能围绕 SaaS 本身的业务场景去做拓展，或基于底层的数据模型来构建应用生态，则基于 PaaS 创建的第三方应用会更加如鱼得水。

　　PaaS 并不是为了单独售卖而存在的，它首先要服务于主产品（可能是 SaaS，也可能是私有化部署的商业软件），而且有些情况下还会受限于主产品。例如，在 Jira 的 PaaS

平台中自定义数据对象时，就必须符合 Jira 基于项目管理业务的最低要求，而不能随意做出定义。

　　低代码产品则是独立的商业化产品，售卖的是低代码平台本身，而非基于平台构建的应用系统。例如，如果购买了 Mendix，则可以免费使用基于 Mendix 构建的 CRM、ERP 等产品（当然可能部分产品也会收费）。

　　正因如此，Gartner 的企业级 LCAP 魔力象限图中既有 Mendix、OutSystem 这样的专门从事低代码的独立厂商，也有 Salesforce、ServiceNow 这样的 SaaS 公司。

第 09 章

B 端产品经理与技术方案

产品经理要懂技术，这样可以设计出更好的产品方案，尤其是 B 端产品经理，更需要理解技术架构，因为 B 端产品的结构设计不仅和业务有关，还和技术架构有关。

本章将先讨论产品经理懂技术的优势，以及产品经理对技术应该关注到什么程度。接着介绍软件开发、程序设计的一些本质问题，帮助大家对技术体系形成基本认知。理解了这些内容后，再有针对性地深入学习技术知识，会更加顺畅有效。最后将结合分销平台的案例，对数据库表设计和 SQL 技术进行详细介绍。学习数据库表设计，产品经理可以更加深刻地理解软件设计的核心要点。

9.1　两段有趣的对话

在展开讲述之前，我们首先通过两段有趣的对话让大家感受一下，产品经理懂技术和不懂技术在产品方案设计以及与技术人员沟通上的差异。在分销平台上线后，果冻打算对搜索功能做优化，于是在设计完成后和老李有了如下对话。

情景对话 1：研发工程师和不懂技术的产品经理

老李：分销平台的研发工程师之一，入行 5 年，经验相对丰富，做事相对保守。

（在老李工位前面，对话开始了。）

果冻："老李啊，咱们的分销运营管理后台上线了，找你聊个需求。业务人员中的新人比较多，我们想在管理后台的知识搜索功能中（画外音：案例中后台系统的搜索功能调用的是知识库系统的搜索引擎，分销运营管理后台本身没有搜索功能）加一个热词推荐功能，也就是点击搜索框后，会弹出一些推荐的热词，这些热词是管理员在后台配置的。你看看，效果类似这样（如图 9-1 的右上角所示）。"

图 9-1　热词搜索功能设想

老李："嗯嗯，听起来比较合理，功能也是一个常规标准功能。后台怎么管理呢？"

果冻："我已经设计好啦，有一个热词管理页面，你瞅瞅，就是这样的（见图 9-2），能添加、删除热词，还能调整热词的顺序，功能强大！"

展示顺序	热词名称	操作	调整顺序
1	|	确定 🗑	↑ ↓
2	定价政策	✎ 🗑	↑ ↓
3	商品清单	✎ 🗑	↑ ↓
4	审批流程	✎ 🗑	↑ ↓

添加热词

图 9-2　热词管理页面设想

老李："嗯……看起来设计得中规中矩，但是有必要这么复杂吗？"

果冻："这个功能设计得多讲究啊，绝对好使。做这个大概需要多久啊？"

老李："呃，那就这样吧。这个功能想要做出来，预计前端开发需要 5 人日，后端开发需要 10 人日，测试需要 5 人日，预估总共需要 20 人日。"

果冻："啥？这么简单的功能，要 20 人日，你在坑我吗？！"

老李（有点生气）："什么叫坑你，我是实事求是地在评估！"

果冻："不就是配几个词，然后用户搜索的时候提示一下吗？怎么需要 20 人日？你给我讲讲凭什么，讲不清楚我就找你领导！"

老李（愠怒）："爱找不找随便你，不过我跟你说清楚，实现你这个设计就需要 20 人日。首先实现热词配置表需要设计数据库表结构，然后要做各种代码读写数据库的处理，还有，前端要实现完整的增删改查操作，交互点非常多，编辑按钮、删除按钮、调整位置，这些都要处理！"

果冻："我不管，我的诉求很简单，就是能配置热词，能调顺序，为什么这点诉求都要开发 20 人日！"

老李（叹了口气）："你是不是想尽快上线？"

果冻："当然！多简单的功能！"

老李："小伙子，是否简单不是你说了算的，你都不理解背后需要做哪些工作。不就是配一张热词表吗？你看这样做行不行，就一个文本框，一行一个词，要调整顺序什么的直接编辑这段文字就可以，想要增加或删除热词，都通过编辑这段文字来实现（如图 9-3 所示）。"

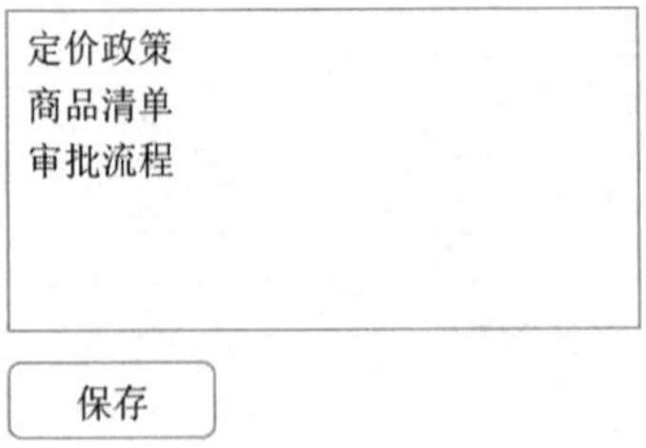

```
┌─────────────────────┐
│  定价政策            │
│  商品清单            │
│  审批流程            │
│                     │
│                     │
│                     │
└─────────────────────┘

┌──────────┐
│  保存     │
└──────────┘
```

图 9-3　简化版的热词管理页面设想

果冻（迟疑并思索）："这样好像也可以，操作不复杂，并且完全满足诉求。这样做需要多久？"

老李："这样做的话，不需要设计数据库，只保存一个文本文件，前端控件也非常简单，预计前端开发需要 2 人日，后端开发需要 1 人日，测试需要 0.5 人日，总共 3.5 人日吧。"

果冻（有点不好意思）："那要不就按您这个设计来吧，咱效率第一。"

老李："小伙子，可以可以，知错就改，听得进去建议。"

果冻："还有一个问题，可以统计不同热词的点击量吗？"

老李："呃，有点麻烦，因为在我这个设计方案中热词是按照文本存储的。如果想记录每个词的点击量，必须对文本进行解析，并且记录每个词及其对应的点击量，处理逻辑又会变得非常复杂。"

果冻："那怎么办？我要统计热词点击量啊！"

老李心想：这小伙子咋啥都不会！方案都需要我来想，那我直接和业务对接好了，要产品经理干啥？嘴上却说道："哎！年轻人，要么就按照你说的方案做，那样可以统计。还有一个办法，你去确认一下搜索框跳转的知识库系统，能不能识别出访问来源。我们可以通过对访问知识库的 URL 做一些处理，让知识库系统能够识别出搜索跳转的来源和词语。如果知识库系统有类似百度统计那样的功能，就可以通过知识库系统来统计访问来源和关键词。"

果冻一脸茫然，心想：还能这样！URL 怎么配置？怎么就能识别出访问来源和关键词呢？妈呀，我需要学的东西好多！嘴上说的却是："好的好的，我去找知识库系统的产品经理了解确认一下，再来找您。"

　　类似上面案例中的场景在日常工作中很常见，产品功能的过度设计会导致研发工程师陷入无谓的开发工作。如果是负责任的 RD，可能会刨根问底，和产品经理一起修正方案；如果是工作很被动的 RD，可能就直接排期开发了，而这会造成开发资源的浪费。如果产品经理对技术有基本的认知和理解，则可以避免这类问题的发生。下面是第二个场景对话，不懂技术的果冻换成了懂技术的小刘。

情景对话 2：研发工程师和懂技术的产品经理

小刘：一名工作了 5 年的高级产品经理，非计算机科班出身，但自学了很多技术知识。

小刘先在自己的工位上思考：实现这个需求需要增加热词搜索功能，需要有一个热词配置界面。业务人员不需要查看热词编辑历史，只希望能够每周调整一次热词内容，并且希望能够统计热词的点击情况。热词配置界面可以尽量简化，一个文本框加一个保存按钮就可以。至于统计功能，已经和知识库的产品经理沟通好，通过对跳转到知识库的 URL 做一些格式调整，就可以让知识库识别并记录访问来源和关键词，这样就能统计出热词的点击量。好了，想得差不多了，该拿着原型图去找研发人员了。

（在老李工位前，对话开始了。）

小刘："老李啊，我这儿有个需求，给你大概讲一下。"小刘讲完上述想法说道："你看开发这个功能需要多久，大概评估一下呗。"

老李暗想：这小子前段时间给我的需求积压了不少，我得缓缓。他咳嗽了一下说道："你这个需求还是比较复杂的，这里的搜索框要改，还有这个配置页面，看起来很简单，但是后台设计很复杂，我预估前端开发需要 3 人日，后端开发需要 5 人日，测试需要 2 人日，一共 10 人日。"

小刘（惊诧）："啥！？实现这么个玩意儿要 10 人日，你别忽悠我！"

老李："我咋能忽悠你呢？这个后台设计可麻烦了，要有数据存储、处理、编辑，复杂得很！"

小刘（诡笑）："得了吧，就这么一个文本框，没有任何处理逻辑，写啥存啥，改啥存啥，后台要么就只保留一个文本文件，要么就在数据库中用一张表维护一条数据。你这个评估好像不太合理，要么你再琢磨琢磨？或者我们让老杨（老李的领导）一起看一下？"

老李（一惊）："呃……你等等，我再看看，嗯，好像可以做得简单点，估计两三天搞定，也别找老杨了，就这么着吧。"

小刘（微笑）："好嘞，我心里有数了。"

在本案例中，小刘自己对产品功能的实现复杂度有充分的判断，并且因为老李预估工时的水分太大，所以拿老杨稍微施压了一下，老李很快重新给出合理的工时预估。

通过以上情景对话，我们模拟了针对同一个业务需求，不同产品经理和研发工程师的不同沟通过程。相信通过这个案例，大家对产品经理是否需要懂技术有了感性的认识。下一节将更具体地分析产品经理懂技术的好处。

当然，以上案例是虚构的。产品经理要和研发工程师保持充分的信任关系，才能高效地做事情。俗话说得好，"产研鱼水一家亲！"

9.2　产品经理是否要懂技术

B 端产品经理需要具备基本技术常识、软件开发常识，这样可以让设计的方案更加合理、可落地。和 C 端产品相比，B 端产品更重视业务逻辑的抽象过程，产品设计方案和技术方案的相关性更强，甚至有时候产品设计方案本身就是技术方案，例如 SDK产品、基础服务产品、消息中间件产品等的设计方案。

懂技术的产品经理在设计产品方案时，能够在一定程度上预估技术实现的可行性和实现成本，或至少能具备基本的认知，知道什么时候、什么情况下需要和技术人员提前沟通讨论，才既能提升合作效率，又能赢得技术人员的尊重和信任，从而保证产品设计合理、可行。

在互联网圈流行一句话："产品经理懂技术，谁都挡不住"，虽然这是一句玩笑话，但体现了大家对产品经理懂技术这件事的看法。无论是技术人员、运营人员还是交互设计人员，都认同产品经理懂一些技术知识会对产品设计有帮助，对项目协作有益处。

产品经理懂技术有以下明显的好处。

避免产品过度设计

所谓产品过度设计，是指设计的某些产品功能价值不大，甚至没有意义，但是开发工作却很复杂、很耗时。产品过度设计的现象经常发生，尤其是在前端交互设计上。很多初级产品经理会误以为界面设计只是画几张图，而没有考虑界面背后实现逻辑的复杂性。

避免技术过度设计

所谓技术过度设计，是指技术人员设计了没有必要的代码灵活性和复杂性，而后续的业务根本用不到这些特性，宝贵的时间和资源被浪费。产品经理有时需要就业务情况和技术人员进行深入沟通，以帮助其砍掉不必要的灵活性、复杂性设计。

与技术人员顺畅沟通

从 9.1 节的例子可以看出，对于技术人员而言，与合作的产品经理在同一个频道上、用同一套语言进行沟通，不仅是非常惬意的事情，而且可以增进双方的好感和信任度。相反，如果产品经理对一些基本的技术常识都不理解并且不愿意去理解，只是一味地强调自己的设计多么合理，就非常容易和技术人员产生冲突。

预判需求的可行性

如果产品经理具备足够多的技术知识及经验，在接到一个需求后就可以很快地判断技术实现的可行性和成本，并根据业务诉求快速给出可行的解决方案，否则就需要拉着技术人员和业务人员一起来回讨论，效率难以提高。

评估工时的合理性

完成产品方案设计后，产品经理要站在业务人员的角度，和技术人员讨论工时评估是否合理。就像 9.1 节中的例子，技术人员对工时的预估有可能不准确，甚至会给出一个很夸张的开发周期。如果产品经理懂技术，则可以对问题做出预判。否则，工时评估对产品经理来说就是一个纯黑盒操作，无法进行判断和把控。

综上所述，产品经理，尤其是 B 端产品经理，如果具备技术知识，对工作将大有裨益。

9.3　产品经理是否要关注技术方案

PRD 通过需求评审后，项目进入技术方案设计环节。产品经理是否要关注技术方案，并参与技术方案评审呢？一般情况下不需要，因为虽然产品经理可能具备基本的技术常识，但大多尚不足以去做技术方案设计，有的甚至也看不懂技术方案设计。当然，如果是从技术人员转型过来的产品经理，则须另当别论。这种类型的产品经理要警惕的是，对技术人员的工作指指点点很有可能让对方反感。综上所述，从专业分工的角度来讲，决定技术方案是技术人员的分内之事，产品经理没有必要干预。

但是在下面这两种情况下，产品经理必须关注并参与技术方案探讨。

- **技术方案和产品方案相互影响**。有些技术选型问题会直接影响产品方案设计，或者产品方案直接决定了技术方案，此时产品经理要和技术负责人讨论清楚。例如，如果要做 App，那么究竟是针对 iOS 系统和 Android 系统各做一套原生的，还是针对 iOS 系统和 Android 系统各做一个"壳子"，里面用同一套 H5 版本？抑或直接做 H5 站点？这些问题既是产品方案问题，也是技术方案问题。

- **技术方案可能导致项目风险**。例如，有些技术人员喜欢尝试新技术，选用一些非常小众或新颖的技术框架。遇到这种情况，产品经理一定要严肃地和技术人员、领导进行沟通、确认。B 端产品要支持业务运转，追求稳定和可持续，对新技术的诉求不高。在项目中采用非常小众的技术栈，有可能导致难以招到研发人员，或研发人员离职后无人能够接手项目。

9.4　B 端产品经理的技术知识要求

既然产品经理懂一些基本的技术这么重要，那么作为一名产品经理，究竟需要掌握哪些技术知识呢？掌握到什么程度才可以呢？例如，是否要会写程序？是否要会写 SQL 语句？相信所有产品新人都会有这样的困惑。接下来，我们对技术体系进行梳理，探讨一下产品经理需要掌握的技术栈。

9.4.1　具备基本的技术知识体系

理解一门编程语言

编程，对于没接触过的人来讲，是一件神秘且高深的事情——满屏幕的代码像天书——肯定需要投入大量的时间和精力才能学会。

写出有工程实践意义的代码确实很有挑战性，但是理解编程的逻辑并不难。只要静下心来学习，无论是具有文科背景还是理科背景的产品经理，都可以看懂代码，而且会发现程序设计是一件很有趣的事情。

B 端产品经理可以通过学习一门编程语言，来理解程序设计的基本逻辑，例如什么是函数、返回值、循环、编译、发布等。学习的重点不是编写出能执行的程序，而是理解程序设计的基本原理。

编程语言的种类繁多，但本质相通，从 C++或 Java 这些主流编程语言入手学习就是不错的选择。了解一门主流编程语言后，如果有兴趣和精力，还可以学习其他一些在工作中可能用到的轻量级编程语言。例如，学习使用 Python 爬取网页内容，进行数据分析，学习使用 Excel VBA 进行复杂数据处理。

掌握并使用 SQL

SQL（Structured Query Language）是经典的关系数据库处理语言。在业务系统设计实现中，关系数据库在过去的几十年里一直是主流数据存储方案，在未来的若干年也必然不会甘居人后。

　　产品经理掌握 SQL 在实际工作中是非常有用的。例如，在做数据分析时，常常需要从数据库中导出数据。如果不会写 SQL 语句，就每次都需要求助研发人员，效率太低。其次，对于复杂的数据处理逻辑，如果不会用 SQL 语句进行预处理，后续的工作将变得非常麻烦。

　　学习使用 SQL，首先需要理解数据库及表结构，这对于理解数据模型也非常有帮助，具体介绍见 9.4.6 节。

具备网络通信等计算机常识

　　B 端产品经理需要广泛学习计算机相关的基础知识，例如网络与通信原理、操作系统原理、微机原理等，至少要理解 TCP/IP 协议、UDP 协议分别是什么，二进制、十六进制的运算法则，字节和字的长度概念，对称密钥密码体系和非对称密钥密码体系的区别，等等。

　　如果对这些概念没有基本认知，那么将很难理解为什么 HTTPS 比 HTTP 安全，为什么有时候需要通过二进制来控制标记位。这些常识都是软件设计过程中随时会用到的基本知识，不仅在技术方案设计中会涉及，在产品方案设计中也会涉及。

　　计算机技术的知识面非常宽泛，从编程语言到数据库设计，从通信协议到算法策略都有涉及。对于产品经理来讲，**技术知识的积累是一个厚积薄发的过程，不可能通过短时间的突击学习就掌握所有知识点。在实际工作中只要遇到新的词汇或概念，就应该认真查阅资料、理解揣摩，从而通过长期积累达到融会贯通。**

9.4.2　了解程序设计的 MVC 模式

　　编程语言种类繁多，无论采用哪种语言进行程序设计，都要遵循经典的软件工程设计模式——MVC 模式。

　　MVC 是 Modeling、View、Controller 的缩写，代表软件设计的分层理念。Modeling 指数据模型，View 指前端交互视图，Controller 指业务逻辑。MVC 模式下的软件分层结构如图 9-4 所示。**任何一套软件系统运作的本质都是相同的：用户在前端交互层操作后，系统通过业务逻辑层处理数据层的数据。**不论是 BS 架构的系统（例如通过浏览器访问的管理后台），还是 CS 架构的系统（例如 App 应用），都会遵循 MVC 模式来搭建程序结构。将一套软件系统分为数据、前端交互、业务逻辑处理三层来设计和开发，可以非常有效地保证程序的结构合理、逻辑清晰。

图 9-4　MVC 模式下的软件分层结构

我们来具体介绍一下 MVC 模式每一层的特点。

前端交互层

前端交互层负责绘制程序界面，完成前端程序和用户的交互互动，并实现一些简单的业务逻辑，例如数据校验。常见的可以用来绘制界面的编程语言有 JavaScript、HTML5（即 H5，严格来讲 H5 不能算编程语言，只是一种标记语言）、PHP 等。

前端方向是升级迭代非常快的技术方向。针对移动端，有 JavaScript、Flex、Objective-C、Kotlin 等前端语言；针对 PC 端，前端语言也层出不穷，从曾经的 HTML + JS + CSS，到流行一时的富客户端 RIC（Rich Internet Client），再到 ExtJS、Node.js、Vue 等。前端工程师需要不断地刷新自己的技能树，才能适应快速变化的前端需求。

业务逻辑层

业务逻辑层负责处理业务逻辑。例如，在分销运营管理后台的门店列表页，点击"关联账号"按钮，前端交互层把指令发送给业务逻辑层，业务逻辑层要判断门店状态是否能够关联账号，以及是否有空闲账号可以进行关联等。

研发人员应该尽量将复杂的校验、判断、业务规则都封装在业务逻辑层，这样可以让前端交互层的负担更轻，也更容易扩展。因此，业务逻辑层是 MVC 模式中复杂的部分。

例如，对于分销运营管理后台，除了 PC 版本，还打算做一套 H5 移动版本，以方便审核人员操作。如果业务逻辑层代码和接口设计良好，则只需要前端工程师实现 H5 代码即可。但如果之前的前端交互层和业务逻辑层耦合紧密，那么实现 H5 移动版本就需要前后端工程师一起调整代码，非常麻烦。

业务逻辑层常用的编程语言有 Java、C++、C#、PHP 等。

数据层

数据层代表底层的数据存储。数据包括结构化数据和非结构化数据，既可以存储在数据库中，也可以存储在文本文件中。数据存储操作一般由程序来完成，例如通过程序对关系型数据库的数据进行增删改查处理。

在早期的软件开发工作中，研发人员既要开发前端，也要开发后端，还要设计并管理数据库，可以说是真正的全栈工程师。除此以外，研发人员还要承担产品经理的工作，与业务方沟通需求、掌控项目进度，等等。

如今，技术团队的分工非常细致，会将前后端的开发分离。图 9-5 展示了前后端分离结构的 MVC 模式。不论是 CS 架构还是 BS 架构，前端部分统称为客户端，业务逻辑层和数据层统称为服务端。前端工程师负责客户端开发，后端工程师负责服务端开发，客户端和服务端之间完全通过接口交互。这样便实现了专业化分工，两端的研发人员都聚焦于自己的技术领域，让工作更精细、专业。

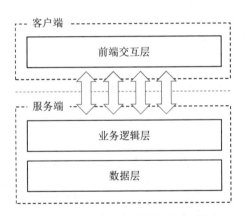

图 9-5　前后端分离结构的 MVC 模式

9.4.3　熟悉接口与调用模式

在软件开发中，接口是一个非常重要的概念。所谓接口，是指两个对象进行通信的方式和协议。软件领域的接口和我们生活中所使用的硬件设备的接口（例如 USB 接口、苹果的 Lighting 接口、3.5mm 耳机接口等）类似，每种接口都有约定的格式和规范，只要在设计时遵循了约定的格式和规范，就能够方便地进行信息交换。

在软件设计领域，小到一个软件模块，大到一个软件系统，都会有若干接口，用来实现不同模块、不同系统之间的通信。一般来讲，每个接口都应该实现一个具体的功能，接口需要有明确的输入及明确的输出（有的时候输出结果为空）。例如，调用客户姓名查询接口时，需要传入客户 ID，执行后返回客户姓名。

在跨团队、跨模块的软件开发中，接口的设计规则需要在设计技术方案时就协商好，然后各方团队各自开发，在约定的时间一起联调，进行集成测试。

接口之间的调用模式分为同步调用模式和异步调用模式两种，产品经理需要理解这两种模式的区别。因为这不仅是技术问题，也会影响产品方案。我们通过两个产品设计案例来理解这两种模式。

同步调用模式

在同步调用模式下，接口的调用方会一直等待被调用方返回执行结果，除非调用超时，如图 9-6 所示。同步调用模式是最常见的接口调用模式。

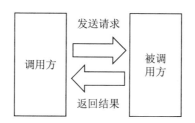

图 9-6　接口的同步调用模式

我们来看一个采用同步调用模式的数据文件查询下载页面的设计案例，在该页面中，用户查询并下载 csv 文件，如图 9-7 所示。具体交互与系统处理步骤如下：

1. 用户设置好查询条件，点击"下载"按钮。

2. "下载"按钮会以同步调用模式调用后台数据查询接口，将前端用户填写的日期作为参数传递给后端服务接口。

3. 后端服务拼写 SQL 查询语句，执行 SQL 语句并等待数据库返回结果。

4. 数据库返回结果后，后端服务接口组装数据，生成 csv 文件，并返回给前端浏览器。在这个过程中，用户在浏览器端一直处于等待状态（浏览器左下角可能会有提示文字：等待服务器响应）。

5. 浏览器收到服务器返回的数据文件后弹出窗口，提示用户选择文件的保存位置，并执行文件下载操作。

图 9-7　同步调用模式下的数据下载功能

异步调用模式

在异步调用模式下，接口调用方向被调用方发出指令，但不会等待结果，如图 9-8 所示。

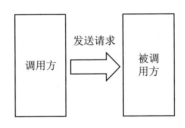

图 9-8　接口的异步调用模式

一般耗时比较长的处理工作会采用异步调用模式，调用方会给被调用方提供一个回调接口，意思是："你的处理时间比较长，等你处理完以后，请调用这个回调接口，通知我结果！"

我们依然以文件查询下载为例来看看异步调用模式下的产品设计。在上一个案例中，数据查询有可能非常耗时。如果让用户停留在前端页面等待，体验并不友好，所以我们考虑对功能进行改进，通过异步调用模式重新设计功能，交互效果如图 9-9 所示。具体执行步骤如下：

1．用户设置好查询条件，点击"下载"按钮。

2．前端提示："下载任务已提交，请耐心等待。"后端的下载任务调度管理程序开始执行，在数据库中生成一条状态是"处理中"的任务记录，同时异步调用后端数据查询服务接口，并提供回调接口。

3．后端服务接口拼写 SQL 语句并执行，数据库返回结果后，程序将数据处理成 csv 格式，保存在服务器中，并调用回调接口。后端服务接口程序执行结束后，将任务状态更新为"成功",并提供数据下载的链接。

4. 如果后端服务接口长时间没有得到数据库返回结果,在超过规定时间后,下载任务调度管理程序会将任务状态更新为"失败"。

图 9-9 异步调用模式下的数据下载功能交互效果

9.4.4 理解软件工程的"搭积木"设计

软件工程是一项既复杂又简单的系统性工程。说它复杂,是因为一整套良好运转的体系是由数百万行代码构建而成的;说它简单,是因为本质上软件体系是无数组件化的小模块拼装而成的,每个研发人员或研发团队只需要维护自己负责的组件与代码模块,因此整体复杂度会降低很多。

软件的设计应该像搭积木那样,通过自由拼接组装来实现复杂的功能模块,这样既能保证系统的灵活性,又能通过避免重复开发来降低成本。**如果软件不能被分解成像积木那样的小模块,而是一块焊死的铁板,那么系统将彻底丧失灵活性。**

软件系统是如何像搭积木那样拼接出复杂系统的呢?我们以 M 公司的 Passport 系统的开发历史为例,来看看"积木"是如何一块块被搭建起来的。

Passport 系统是企业管理客户账号的平台,存储了客户的注册账号等信息。用户通过 App 或网站的"个人中心"对账号进行密码管理、邮箱管理等操作,"个人中心"可以理解成 Passport 系统的用户前台部分。

作为一套完整系统,M 公司第一版 Passport 系统在建设中遵循了经典的 MVC 模式,其技术架构如图 9-10 所示。数据层"Passport 数据库底层"存储了客户账号、密码等数据；业务逻辑层"Passport 账号管理服务"中包含了具体的业务逻辑代码，例如绑定手机、解绑手机的处理逻辑；前端交互层"Passport 用户前台"是 C 端的网站或 App 上的"个人中心"界面。

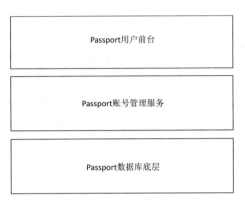

图 9-10　第一版 Passport 系统的技术架构

第一版 Passport 系统很好地支持了 C 端业务，但缺少一个很重要的功能，即供内部业务人员管理用户账号的功能。因此，公司决定开发一套"Passport 管理前台"给业务人员使用。

现在问题来了：给业务人员使用的 Passport 管理前台需要单独开发吗？我们发现不论是给个人用户使用的 Passport 用户前台，还是给业务人员使用的 Passport 管理前台，绝大多数的功能都是类似的，例如重置密码、修改关联邮箱等，只是前端界面不同。针对这两套高度类似的功能，如果重复开发一套业务逻辑代码，会浪费人力，也会造成架构的不合理。

合理的做法是，对第一版系统业务逻辑层的核心功能进行服务化处理，即将"注册账号""禁用账号""重置密码""更新数据"等每一个目标很清晰的功能都抽象成接口，用来给所有系统提供支持。

因此，我们对后端系统进行服务化改造，并且开发 Passport 管理前台，与 Passport 用户前台共用同一套服务接口。新版的技术架构如图 9-11 所示，这依然是基于 MVC 模式的设计方案，只是对业务逻辑层（Passport 账号管理服务）进行了接口封装。

接下来，业务发展对 Passport 系统提出了新的需求：

- 开展分销业务后，需要为分销客户开发前端界面。由于分销业务和 C 端业务的差异比较大，因此分销业务不打算使用"Passport 用户前台"，而需要单独开发"分销业务前台"，并且对账号功能做一些调整。

- 公司的客服业务团队希望根据客服人员业务操作的习惯和特点，把用户管理功能放到客服业务系统中。

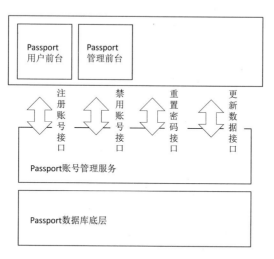

图 9-11　第二版 Passport 系统的技术架构

因为此时 Passport 系统已经高度抽象和服务化，具备强大的平台能力，这些个性化诉求所需的后端功能接口都已成熟，所以针对业务系统只需要简单地开发前端模块并调用后端服务，就可以满足各种个性化诉求。系统的结构非常灵活，方便支持多业务，如图 9-12 所示。

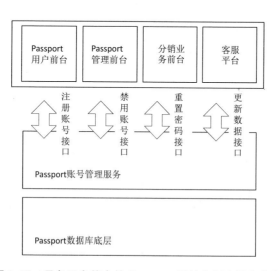

图 9-12　具备平台能力的 Passport 系统方便支持多业务

至此读者应该感受到了软件工程"搭积木"的设计特点：一个个服务接口就像积木块，通过对这些"积木块"的重复组合利用，可以搭建组装出各种新的功能和服务。我们常说软件工程就是在"造轮子"（服务接口和系统模块），但是对于功能相同的"轮子"，共用一套就足够了，没有必要针对每个系统重复制造。

在第 4 章针对 M 公司分销平台的应用架构设计中，我们提到 M 公司各个系统已经实现了服务化，因此分销平台的很多功能模块都可以复用现有系统的功能模块，例如分销平台复用了客户主数据系统、Passport 系统、支付（Pay）系统、权限管理（Auth）系统、订单中心、仓储服务系统等。

这些被复用的系统（主要提供各种功能接口）就像一块块积木，可以通过重新搭配组合来支撑分销平台的业务。图 4-4 中的应用架构在一定程度上体现了这种复用关系。从技术视角绘制的技术架构如图 9-13 所示，读者能够从中更清晰地感受"搭积木"的设计。

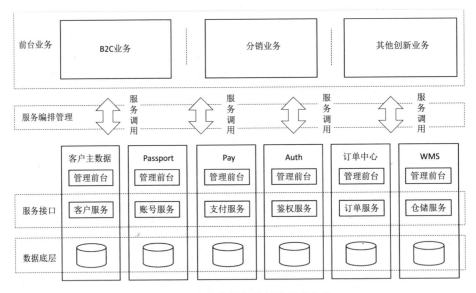

图 9-13　从技术视角绘制的技术架构

在技术体系中，有两个非常重要的概念在支撑着接口化、服务化设计理念的落地，即 SOA（Service Oriented Architecture，面向服务的架构体系）和微服务。SOA 和微服务从本质上讲区别不大，只是微服务更鼓励去中心化。例如，图 9-13 中有一层是"服务编排管理"，在传统企业的 SOA 落地方案中，这一层就是很重要的 ESB（Enterprise Service Bus）模块（服务的中心化调度模块），而按照微服务理念设计的方案中则不会有这一层。

通过以上案例，读者应该对企业应用架构有了进一步的感知。**企业的各个软件或产品并不是独立的、割裂的，而是深度结合、互相支撑的。架构的理念在高阶的 B 端产品设计中非常重要，同时 B 端产品的设计体系和技术架构也有着一脉相承的设计思路。理解技术架构对设计产品架构大有裨益。**

9.4.5　理解松耦合高内聚的理念

我们在书中多次提到了松耦合高内聚的理念，这是软件工程中非常重要的一种设计思想。

松耦合（Loose Coupling），是指软件产品不论是在模块层面，还是在数据层面，都应该保持尽量松散的设计形态，让彼此毫无关系，只在用到时才组合在一起。所谓耦合，是指把本不相关的功能和逻辑放在一起，而这常常带来不必要的麻烦。例如，在上一节中，账号中心应该只负责账号相关的事情。如果在账号中心写入大量的 CRM 业务逻辑，就是典型的将 CRM 业务和账号中心耦合在一起。这样可能导致对 CRM 的一些修改和调整，会影响到账号中心的稳定运行，而这本应该是可以避免的。

高内聚（High Cohesion），是和松耦合相对立的概念，指软件产品不论是在模块层面，还是在数据层面，都应该只关心、负责自己的工作，保证自身的聚合性、边界和范围，不做越界的事情，不包含不相干的逻辑。

图 9-14 展示了耦合与内聚的两种场景。

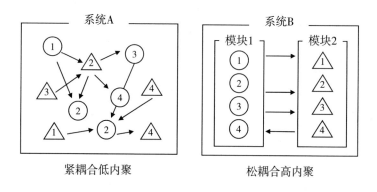

图 9-14　耦合与内聚的两种场景

松耦合高内聚，是最重要的软件设计思想，贯穿了从系统到模块、从代码到数据库各个层面和粒度的软件设计场景。研发人员需要具备很强的抽象能力，对业务有着全面、准确的理解和认知，才能较好地实现松耦合高内聚的设计要求。

松耦合高内聚也有应用的局限性。为了保证结构合理和长期高效，有时会增加一些额外的临时开发工作。但是在有些互联网公司做业务快速创新和试错时，一切都是未知的，拼的是响应速度和快速调整能力，因此可能并不会采用松耦合高内聚的设计，而更重视短期快速上线。

产品经理必须理解松耦合高内聚的理念，因为这本身也是对业务在逻辑层面的抽离和解构。如果一名 B 端产品经理只关心业务和场景，必然会导致设计的系统逻辑混乱、缺乏全局性，给研发人员的设计工作带来无尽的麻烦和困扰。

9.4.6　掌握数据库与 SQL

在业务系统设计中，建模工作是最重要的，模型的好坏将从本质上影响系统的灵活性和可扩展性，而设计数据库表结构正是对模型设计的一种落地实现。如果能够理解模型、ER 图，再进一步理解数据库表结构，那么对业务系统的技术实现会有更加深刻的理解和认识，这对产品设计工作会有很大的帮助。

我们所说的数据库主要是指关系数据库（RDBMS，Relational DataBase Management System）。这是在 20 世纪 70 年代提出的一种计算机数据处理方案，经过几十年的发展，关系数据库已成为目前业界最经典和流行的数据处理方案。而 SQL 是对关系数据库进行数据增删改查操作的计算机语言。

常见的关系数据库包括 IBM 的 DB2、微软的 SQL Server、甲骨文的 Oracle，以及被甲骨文收购并开源的 MySQL，每一种关系数据库产品都有自己的 SQL 规范，但核心的语法规范是相同的。

我们已经讲解了 M 公司分销平台客户模型的设计思路，接下来，我们来设计客户模型的数据库表结构。

数据库表结构设计

分销平台的简化版客户模型如图 9-15 所示，该模型通过 ER 图呈现。图中有四个实体对象，分别为账号、机构、门店、收货人，在设计数据库时，可以根据这四个实体对象创建四张数据表（即数据库中存储的二维表），我们分别进行说明。

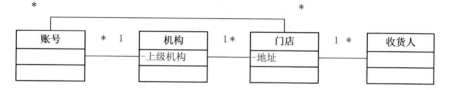

图 9-15　分销平台客户模型 ER 图

首先来看账号表。表 9-1 是账号表的表结构与数据示例，DS_PASSPORT 是表名，这张数据表中有 ID、ORG_ID、NAME、STATUS、CREATETIME 五个字段。

表 9-1　账号表的表结构与数据示例

DS_PASSPORT				
ID	ORG_ID	NAME	STATUS	CREATETIME
10001	10001	admin	1	20230705 15:23:45
10002	10002	sqzx_root	1	20230705 18:45:21
10005	10002	wg@sqzx.com	1	20230711 10:35:12

- ID 字段：在关系数据库中，每张数据表都应该具备一个 ID 字段，用来标识表中每条数据的唯一性。

- ORG_ID 字段：代表每个账号所对应的组织机构的 ID。

- NAME 字段：代表每个账号的名字。

- STATUS 字段：代表每个账号的状态。状态类的字段一般不会存储具体的状态文字描述，而是会存储一个代码。要理解代码的含义，需要查看数据字典（针对数据库表结构的说明文档，包括字段的说明及对字段值的解释）或代码表（简称码表，有的系统会有此设计），例如后面的表 9-2 就是本案例的码表。

- CREATETIME 字段：代表每个账号的创建时间。涉及业务数据的数据表一般都会包含数据的创建人、创建时间、修改人、修改时间等字段。作为示意，表 9-1 中只包含了其中的创建时间（CREATETIME）字段（实践中几项信息都应该保存留档），后面的表 9-2、表 9-3 与此类似，不再重复解释。

根据之前的数据建模设计，机构和账号之间具有一对多的关系，即一个机构节点可以对应多个账号，但一个账号只能归属于一个机构节点，这在表 9-1 中有所体现：ID 为 10002 和 10005 的账号对应的都是 ORG_ID 为 10002 的组织机构节点（从表 9-2 可知，该组织机构是"北京社区之星有限公司"）。

这里还要说明一点，在关系数据库中，研发人员在创建表时，需要给表中的每个字段定义数据类型，例如在表 9-1 中，ID、ORG_ID 和 STATUS 字段属于数字类型，NAME 字段属于字符串类型，CREATETIME 字段属于日期类型。为了聚焦于表的逻辑设计，我们隐藏了所有表设计中对字段类型的定义，但这不影响理解核心意思。

接着来看表 9-2 中的组织机构表的表结构与数据示例，其中 DS_ORGANIZATION 是表名。

表 9-2　组织机构表的表结构与数据示例

DS_ORGANIZATION				
ID	NAME	FATHER_NODE_ID	STATUS	CREATETIME
10001	分销总部	-1	1	20230705 10:13:23
10002	北京社区之星有限公司	10001	1	20230723 10:45:21

- ID 字段：用来标识表 9-2 中的组织机构的唯一性。我们知道，组织机构和账号之间是一对多的关系，在关系数据库中，如何实现这种一对多的关系呢？我们让表 9-1 中的 ORG_ID 字段与表 9-2 中的 ID 字段一一对应，这样两张表就被联系了起来，就可以描述一对多的关系了。

- NAME 字段：代表组织机构的名字。账号表表 9-1 中的三条数据和组织机构表表 9-2 中的组织机构之间的对应关系如下。

  ➤ 账号 admin：分销平台的超级管理员，对应的组织机构 ID（ORG_ID）为 10001，隶属于"分销总部"。

  ➤ 账号 sqzx_root：客户"北京社区之星有限公司"的根账号，对应的组织机构 ID（ORG_ID）为 10002，隶属于"北京社区之星有限公司"。

  ➤ 账号 wg@sqzx.com：客户"北京社区之星有限公司"的某个子账号，对应的组织机构 ID（ORG_ID）为 10002，隶属于"北京社区之星有限公司"。

  为什么说 sqzx_root 是根账号而 wg@sqzx.com 是子账号呢？实际上还会有一张权限表来描述和维护账号的具体权限，此处不再展示，读者只需要记住这两个账号中，一个是客户的根账号，一个是客户的子账号，就可以了。

- FATHER_NODE_ID 字段：组织机构表描述的是整个业务机构管理的树形结构，如何描述树形结构这种数据结构呢？可以通过一张二维表来描述，需要在二维表中定义每一行数据的父节点，即每一个机构节点的父节点。在表 9-2 中，ID 为 10001 的数据的 FATHER_NODE_ID 字段值为 −1，表示没有父节点，说明它是整个分销业务机构树的根节点；ID 为 10002 的数据的 FATHER_NODE_ID 字段值为 10001（10001 对应"分销总部"），说明它的父节点为"分销总部"，它是客户"北京社区之星有限公司"的机构根节点。

- STATUS 字段：状态字段，同样需要查看表 9-2 来理解具体含义。

- CREATETIME 字段：该组织机构的创建时间。

之后是门店表。表 9-3 展示了门店表的表结构与数据示例。其中 DS_RECEIVER_STORE 是表名。

表 9-3　门店表的表结构与数据示例

DS_RECEIVER_STORE					
ID	ORG_ID	NAME	STATUS	RECEIVER_ADDRESS	CREATETIME
153001	10002	新源里店	1	北京市三元桥新源街 38 号	20230623 14:23:42
155304	10002	左家庄店	2	北京市左家庄中街 19 号	20230511 17:31:21

- ID 字段：用来标识表中每条数据的唯一性。

- ORG_ID 字段：在数据模型中，机构和门店具有一对多的关系，即每个机构节点可以对应多个门店，但每个门店只能隶属于一个机构。门店表表 9-3 中的 ORG_ID 字段对应的正是机构表表 9-2 中的 ID 字段，可以看出，两个门店的 ORG_ID 字段都是 10002，对应同一个机构"北京社区之星有限公司"。

- NAME 字段：代表门店的名字。

- STATUS 字段：代表门店的状态。现在，"新源里店"的 STATUS 值是 1，"左家庄店"的 STATUS 值是 2。查阅表 9-5，可以知道两个门店的状态分别为"已生效"和"待维护价格表"。

- RECEIVER_ADDRESS 字段：代表门店的收货地址。

- CREATETIME 字段：代表该门店的创建时间。

至于再之后的收货人表，读者可以自己尝试设计，这里不再展开。

目前我们描述的表结构都是一对多关系的。对于多对多的关系，在数据库中该如何设计表结构呢？例如，账号和门店之间就是多对多的关系，参见表 9-4。其中 DS_RS _RECEIVER_STORE_PASSPORT 是表名。

表9-4　账号-门店关系表的表结构与数据示例

DS_RS _RECEIVER_STORE_PASSPORT		
ID	RECEIVER_STORE_ID	PASSPORT_ID
30001	153001	10005
30002	155304	10005
30003	155304	20001

表 9-4 中包含了三个字段：ID 字段（该表中每条数据的唯一标识）、RECEIVER_STORE_ID 字段（门店 ID）和 PASSPORT_ID 字段（账号 ID）。我们可以通过这样一张数据表来描述多对多关系。例如，门店 ID 155304 与两个账号 ID 对应，分别是 10005 和 20001（注意，账号 ID 20001 是为了说明多对多关系而虚构的，在账号表中并没有存储这条账号数据），而账号 ID 10005 也对应两个门店 ID，分别是 153001 和 155304。

最后是数据字典表，表结构和数据示例见表 9-5，DS_DICTIONARY 是表名。示例中仅展示了对门店表的 STATUS 字段的解释。表中包含五个字段：ID 字段（该表中每条数据的唯一标识）、TABLE_NAME 字段（表名称）、COLUMN_NAME 字段（列名）、VALUE 字段（状态值）和 DESCRIPTION 字段（对状态值的解释性描述）。

表9-5　数据字典表的表结构与数据示例

DS_DICTIONARY				
ID	TABLE_NAME	COLUMN_NAME	VALUE	DESCRIPTION
50001	DS_RECEIVER_STORE	STATUS	1	已生效
50002	DS_RECEIVER_STORE	STATUS	2	待维护价格表

我们详细介绍了针对分销平台核心客户模型所做的数据库表结构设计，上述表结构中的示意数据，描述了一个包含一个客户、两个门店、三个账号的分销平台的客户数据结构，根据上述数据我们可以绘制出组织机构图，如图 9-16 所示。

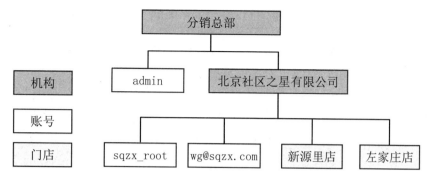

图 9-16　示例数据所描述的组织机构图

如果能够理解 ER 图代表的数据建模思路，以上数据库表结构是如何将数据模型落地的，以及表结构中的数据所体现出的树形结构（见图 9-16），那么说明已经理解了业务系统设计中核心且复杂的内容。

以上示例展示的都是存储在数据库中的数据，当这些数据在业务系统中呈现时，可能有什么样的效果呢？数据通过分销平台门店列表页面呈现的效果如图 9-17 所示。

图 9-17　示例数据通过分销平台门店列表页面呈现的效果

SQL 查询语句

理解了数据库表结构设计，我们再来看看 SQL 查询语句。不同业务系统的数据库设计不同，要为某系统编写正确的 SQL 语句，关键是正确理解业务及其对应的数据库表结构，包括该系统的数据库表设计、表之间的关联关系。编写 SQL 查询语句，实际上就是基于对表结构的理解，通过组合、关联不同的数据表来获取想要的数据。

例如，我们需要查询客户"北京社区之星有限公司"在 2023 年 6 月 1 日之后增加的所有门店（只查询根节点下的门店），那么首先需要找到"北京社区之星有限公司"的客户 ID，然后通过这个 ID 搜索对应的门店，并且限定门店的创建时间在 2023 年 6 月 1 日之后。理顺了思路并熟悉了表结构之后，就可以轻松地编写出 SQL 查询语句。

```
SELECT    A.*
FROM DS_RECEIVER_STORE A,
    DS_ORGANIZATION B
WHERE1=1
    AND A.ORG_ID = B.ID
    AND A.CREATETIME >= '20230601'
    AND B.NAME = '北京社区之星有限公司';
```

以上是一个非常典型的多表连接 SQL 语句。SQL 语句的语法并不难，本章结尾处的"资源推荐"中提供了两个网站，是学习 SQL 语法知识非常好的资源。下面是编写 SQL 语句的几个建议。

- 要理解数据库表结构：如果不了解表结构，即便掌握 SQL 语法，也不知道如何上手编写语句。关于不同业务系统数据库的表结构，一般要咨询研发人员。

- 使用正确的语法函数：不同数据库采用的 SQL 语法略有不同。例如"不等于"运算符，有的数据库采用的是<>，有的则是!=。此外，不同数据库的函数名称不一样，例如将日期字段转化为字符串格式时，转换函数就各不相同。产品经理不用刻意去记这些语法，一般可以在写 SQL 语句前找研发人员要一些样例，在其基础上修改即可。如果想了解具体规则，只需上网查询语法资料。

- 语句尽量简单：数据库表结构可能非常复杂，但是编写的 SQL 语句要尽量简单，因为复杂的语句很容易出错，而且错误不容易被发现。如果不是海量数据集，建议获取原始数据，然后在 Excel 中操作处理。

【资源推荐】

对于非计算机科班出身的产品经理，如何补齐计算机基础理论常识呢？此处推荐两本好书、一套视频课程，以及两个网站。

- 《编码——隐匿在计算机软硬件背后的语言》：Charles Petzold 的伟大著作。作者 Charles 是程序员界的大师级人物，是曾经的 Windows 编程圣经 *Programming Windows 95* 的作者。这本书通俗易懂地讲解了计算机的基本理论知识。给我印象最深的部分是，从与非门电路开始逐步组合出神奇的计算机硬件体系，整个过程趣味十足，可读性极强。强烈建议非科班出身的产品经理阅读这本书。

- 《计算机网络》（第 8 版）：谢希仁著。很难想象，国内的一本大学专业教材，能够如此通俗易懂、引人入胜。这本书出版多年但经久不衰，在 2021 年发布了最新的第 8 版，绝对值得产品经理认真学习、研读。

- 《CrashCourse 计算机科学速成课》：CrashCourse 是一个全球公益组织，录制了多个专业领域的通俗易懂的快速学习课程，其中的"计算机科学速成课"涵盖了计算机专业大学四年所有核心课程。针对非计算机专业的产品经理，如果只推荐一本系统学习计算机基础知识的教材，我会毫不犹豫地推荐这个系列的视频课，如果你能认认真真学完这个课程（可能需要刷两到三遍），一定会有仿佛任督二脉被打通的感觉。

针对 SQL 的学习，推荐以下两个学习网站。

- sqlteaching：该网站是我接触过的最好的 SQL 学习资源。网站通过一个个案例讲解了 SQL 中的每个概念和语法，并且提供了非常强大的在线练习功能，这对学习 SQL 至关重要。虽然是英文网站，但是讲解深入浅出，很容易理解。只需要耐心学习几个小时，将网站的内容阅读并实践一遍，就可以掌握 SQL 的所有核心知识。完成学习后，请再返回来看本节中提供的 SQL 语句示例，与数据库表结构结合起来理解，会感觉非常容易。

- w3school：w3school 是老牌的 Web 技术学习网站，其对 SQL 的讲解也很通俗易懂，而且网站是中文的。w3school 提供了丰富的学习素材，包括 HTML、JavaScript、CSS 等，内容均简明扼要，是非常好的入门学习资料。建议产品经理通读该网站内容。

管理篇

让产品落地并不断生长

产品方案、技术方案设计完成后，只相当于万里长征走完了第一步。接下来进入产品研发环节，以及产品上线后的运营推广和迭代优化环节。

在产品开发及运营推广工作中，B 端产品经理要从整体上管理进度、控制风险。产品经理会面临各种复杂的挑战，既需要有很强的专业能力，又需要有灵活变通的处事能力。产品经理很像一个大管家，不仅要负责产品功能设计，还要统筹协调各种资源，确保一系列工作都能同步开展，最终得到希望的结果，产生业务价值。

本篇将系统介绍产品管理的相关问题。第 10 章介绍 B 端产品的项目管理，探讨 B 端产品项目管理的难点和要点；第 11 章介绍 B 端的产品运营工作，包括企业内自研产品的运营推广，以及 SaaS 产品的运营模式；第 12 章介绍 B 端产品的迭代优化工作，包括需求管理和迭代管理的最佳实践。

B 端产品的项目管理与研发交付

项目管理为什么重要？经典的软件研发交付模式都有哪些？B 端项目牵涉面广，经常出现跨端现象，面对复杂项目管理情况，该如何控制项目节奏，顺利推进项目？本章将尝试回答这些问题。

10.1 为什么需要项目管理工作

软件产品的设计、研发、上线、运维，是一项专业性较强的工程实践工作，需要有严格的规范、机制来保证产品的交付。

项目管理的核心目标，是平衡好软件产品交付中的**成本、时间和质量**三者之间的关系。在现实中，这三者往往不可能兼得，但我们总是希望通过各种科学的管理手段，**尽量确保软件项目能够在可控的成本范围之内，符合质量要求地按期交付**。

在实践中，经过几十年的发展和沉淀，软件工程已经积累了多套软件研发流程的模型框架，例如瀑布模型、螺旋模型、敏捷模型等。不同的研发流程，都有各自的项目管理特点和模式。

作为软件产品设计人员，不仅要分析市场、挖掘需求、设计方案，还要确保方案能够高效落地并执行。虽然很多公司有专业的项目管理人员，但基本的项目管理能力和知识依然是每一名产品经理都必须具备的。

10.1.1　项目管理的目标

当公司或团队规模较小时，工作随意而快捷。客户早上提了需求，产品经理在黑板上写写画画，不必写正规的 PRD，直接和研发人员沟通就行；不必做回归测试，产品经理简单试试功能，晚上请研发人员操作，产品就能上线；不需要运维部署，项目推进速度快、效率高。这种现象在初创团队和创业公司中很常见，业务开展初期，问题多，想法多，市场变化快，没有条条框框的约束，拼的就是速度！

随着公司规模变大、团队人数增多，作坊式工作方法不再适用。缺少流程制度，会让多人协作变得混乱失控；缺少风险跟踪，会让研发过程变得脆弱、不可控；缺少监控优化，会让团队效率变得低下。在复杂的环境中，如何才能保证产品研发团队高效运转？如何才能保证软件产品能够按计划交付？如何让用户满意？要解决这些问题，就必须从作坊式的生产模式转变为标准化、专业化的生产模式。

优秀的项目管理是互联网科技公司在复杂环境下保证软件开发按计划推进、落地的关键，也是保障上规模团队的产品研发效率和质量的核心要素。

10.1.2　项目管理办公室的职责

互联网公司的项目管理要确保公司产研项目高效开展、高质量交付，工作重点主要包括设计并优化项目管理制度、负责大中型项目的立项实施。有些互联网公司会设立项目管理办公室（PMO，Project Management Office）来负责这些工作，没有设立 PMO 的公司，就要由产品负责人来肩负起这些任务。

设计并优化项目管理制度

公司发展到一定规模后，需要制订项目管理制度并严格执行。PMO 或产品负责人要结合公司的实际情况，设计符合公司诉求的项目管理制度，其中有两点需要注意：

- 制订制度要在"公司发展到一定规模后"，而不是在"产品研发团队发展到一定规模后"。如果公司发展很快，即便产品研发团队规模很小（如采用了外包方式），面临复杂的业务和爆发式增长的需求，依然需要严格的项目管理制度来规范管理、控制风险。

- 项目管理的方式不是一成不变的，要考虑每个公司和研发团队的不同情况，切勿生硬照搬业界最佳实践，而应该结合公司的业务特点和企业文化，制订符合公司特色的项目管理制度。有了合理的制度，再由专业人员进行执行落地，这样才能让团队良性、高效运转，保障项目进展顺利。

例如，某公司 C 轮融资后业务发展非常快，但代码架构还处在 A 轮融资时期的"一坨代码""一套数据库"的阶段，各个团队负责的业务代码彼此耦合，根本无法做到松耦合地独立开发、快速迭代。针对这种客观情况，在制订项目管理制度时，可以考虑放宽敏捷开发的要求，不要强制执行两周一迭代的常规策略，甚至可以不要求采取敏捷开发方式。

再例如，针对需求采集和管理问题，公司一般会要求业务部门按模板填写需求申请和描述，但在不同的公司中或不同阶段，是否要强制业务部门提交这类文档？这还需要综合评估公司的发展节奏、当前的诉求以及管理层的意见，才能做出决策。

PMO 或产品负责人要承担设计、修订项目管理制度的职责。合理的规范制度应该既能约束产品研发团队的行为，也能保护产品研发团队的权益。

此外，PMO 或产品负责人要管理并维护项目管理软件，例如 JIRA、Teambition，以便产品研发团队能够通过软件来规范项目管理过程，并获取足够多的项目管理数据进行支撑。

负责大中型项目的立项实施

大中型项目牵涉人员多，资源调度复杂，时刻面临风险，应该安排专门的全职项目经理全程负责项目的管理、跟踪、落地。整个项目管理工作往往需要专人全部精力和时间的投入，认真细致地追踪才能确保每个子任务如期交付。

有的时候产品经理会兼任项目经理，这在项目规模比较小的时候没有问题，但对于大中型项目，就需要比较慎重了。产品经理的职责是理解、分析需求，产出正确的方案设计，应该将精力和时间更多地投入业务分析和用户沟通上；而项目经理的职责是确保项目方案顺利落地，应该将精力和时间投入项目各个利益方和工作任务的追踪上。两类角色分工明确，对于复杂项目，如果让产品经理兼职项目管理，极有可能会得不偿失，让产品设计和项目落地双双出现问题。

互联网科技公司，以及产品化运作的公司，都开始重视项目管理的重要性，安排专职的项目经理介入工作，但目前国内确实依然有很多项目经理身兼数职的情况，尤其是在项目制交付的乙方公司，项目经理几乎承担了除写代码以外的所有工作，从商务、售前到方案、实施，甚至还要兼做测试、验收，这样身兼数职，会导致人的精力分散，可能产生一些不可控的错误。

10.2　软件研发交付的几种模式

在计算机科学中，软件研发交付的过程叫作 SDLC（Software Development Life Cycle）。经过多年发展，业界沉淀了多套完整的方法论，可以通过不同模式实现软件设计研发和交付工作，例如瀑布模式（Waterfall Model）、螺旋模式（Spiral Model）、敏捷模式（Agile Software Development）、迭代模式（Iterative Model）等。

在这些模式、方法论中，最常用的就是瀑布模式和敏捷模式，下面我们来重点介绍一下。

10.2.1　瀑布模式

瀑布模式是最经典的软件工程实践模式，体现了软件设计最朴素、最本质的核心过程。**千万不要以为瀑布模式过时了**，瀑布模式是现代软件开发过程的核心方法论，并且经过不断调整依然在实际工作中被大量使用。

图 10-1 呈现的是瀑布模式的典型过程，从需求分析到软件设计，再到编码实现，以及测试验收和持续维护。不论是对于从无到有的新系统建设，还是对日常进行二次开发的较小的需求实现，甚至敏捷迭代，这五个节点是所有软件设计方法论的必经节点。

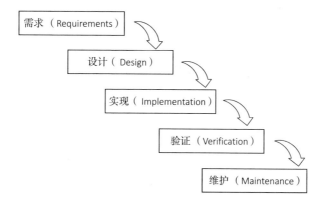

图 10-1　瀑布模式

我们将瀑布模式略做延展，介绍一个在实践中比较典型的类似瀑布模式的产研流程。图 10-2 是瀑布模式下的项目运作过程。不论是新产品或者大型项目的研发，还是满足日常维护需求及二次开发，都可以遵循这个过程。需要注意的是，每家公司的研发流程都不是完全相同的，图中的项目运作过程仅供参考。

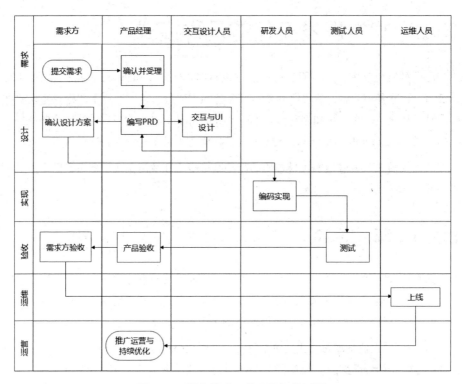

图 10-2　瀑布模式下的项目运作过程

需求阶段

产品经理维护一个需求池，收集来自各方的需求，进行初步的评估。有些需求可能被直接拒绝，也可能随时被关闭。产品经理需要对需求进行优先级排序，确定下一步的设计、研发计划。

设计阶段

产品经理确认要处理的需求，着手调研分析，并编写 PRD。有些情况下（例如设计移动端产品，或者公司有明确的要求），需要有交互设计人员介入，基于产品经理绘制的线框图完成交互设计和 UI 设计。

交互设计可能和产品 PRD 编写同步进行，也可能在之后进行，没有绝对的要求，保证高效即可。

大多数公司在产品方案编写完成后，要和需求方（客户或者内部业务团队）进行确认。产品经理最好提前与研发团队对技术可行性进行初步确认，确认无误后才可以进入正式的需求评审阶段，进而来到研发设计和编码阶段。

实现阶段

需求评审通过后，研发人员会进行技术方案设计评审，以及实际的编码工作。同时，测试人员还需要理解需求，提前编写测试用例（Test Case），基于对需求的理解定义测试的功能点和预期结果。

研发人员在完成开发后，最好安排自测环节，保证主干功能和流程无误后再将代码提交给测试团队，甚至可以自己跑一遍测试用例，以避免因功能不完善而低效地来回返工。

很多软件缺陷问题，都是理解不一致、思考不周全造成的。**尤其是新人比较多的团队，可以考虑在研发技术方案设计完毕、测试用例编写完毕后，再做一次反向评审，由研发和测试人员给产品经理再串讲一遍需求和设计思路。**要确保所有人对设计理解一致，这样也能互相查缺补漏。反向评审会降低研发效率，毕竟组织一次多人会议不是一件容易的事情，需要慎重使用。

验收阶段

研发人员提测后，测试人员（QA）进行测试。测试工作有很多环节，由于项目规模和类型不同，流程也可能不尽相同。一般测试环节可能包括以下工作。

- **黑盒测试**（Black-Box Testing）：测试人员不需要检测代码，只需要测试功能是否符合预期。

- **白盒测试**（White-Box Testing）：测试人员需要通过测试脚本和技术框架来测试具体的功能代码，白盒测试要求测试人员编写测试代码和脚本。

- **单元测试**（Unit Testing）：通过程序与脚本来测试每个代码单元的输出结果是否符合预期。

- **冒烟测试**（Smoking Testing）：测试主流程是不是顺畅、基本功能是否正常，这也是一种轻度的回归测试。冒烟测试来自硬件行业，在硬件功能改造后，冒烟测试用来测试硬件初步通电后电路板是否烧毁、基本功能是否正常。

- **回归测试**（Regression Testing）：测试新功能以外的其他原有功能是否正常。回归测试非常重要，但工作量也很大，使用时需要慎重。

- **集成测试**（Integration Testing）：对不同的系统模块、功能分别进行测试，之后将其组装为一个整体，再测试整体流程、功能是否符合预期。

- 用户接受度测试（UAT，User Acceptance Testing）：由用户、需求方来验证系统功能是否符合预期。
- 压力测试（Stress Testing）：模拟高并发及大量请求发生的情况下系统能否经受住压力并保证功能正常。

运维阶段

一系列测试、验证工作结束后，由运维工程师安排系统上线和开展持续的运维工作。

软件上线有两种方式，理想情况是不停机就完成上线的热部署（Hot Deployment），但对技术要求比较高。如果做不到，就需要停机后更新代码，即冷部署（Cold Deployment）。

运营阶段

产品的管理是一个持续优化的闭环迭代过程，产品上线不是终点，而是另一个起点。产品经理要负责功能的推广落地，解决业务问题和产生价值，同时还要跟踪数据和持续迭代优化产品。

10.2.2　敏捷模式

为了提高软件的开发效率，应对市场的变化和挑战，解决瀑布模式开发过程太"重"的问题，从 20 世纪 90 年代开始，一些轻量级的软件研发方法论被人们研究并实践，包括 1994 年的 UP（Unified Process，最知名的实践是 IBM 的 RUP）、1995 年的 Scrum、1996 年的极限编程 XP（Extreme Programming）、1997 年的 FDD（Feature-Driven Design）等。

2001 年，17 位软件开发大师相聚美国犹他州的雪鸟度假中心，一起探讨了轻量级软件研发实践，并起草了著名的《敏捷宣言》。这 17 位软件开发大师中最知名的几位是：

- Ward Cunningham（生于 1949 年）：第一版维基百科的作者，极限编程专家。
- Kent Back（生于 1951 年）：极限编程发明者，《测试驱动开发》作者。
- Dave Thomas（生于 1956 年）：《程序员修炼之道》作者。
- Jeff Sutherland（生于 1941 年）：Scrum 发明者之一，多本 Scrum 图书作者。

- Martin Fowler（生于 1963 年）：软件设计专家，《重构》《企业应用架构模式》等多本经典著作的作者。

可以看出，每位都是领域中的殿堂级人物。当年这么多大师齐聚的神圣时刻，让我仅查阅维基百科就感到激动万分！

敏捷本身是一种理念，其中包含了若干实践方法论，比较常见的是 Scrum（在下一节的双周迭代模式中会详细介绍），以及 Kanban（一种可以广泛应用于人力、财务、投资等领域的轻量级项目管理方法论）。核心的敏捷思想包括迭代、增量交付、渐进式、面对面沟通、快速反馈与调整等。

下面是节选自《敏捷宣言》中的一些内容，供大家参考。

《敏捷宣言》中的价值观：

- 个体和互动高于流程和工具
- 工作的软件高于详尽的文档
- 客户合作高于合同谈判
- 响应变化高于遵循计划

敏捷宣言中的十二条原则：

- 我们最重要的目标，是通过持续不断地及早交付有价值的软件使客户满意。
- 欣然面对需求变化，即使在开发后期也一样。为了客户的竞争优势，敏捷过程掌控变化。
- 频繁地交付可工作的软件，比如相隔几星期或一两个月，倾向于采用较短的周期。
- 业务人员和研发人员必须相互合作，项目中的每一天都不例外。
- 激发个体的斗志，以他们为核心搭建项目。提供所需的环境和支援，辅以信任，从而达成目标。
- 不论团队内外，传递信息效果最好、效率也最高的方式是面对面地交谈。
- 可工作的软件是进度的首要度量标准。
- 敏捷过程倡导可持续开发。责任人、研发人员和用户要能够共同维持步调稳定、持续。
- 坚持不懈地追求技术卓越和良好设计，敏捷能力由此增强。
- 以简洁为本，它是极力减少不必要工作量的艺术。

- 最好的架构、需求和设计出自自组织团队。
- 团队定期地反思如何能提高成效，并依此调整自身的举止表现。

10.2.3　双周迭代模式

敏捷开发的理念和方法论在一定程度上满足了软件快速开发以响应市场变化的诉求。在实践中，使用最广泛的模式是基于 Scrum 的双周迭代模式。

所谓双周迭代，即两周完成一个迭代周期。其中，一个迭代周期是指从软件开发到上线经过的时间。图 10-3 通过甘特图的形式描述了包括两轮迭代（迭代 1 和迭代 2）的双周迭代运作过程。其中 W 代表周，W1 代表第 1 周；D 代表天，D1 代表第 1 天；以此类推。浅灰色背景是迭代 1 的准备阶段及执行过程，深灰色背景是迭代 2 的准备阶段及执行过程。

	W1					W2					W3					W4					W4					W5				
	D1	D2	D3	D4	D5	D1	D2	D3	D4	D5	D1	D2	D3	D4	D5	D1	D2	D3	D4	D5	D1	D2	D3	D4	D5	D1	D2	D3	D4	D5
PM	挑选需求并编写PRD									评审	挑选需求并编写PRD									评审										
RD & QA											技术方案			开发实施与测试							技术方案设计			开发实施与测试						
OP																				上线										上线

图 10-3　双周迭代运作过程

双周迭代是 Scrum 模式的变体。在接下来对其过程的详细讲述中，我们会对比介绍 Scrum 模式（见图 10-4）中的对应概念，以便读者体会二者的异同。

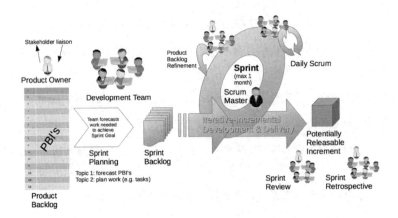

图 10-4　Scrum 模式（图片来自 Wikipedia）

一个典型的双周迭代过程如下。

1. 挑选需求并编写 PRD（W1D1~W2D4）

在迭代 1 的开发工作启动之前，产品经理（在 Scrum 中叫 PO，是 Product Owner 的缩写）首先要从需求池（需求池在 Scrum 中叫 Product Backlog，具体的需求项叫 PBI，是 Product Backlog Item 的缩写）中挑选需求。这需要产品经理和研发负责人一起沟通，根据需求复杂度和研发产能来挑选最需要满足的需求。然后，针对所选需求设计方案并编写 PRD。

2. 评审（W2D5）

PRD 编写完成后，进入迭代 1 启动前的评审环节。产品经理在评审环节要和需求方再次确认设计方案，并且向研发人员讲解产品设计方案。评审时，可以对需求范围再次进行讨论和调整。在 Scrum 中，评审工作叫 Sprint Planning，进入迭代计划的需求清单叫 Sprint Backlog。

3. 技术方案设计（W2D5~W3D1）

评审结束后，研发人员要根据 PRD 进行技术方案设计，有的技术方案可能需要讨论几天才能确定下来。同时，产品经理开始做迭代 2 的准备工作。

4. 开发实施与测试（W3D2~W4D4）

技术方案确定后，正式进入迭代 1 的开发和测试环节。对于研发人员来说，这是最紧张的阶段，这一阶段在 Scrum 中叫 Sprint（冲刺）。在这个阶段，产品经理和研发团队每天都要召开简短的站会（Scrum 中的 Daily Scrum），以同步信息并快速澄清疑问、进行决策。

图 10-5 是一个 Scrum 故事看板的示例。在站会上，大家同步各自负责的任务卡片的进展，将卡片挪到最新的位置，甚至可以在卡片上贴上责任人的照片，以便让责任人更加清晰地突显出来。此外，这个看板也是所有敏捷项目管理软件的必备功能。

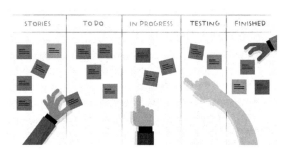

图 10-5　Scrum 故事看板的示例

5. 上线（W4D5）

集中上线是一种提升研发效率和运维效率的好方法。所谓集中上线，是指将一系列功能点打包并一次性上线，而不是每做完一个功能点就上线一次。迭代 1 的功能上线的这天，正好是迭代 2 的评审日。研发人员可能白天要进行迭代 2 的评审工作，晚上要配合运维人员上线迭代 1 的功能。同时产品经理最好和 QA 一起做线上功能验收，集中打包上线的交付物（在 Scrum 中叫 Potentially Releasable Increment，即在一个 Sprint 中完成的产品增量）。

在上线之前，Scrum 中还会有 Sprint Review Meeting，以便产品经理和研发人员一起再次核对功能开发情况。一个迭代结束后，Scrum 流程中还有 Sprint Retrospective，用来对迭代进行总结。

以上是常见的双周迭代的产品开发流程，在研发人员开发一个迭代功能时，产品经理开始下一个迭代功能的设计，工作交替进行。这样能保证设计工作和开发工作无缝衔接，在一个合理的时间周期内快速实现软件产品的升级迭代。

10.2.4　双周迭代模式的局限性

双周迭代模式因为可以较好地控制产品研发节奏而被广泛采用，但是双周迭代模式也有局限性，具体表现在如下几方面。

无法保证最小功能集合可以在一个迭代周期内实现

如果需求很复杂，产品功能会被分成几期来实现。如某一期的最小功能集合依然比较复杂，则可能无法在一个迭代周期内完成。例如，对于涉及流程调整的需求，需要一次性实现完整功能集合才能保证业务正常运作，而这个最小功能集合很可能无法在一个迭代周期内完成。而且，软件工程和流水线作业不同，无法简单地通过加人数的方式来缩短工期。

跨端项目复杂导致研发团队难以协同

B 端项目经常面对跨端需求，因此开发排期时要对多个团队进行整体的统筹协调，而不是按照某一方的需要来安排迭代节奏。

对于多个团队之间大范围的项目协作，尽管有一些规模化敏捷的方法论被提出，但是操作起来有难度。因而在实际工作中，一般还是采用比较传统的方式：把很多人聚集在一起共同商议方案，之后各自回去排期，最终确定一个统一的大联调时间和上线时间。

很难准确预估工作量投入

在 B 端产品开发中，如果面对的是一些简单的小需求，研发人员可能会直接给出预估工时。但是对于 B 端复杂系统，如果想让研发人员看过产品方案后就快速、准确地预估工作量，从而决定一个迭代周期内的工作内容，基本上不太现实，只有先研究代码结构，做完技术方案设计，才能给出准确的工时和排期。

针对双周迭代模式的局限性，在 B 端产品的迭代中要结合实际情况，对迭代流程进行灵活变通的调整。例如，针对复杂跨端项目，可以按照项目机制来推进，而非迭代机制；又例如，针对某些特定需求，上线时间可以灵活调整，而不用强求统一发布；再例如，可以不采用双周迭代模式，只在每周固定时间评审需求，并且使不同需求的开发、上线节奏互不相关。

10.2.5　瀑布还是敏捷

敏捷模式的理念，击中了 VUCA 时代数字化产品建设的痛点，因而有着独特的价值和优势。很多人认为是时候将瀑布模式封存在博物馆了，但瀑布模式真的过时了吗？敏捷模式就是万能的吗？

要辩证地看待两种模式的优缺点，就需要回顾二者的发展历程。

瀑布模式的历史背景

瀑布模式将软件生命周期划分为几个基本活动，并且规定只能按照自上而下的固定次序逐步执行。这一模式有它产生和存在的背景。

- **传统软件产品非常复杂**：传统软件公司研发的都是大型商业软件，或给客户定制的中小型系统。这些软件产品功能非常复杂，开发过程需要被规范地管理。稳定、成熟的 IT 管理体系（如 CMMI、ITIL）能够在很大程度上保证企业软件体系的架构合理性、系统稳定性，保证 IT 资源被充分利用，而这些成熟的 IT 管理体系一般都遵循的是瀑布模式。

- **传统企业没有快速迭代的诉求**：传统企业的业务模式稳定，很少发生变革。而且对于企业来说，通过信息化对业务流程进行重构是大事，软件的采用或更新都要经过充分探讨和慎重决策，一旦决定就要一步步走下去，尽量不要有反复，而对于需求或方案变更则更是会严格控制。

由此可见，传统的瀑布模式是适应曾经的市场环境和市场需求的，也是适应传统企业和传统软件公司的诉求的。**并不是瀑布模式导致传统企业的软件开发节奏变慢，而是曾经的客观业务环境不需要软件开发节奏变快。**不可否认的是，瀑布模式会导致 IT 组织机能僵化、信息技术能力无法被充分释放、对市场环境响应太慢，这样一来企业在互联网时代下是无法跟上市场节奏的。

但是我们也不能完全摒弃瀑布模式。**瀑布模式的核心环节是"需求分析、方案设计、开发编码、验收上线"这几个软件工程的必经环节，任何模式都难以绕过。**

敏捷开发是一种理念

敏捷模式之所以在互联网公司被广泛、深入地采纳与应用，是因为这种模式非常匹配互联网公司的关键特征——快。

- 决策快——很可能经过半个月的分析评估就决定开辟一条新业务线。
- 执行快——产生一个决策后，整个团队和组织都会集中资源使其高效落地，不论是业务团队的开疆拓土，还是产研团队的系统研发，都会迅速推进。
- 变化快——仅尝试了半年的新业务可能说停就停，之前的资源投入会全部成为沉没成本。

互联网公司这种"快"文化，深深根植于互联网人的思维模式。互联网人敢于试错，不会因为成本风险而限制各种尝试和探索；同时也讲究技巧方法，将试错成本降到最低。在快速开展业务的过程中，抓住稍纵即逝的市场机会才是头等要事，在瞬息万变、竞争严峻的市场环境中生存下来才是重中之重。不仅是互联网公司，可以说现代社会的所有企业都面临较大的市场变化和业务挑战，都需要具备快速响应的能力。

敏捷开发的核心思路是将复杂需求分解成小颗粒需求，采用较短的开发周期、按节奏开发、按需发布和逐步迭代实现，因而非常适合在互联网公司推广。**从本质上讲，敏捷模式是容纳并拥抱新时期快速变化的市场环境和商业特征的一种理念。**只有认可敏捷模式的理念，才能很好地实践它。

产品经理需要思考如下问题。

- 是否有随时接受需求变更的勇气和心态？面对各种扑面而来的变更，是否能够心平气和地分析问题和方案，而不是气愤地一口回绝已经让研发团队白忙活一个月的需求方？
- 是否允许存在瑕疵但可以快速支持业务的产品方案去抢占市场，而不会因为自己的"洁癖"及偏执，导致业务错失良机？

● 是否会说服研发人员为了快速上线而暂时采用并不合理的设计方案，并在合适
的时间窗口帮助研发团队顶住业务压力，给研发团队争取充足的时间来重构系
统？

如果产品经理和研发团队对上述问题的回答都是肯定的，那么这个团队就具备了
践行敏捷文化的前提。

图 10-6 是一张流传广泛的关于瀑布模式和敏捷模式对比的卡通图，来自《硝烟中
的 Scrum 和 XP》一书。作者 Henrik Kniberg 是一位敏捷模式的实践者。这张图形象生
动地描述了瀑布模式和敏捷模式在理念与实践上的区别。

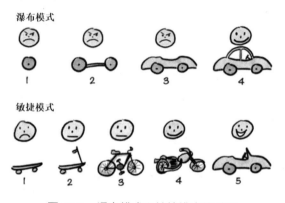

图 10-6　瀑布模式和敏捷模式的对比

客户需要代步工具，在瀑布模式中，小汽车被一步一步造出来，因而工期长、交
付物复杂。这就是一种用较长时间一次性给出较好解决方案的模式。制造过程中的所
有交付物，比如轮子和车身，都是最终成品的一部分，但是它们很有可能无法满足客
户的出行需求。

在敏捷模式中，实现思路完全不同。为了解决客户的交通工具问题，敏捷模式会
先提供滑板，然后依次提供滑板车、自行车、摩托车，最后才提供小汽车。尽快满足
客户的出行需求，虽然一开始提供的不是理想方案，但只要可以使用，之后通过逐步
优化，最终也能造出小汽车。

敏捷模式试错的速度快、成本低，通过步骤 1 和步骤 2 就已经可以判断方案是否
有效。而在瀑布模式中，直到步骤 4 才能判断方案是否有效。但是敏捷模式的迭代成
本高，每一次迭代都会将之前的工作废弃。例如，改用自行车，滑板车就白做了；改
用摩托车，自行车就白做了。因此，在迭代过程中需要不停地重构老系统。

合适的才是最好的

但是，对于一款业务型软件产品，如果客户需要的就是小汽车，那么滑板、摩托车等是无法解决客户问题的。而且，对于这类产品，如果每个版本的交付都要求将上一个版本废弃或重构，代价也是不可接受的。因此，我们可能没办法按照敏捷的思路去实现一款业务型软件产品，而应该按部就班一步一个脚印地构建小汽车；而对于一款工具型软件产品，客户需要的只是一两个关键的功能点，所以可以按照敏捷的思路，通过逐步交付、持续完善来迭代地打造产品。

瀑布和敏捷，不应该是非此即彼的对立关系，在实践中完全可以融合使用。例如，在新系统从无到有的研发过程中采用瀑布模式，在版本稳定后进行持续迭代时则可以采用敏捷模式。

无论是敏捷开发还是瀑布开发，都有各自的优点和缺点。**实践中，没有任何一种软件研发模式适合所有团队和发展阶段，最佳实践永远是经过摸索后多模式的融合和共存。**我们要找到瀑布模式和敏捷模式的恰当结合点，设计适合自己的模式、流程，从而提高效率。

10.3　项目过程的分析与优化

项目管理和执行的过程需要持续地分析与优化，保证软件研发效能最大化。

我们都希望研发计划能够有条不紊地推进，每个环节都紧密衔接，效率达到最优。但是，在现实世界中却很难做到。需求发生变更或被插队、暂停、调整优先级，研发和测试延期交付，研发提测后发现没有测试资源，人力等待、空转，这些现象随时随刻在发生。

因此，我们有必要对产研项目的执行运作过程进行持续的监控分析，不断进行优化，保证团队的运行效率越来越好。

接下来，我们从一个产品负责人的视角，分享一些项目管理、分析、优化工作中的实践经验，以供参考。

10.3.1　基础数据的准备

想优化流程，首先要将流程的执行过程准确地记录下来，这样才可以监控、分析所有的环节，找到优化点。我们在 4.7 节介绍过流程化、线上化、自动化、数据化、智能化这五个环节。

一个需求，从提出到上线，会经历一系列过程，如图 10-7 所示。实线燕尾框是关键过程，虚线矩形框是关键时间节点。需要注意的是，被标记成灰色的燕尾框环节，在敏捷模式中可能无法准确记录相关的时间点，因为这些环节中的子任务可能是乱序、并行执行的。

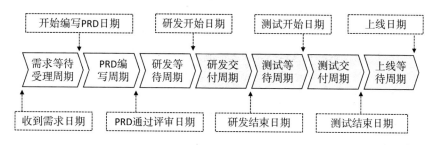

图 10-7 需求从提出到上线的关键过程节点

如果在需求管理和研发项目的执行过程中，能准确记录关键时间节点，则后续的分析优化工作就会容易很多。

然而，最难的部分正是这些关键时间节点的准确记录。例如，研发人员可能并没有充分的动力和动机去准确记录提测时间点；测试人员可能也没有兴趣去记录每一个测试任务的开始时间。

解决数据准确性的问题有如下几个办法：

- 持续培养团队保证数据准确性的习惯。由专职项目经理及各团队领导持续抽查数据准确性，并公示录入不准确的个人或小组（公示的目的并不是惩罚，只是一种善意的提醒）。

- 将数据分析的结果作为团队周会检查的一部分。让数据运营的理念深入人心，同时也要避免为了让结果好看而产生的造假行为。

- 更重要且有效的方法是通过自动化运维的手段，将研发过程流程化、系统化。由系统根据事件发展来回写相关数据字段。例如，当研发人员完成开发、自测后要提测，而提测时系统会自动触发对"研发结束日期"字段的回写。这样可以彻底解决人工填写日期不准确的问题。

做好基础数据的准备工作之后，就可以进行各种有趣的分析了！

10.3.2　瀑布模式过程分析

对于瀑布模式的项目管理过程，我们可以通过分析关键时间点来找到薄弱环节和相应的优化方式。

需要注意的是，不同公司项目管理、执行的规范不同，我们介绍的内容仅供参考和借鉴，实际落地时必须根据公司和团队的具体情况做调整。

我们从三个角度来加以分析，分别是工作量（包括工作产出和资源投入）、效率和质量。这三者正好对应项目管理的三要素：成本、时间、质量。

工作量分析

首先我们要跟踪管理工作量，以便对产研运作中的资源投入和产出情况有准确把握。工作量分析的相关指标如表 10-1 所示。

表 10-1　工作量分析的相关指标

指标名称	说　　明	计算口径
PRD 完成数量	虽然考核 PRD 编写数量没有直接的意义，甚至会导致追求"量"而损失"质"，但在某些情况下，该指标对管理者考察（而非考核）团队依然有一定的借鉴意义	某个时间范围内已达到了某个质量标准（例如通过评审）的 PRD 数量（包括未开发的需求）
上线需求数量	最基本的工作量统计指标。需要注意的是，需求有大有小，单纯通过上线需求数量并不能严谨地体现工作量，但它依然是一个可选的重要考核指标	某个时间范围内已上线的需求数量
上线需求研发工时	该指标可以反映研发工作量的投入情况	某个时间范围内已上线需求对应的研发工时
研发工时利用率	该指标可以反映研发团队工作量大小。注意，一般研发工时占实际团队人数对应工作量的 70% 左右是合理的。该指标重点分析变化趋势，只看绝对值意义不大	某个时间范围内已上线需求消耗的研发工时（小时）/ 该时间范围内研发在职人数 × 8 小时 × 时间周期（例如 30 天）
上线需求测试工时	该指标可以客观反映测试工作量的投入情况	某个时间范围内已上线需求消耗的测试资源工时

续表

指标名称	说　明	计算口径
测试工时利用率	该指标可以反映测试团队工作量大小	某个时间范围内已上线需求消耗的测试工时（小时）/ 该时间范围内 QA 在职人数 × 8 小时 × 时间周期（例如 30 天）
积压需求数量	该指标可以反映需求池需求的消化情况。虽然不应该以需求池还剩多少需求来衡量工作的产出，但有些公司确实会跟踪这个指标来评估产研团队对需求的支持情况	截至某个时间点需求池中所有未上线、待开发的需求数量

图 10-8 是 M 公司 B2C 产研线团队的上半年需求交付情况分析，从图中可以看出：

- 2 月份，春节后团队的工时投入呈现持续增长趋势，但团队人数并没有增加（假设），说明工作强度在持续增加。

- 5 月份，需求数量下降，但工时投入下降幅度不大，说明有大项目或大需求出现。

- 6 月份，订单团队的上线需求数量有突增，需要关注原因是什么。

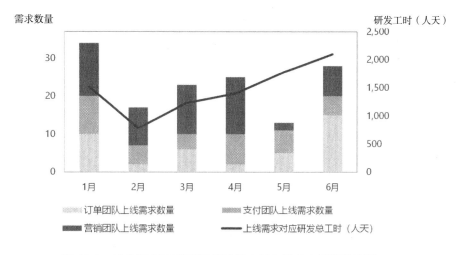

图 10-8　M 公司 B2C 产研线团队的上半年需求交付情况分析

图 10-9 是 M 公司 B2C 产研线团队上半年的工时利用率分析。其中研发的工时基数按照一个月 22 天、每天 8 小时计算，2 月份有春节，按照 15 天计算。

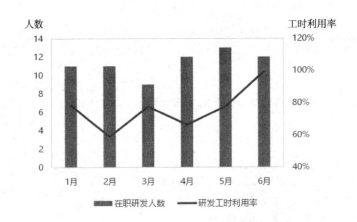

图 10-9　M 公司 B2C 产研线团队上半年的工时利用率分析

例如，1 月份在职人数 11 人，人均工作日 22 天，人均每天工作 8 小时，1 月份上线需求对应总研发工时为 1520 人天，则：

1 月份的研发工时利用率 ＝ 1520 /（11 × 22 × 8）= 79%

从图中可以看出：

- 3 月份，春节结束后有人员离职，4 月、5 月有增员，6 月有减员。
- 2 月份，春节期间整体工时利用率较低，3 月份回升到 1 月份的工时投入水平。
- 5、6 月份，虽然整体研发人数有增加，但是工时利用率在持续增长，6 月份接近 100% 的数值。需要关注团队的工作量安排、工作压力与工作状态。

工程效率分析

工程效率中的产品设计效率和工程实现效率都是需要关注的。表 10-2 是工程效率分析相关指标。

表 10-2　工程效率分析相关指标

指标名称	说　　明	计算口径
需求交付周期	该指标衡量需求的处理效率。虽然产品建设不应该以快速消化需求为出发点，但确实在有些情况下管理者很重视需求交付的效率	需求上线日期 – 原始需求提出日期（例如某月已上线需求的平均需求交付周期）

续表

指标名称	说　明	计算口径
PRD 编写周期	该指标用来衡量设计阶段产品经理的工作效率。虽然并不鼓励考核产品经理编写 PRD 的时间效率，这会导致动作变形，而且该指标很难得到客观的统计衡量，但某些团队在某些情况下可能确实需要参考这个指标	PRD 编写完成日期（达到某个质量标准，例如通过评审）− 需求开始处理的日期（并非需求提出日期）
研发等待周期	理想情况下，设计、研发和测试之间应该无缝衔接，这样效率最高。但实际上几个环节之间有可能出现空档和等待，因此需要分析并优化	研发开始日期 − PRD 编写完成日期
研发交付周期	该指标是衡量研发效率的重要指标之一。现代软件研发实践希望需求颗粒度小、实现节奏快，以便快速应对市场变化和挑战	研发结束日期 − 研发开始日期
测试等待周期	该指标衡量研发人员提测后测试人员的跟进是否及时和顺畅	测试开始日期 − 研发结束日期
测试交付周期	该指标是衡量测试效率的重要指标之一。不过，一般情况下测试人员的工时投入和测试周期，应该与研发人员的工时投入和研发周期有一个大致稳定的比例关系，例如 3∶2	测试结束日期 − 测试开始日期
Bug 停留时长	该指标衡量对线上 Bug 的处理时效性	某个时间范围内产生的 Bug =（已解决 Bug 的累计解决用时 + 未解决 Bug 的累计已等待时间）/Bug 数量
按时上线率	该指标衡量需求能够按预期计划上线的占比	某个时间范围内按计划上线的需求数量 / 该时间范围内所有上线的需求数量

图 10-10 是 M 公司 B2C 产研线团队上半年的工程效率分析。

整体来看，需求交付周期有变长的趋势。主要原因是研发交付周期在变长。这一方面是因为 3、4 月份人员流动性较大，另一方面是因为在整体需求复杂度、工时投入增加的同时，研发人员并没有相应的增加。尤其是 3 月份人员离职导致 4 月份交付周期大幅变长，虽然 5 月份周期有所缩短，但依然维持在高位。

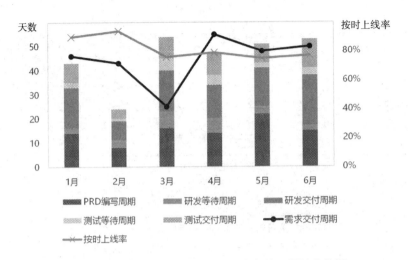

图 10-10 M 公司 B2C 产研线团队上半年的工程效率分析

从细节来看，PRD 编写周期整体稳定。2 月份，春节期间工作量减少，编写时间也有所缩短；5 月份面对的都是大需求，所以编写周期较长。注意，这些虚构数据只是为了方便理解分析思路，并不保证背后的逻辑完全自洽。例如，根据之前的数据，5 月份上线需求数量少，但工时投入大，这在正常情况下应该说明 4 月份编写 PRD 的周期长，因为 5 月份的项目很可能来自 4 月份的 PRD。总之，不必追究数据之间细节上的一致性，只需要理解分析思路即可。

- 3、4 月份的开发、测试等待周期有所变长。3、4 月份有人员流失和新人补充，由于新人不熟悉业务，项目管理的衔接没有之前顺畅，从而造成等待周期变长。
- 研发周期从春节以后开始持续变长，这也是整体需求交付周期变长的关键原因。
- 上半年的按时上线率在持续下降，这可能也是工作量增加、新人变多等原因导致的，还需要进一步分析上线延期、需求变更的统计情况。

针对工程效率分析，还可以深入分析不同团队的表现情况来找到更细致的原因，此处不再赘述。

工程质量分析

最后要探讨的是工程质量分析，我们把管理效率、设计质量一并纳入这个范畴。

虽然管理效率和工程质量没有直接关系，但管理混乱绝对会影响工程执行，从而间接影响工程质量。管理效率分析的相关指标如表 10-3 所示。

表 10-3 管理效率分析的相关指标

指标名称	说　明	计算口径
需求插队数量	软件研发最不希望需求插队。虽然这很难避免，但至少要监控其变化情况，尽量将插队的需求控制在一定的范围内	某个时间范围内影响计划中任务的插队需求的任务数量
需求变更数量	需求变更有多方面的原因，发生需求变更的同时要记录原因，以便分析类别	某时间范围内通过评审但方案又发生变化的 PRD（或需求）数量
需求暂停数量	需求暂停同样要记录原因，以便归类分析	某时间范围内研发人员已排期（不论是否已经开始开发）却又被暂停的 PRD（或需求）数量
需求终止数量	终止指不再重启，是明确的停止	某时间范围内研发人员已排期（不论是否已经开始开发）却又被终止的 PRD（或需求）数量

图 10-11 展示了 M 公司 B2C 产研线团队 Q1（第一季度）所有被暂停过的需求的暂停原因分布情况，可以看出主要原因是需求方的需求变更。

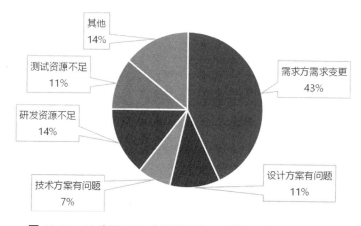

图 10-11 M 公司 B2C 产研线团队 Q1 需求暂停原因分布情况

我们想进一步分析哪些团队总是出现需求暂停，因此调出图 10-12 的分团队的暂停需求月度变化趋势。可以明显看出 3 月份营销团队出现了很多暂停的需求。

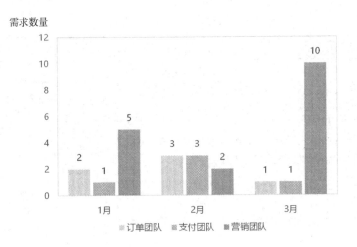

图 10-12　B2C 业务线不同团队需求暂停的数量按月汇总分析

接下来要分析的是设计质量。对设计质量的评估有一定的难度，因为很难说清楚设计是好是坏。通过分析 PRD 一次性评审通过的数量来衡量是一种可能的办法，当然使用时需要谨慎。设计质量分析相关的指标如表 10-4 所示。

表 10-4　设计质量分析相关的指标

指标名称	说　明	计算口径
一次评审不通过的 PRD 数量	PRD 的编写质量和产品设计质量比较难分析，可以尝试统计评审不通过需要再次修改的 PRD 数量，或者干脆让研发人员对 PRD 进行匿名打分	某时间范围内不能一次评审通过的 PRD 数量（也可以是需求的数量，不过有时候需求和 PRD 并不是一一对应的关系。具体怎么定义不重要，重要的是定义后的口径不要再变更）

最后是对研发质量的分析。完整、专业的研发质量分析，是研发团队必须完成的工作，产品经理同样需要了解。表 10-5 给出了一些研发质量可能的分析角度（相关指标）。

表 10-5　研发质量可能的分析相关指标

指标名称	说　明	计算口径
需求 Bug 数量	研发人员提测后测试团队发现的 Bug 数量	需求提测后发现的 Bug 数量

续表

指标名称	说　明	计算口径
千行代码 Bug 数量	为了避免给一线人员带来"做得越多，错得越多，Bug 越多"的困惑，统计一定量级的代码对应的 Bug 数量是业界可能采用的一种实践	每千行代码提测后产生的 Bug 数量
Bug 的二次打开量	用来衡量研发人员修复 Bug 的工作质量	修复后测试未通过的 Bug 数量
系统稳定性	系统稳定性是衡量系统对业务稳定支撑的重要指标。一般产研团队可以做到 99.9% 的稳定性（俗称 3 个 9）。如果想做到 4 个 9，要付出非常大的代价；如果想做到 5 个 9，要付出更加巨大的代价。团队应该根据实际情况来定义一个稳定性目标，例如用 5 个 9 要求 BAT 的业务是合理的，但用来要求 C 轮创业公司是不合理的	一年内系统运行中断的时长（不包含停机检查和停机更新）／一年总时长。3 个 9 对应的稳定性时长为（1－99.9%）×365×24=8.76 小时，即一年中业务中断时间不能超过 8.76 小时；4 个 9 对应的是 52.6 分钟；5 个 9 对应的是 5.26 分钟

以上所有分析指标都可以通过共同的维度进行交叉分析。**常见的分析维度包括时间周期、产品线、研发团队、产品经理等**。例如，我们可以分析不同产品经理的 PRD 编写周期，也可以分析不同研发小组的研发交付周期。总之，**提前设计好团队的整体分析思路，长期跟踪数据，优化过程，捕获异常情况，排查问题等**，都值得我们投入精力去实践。

10.3.3　迭代模式过程分析

敏捷迭代模式下的分析工作，比瀑布模式下的要简单很多。首先，一旦迭代内容确定后，需求是不允许随意调整、插队的（至少理论上如此）。其次，迭代过程中没有必要跟踪每个需求，因为在迭代模式中需求会被打散成多个研发、测试子任务，以便进行乱序或并行的开发。很难说清楚对每一个需求进行研发、测试的周期和节奏。而且，如果能做到半个月一迭代，对每个需求研发周期的统计分析就没有意义了。

当然，对于某些分析主题，可以参照上面介绍的思路，应用敏捷迭代模式。例如需求从提出到上线的平均耗时，以及产品经理背后对应的工时投入等，根据实际情况判断和选用即可。

在 Scrum 的敏捷迭代模式中，有两张常用的分析图表：燃起图和燃尽图，专用于迭代过程的监控分析。

燃起图

燃起图（Burn Up Chart），用来描述在每个迭代执行开始后，工作量是否在按计划逐步落实。如图 10-13 所示，横轴是时间（可以是日期或迭代的周期），纵轴是不同阶段应该投入的累计工时，或敏捷点数、需要完成的任务数。敏捷点数也叫故事点数，是敏捷开发中的概念，可作为敏捷团队评估工作量的度量单位，具体数值一般取决于敏捷团队的实际研发经验。注意，敏捷开发中的"点数"和研发工作量统计中的"人日"并没有明确的换算关系。

从图 10-13 可以看出，在第 3、4 天工时投入略低于预期，随后超出了预期并提前完成工作，在第 14 天提前完成所有工作。

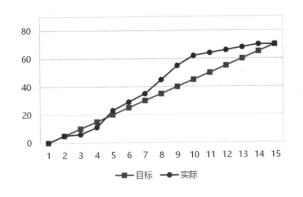

图 10-13　燃起图

燃尽图

燃尽图（Burn Down Chart），用来描述每个迭代开始后，所有剩余的工作是否在按计划逐渐减少。如图 10-14 所示，横轴是时间（可以是日期或迭代的周期），纵轴是随着时间流逝还剩多少工时待完成（或敏捷点数、需要完成的任务数）。

从图 10-14 可以看出，从迭代的第 3 天开始，工作的完成情况持续滞后于计划，在第 13 天时情况有所好转，而后续数据还需要持续跟踪。

基本上所有的敏捷项目管理软件都提供标准的燃起图、燃尽图，这两张图更多地用于项目执行过程中的迭代分析。

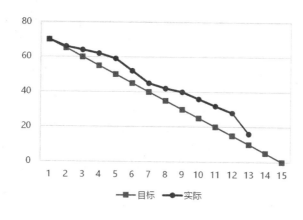

图 10-14　燃尽图

10.4　B 端项目的挑战与推进

B 端软件系统的复杂性给项目管理工作带来了众多挑战。接下来具体介绍一下如何在项目管理中升级打怪，保证产品顺利交付。

10.4.1　B 端项目管理面临的挑战

B 端项目管理经常面临如下两个挑战。

- 容易发生跨端（跨系统）现象：在团队规模小时，一个研发团队管理着所有的系统，或者所有的模块都在一个系统里，很少出现跨端现象。随着系统复杂度增加，子系统越来越多，分工越来越细，各个团队负责各个业务线的不同系统。这种情况下，公司发起的跨端任务自然会引起跨端现象。更常见的是，单个业务方的需求导致多个业务系统都需要做出修改，从而产生跨端现象。跨端会带来各种困难，例如难以获得其他团队的支持，难以确定整体的排期等。
- 项目周期长：当 B 端项目出现跨端现象，或者涉及流程改造等复杂需求时，都会面临较长的项目周期，而项目周期拉长就会存在各种变数和不确定性，导致项目出现风险。

如何理解单个业务方需求带来的多系统跨端协作问题呢？我们以分销业务为例进行说明。假设分销业务想对某些客户购买的某类商品做特殊包装处理。这是一个很明确的需求，会涉及如下几个系统的修改：

- 需要对这些客户进行标识，因此存储客户资料的客户主数据系统需要增加一个标记字段。

- 分销运营管理后台要有能修改客户资料的维护界面，且支持字段的维护。

- 下单系统要识别已标识的客户，在订单上打标记。

- 仓储系统要识别订单标记，为特殊商品安排特殊处理流程。当然，仓储系统也可以通过"客户属性"字段识别特殊诉求，但是为了保证业务的可扩展性，这里采用通过订单来标识的方案。如果将来这些客户又有新订单需要按照特殊标准包装处理，则系统很容易实现支持。但是也要意识到，为了这个潜在的"可扩展性"，有可能产生让订单系统多做一次标识处理的"过度设计"。

可见，对这个特殊分拣需求的实现，涉及对客户主数据系统、分销运营管理后台、订单中心、仓储系统、配送系统五个核心系统的修改。

10.4.2　如何协调并推动跨端协作

B 端项目往往跨多条业务线、多个系统、多个研发团队，周期长、复杂度高，而 B 端产品经理很多时候要直接承担项目管理工作。面对复杂的 B 端项目，如何协调好各方以获得成功呢？

明确项目收益和价值

任何项目都应该提前预估收益和投入产出比，从而判断是否有必要推进。明确项目收益和价值是对项目负责的做法，即便很多时候预估的项目收益可能和实际情况有比较大的偏差，但也有理由这样做。

- 项目收益作为一个目标，是引导项目组聚力前行的重要动力。

- 明确的项目收益预估是说服其他团队认可并配合项目的有力"武器"。如果项目发起方都不知道项目收益和价值是什么，或者无法证明项目收益和价值，必然无法说服其他合作团队。

- 明确的项目收益是决策层进行项目资源调拨时的重要参考依据。

因此，跨端项目推进的第一步就是明确项目收益和价值。分析清楚项目收益和价值的前提是，对业务的诊断、分析尽可能全面客观，这样才能产生有效的解决方案，并推算出预期的收益和价值。

找到 KP 并积极游说

产品经理必须具备很强的推动力，要驱动事件发生与改变。产品经理需要像一名推销员，去各个相关的团队"兜售"自己的方案和项目，尤其要有办法找到关键人物（KP，Key Person），以便积极游说以获得其支持。如果只在执行层面游说，即使表面上获得认可，只要对方来一句"我支持你，但我还得请示领导"，所谓的突破就都是无用功了。因此，不论是说服业务团队、产品团队还是研发团队，都需要找到关键人物（决策人员），针对正确的对象采取"攻势"。

保持强大的推动力与执行力

产品经理负责推进整个项目，在面对困难和挫折时要不气馁、不放弃，保持战斗力十足。所谓强大的推动力和执行力，其实就是在合适的分寸内努力争取最佳的执行效果。

例如，需要对方反馈一个结论，但是对方总是不回复，可能是根本没把这件事放在心上，也可能是对方因不想配合故意拖延，也可能是真的忘记了。面对这种情况，是淡定从容地每周催问一次，还是穷追不舍地每天催问一次呢？如果一周催一次，那么很可能永远得不到反馈，因为对方会认为你自己都不重视；如果每天催一次，虽然对方会很烦，但还是会把这件事印在脑海中，而且对承诺过的事情也不能一再推辞，最终极有可能"迫于压力"给你想要的结论。

通俗来说，强大的执行力和推动力不仅要不忘事，还要上着发条般地追进度、盯过程、要结果。这样虽然可能会让某些合作伙伴暂时产生不舒服感，但只要是为了推动项目，为了要结果，为了产出价值，最终这种积极的态度会得到认可和赞扬。

总之，跨端项目的执行和推进需要全力投入，既要有耐心，又要有技巧。如果有统筹管理跨端项目的机会，一定不要退缩，这是锻炼个人综合能力的绝好机会。

10.4.3　如何把控项目进度

B 端项目面临的第二个挑战是项目的周期长、复杂度高、变数大，项目进度不好把控，但只要做到以下几点，就能够较好地控制项目进度。

细化工作并明确交付

面对复杂的工作，需要先厘清脉络、制订时间计划、列出行动步骤，这样后期执行起来才能心中有数。同样，在项目管理中，将工作细致拆解，并明确每一个细化事项的责任人、交付物、时间点，做到对每一个细节的掌控，也就保证了对整个项目的掌控。在传统项目管理中，细化工作有一个专业术语，叫工作分解结构（WBS，Work Breakdown Structure），采用的是相同的思路。

当然，细化工作有一个基本前提，即解决方案本身的设计是正确的，如果大的设计方案有误，或解决问题的核心思路不对，再细致的工作拆解也是没有意义的。在思路正确的大前提下，细化工作就是自顶向下的金字塔思维的实践。由粗到细，从全局到细节，拆解工作的同时既能够产生更深入的思考，也能够随时审视整体方案。

在 2.3 节中，产品经理接受设计分销平台的任务后所列出的工作计划甘特图，实际上就是细化工作的体现。

通过机制把控进度

制订了详细的工作计划，明确了责任人、交付物、时间点，一切安排得井井有条，但这并不代表工作就能顺利开展，也不代表一切都会按计划执行，因为在项目开展的过程中，肯定会出现各种问题和意外，例如需求变更、方案调整、人员流失等。如果想及时发现并解决问题，就需要设定一些项目机制，对项目进行监控和约束，确保项目有序推进。以下是比较好的实践方案。

- 开展定期会议（例会）：定期将**项目的各方**参与人员聚在一起，回顾上一次会议以来的进展、遇到的困难、下一次会议之前的计划，这非常有必要。例会需要注意以下几点。
  - ➢ 项目的各方核心参与人员必须准时出席会议，不能随意请假。
  - ➢ 请参会各方在会议前整理好问题，这样讨论才会高效。
  - ➢ 控制会议时间，不宜过长或过短。
  - ➢ 例会一旦确定下来，就必须切实贯彻执行，不能三天打鱼两天晒网。
  - ➢ 例会不能太过僵化或形式主义，否则会让人厌烦，效果不佳。
  - ➢ 可以根据不同阶段的节奏对例会的周期做出调整。例如，项目初期每周一次，项目中期两周一次，项目尾声每周两次。
- 开每日站会：站会是敏捷开发中经典的工作方式。对于软件研发项目，在**团队内部**开每日站会的确是非常有效的工作机制。
  - ➢ 每日站会可以保证团队成员的到岗时间不会太离谱。站会的开始时间不能太早，也不能太晚。对于国内大多数互联网公司的考勤要求来说，上午十点半是比较合适的时间点。

> 每日站会可以保证团队快速交流前一天遇到的问题和当天要做的工作，快速识别问题，找出解决方案。

> 严格控制时间，不能太长，否则容易降低效率。

● 形成日报或周报：需要形成项目日报和周报，并发给项目的所有相关人员。除了通报项目进展情况，项目日报和周报还有一个重要的作用，就是警示风险，让相关人员知晓问题，并推动责任人去解决问题。

编写内容清晰的项目日报或周报

前面提到的项目日报或周报是管理项目、通报进度的重要工具。一份编写清晰、重点突出、简明扼要的项目日报或周报，能够让人深刻印象，也能够让人直接看出编写者的职业素养和专业性。

项目经理要利用项目日报或周报来争取关注度和资源，解决项目中遇到的问题。项目日报或周报的编写务必严谨认真，下面以项目周报为例来介绍编写思路和要点，项目日报与之类似。

● 本周进展：简明罗列本周的重要进展。

● 项目风险：一般会用红色加粗文字罗列遇到的项目风险和可能的解决方案，可以@相关人员向其强调某些要求。对近期已经解除的风险，可以保留描述，但要加上删除线。

● 下周计划：简明罗列下周重点工作，以及每项工作的负责人和要求完成时间。

● 整体进度：通过"甘特图"或其他形式说明整体项目计划和关键里程碑，并标记目前项目完成度。

以上信息足够说明项目情况。以下是分销平台开发过程中的项目周报案例，读者可以参考其编写思路及格式。

本周进展：

● 客户模块开发进度正常，已完成 80%。

● 订单模块的开发完成 50%，开发进度延期一周。

项目风险：

● （高风险描述可以用红色文字来强调）订单模块没有按照计划完成开发自测，延期一周，请@订单 RD，务必于下周一之前给出解决方案。

下周计划：

- 客户模块完成开发自测，负责人 XX，截止日期 YY。

- 订单模块完成开发自测，负责人 MM，截止日期 NN。

整体进度：

项目完成 70%，风险可控，图 10-15 是项目整体进度图。

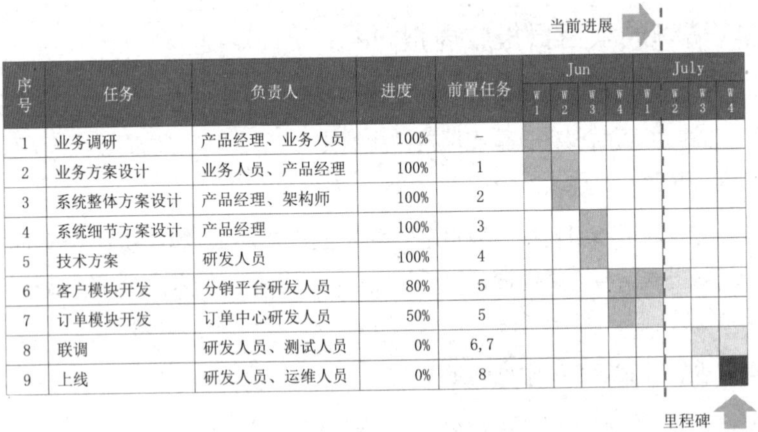

序号	任务	负责人	进度	前置任务	Jun				July			
					W1	W2	W3	W4	W1	W2	W3	W4
1	业务调研	产品经理、业务人员	100%	—								
2	业务方案设计	业务人员、产品经理	100%	1								
3	系统整体方案设计	产品经理、架构师	100%	2								
4	系统细节方案设计	产品经理	100%	3								
5	技术方案	研发人员	100%	4								
6	客户模块开发	分销平台研发人员	80%	5								
7	订单模块开发	订单中心研发人员	50%	5								
8	联调	研发人员、测试人员	0%	6,7								
9	上线	研发人员、运维人员	0%	8								

图 10-15　项目整体进度图

保持足够的责任心

在把控项目进度时，团队的责任心，尤其是项目经理的责任心，是非常重要的影响因素。良好的项目管理制度可以在一定程度上保证项目可控，然而仅仅有制度约束还不够。因为制度只提供了一种工具和方法，如果团队成员没有足够的责任心，就无法将制度执行好，将工具利用好。例如，通报的周报可能无法清晰有效地呈现风险；即使呈现出风险，相关人员可能没有仔细阅读并识别问题；即使识别出了问题，可能没有人站出来追究并解决问题。

还要注意，项目的其他参与人员可能只负责把自己的工作做好，不会从整体上关心项目，这是可以理解的。如果项目经理的责任心不够强，那么当任何一个环节出问题时，没有人能够从整体上解决问题、推进项目，就会导致项目延期。所以项目经理的责任心是尤其重要的。前面讲过，很多时候公司没有专门的项目经理，这时就需要产品经理肩负起这份责任。

在我之前就职的公司中，有一个中型项目已经进行了一多半，其中有一位很重要的前端工程师是外包人员。本来项目进展还比较顺利，但是没想到这位工程师和所在的外包公司产生了冲突，萌生了离职的想法，并且他只把这个想法告诉了项目组中和他关系较好的 QA（测试人员）。

QA 对这位前端工程师离职的事也没有太在意，只是在和项目经理闲聊时提了一下。如果项目经理觉得这是技术团队的事情，不用自己干涉，那么此事的结果很可能就是外包工程师找好下家后直接离职，这必然会对项目产生一定的影响（至少会导致项目延期半个月以上）。幸运的是，这个项目的项目经理是一位非常负责、积极主动的女孩，她和大家的关系都非常好，经常找不同人聊天，沟通感情，看看有没有遇到困难。

项目经理得知这个信息后，马上给技术负责人、产品负责人反馈，并且和技术负责人一起努力推动自己公司将外包的前端工程师直接招聘进来。过程中虽然遇到了一些阻力，但是项目经理真心诚意地帮助技术负责人克服困难，最终成功解决问题，化解了项目风险，得到了项目组所有人员的敬佩和信任。

总之，在项目管理中，合理拆解并细化工作，制订良好的项目执行机制，再加上足够的责任心，就可以对项目进度有较好的控制和掌握。

第 11 章

B 端产品的运营管理

产品上线，并不意味着工作结束，而应该开启持续的推广、运营工作，一方面确保产品能够落地并切实提供价值，另一方面要跟踪评估产品效果，持续地进行产品迭代和优化。

本章首先对 B 端产品运营进行分类，不同类型的 B 端产品运营的工作内容有很大的区别；然后介绍商业化软件产品，主要指 SaaS 产品的运营工作；接着介绍甲方内部系统落地的运营推广；最后介绍在当前企业数字化转型、内部系统建设过程中，产品经理、业务团队、运营团队这些岗位和部门之间组织协同的挑战和应对方案。

11.1　B 端的产品运营工作

俗话说，运营工作是个筐，什么工作都往里装。

一旦提到运营两个字，很多人都会想到工作繁杂且琐碎。

确实，运营工作的细分方向非常多，单纯从 C 端业务来讲，就包括活动运营、用户运营、会员运营、社群运营、新媒体运营、内容运营等，而 B 端的产品运营则包括乙方商业化软件产品的运营，以及甲方内部系统建设的推广运营。

不论运营工作有多么繁杂，核心本质都是相通的，即对产品进行推广，帮助更多的客户和用户使用产品并获取价值，最终实现公司的商业价值。

11.1.1　产品经理必须具备运营的意识

产品经理，要对产品的全生命周期管理负责，从市场分析、需求采集，到方案设计、研发上线，再到运营推广、持续优化。往上游走，产品经理要深入客户和业务；往下游走，产品经理要对交付功能的落地和应用负责。

在传统 IT 项目制交付中，很多时候，项目组完成软件方案设计，上线后工作就结束了，对于软件是否带来了实际的价值，是否应该持续优化，并没有很好地跟踪处理，往往也不关心，当然，这也是由商业模式决定的。

如今数字化运作的公司对软件产品交付后的推广和优化提出了更高的期望和诉求。甲方的软件设计人员不仅要分析问题，设计、上线产品，还要持续地推广产品，跟踪、分析产品是否真实地解决了业务问题，并进行持续优化；而乙方软件设计人员，尤其是 SaaS 公司的产品经理，除了要判断产品给客户和用户带来的实际价值，还需要考虑产品是否帮助公司实现了商业价值。

因此，不论是身处甲方还是乙方，不论业务是做内部自用系统还是商业化软件，产品经理都需要具备运营的思维和意识，对产品进行持续的闭环管理。

11.1.2　B 端运营工作的分类

根据不同的业务形态，B 端产品运营岗可以划分为以下几类。

- SaaS 模式：该方向的运营岗位定位比较宽泛，可能包括市场、销售、实施、客户成功等工作方向。

- IT 项目制：在该方向上，乙方公司一般不会设置运营岗位，相关工作由项目经理兼任，工作内容可能包括系统上线后的培训、答疑、问题收集等。

- 甲方针对内部业务系统的产品运营：工作内容包括系统上线后的推广、宣传、问题解答等。

- 双边市场的供给端运营：如商家运营、店铺运营。在 21 世纪 10 年代的互联网公司内，提到 B 端产品一般指商家端产品，B 端产品运营也指的是商家运营。现在有些公司依然保留了这种叫法，大家了解即可。

接下来，我们会重点探讨 SaaS 的产品运营，以及甲方企业内产品的运营，这是比较有代表性的两类 B 端运营工作。

11.1.3　B 端运营与 C 端运营的区别

B 端运营和 C 端运营在工作目标、工作内容、技能要求、职业发展上的区别都非常大，表 11-1 总结了 B 端产品（SaaS 产品、企业对内产品）和 C 端产品的运营工作之间的区别。

表 11-1　B 端产品与 C 端产品的运营工作之间的区别

	SaaS 产品	企业对内产品	C 端产品
工作目标	• 线索量 • 签单量 • 续费率	• 用户满意度 • 业务 KPI	• DAU • 转化率
工作内容	• 市场获客 • 销售转化 • 项目交付 • 客户服务	• 产品推广 • 问题解答 • 需求收集 • 业务诊断	• 内容运营 • 活动运营 • 用户运营 • 新媒体运营
技能要求	• 行业知识（对业务领域的理解） • 专业知识（如获客、转化）	• 行业知识（对业务领域的理解）	• 脑洞 • 创意
职业发展	• 业务专家 • 售前/售后顾问 • 业务负责人	• 业务专家	• 运营负责人 • 业务负责人

运营工作本身就是一个比较宽泛的概念，在 C 端业务领域，不同的运营细分岗位需要具备的能力是相通的，作为一名运营专家，需要同时具备活动运营、用户运营、新媒体运营等经验；但是在 B 端业务领域，尤其是 SaaS 领域，市场、销售有完全不同的工作内容，一般从业者都是在某一个方向上深耕，基于长期的职业选择来实践和积累，虽然他们很多时候都被模糊地称为产品运营，但做的是完全不同的工作。

11.2　SaaS 产品的运营

介绍完 B 端运营的基本类型，再来探讨一下 SaaS 产品的运营岗位，涵盖但不限于从获客、转化到服务的各阶段工作。因为获客、客户成功等的工作技能要求和发展路

径完全不同，所以在找工作时，如果 JD（Job Description，职位描述）模糊地写着 B
端产品运营岗，则一定要看清楚岗位描述中具体的工作内容要求。

11.2.1　SaaS 的运作模式

SaaS 模式和 IT 项目制在商业运作的逻辑上有着本质的区别，整个获客、转化、服
务模式完全不同。图 11-1 摘自《硅谷蓝图》一书，其很好地描述了一个典型 SaaS 公司
可能拥有的业务运作模式，从获客到转化，以及持续服务后的增购、复购，首先客户
结构呈现出经典的销售漏斗结构，然后客户价值又被持续放大，最终呈现出蝴蝶形结
构。

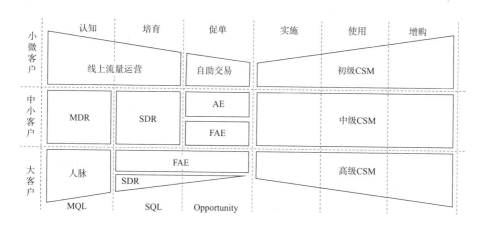

图 11-1　SaaS 业务的运作模式

图 11-1 中根据消费能力将客户划分为小微客户、中小客户（SMB，Small and
Medium Business）、大客户（KA，Key Account）三个群体，不同客户群体的销售、服
务策略并不相同。

相关缩写解释如下：

- MDR（Marketing Development Representative）：市场开发代表，一般指市场人
  员。

- SDR（Sales Development Representative）：销售开发代表，一般指线索清洗人员。

- AE（Account Executive）：销售人员，一般指电话销售。

- FAE（Field Account Executive）：区域销售人员，一般指地面销售。

- CSM（Customer Success Manager）：客户成功经理。
- MQL（Marketing Qualified Lead）：画像客户，初步未过滤线索。
- SQL（Sales Qualified Lead）：意向客户，被核实过的线索。
- Opportunity：商机，有实际需求的潜在客户。

小微客户的特点

小微客户可能的客单价范围是 1 万元以内（注意，这个客单价范围是我根据经验进行的大概判断，主要用于大家参考和对比，下同），在企业市场，这是一个非常低的客单价。这类客户一般没有专职销售跟进，应尽量采用自动化运营的手段，引导他们进行线上自主交易、自主下单（现实中，由于竞争压力巨大，很多乙方公司依然会配备专职销售跟进低客单价客户群体）。在产品实施阶段以及客户成功服务阶段，考虑采取一对多的服务策略，降低服务成本，尽量引导客户全程自助购买、自主使用。

中小客户的特点

中小客户可能的客单价范围是 1 万元到 30 万元，针对这类客户群体，在乙方公司获得线索后，首先由专门的线索清洗团队（SDR）初步确认他们是否是目标客户，如果是则转给电销团队（AE）跟进，如果判断是潜在客户，会将其转换成商机（Opportunity）并分配给面销团队（FAE）进一步转化。当然，不同公司的作业流程可能不完全相同，但核心路径是一致的，首先清洗线索，然后判断意向，最后转换成商机跟进。

大客户的特点

大客户可能的客单价范围是 30 万元以上，上不封顶，大型的企业级软件项目从硬件到软件再到集成，总包费用可能会达到几千万元。大客户商机的获取一般靠的是人脉资源，或者大客户只会选择几家头部乙方公司竞标，整个销售开发周期非常长，有些甚至超过 1 年。针对 KA 客户的运作模式已经不是 SaaS 所期待的轻量级模式，而偏向经典的 IT 项目制销售和管理了。

11.2.2　SaaS 的销售与服务

集客式营销获客与转化

在以上三种客户群体中，对于 SaaS 生意，最理想的是小微客户的作业模式，纯自动化、自助化解决，这更像一个科技型企业该有的样子。但现实中，只有工具型产品、基础服务产品或者很轻量级的业务型产品才能使用这种方式。首先，因为这些产品本身使用简单、客单价低，用户自己可能就是购买决策者，也具备预算控制能力，所以比较容易进行自助化运作。

对于业务型产品，甲方的购买流程复杂，涉及决策人较多，客单价高，审批管控严格，所以很难做到自动化售卖，为了不丢单，在竞争激烈的环境下，会安排专职销售人员跟进这类客户，因此电销、地推一个都不能少。

SaaS 公司从自身的科技属性和模式特点来讲，期望更多地以自助模式实现转化和服务。因此，绝大多数 SaaS 公司都采用了**拉式营销**（Pull Marketing），尤其是**集客式营销**（Inbound Marketing）的理念，通过优质内容的持续输出，吸引越来越多的潜在客户持续关注，产生信任，最终自发转化（或者强有力地帮助销售人员培育客户，助攻销售人员完成转化）。这和传统**推式营销**（Push Marketing）靠主动打广告、上门推销，是完全相反的思路。

在集客式营销模式中，企业需要有一整套完善的自动化运营策略，包括新客户的激活、沉睡客户的唤醒、流失客户的挽留等，针对不同客户细分群体，要结合不同的场景，产生不同的自动化营销策略。

持续的客户成功与服务

当客户首次订阅后，SaaS 公司要持续跟踪客户，一方面帮助客户使用软件来助力业务，另一方面要引导客户完成续费和增购，这都是客户成功部门（CSM）重要的工作目标。在这个过程中，也需要自动化运营的策略和思路，例如通过埋点数据监控客户使用软件的行为，如果发现使用量降低或者通过软件产生的业务数据减少，要第一时间跟进，判断客户是否遇到了使用困难或者产生了流失风险，进行提前预警和处理。

综上，SaaS 软件部署在云端，强调线上的获客和转化，不论是客户的行为数据还是业务数据，都可以充分应用，形成精细化的运营策略，完成全生命周期的客户服务工作。

11.3　企业对内部产品的运营

以前，企业上线一套管理软件系统后，推广、使用具有强制性，靠行政命令要求大家使用，运营的定位和意识都很弱。现如今，越来越多的企业认识到，如果想让软件系统能够真正切实地帮助企业解决业务问题，赋能一线，就不应该简单地一刀切，而应该在上线后，通过持续的推广、宣导、服务，让好功能被用起来，为业务人员提供切实的帮助，助力业务。

不论是自研的软件系统，还是外采的软件系统，上线前，都应该做好运营规划，上线后，都应该认真落实、执行运营计划并持续优化迭代产品。

11.3.1　内部产品的运营工作内容

对内部产品的运营工作，不仅包括上线后的推广培训，还包括问题解答处理、需求采集过滤、项目效果分析、业务诊断分析等方面，接下来我们分别进行介绍（以下内容也同样适用于乙方公司推广宣传）。

产品功能推广培训

B 端产品的功能上线后，一方面要在线上进行推广宣传，例如消息推送、公告通知等；另一方面，针对比较复杂的升级改造，还需要组织业务团队进行现场培训。

例如，宣传时可以做一些吸引人的易拉宝，摆在业务团队面前进行曝光；也可以组织一些考核功能使用熟练程度的比赛，对于熟练的一线人员进行奖励。这些工作都需要花时间和精力完成。

问题解答处理

在使用系统的过程中，业务用户肯定会遇到各种各样的问题和困惑，有时候是遇到 Bug，有时候是因为不理解规则，有时候是不知如何操作，产品运营人员需要在线上对问题进行解答和处理，帮助用户解决问题。

对于刚上线的系统或功能，产品经理可以组建试点用户群或热心用户群，搜集问题并进行快速改善；在日常推广使用中，针对全员的问题进行解答，可以由专门的运营团队负责，以保证处理效率。

为提高各方效率，可以设计一个问题处理、过滤的流程：一线业务人员反馈问题后，首先由产品运营人员及时响应和跟进；如果确认是系统问题，则提交给产品经理，请他再次核实；如果确认是系统 Bug，则由产品经理提交给研发人员。这样可以避免一线用户直接找研发人员，影响研发工作。

需求采集过滤

产品运营人员可以帮助产品经理采集需求并进行整理汇总，和产品经理一起持续优化产品。专业的运营人员能够判断需求的好坏、强弱，帮产品经理识别、过滤有价值的需求点，让产品经理能够更加聚焦痛点问题，提高问题诊断和产品设计的效率。

项目效果分析

产品经理要对上线的功能进行持续的数据分析和观察，这个工作也可以委托产品运营人员完成。甚至，运营人员作为独立第三方，在评估的过程中会更加客观、中立、公正。

业务诊断分析

高阶的产品运营人员还要和产品经理、业务团队一起诊断业务、分析问题、提出解决方案，并推动解决方案落地执行。

综上可以看出，产品运营人员的工作范畴较为宽泛，而且 B 端产品运营人员和产品经理需要相互配合，共同解决问题。

可见，企业对内部产品的运营工作，为产品经理提供了很好的帮助，运营人员需要与产品经理一起配合，一起打磨产品，通过产品赋能助力业务。

11.3.2　内部产品的运营推广四步法

不论是一套全新的系统，还是某个新研发的功能模块，在企业中使用、推广时，我们都要避免一开始就试图全面应用，而应该做一些小范围的试点。这一方面可以控制系统出错带来的风险，另一方面也可以通过持续打磨产品来树立标杆。

我们可以通过四个步骤来完成一个内部产品（新系统或新功能）的运营推广工作，如图 11-2 所示。

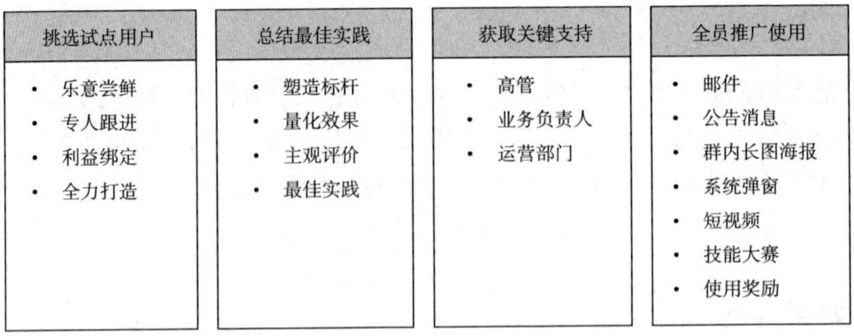

挑选试点用户	总结最佳实践	获取关键支持	全员推广使用
• 乐意尝鲜 • 专人跟进 • 利益绑定 • 全力打造	• 塑造标杆 • 量化效果 • 主观评价 • 最佳实践	• 高管 • 业务负责人 • 运营部门	• 邮件 • 公告消息 • 群内长图海报 • 系统弹窗 • 短视频 • 技能大赛 • 使用奖励

图 11-2　对内部产品上线后的运营推广四步法

步骤一：挑选试点用户

在试点开始前，首先要挑选愿意配合的试点用户。当然，很多时候试点用户可能是提前就安排好的，但应尽量保证试点用户是愿意尝鲜、探索的热心用户。产品经理一定要和业务伙伴一起合作完成项目，避免孤军奋战，这样才能保证项目后续工作的顺利开展。

步骤二：总结最佳实践

试点期间，首先要验证功能点背后的痛点是否准确，功能点设计是否正确，其次要解决早期版本中的各种 Bug，持续优化打磨产品，优化业务机制和流程，最终要产生业务效果，通过量化分析证明结果，同时总结最佳实践。

步骤三：获取关键支持

在企业内推广产品，获得高层和管理团队的认可、授权是非常有必要的，产品经理和运营人员需要做好最佳实践的总结与包装，让高层和管理团队认识到产品存在的价值，即便他们给予的是口头支持，也对后续工作开展非常有帮助。

步骤四：全员推广使用

当一切准备妥当，正式进入全员推广使用环节时，要通过一切手段和资源，将产品推广出去，建起口碑。

需要注意，现代人的注意力非常有限，类似邮件、公告、说明书这种推广通知形式已经没有太大意义，即便做成有创意的短视频，如果在前几秒不能抓住人眼球，产生吸引力，一样没人愿意看下去。所以，推广宣传需要很用心地包装、设计。如果因为推广不力，造成了精心设计的好产品没有物尽其用，那将是多么遗憾的事情！

产研经理必须学会包装产品，在公司内打造影响力。在产品试点及后续的过程中，要记得随时保存、记录用户对产品的表扬、夸赞（如聊天截图、感谢视频、锦旗、聚餐发言等），这是后续推广和汇报时可以使用的有力证据。很多时候，产研团队总是过于"内向"，不善于包装、宣传团队的工作成果，这点必须改正！如果想为团队和项目组进一步争取资源，在公司内建立口碑和影响力，就必须重视素材的积累以及产品的包装和宣传。

11.4　跟踪产品上线后的使用情况

不论是 SaaS 产品，还是内部自研系统，产品功能上线后，都要进行持续的跟踪分析。一方面判断功能是否取得了预期的业务价值和收益，另一方面要观察用户的使用情况。在 B 端产品领域，评估产品带来的业务价值、收益的确有难度，但至少我们可以监控分析功能上线后的使用情况，如果没有人使用，绝对是哪里出现了问题！

11.4.1　通过埋点数据跟踪用户行为

我们在第 5 章中已经介绍过数据埋点的基础知识，现在让我们来看看具体的应用案例。

跟踪新功能上线后的使用情况，最简单的办法是，观察功能页面的 PV、UV 变化；还可以加入维度分析，如通过业务团队（对内部产品）、客户群体（对 SaaS 产品）进行流量分组；此外，还可以利用 COHORT 进行留存分析。接下来，我们通过一个 COHORT 模型分析案例带着大家感受产品上线后跟踪分析的趣味性和必要性。

在 M 公司分销平台的持续迭代优化中，果冻在"分销商城前台"（还记得吗？这是给下单人员使用的 H5 系统）中设计并上线了独立的四个新功能，并通过第三方埋点软件跟踪了功能上线后的使用情况，得到了四张 COHORT 留存分析表，如图 11-3 所示。表格中的第二列代表每天访问该功能的新用户数，百分比代表在接下来的几天中继续使用功能的新用户占比。老马要求果冻仔细分析并解读这份数据。

功能点1

日期	新访客	Day1	Day2	Day3	Day4
Day1	100	5%	2%	1%	1%
Day2	30	5%	3%	1%	
Day3	20	4%	1%		
Day4	6	4%			

功能点2

日期	新访客	Day1	Day2	Day3	Day4
Day1	100	55%	45%	12%	5%
Day2	40	52%	41%	14%	
Day3	20	60%	50%		
Day4	5	55%			

功能点3

日期	新访客	Day1	Day2	Day3	Day4
Day1	12	50%	40%	30%	30%
Day2	15	40%	60%	30%	
Day3	8	50%	45%		
Day4	5	45%			

功能点4

日期	新访客	Day1	Day2	Day3	Day4
Day1	3	80%	80%	65%	70%
Day2	20	82%	78%	80%	
Day3	40	86%	82%		
Day4	50	86%			

图 11-3　四张 COHORT 留存分析表

请你不要往后看，先自己仔细思考，从这四张数据表中能不能看出这四个产品功能在设计、推广中存在哪些现象和问题？

（一天后）老马："果冻同学，关于这四个功能背后的使用行为，你分析得怎样了？"

果冻："已经有了头绪，情况不乐观啊！"

老马："哦？说来听听？"

果冻："首先是第一个功能，这个功能上线前我们做了大范围宣传，上线后还做了一次弹窗提示，强制引导用户跳转到新功能进行体验。上线后第一天，绝大多数用户都访问了这个新功能，但是在接下来几天，用户留存率却很低，没有人再回来使用这个新功能，我怀疑产品设计有问题！"

老马："你预期的这个功能的使用频率是怎样的？"

果冻："这是一个下单辅助功能，我认为用户每天都该使用啊！"

老马："你可以和用户聊一聊，看看是不是功能设计得有问题，或者用户压根不需要这个功能，没有诉求。"

果冻："多么痛的领悟！好吧，我会去和用户聊聊的！"

果冻："接下来再看第二个功能，和第一个功能一样，也做了强制跳转引导，大部分用户都进行了体验，虽然在接下来的两三天还有人陆续使用这个功能，但是之后就很少有人用了！"

老马："这也是个高频功能？"

果冻："是的，我怀疑可能是这个功能设计得不太方便，用户觉得有用但很麻烦，最终放弃。我会找用户聊聊，看如何优化！"

老马："会不会是一个伪需求！"

果冻（尴尬地咽了口吐沫）："功能三上线后，我们只是发了上线通知，在系统中没有做强制跳转引导，所以上线好几天，访问用户都比较少，不过用户留存率还不错，但因为数据基数太小，所以这个留存率的参考性不大！"

老马："确实，数据样本太小，需要进一步观察。"

果冻："嗯嗯，是的。这四个功能中看起来唯一一个比较成功的，就是功能四了。上线前做了宣传，上线当天用的人不多，但功能应该是击中了用户的痛点，很快形成了口碑传播，接下来几天新用户持续增加，而且整体留存率都非常高，这个功能应该很受欢迎！"

老马："不错，我也认为功能四切中了用户痛点，又比较容易上手。不过这么好的功能，要大力宣传啊！记住，现在早已不是'酒香不怕巷子深'的时候了，我们不能坐着等用户，而应该主动出击，宣传推广！"

果冻："知道了，下次会更加注意的！"

以上通过 COHORT 模型分析了用户留存行为，对于 B 端产品，在大多数情况下，只要我们能做好基本的 PV、UV 分析，就已经可以满足绝大多数需求了。

11.4.2　产品经理必须具备数据分析能力

11.4.1 节通过一个小例子，演示了数据分析技巧中很常见的 COHORT 模型分析的应用。实际上，**数据分析能力是产品经理和运营人员的核心技能之一，务必进行深入学习和练习！** 不论是产品设计，还是运营推广，都需要基于数据做决策，避免拍脑袋！

作为一名产品经理，虽然不用像一名专业数据分析师那样精通数据分析方法论，但至少应该掌握并熟练使用基本的方法或工具，包括：

- 统计学：掌握基本统计学常识，帮助自己判断、认识数据特点。例如，要理解方差、均值、中位数、众数等概念。

- Excel：Excel 具备各种强大功能，足以作为初级、中级数据分析工作者的首选，甚至唯一工具。

- SQL：掌握 SQL 可以快速提取原始数据，并完成数据预处理。

- 数据可视化：在工作实践中，在大多数情况下，非数据分析专业人员都是通过观察图表来发现、识别问题的，采用合适的图表形式，可以让分析更直观、高效，例如通过瀑布图、直方图、桑基图等观察数据特征和变化情况。
- 数据分析方法论：基于不同的分析诉求，有很多成熟且经典的数据分析方法论，例如分析 C 端产品的获客增长模型 AARRR、分析客户消费行为特征的 RFM 模型、分析留存率的 COHORT 模型，这些方法论中蕴含了成熟的分析思路和手段，是针对各种确定的分析场景的最佳实践。

要想做好数据分析，除了掌握工具和方法，还需要具备足够多的业务知识，以及细致耐心的态度，只有这三点都具备，才能提高分析效率，准确洞察问题。产品经理必须持续学习、提升自己进行数据分析的意识和技能，并在工作中持续训练、实践，尊重数据并基于数据做决策。

【资源推荐】

数据分析相关的学习资料非常多，下面给大家分享三本有趣的经典入门图书。

《深入浅出统计学》：统计学是一门专业性很强的学科，教材往往很枯燥，而这本书通俗易懂、趣味性强且内容丰富。

《精益数据分析》：将数据分析理念和现代商业知识结合。非常有趣的是，这本书在培养数据思维意识的同时融入了现代商业的实践和最新理论。

《Excel 图表之道》：好的图表能让数据说话。很多时候，并不需要复杂的数学计算和论证，将数据用有效的图表呈现，结论就会自然显现出来。另外，做一张漂亮的表格也是现代商业人士专业性的表现。

11.5　产品经理和产品运营的组织架构设计

如今很多数字化转型中的甲方公司都成立了产品经理团队，希望软件设计人员能够学习互联网产品经理的思维意识，以产品化的方式建设系统，为业务价值交付负责，而不再以项目制系统上线为目标。除此以外，还会设立产品运营岗位，负责产品推广、需求采集等工作。

然而，全新的岗位在实际运作的过程中面临很多挑战。

如何确保产品经理可以深入业务，而不是被业务拒之门外？

如何解决产品运营岗和业务部门设置的系统运营岗的职责重叠问题？

做内部系统设计的产品经理，不属于业务部门，但还要给业务部门挑毛病、改流程，业务部门当然不乐意，如何解决这种冲突？

企业希望 IT 团队能够往前走一步，深入业务中，但融合的过程中必然会出现新的摩擦和冲突。这些问题，不仅数字化转型中的企业会遇到，而且在互联网公司做内部 B 端系统时，同样存在。

影响业产研（业务、产品、研发）合作关系的因素很多，包括人际因素、产研文化、组织架构等。其中人际因素因人而异，产研文化取决于公司创始团队的背景，这两者解决起来有难度，我们重点谈一下组织架构问题，这是解决合作关系问题最有效、可操作性最强的办法。同时，在探讨组织架构的过程中，大家也可以更加深刻地理解三者之间出现配合问题的成因和本质。

组织架构决定了汇报关系，进而决定了绩效考核方式。汇报关系、绩效考核方式会影响人做事的动机、行事的方式，以及个人和团队的利益。通过调整组织架构，可以把一股力量拆成互斥的几股，也可以把几股互相较劲的力量凝聚成一股。

合理的组织架构可以正向地引导组织和业务朝好的方向发展，不合理的组织架构会造成各种问题。组织架构需要根据业务发展情况随时调整变化，**没有最好的组织架构，只有最适应当前阶段的组织架构**。通过调整组织架构，绑定利益共同体，可以解决很多业务管理问题。

与产品经理、业务运营人员、产品运营人员相关的组织架构设计有多种方案可选，各有优缺点，不同的方案适用于不同的公司文化和发展阶段，下面依次介绍。

方案一

产品部和业务部平级，产品经理和产品运营人员统一归产品部管理。其中，A 业务部下属的业务运营部下面，还设置了系统运营部；产品运营部向 A 业务线产品部直接汇报，如图 11-4 所示。这种管理架构是互联网公司比较常见的组织架构，产品经理和产品运营人员同属一个部门，并且产品运营人员汇报给对应业务线的产品负责人。

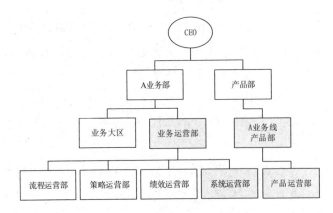

图 11-4　产研业务组织架构（方案一）

这种方案的优点如下。

- 能够统一调度研发资源，避免浪费：产品负责人对需求进行统筹管理，综合评估需求的投入成本和预期收益，进行比较客观的可行性分析，能够较好地保护并利用研发资源。因为和业务部没有隶属关系，在处理一些问题时，可以对业务部形成一定的牵制，便于充分探讨，避免研发资源的无谓浪费。

- 有利于从企业利益出发考虑问题：虽然业务线产品经理要为业务服务，但因为产品部是独立团队，所以产品经理有权利和义务在某些时刻跳出业务线，从客户利益或公司整体利益出发，对业务部说"不"，必要时将问题升级到 CEO 级别去处理。

- 产品经理和产品运营人员相互补位：产品经理和产品运营人员需要向同一个产品负责人汇报工作，比较容易将工作职责界定清楚，双方可以较好地配合，形成协同效果，深入挖掘并发挥产品的价值。

这种方案的缺点如下。

- 距离业务有一定的距离：由于业务线产品经理属于独立的产品部，和相关的业务部难免有一定的距离，业务线产品经理可能没有机会参加业务部的核心决策会议、业务例会，也就无法在第一时间参与分析、获知关键决策。

- 容易与业务运营部下属的系统运营部产生冲突：如图 11-4 所示，产品部下面设置了产品运营部，业务运营部下面设置了系统运营部。假如有新功能上线，谁负责推广、培训、宣传、分析呢？再比如，产品经理发现了业务流程的风险问题，提出了优化方案，业务运营人员是否同意并安排改进、落实呢？

- 缺少决策人：假设业务运营人员（属于业务部）和产品经理、产品运营人员（属于产品部）产生了冲突，如果业务部负责人和产品部负责人无法对事情达成一致意见，就需要升级到 CEO 级别去解决。但是很多问题纯粹是业务线的内部问题，如果这类冲突都需要由 CEO 处理，则效率太低。

方案二

在方案二中，之前的产品运营部和系统运营部被合并为产品运营部，统一归属到业务运营部下面，如图 11-5 所示。产品运营部的首要职能是落地、推广产品以及答疑解惑，而这也是业务运营部支持业务团队的核心工作之一。因此客观来讲，将产品运营部划归业务运营部，这样的组织架构在业务模式较重的创业公司很常见。

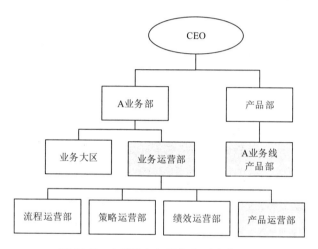

图 11-5　产研业务组织架构（方案二）

这种方案的优点如下。

- 控制人力成本：在方案一中，在两个团队内部设置工作内容相似的岗位，是对人力成本的浪费。通过将冗余的岗位合并，可以让工作更高效，节约成本。

- 避免工作内容冲突：在两个团队内部设置工作内容相似的岗位，还会导致在工作开展过程中产生冲突。解决办法有两个，一是合并团队，二是更细致地界定工作边界。例如，业务部的系统运营人员只负责问题解答，产品部的产品运营人员只负责工作推广……然而，这么细致的划分实在没有必要。

这种方案的缺点是产品部的权利被弱化：产品运营人员不再归属产品部，那么推广产品、收集需求、反馈常见问题和一线声音等工作，就不再是产品负责人能够直接安排的了，并且产品经理也无法得到最及时、高效的信息反馈。

方案三

在方案三中，业务线产品部被划归到相关业务部下面，业务线产品经理直接向业务部负责人汇报，如图 11-6 所示。这种组织架构在成熟的纯互联网公司内比较少见，但是在业务模式较重的创业公司或独角兽公司内正在被尝试。

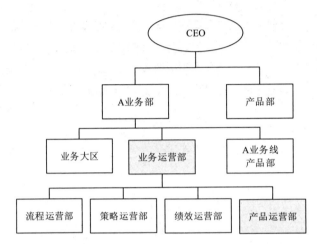

图 11-6　产研业务组织架构（方案三）

产品经理向业务部负责人汇报，估计多数产品经理都会对此感到诧异，然而这却是一种缓解产研和业务矛盾、发挥产品能力的可能方案。

这种方案的优点如下。

- 更加贴近业务：作为业务部的一员，并且是核心成员之一，不论是业务例会，还是重点问题诊断分析，产品经理都会直接参与其中，与各个相关方共同讨论决策。而且，同为业务部成员，产品经理和业务负责人之间的距离也会更近，信任感更强。

- 更容易推动方案落地：将业务线产品经理划归业务部后，从业务问题提出、诊断到方案设计再到解决方案落地，从职能架构上讲，都是在业务部内部发生的，因此更容易推动落地。

这种方案的缺点如下。

- 判断和决策带有倾向性：产品经理隶属于业务部，由于汇报关系改变，很多情况下，产品经理做判断时会向业务线倾斜，客观的、批判性的思考相对减少。

- 缺少全局观：产品经理隶属于业务部，这还容易导致某业务线的产品经理只着眼于业务线本身，不关注企业级的全局架构，容易导致整体架构中存在短视的设计，以后再纠正的话代价巨大。

- **不能最大限度地发挥产品经理的价值**：在该架构中，产品运营人员直接向业务运营部负责人汇报，这导致产品经理的价值无法最大限度地发挥出来，因为产品经理对系统的控制权和运营权依然是割裂的，无法形成合力来挖掘价值。

- **部分产品经理无法接受向业务部汇报工作这样的安排**：因为很多产品经理认为产品经理岗位应该具有非常高的权限和级别，能直接影响、改变业务部的工作，而不应该"受制于"业务部。但是市场环境在发生变化，对于企业来讲，减少内耗、促进发展才是重点，产品经理也应适应变化，及时调整。

方案四

方案四对方案三进行了略微的调整，产品运营部被划为 A 业务线产品部下面的三级部门，产品运营人员从业务运营部抽出，直接向产品经理汇报。这种安排相当于业务线进一步给产品经理授权，将系统相关的工作全部交给产品经理来管理，如图 11-7 所示。

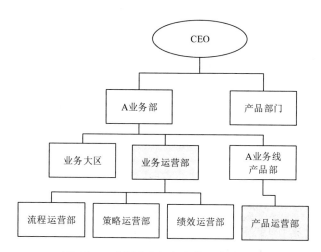

图 11-7　产研业务组织架构（方案四）

这种方案的优点是充分发挥产品经理的价值：产品运营人员直接向产品经理汇报，不仅是岗位管理关系的调整，也代表着将产品相关的工作全盘授权给产品经理来管理、安排、控制。从功能方案的设计、实施，到意见反馈、效果分析、持续优化，一套完整的产品方案都由产品经理操盘管理，这让一名优秀的产品经理能够尽情发挥才能。

这种方案的缺点是缺少牵制力：在这种架构下，产品运营人员不能代表业务运营部发声，对产品经理的牵制也会减弱。这一方面能让产品经理更好地发挥才能，另一方面也可能导致"一言堂"。很多时候，一些牵制力和干扰力可以帮助产品经理思辨，并做出更深刻的思考和判断。

方案五

和方案四相比，方案五中的 A 业务线产品部需要做双线汇报，实线汇报给相应业务部，虚线汇报给产品部，如图 11-8 所示。方案五还有一种变体，即 A 业务线产品部实线汇报给产品部，虚线汇报给相应业务部，或者成为业务部门的 ITBP（BP，Business Partner，有些公司会有这样的安排，让产品经理以此角色融入对口业务团队）。

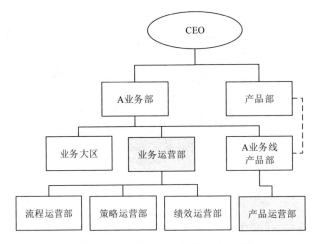

图 11-8　产研业务组织架构（方案五）

这种方案的优点如下。

- 产品经理更加贴近业务、融入业务。

- 企业架构设计初衷得到一定的保障：双线汇报关系促使产品经理在设计方案时遵循产品部的整体架构规划，避免了只关注局部而无视全局的问题。

这种方案的缺点如下。

- 效率可能略有损失：因为受到产品部全局架构的约束，在处理一些局部问题时可能羁绊较多，无法采取只对业务线有利的快速方案，损失一些时效性。

以上列举了产品经理和产品运营人员、业务运营人员合作的几种可能的组织架构，不同的组织架构对产品经理、产品运营人员、业务运营人员三者的合作关系会产生直接影响。调整组织架构和管理关系是解决协作问题的一个非常有效的手段，很多时候，面临团队的低效、猜疑、冲突，可能略微调整一下组织结构就解决问题了。**互联网公司取得成功的诀窍之一就是，频繁地调整组织结构，尝试各种安排，这样在各种调整中很可能实现破局，或者产生"鲶鱼效应"。**

不同的管理架构适用于不同的企业文化、业务阶段。我自己供职过多家互联网大厂、从 A 轮到 E 轮的独角兽公司，它们背后的产研协同的组织架构都有过多轮调整，而不是一成不变的。

作为数字化转型中的传统企业，可以参考以上不同方案，选择并设计一个适合自己当前阶段的最佳实践。

第 12 章

B 端产品的需求管理与迭代优化

产品上线后，需要进行持续的升级、迭代和优化，产品经理要管理需求，区分优先级，决定工作计划，选择做什么和不做什么。

本章，我们进一步深入地探讨 B 端产品的需求管理和迭代优化工作，首先介绍对原始需求的收集和管理；其次讨论产品需求的分类、层次和价值；接下来聊一聊需求池的管理，同时还会深入探讨需求的优先级设计问题；最后分享需求验证的一些思路，以及持续迭代中技术资源如何合理分配。

12.1　原始需求与产品需求

原始需求和产品需求是需求分析、管理工作中最基础和最重要的概念，我们首先需要明确两者的定义和区别。

12.1.1　区分原始需求和产品需求

不论是产品经理采集的，还是用户提报的，未经分析与整理的需求，都是原始需求。原始需求中可能夹杂了若干混合诉求，它们可能是痛点描述，也可能是用户提出的解决方案。

产品经理通过分析挖掘原始需求，找到痛点，形成软件产品设计方案，从而形成产品需求。产品需求是颗粒度清晰、逻辑严谨完整的产品诉求，是产品经理提给研发人员的软件设计方案。

原始需求是对最原生态的需求的描述，充满了不确定性；产品需求则是分析问题后的解决方案（或初步的思路拆解），具备确定性。原始需求在处理过程中有可能被拆解成多个产品需求，也有可能与其他原始需求合并变成同一个产品需求，原始需求和产品需求是多对多关系，产品需求会对应多个研发任务和测试任务，逻辑关系如图 12-1 所示。

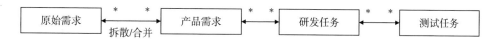

图 12-1　原始需求和产品需求的逻辑关系

例如，在 M 公司的分销平台业务中，业务运营同学提交了一个原始需求，希望系统能够支持品类券（针对特殊品类生效的优惠券），并且发券数量超过 1000 张时需要触发审批。这个原始需求包含了两个诉求，一个是增加新的营销工具（品类券），目的是提高客单价和收入；另一个是增加发券量审批控制的审核规则，目的是控制风险。

果冻分析后，将这个原始需求拆解为两个产品需求，分别是品类券需求和审批流需求，其中将审批流需求合并到规划中的工作流引擎项目中，构建出一套完整的审批解决方案，而将品类券需求提交给研发人员后，研发人员根据功能 feature 又创建了多个研发任务（如下所示）。

任务一：品类券在商城前端的展现（包括购物车、订单、个人中心等位置）。

任务二：品类券在后台的管理配置功能（包括列表页、创建编辑页）。

任务三：品类券的发放提醒功能（这部分可能会调用现成的消息接口）。

任务四：品类券在交易结算中的分摊逻辑，以及台账和财务处理规则。

实际中的研发任务会被拆得更细致，以上仅仅是举例说明思路，在实际中拆分的颗粒度依然是功能点级别的，每一个功能点背后可能还要对应多项研发任务。

可见，原始需求并不直接等同于产品需求，产品经理需要完成从原始需求到产品需求的转换设计。

我们在第 6 章介绍的需求分析十三要素五步法，就是针对原始需求的分析过程的，而其中第五步设计产品方案的输出产物就是产品需求。

在口头交流中，为了方便，我们往往将原始需求和产品需求混在一起讨论，不会做严格的区分。例如，当我们说"这个需求优先级不高"时，这句话说的既可能是原始需求，也可能是产品需求。但在正式的需求池管理中，一定要对两者进行区分，否则会带来管理和执行上的混乱。

12.1.2　原始需求提报管理

不论是甲方做对内系统的产品经理，还是乙方做商业化的产品经理，都会面临一个比较苦恼的问题：业务方或者客户总是提一些一句话式的拍脑袋需求，很多时候他们根本没有想清楚，但也会耗费产品经理大量的时间去沟通核实。

为了避免用户不经思考随意提需求带来没必要的资源损耗，可以考虑让用户通过填写需求提报模板来提交需求，促使用户提需求前把一些关键事项想明白，提高需求质量，这个办法尤其适合甲方公司（乙方公司面临的现实情况是，需要更好地主动服务客户，如果让客户通过模板提需求，估计老板也不同意）。

原始需求提报模板如表 12-1 所示，内容很容易理解，此处不再赘述，大家可以根据自身情况将模板调整后使用。再次强调的是，提出任何需求前都应该想清楚需求价值，以及上线后如何衡量价值的实现，并依据效果做持续的闭环优化跟踪。**不论是谁发起需求，都应该提前想清楚需求的预期收益和度量方式。**

表 12-1　原始需求提报模板

需求编号	REQ_业务部门缩略编码_yyyy-mm-dd		
	新需求：此部分由业务人员填写		
	需求变更：此部分由业务人员填写，需要写明原需求编号		
需求名称			
提交人		业务负责人	
提交时间		期望上线时间	
优先级	*采用公司统一定义的项目管理优先级定义，例如高、中、低*		
问题描述	*描述业务中遇到的问题需要清晰、详尽*		
期望目标	*期望解决哪些问题，或改善哪些指标*		
预期收益	*预期获得的收益，尽量用客观数字描述*		
期望解决方案	*期望的问题解决方案*		
期望上线日期	*yyyy-mm-dd*		
存在风险	*预计需求背后可能存在着的各类风险，包括业务风险、商业风险*		

	干系人 1	收益/影响
相关部门	干系人 2	收益/影响

12.2　产品需求的层次和价值

产品需求，从软件工程角度来讲，可以分为功能需求、非功能需求；从需求背后的业务价值和分类的角度来讲，又可以分为业务需求、用户需求、技术需求，这也体现了 B 端产品需求的三个层次。

12.2.1　需求的三个层次

在 C 端产品设计中，常常将马斯洛模型作为 C 端产品需求洞察的理论基础，并以此推演 C 端产品的用户价值，以及进一步延展出用户旅程、KANO 模型等一系列构建 C 端产品设计的方法论。遗憾的是，马斯洛模型并不完全适用于 B 端产品设计与需求管理，这主要基于以下原因。

- B 端产品面向企业或组织，帮助其解决某类经营管理问题，对于客户来讲，需求的本质在于业务管理，无法通过马斯洛模型来定义和描述需求。

- B 端产品的关注对象，除了管理人员，还有一线用户，而一线用户的需求动机也无法通过马斯洛模型来解读。

- B 端产品作为复杂系统，除了承载业务目标，还需要考虑软件架构设计、体系构建等问题。

综上所述，可以发现，B 端产品的需求来源和场景较为复杂，很难开展像 C 端产品那样基于马斯洛模型从单一维度去覆盖需求洞察的工作，而是需要从几个维度来审视 B 端产品的需求类型和层次。

我们可以将 B 端产品需求分为三大类，分别为业务需求、用户需求和技术需求，这三个类别本身具备由上到下的层次关系，每一类需求在处理时都有不同的考量。

业务需求

业务需求，是自顶向下的需求，往往来自中高层管理人员（或监管、政策要求）

基于业务运营管理的直接诉求和要求，例如业务规则、管理制度、业务流程、组织机构，这些都属于业务需求。

在业务需求的分析过程中，往往采用了经典的传统软件需求分析设计思路，重点是通过业务诊断分析、抽象建模（DDD 设计思想）、流程再造（BPR）的方式，进行需求分析和设计工作。

业务需求，承载了 B 端产品的业务价值：帮助某一业务单元达成业务目标。注意，这里所说的是业务价值，并非商业价值；商业价值往往要上升到企业的层面，而 B 端产品在多数情况下是为单一业务部门服务的，承载的更多的是业务价值。

用户需求

用户需求，是自下向上的需求，来自一线业务用户和基层管理人员，更多地体现着业务人员对业务规则、流程、系统交互的改进诉求。

在梳理 B 端产品的用户需求时，可以借鉴 C 端产品的需求管理方法论，例如客户旅程地图、KANO 模型等，从而实现以用户为中心，关注场景和体验的产品设计理念。

用户需求体现了用户价值。在互联网思维下，即便是 B 端产品，也需要重视用户体验和用户价值，包括功能满意度和操作效率等；尤其是对于工具型、基础服务类产品，解决了一线用户的痛点，就是解决了业务的痛点，用户需求、体验设计就显得更为重要。

技术需求

B 端产品复杂程度高，在建设过程中要时刻考虑功能复用问题，以及与其他系统的架构设计和交互问题。例如，对于业务系统的权限管理模块，是复用基础服务还是独立开发？对于消息中心和公告通知模块，是复用基础服务还是独立开发？除此以外，还有类似于软件产品功能完备性提升的诉求，例如灵活的后台配置模块、报表引擎的配置、视图编辑器的配置，这类需求我们可以统称为技术需求。

技术需求往往不具备明显的业务价值（但可能具备用户体验价值，例如灵活的视图编辑器是可以提高用户的使用满意度的），但是在软件系统结构的合理性设计上具备显著价值，除了让架构合理，还能避免重复开发的人力浪费。

12.2.2   需求的四类价值

B 端产品需求的价值可以从对内、对外两个视角分为商业价值、业务价值、用户价值和技术价值四大类。

商业价值

如果是商业化售卖产品，我们首先要判断的是，需求的商业价值是否符合产品本身的定位和规划，是否遵循产品商业化售卖的战略诉求和经营要求。

例如，在 M 公司分销平台的 SaaS 化设计中，是否要实现销售型 CRM 模块，这就是一个涉及商业价值判定的决策，而非基于客户的业务诉求；从业务价值来看，销售管理对客户的业务是有益的，但从商业价值来看，该模块不符合产品定位，并且会泛化产品边界，扩大研发成本，稀释商业竞争力，因此我们不考虑将其实现。

如果是对内使用的产品，商业价值是指针对企业自身经营的价值。

例如，M 公司分销平台的设计首先是为了实现支持分销业务的业务价值，但本质上是为了支撑 M 公司实现多元化经营战略的商业价值。

业务价值

B 端产品除了承载商业价值，更需要帮助客户、用户在业务上取得成功，这是 B 端产品的业务价值。

我们在第 1 章讲过，B 端产品对企业来讲承担着提升收入、降低成本、提高效率、保证品质、控制风险的重任，这些都是 B 端产品的业务价值。

用户价值

B 端产品本质上是为了解决业务问题而存在的，但设计过程中也要考虑终端用户的体验问题，包括是否能够提升一线员工效率和满意度，这是产品的用户价值。有些时候，赋能用户其实也是赋能业务，因为提升了用户价值，也就提升了业务价值。例如针对协同办公类产品，提升整体使用体验可以提高员工的工作效率，实际上也提升了企业整体的运作效率，尤其是针对工具型、基础服务型产品。

技术价值

软件产品在构建过程中自身也存在技术层面的优化点，比如说，我们要对列表页进行支持自定义设置的改造，从而解决不同客户需要三天两头硬编码修改列表页的烦人问题，所以这类需求是为了降低研发成本，或提升产品化能力而存在的；再比如说，为了解决企业客户重复的问题，我们需要对产品背后的应用架构进行主数据改造，这类需求是为了改善架构合理性而存在的。这些都是技术需求背后可能的价值。

在以上需求的四类价值中，不论是对于商业化软件产品，还是对于对内使用的产品，业务价值、用户价值和技术价值本质上都最终服务于商业价值，而需求的三个层次正好一一对应这三类价值。

产品规划建设过程中，四类价值的优先级并不是一成不变的，不同的产品阶段可能有不同的优先级策略。

例如，M 公司在分销平台 SaaS 商业化的初期，要先解决与客户有关的业务问题，需求的业务价值优先级高于技术价值。但随着客户数量的增大，一些交互层面的定制化需求会越来越多，大量不能被复用的硬编码工作严重浪费研发资源。此时，技术需求的优先级可能就会提高，类似于自定义视图编辑器这种组件的设计需要被采纳执行，而这么做是因为产品在对业务支持方面已经有很好的成熟度，需要加大产品化能力，强化配置能力，其核心目的也是为了服务产品的商业价值。

小结

最后，我们通过一张图来总结回顾需求的类型、层次和价值，如图 12-2 所示。

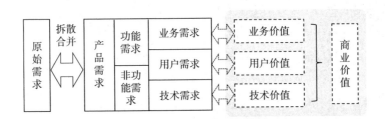

图 12-2　需求的类型、层次和价值

对原始需求分析后，进行拆散或合并，从而形成产品需求。从软件工程角度来讲，产品需求可以分为功能需求和非功能需求；从业务角度来讲，又可以分为业务需求、用户需求和技术需求，这三层需求分别体现着产品的业务价值、用户价值和技术价值，最终都是为了服务于商业价值。在产品生命周期的不同阶段，对需求价值的优先级判定并不相同，但商业价值永远处于需求价值的最高层。

12.3　需求池管理

产品经理需要管理维护两个需求池：原始需求池和产品需求池。

原始需求池记录了所有用户端提报的原始需求记录，产品需求池是对用户需求经过初步分析和拆解后形成的功能需求清单。

用户需求和产品需求应该有明确的关联，可以互相追溯。一方面，这可以方便用户从需求提出人的角度了解相关工作的进展，另一方面这可以帮助产品经理找到产品设计背后对应的原始需求轨迹。

原始需求一旦记录在案，更多的是存档保留，产品需求则可能被更新和调整。一旦产品需求形成产品方案，并产生研发投入后，就会进入明确的项目管理周期。

有条件的话，需求池管理应该使用项目管理软件进行，但只要负责人用心，Excel同样可以管理好需求池。下面我们来介绍一个产品需求池中典型的字段。

- 产品需求 ID

需求唯一性主键。

- 原始需求 ID

对应的原始需求编号，可以为多个。

- 产品线

描述需求所在产品线（或对应的业务线），例如 CRM 系统或客服系统等。

- 需求类型

对于需求类型，应该做谨慎的设计分类，主要目的是用来分析资源在不同业务方向上投入的情况。可能的需求类型包括业务需求、用户需求和技术需求；或者纯粹根据业务价值分类，将其分为提升规模、降低成本、提高效率、控制风险、保障品质和体验优化等。总之，要根据自身情况设计一个合理的分类。

- 是否插队

用来专门记录需求是否在项目执行中具有插队执行的字段。

- 主题

需求的一句话概述。

- 内容

需求的具体描述。

- 来源

需求的提出人或提出部门。这个数据可以来自原始需求。

- 需求提出日期

收到需求的日期。有些公司会要求产研团队提高需求响应速度，可能会通过上线日期和需求提出日期的时间差来进行考核评估。

- 优先级

优先级会在下一节详细介绍。

- 迭代版本

如果采用了敏捷开发模式，就需要标记需求排期开发时的迭代版本。

- 业务负责人

该需求业务口的唯一负责人。

- 产品经理

该需求对应的产品经理。

- 研发负责人

研发负责人一定是研发的整体负责人，而不应该分成后端负责人和前端负责人，因为那样很可能导致两者各自负责自己的工作，但是对技术实现的整体方案和进度却没有把控，相当于没有技术负责人。

- 测试负责人

如果研发负责人全权管理研发和测试工作，则不需要单独指定测试负责人。否则，要明确安排测试负责人，对质量结果和进度负责。

- 状态

状态用来描述需求的生命周期，状态值可以包括如下选项。

待跟进、需求调研中、PRD 编写中、待 PRD 评审、待技术评审、待排期、待开发、开发中、待测试、测试中、待验收、待上线、已上线、暂停、终止。

这些状态值较好地覆盖了从需求采集到上线的完整生命周期，仔细观察后可以发现，这些状态的设计符合我们在 6.3.4 节介绍状态机图时提出的建议，即状态应该是能持续足够时长的，而不应该是很快就结束的（所以我们没有定义"需求评审中"这种状态，因为需求评审只需要开几小时的会议就可以完成，没有必要在开会前改一下需求状态，开会后再次修改）。

- 状态变更说明

对某些状态字段的补充解释，例如如果状态被修改为"暂停"，则需要选择被暂停的具体原因。

- 计划上线日期

计划上线日期是在技术评审结束后，研发负责人基于工时和资源投入给出的目标上线日期。

- 实际上线日期

实际上线日期是系统的真正上线时间。通过对比实际上线日期和计划上线日期，可以统计项目的延期情况，并进一步分析延期原因。

- 前端开始日期/前端结束日期

前端开发工作的开始日期和结束日期。

注意，**工期和工时是两个完全不同的概念**，工期是指开发时长，工时是指工作量。例如，为了开发某功能，安排了 2 名研发人员，从 9 月 1 日开始开发，到 9 月 5 日提测，则工期是 5 天，工时是 10 人日。如果这两名研发人员并不是同时介入的，其中一名研发人员是 9 月 1 日介入的，另一名在 9 月 3 日才介入，到 9 月 7 日提测，则整体工期是 7 天，但工时依然是 10 人日。

- 前端研发工作量（人日）

即前端开发工作预计投入的总工时。在敏捷开发中，可能通过基于经验的"点数"来评估工时。

此外，后端开发及测试的开始时间、结束时间、工作量这些字段的含义与前面所讲的类似，不再赘述。

- 发版计划

在移动端产品中，需求上线可能涉及发版，即需要发布新的客户端，因此要在表格中记录发版的版本号。

产品经理合理运用上述模板，有助于将需求和项目管理得井井有条：认真填写模板中的各项内容，有助于较好地分析需求跟进情况、研发效率、工作量投入等。

如果某个需求涉及跨端或跨团队开发，则需要按照子项目将模板进一步细化，例如对于每个子项目要安排相应的研发负责人、产品负责人，以及相应的工时、工期等，然后再填写具体字段。

在实践中，并不一定在产品需求池中记录管理研发状态，有可能产品需求池只管理产品层面的需求清单，具体的研发执行会通过另一个研发任务池进行管理。总之，要根据自己团队的习惯和风格或者公司的统一要求，选定一个模式或方案持续执行。

12.4　需求的优先级

需求优先级的判断是产品管理工作的一个难点。先做什么、再做什么，决定了产品的发展路径和节奏，甚至会决定产品在市场环境中竞争的优劣。遗憾的是，对于优先级的判断，在实践中很难找到一套理性的方法论作为客观的执行依据。**很多时候，优先级的判定是一门艺术，融合了对战略、市场、竞争态势、业务发展、研发资源和团队情况的综合分析。**

即便如此，产品经理也需要了解业界有关优先级定义的经典方法论，以便在不同的场景和情况下给自己更多的思路和启发。

12.4.1　成本价值模型

成本价值模型，是优先级判定中最基本、最通用的方法论，也是其他理论的核心基础。

如果通过研发成本和需求价值这两个维度划分出四个象限，那么可以将需求放置在某个象限之中，根据需求所在的不同象限，可以得到优先级的划分策略，这就是成本价值模型，如图 12-3 所示。

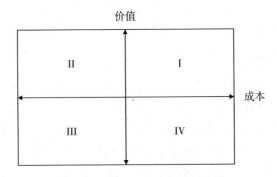

图 12-3　需求优先级的成本价值模型

Ⅰ象限中的需求：价值巨大，但成本投入也比较大，理性的做法应该是**规划并持续关注**。

Ⅱ象限中的需求：价值巨大，而实现成本又很低，因此，当然要快速拿下，所以我们应该**迅速投入**。

Ⅲ象限中的需求：价值和成本都很低，这就有点儿像鸡肋——食之无味，弃之有肉。处理的策略可以是**关注并抽空实现**。

Ⅳ象限中的需求：价值很低，实现成本反而很高，所以这种需求就没有做的必要了，我们应该**忘掉它们**。

综上可以得出位于不同象限需求的优先级，即 Ⅱ > Ⅰ > Ⅲ > Ⅳ。

然而，需求的实现成本相对容易衡量，需求的价值却很难量化评估！

12.4.2　RICE 模型

对于 SaaS 软件，在判断需求的价值时，还可以将受影响的客户数量考虑进来，这就需要参考来自硅谷的 RICE 模型。

RICE 由四个单词的首字母组合而成。

- R：Reach，需求功能触达的客户数量。
- I：Impact，需求的价值评分，例如可以将其定义为 1 到 10 分。
- C：Confidence，表示产品经理对需求的信心，是一个基于主观判断的修正参数。
- E：Effort，需求需要投入的研发人天。

通过这四个变量对需求进行打分，可以得到优先级 RICE 得分，计算公式如下。

$$RICE\ Score = Reach \times Impact \times Confidence\ /\ Effort$$

例如，表 12-2 是两个需求通过 RICE 模型计算后的得分，根据分数，我们认为需求 1 的优先级高于需求 2。

表 12-2　通过 RICE 模型对需求优先级进行打分

需求	Reach	Impact	Confidence	Effort（人天）	RICE Score
需求 1	100	3	80%	30	8.0
需求 2	500	1	60%	35	6.7

RICE 模型很好地纳入了受影响客户数量这个因素，但也有其局限性。

首先，Impact 表示的产品价值本身就是一个很难量化的因子，所以 RICE 模型并不能解决成本价值模型中面临的困境，即该如何定义需求的价值。

其次，在商业运作中，并不能简单地认为在其他变量相同的情况下受需求影响的客户数量多，优先级就高。有些需求可能只针对某个头部客户，却具有标杆效应和示范效应，这本身就有很高的商业价值。

因此，对于 RICE 模型的应用，我们要想清楚场景和目的。

12.4.3   价值范围模型

价值范围模型是一个专门分析和衡量需求价值的模型，是我根据工作实践总结而成的，在和不同的企业交流中，我发现很多团队有着类似的思考和实践。

我们可以将一个软件产品所能提供的价值（即本书中多次提到的 B 端产品的五个典型价值，即规模、成本、效率、风险、品质，再加一个产品本身的用户体验）列在纵轴上，把业务相关的利益方都列在横轴上，这样就得到一个多象限矩阵。有了这个矩阵，我们可以根据当前阶段业务的计划和商业的诉求，制订一个优先级打分表。

和业务方达成一致后，设计好这张表格，后续所有的需求在表格中都有对应的位置，以及对应的优先级。

例如，图 12-4 是 M 公司分销平台的价值范围模型打分表，表格中的纵轴是分销平台对业务本身的价值，横轴是涉及的利益方，单元格中直接定义了优先级。

M 公司领导本身也代表了业务，所以提升收入的相关需求都可以纳入 M 公司领导和提升收入这两个坐标定位的单元格。我们认为搭建分销平台的核心目的是提升收入，所以这类需求优先级最高。

虽然 M 公司领导个人对降本增效和产品体验有需求，其优先级都比较低，因为领导本身也不常用系统，不用为了领导一个人的使用体验而投入资源进行优化。

我们再来看看客户采购人员，对于他们而言，不存在提升收入的业务价值，所以单元格用横线填充；而操作效率、交互体验、防错控制更重要一些，所以产品体验和控制风险两个单元格的优先级定义为 Medium。

以此类推，基于对业务的判断和理解，可以梳理出角色和产品本身具备的业务价值，进一步设计出完整的优先级打分表。

	M公司领导	M公司运营	客户管理员	客户采购人员
提升收入	Highest	—	—	—
降本增效	Lowest	Medium	Lowest	Low
控制风险	High	High	Low	Medium
产品体验	Lowest	Medium	Lowest	Medium

图 12-4　价值范围模型打分表

　　价值范围模型更适用于企业对内产品研发中的需求优先级打分,在实际应用中可以有很多种变化,例如作为一个中台产品,可以将横轴替换为中台产品服务的各个事业部,提前规划好对不同事业部的支持力度,以此作为优先级判断的决策依据。

　　设计一张所有人认可、意见统一的价值范围模型打分表,还能避免未来和业务方扯皮的问题。任何需求都能在提前定义的表格中找到优先级的位置,而不是谁的嗓门大谁来做决策。

12.4.4　KANO 模型

　　KANO 模型,常常用来分析单一用户视角下需求的接受度,由东京理工大学教授狩野纪昭（Noriaki Kano）发明。严格来讲,KANO 模型研究的是产品功能点和用户满意度之间的关系,但结论可以作为优先级的排序依据。

　　KANO 模型虽然并不是为互联网产品发明的,却是互联网圈最火的"网红"方法论。通过调研问卷,对功能点以正反两问的方式获取用户的反馈,类似于以下这样。

　　正向提问：如果提交订单后马上提示开发票,你的感受是

　　A.我很喜欢　B.理应如此　C.无所谓　D.勉强接受　E.我不喜欢

　　反向提问：如果提交订单后并不提示开发票,你的感受是

　　A.我很喜欢　B.理应如此　C.无所谓　D.勉强接受　E.我不喜欢

　　接下来,对用户的反馈进行统计,从而获得不同答案结果的占比,并统计到表 12-3 中。

表 12-3　KANO 模型统计表

		不提供此功能				
		我很喜欢	理应如此	无所谓	勉强接受	我不喜欢
提供此功能	我很喜欢	Q	A	A	A	O
	理应如此	R	I	I	I	M
	无所谓	R	I	I	I	M
	勉强接受	R	I	I	I	M
	我不喜欢	R	R	R	R	Q

拿到统计数据后，经过一系列计算，可以分析出功能点的属性特征，具体有以下六种。

- A，魅力属性：提供功能，用户会很喜欢，但不提供也无所谓。

- O，期望属性：提供功能，用户很喜欢，不提供则不喜欢，用户对功能有强烈期待。

- M，必备属性：提供功能，用户感受一般，不提供则用户强烈不喜欢，说明是必备功能。

- I，无差异属性：不论是否提供功能，用户感受都趋于平和。

- R，反向属性：提供功能用户不开心，不提供功能用户反而开心。

- Q，可疑结果：结论逻辑相悖，属于脏数据。

这六种属性具有天然的优先级顺序，例如可以这样划分优先级：

$$M > O > A > I > R > Q$$

关于 KANO 模型的具体详细说明，网络上有很多资料，本书不再赘述。此处需要强调的是，**KANO 模型并不完全适用于 B 端产品**，因为 B 端产品背后隐藏着多角色和多利益方，而不同利益方之间可能具有利益互反的特点。

例如，钉钉的已读/未读功能，对老板而言可能具有期望属性，而对员工而言可能具有反向属性。

再例如，销售型 CRM 的拜访录入功能，对老板而言，可能具有必备属性，而对一线销售而言，可能具有反向属性。

因此，对 KANO 模型的使用，一定要明确场景，切勿盲目应用。

12.5　需求的验证和评估

作为一名产品经理，在设计产品方案前一定要想清楚上线后如何评估产品的效果和收益。**如果你不能度量一件事情，那么一定要谨慎思考到底该不该去做**。但是客观地讲，B 端产品的价值评估工作难度较大，因为影响业务结果的因素太多了，很难准确论证产品功能对业务带来的价值和改变。

举个例子，针对给销售人员使用的 CRM 系统，项目组实现了若干需求，希望能提高销售线索的转化率，但实际上影响转化率的因素有很多，客户质量、佣金政策、销售能力都是影响因素，这些因素互相掺杂在一起，导致项目组很难衡量转化率指标的变化，即指标究竟有多少是因为产品功能的影响而改善的。

但是，即便如此，作为一名产品经理，依然要想办法尽可能地量化评估上线后的效果和价值。思考评估量化业务价值的过程，本身也是对需求和项目更深层次的分析论证的过程。

如何衡量需求的收益和价值？我们根据前文介绍的 B 端需求的三个层次，分别进行探讨。

12.5.1　通过拆解指标评估业务需求收益

B 端产品对业务的价值无外乎五点：规模、效率、成本、品质、风险，任何一个产品需求都应该尽可能聚焦解决某一个价值点，从而集中研发资源，控制项目风险，提高迭代效率。

这五个价值点中，效率、成本和风险是软件产品相对容易优化并且容易评估收益的，不论是操作效率、运营效率的提升，还是人力的减少、工作量的减少、风险事件的减少，都相对容易找到量化指标进行跟踪分析。例如，对于人工审核量、审核时长、出库时效性、电话接起率、客户咨询等待时长等指标都可以捕获追踪。

规模、品质这两个价值点，和前三个相比，更难评估，其中规模主要是指营收，品质包括产品品质和服务品质。

整体来讲，凡是受到人为因素影响较大的业务价值点，评估起来都有难度，例如采购成本、营收规模、转化率、服务满意度等。遇到这种情况，我们可以考虑将相关业务指标尽量拆解成更加细粒度的子指标，找到相关性最强的二级指标、三级指标，来尝试论证产品对业务的影响程度。例如，营收规模就可以拆解成访问量、注册转化率、转换购买率、支付成功率这几个子指标，然后用其乘积来衡量。

C 端产品设计中比较经典的评估效果的方法是 AB 测试：将实验对象分为两组，分别是实验组和对照组，在其他因素不变的情况下，给实验组施加一个单一的影响因素，并分析实验组和对照组在输出结果上的差异，从而判断这个单一因素对结果的影响力度。这个思路我们也可以参考，但 B 端产品面临的情况特殊，例如，对于有些政策、规则和流程类问题，上线即全量，我们是没有机会做 AB 测试的。

总之，对于业务需求的评估，难度不小，我们需要根据实际情况来决策，如果操作有难度，也可以参考 12.5.4 节中提出的方法——跟踪用户使用情况，这个方法有很高的实践价值。

12.5.2 通过 NPS 评估用户需求收益

用户需求来自终端用户，可能包括业务诉求，但更多的是对体验优化方面的需求。如果是业务类诉求，评估方式见 12.5.1 节；如果是体验优化类诉求，一方面可以衡量操作效率的提升，另一方面还可以通过净推荐值 NPS（Net Promoter Score）来考核用户对功能优化的满意度变化情况。

NPS 由贝恩咨询发明，本身是企业用来衡量消费者对产品和服务的忠诚度与口碑的，在消费互联网领域也有着广泛的应用，是一种非常容易使用的用户忠诚度、满意程度评估的工具。

NPS 的使用非常简单，设置一道问卷题目，然后用选择 9 分和 10 分的百分比，减去选择 0 到 6 分的百分比（7 分和 8 分的数据被丢弃），就得到了 NPS 分数，如图 12-5 所示。

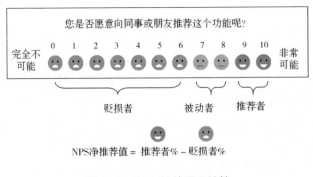

图 12-5　NPS 的使用和计算

分析 NPS，要跟踪、分析指标的变化趋势，而不应关心绝对值本身，因为绝对值没有可比性和参考性。例如，可以针对产品的不同模块定期调研 NPS 得分，判断用户体验是否持续改善。

12.5.3　通过综合方案评估技术需求收益

技术需求又可以细分为三类，分别是基础功能建设、中台建设和纯技术优化，这三类需求区别比较大，如何评估收益，需要分别探讨。

对于基础功能建设，考核交付质量和时间

B 端产品的运作离不开多种类型软件功能的组合。例如，要有基本的权限管理、消息提醒管理、数据字典配置管理等功能，当发展到一定阶段，还需要流程引擎、报表引擎、表单引擎、视图编辑器这些组件能力。

以上这类对业务没有明显价值和收益，但软件系统又非常需要的功能，属于基础功能。对于此类功能，只需要正常考核交付质量、交付时间就可以，没必要为了评估而非要生搬硬套某些业务价值，造成没必要的麻烦。

对于中台建设，考核系统接入量以及人力节约

中台的目的是抽象建设可以复用的软件系统或模块，其中很重要的一个目标是避免重复造轮子。可以通过考核中台产品接入的客户端数量、接口的调用数量，来估算研发人力成本的节省度。

通过考核中台产品客户端的接入数量，可以很好地倒逼中台产品经理像一个推销员一样去推销自己负责的产品。虽然我们说中台建设需要自上而下地推动，但也要设置一些激励方式，鼓励产品经理主动推销中台产品。

对于纯技术优化，考核系统稳定性、安全性、时效性

纯技术优化的需求和项目，例如微服务化、代码重构等，都是为了保证系统能够运行得更加稳定和高效、架构更加合理、灵活性更强，对于这类需求，可以考虑衡量系统的稳定性、安全性等非功能性指标。当然相关工作更多由技术团队参与决策，产品经理了解即可。

12.5.4　终极衡量指标：考核使用人数

不论能否找到评估产品价值的方式，都应该持续跟踪、评估产品的使用情况，这是一种既简单又有实际意义的评估方式。如果产品都没有人用，肯定是哪里出了问题：要么是没有宣传，没人知道；要么是伪需求，根本没实际价值；要么是产品设计有问题，没能解决痛点。

如果我们不能证明产品的业务价值，至少可以考核产品的使用人数。

12.6　迭代中的研发资源管理

企业级软件产品在技术上具有高度复杂性，研发人员不可能把所有精力都投入在功能开发上，而应该分配一定的资源在技术优化和重构上。本节，我们来探讨研发资源的有效管理，以及产品在不同发展阶段的技术资源投入问题。

12.6.1　研发资源的人力跟踪

在迭代优化过程中，产品经理要充分调动并利用研发资源，通过对人员的合理调配，保障不同项目之间无缝衔接，避免因为时间窗口不匹配导致研发资源闲置。

如何准确管理研发人力呢？有一种很简单实用的办法，也是传统项目管理中常用的办法，即制作一张研发人力资源安排图，如图 12-6 所示，通过这张图可以清晰地看出每个研发人员在不同需求、项目上的时间投入规划，并据此安排后续的工作。

负责人	5月																								
	1	2	3	4	5	6	7	8	9	10	11	12	13	14	15	16	17	18	19	20	21	22	23	24	25
张三	购物车支持优惠券						购物车支持优惠券							个人中心支持卡券查询							个人中心支持卡券查询				
李四	购物车支持优惠券						ES重构							ES重构							ES重构				
王五	审核优化二期						审核优化二期							审核优化二期							报价管理三期				
马六	审核优化二期						审核优化二期							报价管理三期							报价管理三期				

图 12-6　研发人力资源安排图

在工作中，研发人员、产品经理、业务人员之间总会有这样的争执：为什么没有排期？你们在做什么？人力都铺在哪儿了？如果有这样一张图能清楚地呈现研发人员的工作安排，就可以避免这些争执。因此，**维护好这张研发人力资源安排图，也是对研发人员的一种保护**，避免他们"蒙受"工作不饱和的怀疑和指责。

12.6.2　产品不同发展阶段的技术资源投入

软件的代码需要不断优化。如果软件升级迭代过程中只实现产品功能需求，而不做技术优化，随着功能的积累，软件系统会变得越来越脆弱，运行速度会越来越慢，甚至频繁宕机。因此，在日常的迭代升级中，必须给技术优化预留足够的资源。

应该投入多少资源做技术优化呢？这个问题在产品经理和研发负责人之间似乎很难达成一致。研发负责人想多投入一些资源优化系统，而产品经理则认为应该首先解决业务需求。那么如何平衡业务需求和技术优化之间的资源分配问题呢？

对于一套甲方自研自用系统，在业务发展的不同时期，研发资源分配的思路完全不同。结合业务发展周期，我们将系统建设归纳为五个阶段，分别是初创阶段、瓶颈阶段、重构阶段、稳定阶段、商业化产品的发展阶段。

初创阶段

在初创阶段，业务还处于探索试错期，业务本身不一定能成功。在这个阶段，系统从无到有地构建起来，研发团队要开足马力支持业务，本阶段的重点在于"活下去"。构建的系统是一套全新的干净系统，没有任何历史包袱。因此，团队可以铆足劲儿开发业务功能，而不用太在意代码、架构的合理性，此时可以只预留 10% 的资源做技术优化，甚至不做技术优化。只要研发团队靠得住，一套全新的系统在全力运转的状态下对业务支持一年的时间，应该是绰绰有余的，而一年后正好是验证业务是否能够存活下去的关键时间点。

瓶颈阶段

经过一年的探索，证明了方向是正确的，业务取得了初步成果，并继续保持高速发展。业务对新功能的渴望持续且强劲，产品研发团队依然要开足马力，但此时系统已经显现出疲态，"技术债"问题出现：曾经的设计缺陷、硬编码、架构不合理等问题逐渐凸显出来，系统三天两头出问题，Bug 频出，稳定性差，与此同时，业务需求继续井喷。

对于产品研发来说，一半的资源被用来修复 Bug 并被迫在眉睫的技术优化所占用，另一半的资源被难以维护的老代码拖住。产品研发团队既不能痛快地满足业务需求，也不能爽快地一次性解决系统结构问题。此阶段可能会持续 1 年到 1.5 年的时间，可谓整个产品研发团队的"噩梦时期"。

重构阶段

业务继续发展且相对稳定，业务需求依然络绎不绝，但系统已濒临崩溃的边缘。所有人都明白，偿还技术债的终极时刻来临了：公司层面决定，业务需求给技术重构让路，留给研发团队充足的时间重构系统，一次性解决历史问题。此阶段可能会安排 80% 的资源做技术优化、重构工作，包括代码解耦、拆库拆表、中间件升级、接口化和服务化等。

瓶颈阶段和重构阶段分别持续多久、在什么时候发生，这些问题很难准确回答，取决于业务情况、系统状况、技术团队的话语权等因素。

此外，也有"边开飞机边换引擎"的成功案例，即在不影响业务的情况下，在持续升级系统、开发新功能的同时完成系统重构，但难度相对较大，需要结合具体的系统架构和实际情况来判断采取什么方案。

稳定阶段

该阶段业务发展稳定，系统运行平稳，Bug 少，不宕机。业务需求依然不停地提出，但此时研发工作显得井井有条。即便如此，依然需要预留 10% 到 20% 的研发资源持续做技术优化，这是保证系统持续稳定的秘诀。

综上所述，业务需求和技术优化的研发资源分配，要根据业务发展和系统建设的阶段来合理安排。不同系统发展阶段下对两者投入的资源比例可参考表 12-4。

表 12-4　不同系统发展阶段下对两者投入的资源比例

系统阶段	时间周期	特　　点	业务需求资源占比	技术优化资源占比
初创阶段	0~1 年	系统从无到有构建，业务飞速运行、试错	90%	10%
瓶颈阶段	1~2.5 年	业务继续发展，系统问题不断	50%	50%
重构阶段	2.5~3 年	业务逐渐稳定，系统问题严重	20%	80%
稳定阶段	3 年以上	业务持续稳定，系统稳定	80%	20%

商业化产品的发展阶段

以上分析和节奏适用于企业自研系统、支撑业务快速开展试错的情况。商业化软件产品的开发节奏不太一样，虽然商业化产品一开始也不能做太"重"，而应该首先快速验证市场，但相对于自研系统，它对产品和技术架构的合理性、规范性要求更高一些。因为毕竟是企业的主营售卖产品，而非某个业务的辅助支持工具，所以一开始的设计、投入需要更严谨、更充分。因此商业化产品本身的瓶颈期和重构期的出现时间会更晚一些，但发展过程同样也会经历以上四个阶段，在技术资源的投入分配上，原则是类似的。

进阶篇

支撑企业运转的整套产品体系

在之前的章节中，我们一起为 M 公司设计了一套全新的分销业务平台。作为一名 B 端产品经理，能够从无到有地构建一套产品，支持一条新业务线的开展，可以说已经在 B 端产品领域迈出了坚实的一步。但是，如果你想对自己从事的产品领域有更加深刻的认识，想获得更广阔的职业发展空间，就必须学习、掌握企业级应用架构的搭建。

所谓企业级应用架构，是指企业的所有软件系统设计、集成的方式。这些系统被按照合理的结构组装起来，支持企业经营管理的方方面面。"企业级应用架构"中的"应用"就是指软件系统。

本篇第 13 章将介绍企业级应用架构的具体含义，以及学习企业级应用架构建设的目的和意义。

我们还将继续讲述关于 M 集团的案例，不过与前面章节聚焦于 M 公司的分销业务（一条业务线）不同，本篇的案例将聚焦于 M 集团的发展历程，向读者展示一家初创的传统线下小门店逐步发展为一家互联网化、多元化集团的过程，重点讲述其应用架构是如何一步步演进发展，最终形成一套成熟、完善的体系，这些内容主要在第 14 章和第 15 章。

最后的第 16 章将介绍企业的通用应用架构体系，并以三家不同业务阶段的互联网公司为例，带读者一起想象并绘制它们的企业级应用架构。

有一点必须提前强调，**本篇全篇以甲方视角进行论述，但背后的架构治理思想、设计原则，同样适用于乙方产品体系的架构设计。**

现在，让我们一起走进企业级应用架构的世界吧！

第 13 章

企业级应用架构概述

如前所述，如果你想更加深刻地理解自己负责的业务线，更好地把握架构级别的方案设计，并追寻更广阔的职业发展空间，就必须学习企业级应用架构的搭建。那么，什么是企业级应用架构呢？为什么学习它这么重要？

13.1　什么是企业级应用架构

在之前的章节中，我们为 M 公司设计了一套全新的分销业务平台，整个平台包括一个用户前台和两个管理后台，并且复用了公司原有的账号管理系统、订单中心、仓配系统等功能模块，通过系统之间的组合与协同来支持新业务的开展。

你应该已经体会到，建设一个系统或平台，并不是从无到有做一个独立系统那么简单，而需要考虑如何和公司的其他系统融合，如何搭建系统之间的结构。

企业级应用架构正是指企业的各个软件系统有机集成在一起的方式。 在实际中，我们通过研究企业的业务组织划分方式及经营运作特点，来设计软件系统划分和搭建的方式，同时利用软件模块可抽象、可复用的特点，得到一套适用于企业经营管理发展的软件产品体系结构。

对于任何一家公司，只要打算使用软件系统，就要在一开始考虑清楚应该如何设计企业级应用架构。如果把企业的系统架构比作一幢大厦，那么设计企业级应用架构就相当于设计大厦的蓝图，包括楼体结构的设计、功能区域的划分等。**这种结构性的设计一定要仔细、谨慎，因为只有整体结构合理，后续搭建各个系统才能顺利。** 不过，大厦的设计在动土之后几乎就完全不能改变了，而企业级应用架构的设计，可以在一定程度上随企业发展的需要做调整，这是二者不同的地方。

那么，该如何进行企业级应用架构设计呢？实际上，经过多年的发展和沉淀，支撑企业运转的常见软件产品体系已经形成最佳实践，这让我们的设计工作有章可循，轻松不少。

例如，每一类企业经营管理中的业务问题都有成熟的软件解决方案：通过 OA 系统解决内部员工管理与协作问题；通过 HRM 系统解决 HR 业务管理问题；通过 CRM 系统解决客户开发管理问题；通过 SRM 系统解决供应商管理问题；等等。

又如，软件之间如何协同、模块之间如何搭建，也已形成成熟的方法论：通过组件化、服务化的设计思路，保持系统的灵活性和扩展性；通过主数据的设计思路，解决信息孤岛和烟囱型应用问题；等等。

企业级应用架构可以通过应用架构图来呈现，如图 13-1 所示为典型的企业级应用架构图，它可以体现出企业系统设计的整体结构特征、逻辑分层特征，以及功能模块的抽象特征。应用架构图虽然只是一张图纸，但可以体现出丰富的软件设计方法论和理念，是软件产品设计和研发的框架性方针和指南。

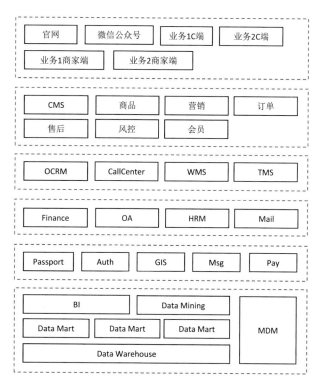

图 13-1　典型的企业级应用架构图

企业信息化建设已经发展了几十年，仔细思考你会发现，**传统企业和成熟互联网公司的应用架构并没有本质的区别**，无论是传统企业，还是互联网公司，发展到一定阶段后，都需要一整套体系化的应用架构来支撑其运转。良好的、合理的应用架构可以支持企业高效开展业务，控制经营风险；而混乱的、不合理的应用架构则会限制企业的快速发展，成为企业发展与变革的瓶颈。

13.2　学习企业级应用架构的益处

本篇一开始就简要讲了 B 端产品经理为什么要学习企业级应用架构，本节将详细分析学习企业级应用架构的益处。

13.2.1　加深对业务和产品设计的理解

学习企业级应用架构，最直接的好处是让你对业务的理解变得全面且深刻。

理解企业如何运作

在现代企业经营管理中，无论是纯线上业务的互联网公司，还是纯线下业务的传统企业，**其经营管理和运作方式是相同的**：都需要有售卖的产品或服务，都需要有销售团队进行售卖，都需要有客服团队进行服务，都需要有人力、法务、财务团队进行后勤支持。

在学习企业级应用架构的过程中，产品经理必然要**理解企业的组织架构、职能部**门的设计；理解企业在不同阶段、不同的业务情况下，部门之间的权责分工、组织架构的演进等，从而对企业是如何运作的形成清晰的理解。

理解支撑企业运作的成熟产品方案

对于企业中大多数业务，我们都能找到成熟的软件产品来提供支撑。例如，客服业务要用到 CallCenter 系统，用户账号体系管理要用到 Passport 系统，仓储业务要用到 WMS，配送业务要用到 TMS。

虽然不同企业在这些核心业务版块的运作细节不同，但是业务的本质是相同的，**产品解决方案的大体思路是一致的**。产品经理在学习企业级应用架构建设的过程中，必然会涉猎这些成熟的软件产品，要知道有哪些成熟的软件产品解决方案，分别可以解决什么样的业务问题。

例如，企业中都存在客服团队跟进处理客户问题的场景，不同类型的客户诉求，可能需要不同的业务团队、不同的流程来处理。为了保证客户的满意度，处理过程必须有时效性要求，如果处理超时，则需要升级问题。如何设计一套系统来实现这类业务管理诉求，并解决遇到的业务问题呢？缺少经验的产品经理可能会绞尽脑汁地从零开始规划、设计相关系统，但具备相关知识或经验的产品经理则马上会想到，工单系统正是解决这类问题的最佳方案。

理解多个产品如何协作

学习企业级应用架构的搭建，不仅可以理解企业是如何运作的，还能够理解产品之间应该如何组织、搭建，才能保证各个产品、系统有效地协作，并支撑企业运转。实际上，产品架构搭建是有"套路"可循的，产品经理掌握了这些"套路"，将大大提升工作效率。

例如，系统建设中往往会出现"孤岛问题"，既包括"应用孤岛"，也包括"信息孤岛"，这些"孤岛"从单一业务线来看可能没有问题，但是放在企业的整体业务中来看，就会造成各种业务问题，例如数据的割裂、流程的中断。该如何解决这类问题呢？如果你学习过产品架构搭建的知识，就会知道借助主数据的设计思想，构建客户主数据、供应商主数据、商品主数据等，从而方便地解决这些信息孤岛问题。关于主数据和信息孤岛的话题，在 15.1.2 节会详细介绍。

理解应用架构是随业务发展而演变的

学习企业级应用架构还能帮助理解企业级架构设计的背景和原因，理解应用架构的设计是随着业务发展的，是循序渐进地演变的，不是一蹴而就的。

有了这样的认识，产品经理才可能结合企业的经营发展阶段、企业对未来的预测和规划、业务的现状，以及市场环境、团队能力、系统当前状况等各方面因素，综合权衡，设计出合理的、适合企业自身的架构演进路线。

13.2.2　培养大局观

根据 13.2.1 节的讲述，学习企业级应用架构能够帮助我们更深刻地理解公司业务的整体运转机制、产品系统之间如何协作，这样我们就能更清楚地认识到自己所负责的工作在整个团队中的定位和价值，将自然而然地站在更高的角度思考问题。

例如，你之前可能见过很多重要的设计方案决策，它们是由更高级别的产品经理或架构师做的，你无法理解决策的原因或背后的思路；又如，有些决策从你所负责的业务和系统的角度来看并不合理，你感到很困惑。当你从公司整体业务的角度去思考时，这些疑问往往就会豁然开朗。

掌握企业级应用架构的全貌，能够拓宽自己的视野，思考问题时能够跳出自己负责的业务和产品的范围，尝试从企业、行业、产业的视角考虑，尤其是从企业整体经营发展的角度去思考、设计方案，能有效地锻炼并培养自己的大局观。

13.2.3　获得更好的职业发展机会

B 端产品经理可以先在某一行业或领域深入耕耘，成为该细分领域的专家，然后横向扩展知识，形成全面的知识储备。纵向的深耕及横向的扩展可以保证较强的职业竞争力，此时，既可以向领域专家发展，也可以向管理方向发展。

学习企业级应用架构的搭建，既可以为专业方向的发展打好根基，支撑你走得更远；也可以为管理方向的发展做好知识储备，练就作为管理人员需要具备的全局观。

13.3　案例：M 集团的应用架构演变之路

企业级应用架构是随着业务的发展而演变的。学习、理解企业级应用架构最有效的方式，莫过于沿着一个企业从小到大的发展脉络，研究应用架构是如何演进、发展，最终形成一套成熟的体系架构的。

无论是阿里、百度、美团这样的知名互联网企业，还是工商银行、中国联通、沃尔玛超市这样的传统巨头企业，企业级应用架构的建设思路、演变过程在本质上都是类似的、相通的。本篇中的案例讲述的是传统零售企业的架构演变之路，但这套架构体系对互联网企业是完全通用的，演进发展的思路也是相同的，互联网产品经理完全可以参考借鉴。

案例背景

案例的主角是我们的"老朋友"M 公司的总部——M 集团。M 集团是一家以线下、线上 B2C 零售为主营业务的多元化经营集团，多年的沉淀让其具备完善的软件产品体系架构。然而，鲜为人知的是，M集团是由十多年的一家社区门店发展起来的，M集团的CEO钟先生就是当年社区门店的主人。

正是因为钟先生聪明能干，具备商业头脑，并持续进行业务创新，所以这家小门店在资本的助力下，用了短短十几年的时间便迅速发展为一个多元化经营的集团型企业。

钟先生不仅具备极强的经商意识，还重视且善于利用信息技术帮助其经营管理，因此，M集团在信息化建设上的投入持续且巨大，在向互联网化转型时也非常迅速、果断。

接下来就让我们从企业级应用架构的角度来分析一下，钟先生的小门店是如何一步一步演变发展为成熟的M集团的。

第 14 章

传统企业的应用架构演变

从本章开始，我们将一起回顾 M 公司的初创与发展过程，感受并理解企业级应用架构是如何孕育并成长起来的。

14.1　小微型企业的应用架构

小微型企业可能是独立的个体户，也可能是小公司。在以往，小微型企业很少通过信息化手段改善其经营状况。不过这个现象正在改变，越来越多的小微型企业认识到信息化能力的重要性，这也给各家 SaaS 公司带来了更多机会，同时也成为产业互联网的一个分支。

接下来，让我们回到过去，一起看看钟先生的创业故事。

14.1.1　小门店的 Excel 管理之路

故事要从十几年前说起。当年的钟先生还是一名个体经营者，在小区开了一家小门店，售卖居民常用的生活用品。门店不大，只有十几平方米，平常由钟先生一个人打理，包括采购、摆货、销售。

为了更准确、科学地打理生意，钟先生设计了一个 Excel 文件来管理商品与销售数据。实际上钟先生只做了三张表格，第一张表格存储采购记录（表中的每条数据记录对某种商品的某次采购情况），第二张表格存储商品信息（表中的每条数据记录一种商品的信息），第三张表格存储交易记录（表中的每条数据记录一次销售情况）。我们用

ER 模型（详见 5.1 节）来描述这三张表的逻辑结构和关系，如图 14-1 所示，例如，商品信息和采购记录是一对多关系，即商品信息表中的一条数据可以对应采购记录表中的多条数据，因为某种商品可能被采购多次。

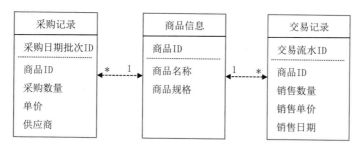

图 14-1　管理小门店的 Excel 数据表 ER 图

因为钟先生采用科学的数据表格记录了门店的所有采购记录、商品信息和销售数据，因而经营变得井井有条，**通过这些原始数据，可以准确地管理库存、计算利润、掌握畅销品和滞销品，等等。**

不要小看钟先生设计的这三张表，实际上这三张表格已经是一个进销存管理软件的雏形了，也反映了一套电商平台的核心模块，即商品管理模块、订单管理模块、采购和库存管理模块。

在经营管理过程中，对所有相关业务数据都进行准确记录，是科学管理的第一步，也是软件管理系统的核心价值之一。实际上，**所有的软件系统从本质上讲都是对数据的增删改查操作的集合，可以说，如果使用得当，Excel 也可以做出一套小型的软件系统。**

14.1.2　小超市的 ERP 之路

因为钟先生善于使用信息技术来管理生意，利用沉淀的数据进行各种经营分析，对定价、促销、爆品、库存的把握都十分准确，因而生意发展迅速，钟先生很快将小门店升级为一家小型超市，并且雇用了几个店员。作为店长，钟先生兴奋地绘制出自己的第一张组织架构图，如图 14-2 所示，梦想着事业会继续壮大。

因为经营的货品更加丰富，日交易量成倍增长，因而有好几名员工需要同时做数据处理工作。这时 Excel 已经难以满足经营管理的需要了，例如，多人协作的数据登记工作非常不方便，数据的安全性不容易保障，无法固定业务操作流程，等等。

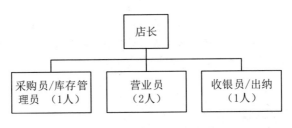

图 14-2　小超市的组织架构

钟先生理解信息系统在业务管理中的重要性，因此在超市筹备阶段，他就很有远见地决定采购一套针对超市业务的 ERP（Enterprise Resource Planning，企业资源计划）软件，来协助管理超市。因为还处于创业期，资金有限，通过仔细挑选，钟先生选择了一套轻量级的 ERP 软件，并且只购买了其中的几个核心模块，这样既可以控制成本，又可以满足当下的需求。现在，我们来绘制公司的第一张应用架构图，严格地讲，这只是一张 ERP 系统的功能模块图，包含三个模块，如图 14-3 所示。

图 14-3　小超市 ERP 的功能模块图

ERP 是最经典的管理软件，一套完整的 ERP 软件包括产品的生产制造管理、进销存管理、财务管理等核心模块，基本可以支持一家典型的生产制造企业的所有业务运转管理工作。

ERP 在传统制造业中被普遍使用，并且很多 ERP 软件的强项在于财务管理模块，基本上所有互联网公司都会采购成熟 ERP 软件的财务模块，而针对进销存等功能进行自研。实际上，电商平台的中后台模块和 ERP 的功能模块基本相同，只不过电商平台有更灵活的促销功能、营销管理功能、商品管理功能，以及丰富的 C 端前台功能。

传统的 ERP 软件相当于集合了典型电商公司的后台系统、财务系统、仓储系统、配送系统、采购系统。比较典型的 ERP 软件产品厂商有 SAP、Oracle、用友、金蝶。

14.1.3　为中等规模的超市建立 CRM 系统

小超市的商品越来越丰富，逐渐发展为一个中等规模的超市，员工数量也增加到几十人了。钟先生为自己的超市注册了公司，取名为 M 公司，钟先生任总经理。为了更加准确地理解、认识客户的需求，同时也为了拉近与客户的距离，钟先生设计了一套会员积分制度，所有的客户都能免费办理会员，这样就可以记录客户的关键信息，而且小伙伴们还建议开通一个微信公众号（请大家忽略十几年前还没有微信公众号的硬伤），让客户能够通过微信来查询自己的积分，这个主意太棒了！

但是这么多客户信息该怎么管理呢？钟先生了解到可以通过 CRM（Customer Relationship Management）软件进行科学的客户管理，他便对 CRM 软件做了全面调查和了解，他发现虽然 ERP 中也包含 CRM 模块，但是功能有限，不支持对接微信，营销功能也不够强大，因此他决定购买一套专门的 CRM 软件，和之前的 ERP 软件进行一定程度的对接。同时钟先生申请了微信公众号，找外包公司做了一些定制化开发。这样上述想法就都实现了！这时我们可以绘制出公司的第二张应用架构图，如图 14-4 所示。

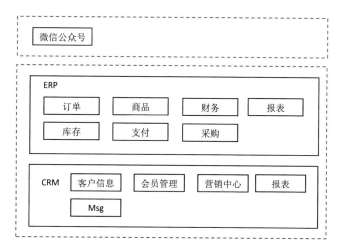

图 14-4　中等规模超市的应用架构图

可以看到，核心的客户信息资产模块都在 CRM 系统中实现，CRM 系统中内置了营销中心以及消息推送服务（Msg）模块，包括 SMS（Short Message Service）、EDM（Email Direct Marketing）和微信消息推送。

CRM 系统聚焦客户资料的管理和营销服务，使用者为店长和运营人员；ERP 系统聚焦超市的进销存及财务业务，主要使用者为营业员、出纳、采购员、库管和会计。

请注意，这里已经产生了应用架构设计的概念，公众号、ERP 和 CRM 这些系统都是为了解决某一大类的业务问题而存在的，各自有清晰的定位、分工和目标用户；

每个系统内置若干模块，每个模块都是为了该大类业务问题下的某一小类问题而设计的。几个系统相对独立又相互关联。

在图 14-4 中，我们使用了分层描述方式，靠近 C 端用户的微信公众号在最上层，支持业务运转的 ERP 系统在中间层，偏底层的 CRM 系统在最下层，这样可以清晰地看出几个系统的层次关系，同时也在一定程度上反映了系统和业务之间的逻辑对应关系。

14.2　中型企业的应用架构

本节所讲的中型企业是指，员工数量在百人左右、具备现代企业经营所需的所有职能单元（如人力、财务、法务部门）、组织制度规范的企业。管理中型企业具有一定的复杂度，可能系统建设对小微型企业来说是可有可无的，但是对于中型企业来讲则是必需的。

当企业规模达到一定复杂程度后，必须有一整套软件系统来支撑其经营运转，否则管理会失控、混乱。中型企业的软件系统，在功能上要有力支持当前的业务开展和管理，在体系架构上也应该为未来的架构扩展和系统扩展打好根基。

14.2.1　中型连锁超市的组织架构

钟先生的超市生意蒸蒸日上，不过钟先生所在社区的门店面积有限，很难再扩大规模，积累的闲置资金越来越多。钟先生萌生了在其他社区开超市的想法。经过调研，他找到了合适的位置，第二家超市也开张了。按照这个思路发展了几年之后，钟先生已经开了五家中型连锁超市，员工数量达到了几百人。

与此同时，管理的复杂度和难度也呈指数级上升，例如，各个门店流程不统一、不规范，造成效率低下；仓储管理不规范，造成库存货物数量不准确，采购和销售脱节；客户服务处理不及时、不准确，客户投诉量较大。为了有效地管理团队，并且让内部流程更加顺畅，钟先生邀请专业的 IT 咨询公司帮助重新梳理了公司的业务目标、组织架构、运营流程，通过引入 OA、HRM 以及重构 ERP 等手段，对不合理的制度、低效的流程进行了改造，如下。

- 成立法务部、人事部、财务部，作为中后台体系，支持公司正常的行政运转。
- 成立信息技术部，下设运维部和项目部，其中运维部负责保证服务器、网络的稳定，项目部配合咨询公司及软件外包公司进行系统改造或开发。

- 成立采购部和仓配部，负责管理供应链业务。

- 成立零售业务部，将连锁超市业务统一纳入零售业务部管理，零售业务部下面设立了销售运营部、零售管理部和售后部，作为支持中心。

最新的组织架构如图 14-5 所示（作为示意，只画出了其中的两家门店）。

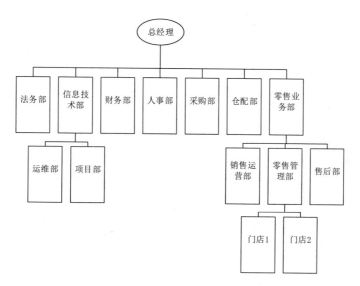

图 14-5　中型连锁超市的组织架构图

14.2.2　建设 DW 和 BI 系统支持企业经营分析

钟先生很清楚数据对公司发展的重要性，所有的管理决策都应该基于对数据的分析和判断，因此他邀请了咨询顾问协助提升公司的数据分析能力。咨询顾问建议钟先生实施 DW（Data Warehouse，数据仓库）和 BI（Business Intelligence，商业智能）系统，原因有以下几点：

- 现在的 ERP 系统和 CRM 系统都有报表模块，但两个系统的数据相互孤立，不利于整合分析。通过数据仓库，可以实现打通销售数据和客户资料的全面分析。

- 业务系统的底层数据结构并不适合做复杂的数据分析。经营分析中需要经常做各种维度的销售数据分析，例如从商品分类、门店或促销类型等不同维度做分析，这需要对基础数据做大量的加工运算，显然业务系统本身不善于做这些工作。成熟的 BI 软件套件可以让报表分析与多维数据探查更轻松，灵活的自定义功能可以快速上线各种形式的报表和业务监控仪表盘，让业务分析更加高效。

- 经营分析指标统计口径太多（这是企业经营中一个很常见的问题），造成管理混乱和沟通障碍。例如，对于销售额，销售部门可能有一套口径（没有剔除退货），采购部门也有一套口径（剔除了退货），如果定义不统一或不明确，几个部门之间沟通时就很容易产生歧义。除了在管理上规范公司级指标的定义，还需要一套底层数据架构，消除上游各个不同系统的孤岛和屏障，统一管理汇总数据和指标计算。这需要数据仓库的助力。

咨询顾问建议，虽然目前公司的业务系统还不算非常复杂，但数据仓库可以帮助企业更快速、准确地捕获、理解和使用信息，做好基础建设工作，培养员工的数据分析意识和方法，通过数据来进行决策。随着业务的拓展和系统复杂性的提升，数据仓库的存在价值会越来越明显。

数据仓库的服务对象通常为全公司或全集团，但是不同部门可能有自己的数据分析诉求与指标管理诉求，这就需要在统一的数据底层的基础上，封装出针对某个部门的小数据集，从而保证数据流的合理性、可追溯性。为实现这一功能，咨询顾问建议构建数据集市（Data Mart，DM），DM 介于 BI 展现层和 DW 数据底层之间，是数据仓库的数据子集，而且实施 DM 很轻松，因为研发部门可以完全复用 DW 和 BI 的技术能力。根据咨询顾问的建议改造后的应用架构如图 14-6 所示。

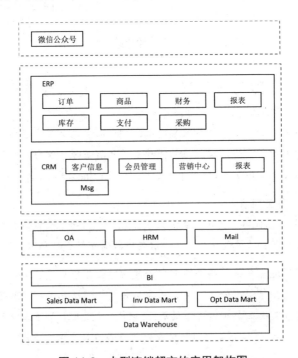

图 14-6 中型连锁超市的应用架构图

有一点需要注意，如果希望数据仓库在企业中真正发挥作用，不仅需要开发软件系统，更重要的是在公司层面上要实现经营思路体系化、指标管理规范化，以及数据部门组织架构与业务部门合作流程合理化，同时还要提升全员数据化管理运营的理念和意识。**软件本身并不能解决企业的问题，还需要配套的架构、流程、制度，以及人员认识的提升，才能发挥软件的功效。**

还有一点要注意，**数据仓库和大数据是两个完全不同的概念**，它们在理念、技术方案、应用领域方面都完全不同，具体如下。

- 理念：数据仓库源于交易数据，对数据的准确性要求高，适合做离线分析；大数据源于日志的行为数据，对数据准确性要求不高，适合做自动化策略。

- 技术方案：数据仓库采用传统的、经典的数据分析思路，即抽样、分析、预测；大数据基于海量数据和运算能力，不做抽样而做全量研究，不做分析而做模型应用。

- 应用领域：数据仓库主要用来做企业经营分析；大数据主要用来做各种业务自动化应用。

除了数据仓库、大数据平台，现在还有很多新的概念，例如数据湖、数据中台、CDP 等。各种新概念层出不穷，让人眼花缭乱，但如果你理解了企业数据治理的本质，就会发现这么多年了，企业要解决的问题始终没有变，解决的思路也没有变，只是被人们换汤不换药地进行各种包装营销。我们从事信息化和数字化工作，要避免沉迷于概念翻新，或咬文嚼字钻牛角尖，而应该脚踏实地，实事求是地解决问题。

14.2.3 建设 OCRM 系统支持企业客户业务

随着公司规模继续扩大，M 公司决定在零售业务之外开发企业客户。由于经营良好，M 公司顺利地从供应商那里取得授权，成为供应商的分销渠道。同时，钟先生招聘了专业的 CTO 来帮助他管理系统建设工作。

为了适应新业务的需求，公司对组织架构进行了如下安排和调整，如图 14-7 所示。

- 设立大客户销售部：开发企业客户的思路和经营零售业务的思路差别很大，因此公司成立了专门的大客户销售部，该部门依托公司的成熟供应链体系，向零售业务部负责人汇报，负责拓展企业客户分销渠道。销售运营部和售后部统一为零售业务和企业客户业务提供支持和服务。

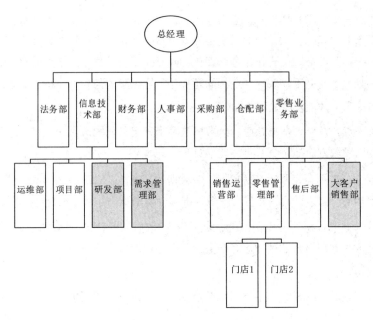

图 14-7   开展企业客户业务后的组织架构图

- 设立需求管理部：随着业务规模的增大，系统需要满足的新需求越来越多，如何高效地将这些需求反馈给研发人员？公司专门设立了需求管理部，招聘了需求分析师（Business Analyst），负责根据业务部门的诉求设计软件产品、编写需求规格说明书，交由研发人员编码实现。（需求分析师的岗位在今天的传统企业中依然大量存在。）

- 设立研发部：由于各部门经常有个性化的软件开发诉求，软件外包维护的成本高，效率低，公司决定招聘研发团队，正式走向自主研发之路，通过自研提高研发效率和质量，进一步加强信息技术对业务的支持和促进作用。

此外，为了让销售工作高效展开，对销售人员进行严格的过程管理，同时也为了保留客户资料，避免销售人员独占客户资源，CTO 建议实施操作型 SFA CRM 项目。（国内也经常叫作 OCRM，Operating CRM，下文统一叫作 OCRM。）

在设计 OCRM 系统时，有下面两种方案可供选择。

方案一：采购一套独立成熟的 OCRM 系统，其优缺点如下。

- 优点：OCRM 系统已有成熟的软件产品可以选择，无须从头开发，标准功能略做改造即可，实施速度快；OCRM 系统和已有的 CRM 系统各司其职，分工明确，为将来各自的发展与演变提供便利。

- 缺点：应用架构会变得复杂，需要将原有的 CRM 系统和新的 OCRM 系统做数据打通，对原有的客户模型做升级。

方案二：在原有 CRM 系统的基础上自主开发 OCRM 模块，其优缺点如下。

- 优点：完全基于公司业务流程和模式设计并自主研发，完全适配业务。

- 缺点：基于原有 CRM 系统扩展出销售管理 OCRM 系统，需要从无到有地开发，实施速度慢。并且两者在功能上其实没有太多交集和关联性，如果设计在一套系统中，会让系统的结构变得臃肿，独立性不强，灵活性不足，给未来的扩展留下隐患。

综合评估两套方案的实现成本和速度，以及对未来业务变化的灵活支持情况，同时为了避免影响核心 CRM 业务的稳定性，CTO 决定采用方案一，让两个系统各自聚焦，互相独立，边界清晰。虽然这会增加公司应用架构的复杂性，但可以快速支持业务需求，并灵活应对未来销售业务的变化。采用独立 OCRM 系统支持企业客户销售管理的应用架构如图 14-8 所示。

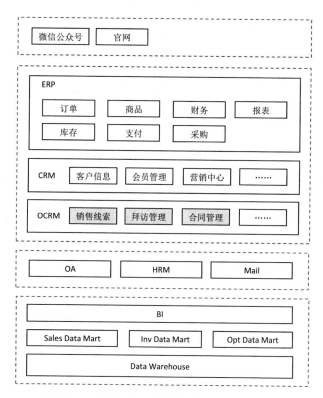

图 14-8　支持企业客户销售管理的应用架构图

一般来讲，B 端客户的数据模型和 C 端客户的数据模型差异非常大：前者关注组织架构和人员角色的描述，后者关注客户个人信息与人员关系的描述，因此一般将这两种客户模型分开设计，以支持不同的业务场景。有的公司会明确将两套客户模型在应用架构中分开设计，以便更加准确地体现业务概念。图 14-8 为了简化表述，只绘制了一个"客户信息"模块，但读者应该认识到该模块包含 B 端、C 端两套客户模型。

至此，我们就绘制出了一套常见的简化版企业应用架构图（图 14-8），以及常见的企业组织架构图（图 14-7）。可以看到，应用系统的建设是根据业务的发展变化逐步完成的，每个系统都有独立存在的意义和价值。

14.2.4　拓展：CRM 体系

从广义上讲，CRM 是一种理念而非某一个独立的应用系统，CRM 代表企业对待核心客户资源的管理理念和运营方法。CRM 是帮助企业开展核心业务（客户开发、维护、服务）的平台体系，覆盖了 B 端业务线的大部分功能模块和服务。完整的 CRM 体系包括三个核心方向：

- 帮助企业获取销售线索并转化为客户的销售管理 CRM，即常说的 SFA CRM，包括销售线索和过程管理、统一客户视图、电话销售中心等模块。
- 帮助企业对客户进行营销管理的 CRM，即 Marketing CRM，实现对客户的交叉销售（Cross Sales，即对客户销售公司内不同产品线的产品）、向上销售（Up Sales，即对客户销售价值更高的产品），包括会员积分管理、营销中心、小型数据仓库或数据集市、客户画像、数据挖掘等模块。
- 帮助企业进行客户服务管理的 CRM，即 Service CRM，包括客服平台、工单系统、知识库、质检平台等模块。

除此以外，还有一个分类，即 SCRM（Social CRM），国内外并没有统一的定义，一般理解为基于社交网络形成的 CRM 能力，在欧美，以及国内早期，主要是指舆情分析、社会化营销等场景，随着企业微信的普及，目前国内提到 SCRM 都认为是围绕企业微信生态建设的 CRM 能力，包括获客、营销、转化、服务。

第 15 章

多元化业务带来的应用架构演变

随着企业的进一步发展，业务体系变得越来越复杂，对应用架构的建设也带来了新的挑战。良好的应用架构体系会成为企业持续快速发展的助推器；而混乱的应用架构体系会成为企业成长的绊脚石。

本章将介绍更加复杂的应用架构设计思路和实践。随着 M 集团业务的拓展，业务系统出现了信息孤岛问题，如何解决？这需要用到主数据设计思路。M 集团逐渐发展为一家成熟的企业，为了支持业务更快地发展，公司对应用架构做出调整：将基础功能模块抽象出来，构建一套基础支撑体系——这也是近几年广受关注的中台建设思路。

15.1 集团企业的应用架构

集团企业依托于一个稳定的主营业务做支撑，探索并发展多元化的业务形态。集团企业可能有全资子公司、控股子公司、分公司等多种公司类型，经营多个品牌，拥有多条业务线、多个业务团队，企业管理制度复杂，这些都给应用架构的建设提出了更高的要求。

15.1.1 在线商城业务带来了互联网化管理

M 公司旗下已有多家中型连锁超市，并发展了面向企业客户的业务，业务线越来越丰富，且成立了若干控股子公司，M 公司已升级为 M 集团，钟先生任集团 CEO。

现在，M 集团的零售业务的发展进入瓶颈期，钟先生需要寻找新的增长点。经过董事会和管理团队评估，集团决定开展电商业务，并给予极高自治权和最高资源支持。集团成立了电商部，从市场上聘请了某电商平台 VP 作为部门负责人，直接向 CEO 汇报。

为了学习互联网公司以技术力量推动业务创新的做法，电商部参考了一般互联网公司的组织架构：设置了自己的产品研发部，招聘了研发团队，产品技术总监向电商部负责人汇报；还设置了运营部，负责产品运营。同时，CEO 还将线下的客服团队升级为客服部，作为公司的一级部门，直接向 CEO 汇报，统一处理线上、线下的客服与售后业务，此时的组织架构如图 15-1 所示（作为示意，图中只画出了两家门店）。

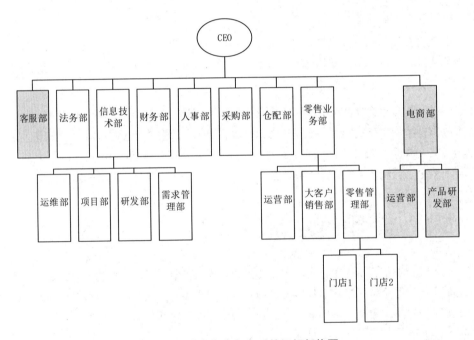

图 15-1　成立电商部之后的组织架构图

电商部的建设

新业务开展，大家干劲十足。因为电商部产品技术总监（以下简称"电商总监"）和公司 CTO 之间不存在汇报关系，而且电商总监希望快速推进项目，因此所有决策基本只是告知 CTO。作为纯互联网背景的专家，电商总监认为购买现成软件产品不利于系统的二次开发和维护，长远来看会限制公司的业务发展，因此计划通过自主研发实现整套电商业务系统。虽然 CTO 对此持反对意见，但经过电商部负责人和电商总监的游说，CEO 听取了自研的建议，电商总监承诺自己的研发团队效率极高，一定会在承诺之日交付系统。

电商总监设计的应用架构体系包括 PC 端和移动端的前端应用，以及完整的后端系统，包括订单、售后、客户信息、会员、营销、账号的管理系统和 CMS。此外，仓储、财务业务直接复用现有 ERP 中的模块，配送业务则直接与第三方配送服务商系统对接。

对于这个架构设计，CTO 认为客户信息和账号的管理系统不应该重复建设，而应该统一规划管理。但是电商总监对于信息技术部开发效率低的情况早有耳闻，他想快速推进实施项目，不希望被一些不可控因素影响，导致自己的项目延期，因此没有采纳 CTO 的意见，CTO 对此心怀不满。

新的客服部

新的客服部组建了 100 人座席的电销中心，支持线上线下的售后诉求。新成立的客服团队需要 CallCenter 系统协助开展业务。虽然 CallCenter 系统的主要用户是电商业务的客服话务员，但 CEO 为了在一定程度上安抚 CTO 的不满情绪，将 CallCenter 项目安排给 CTO 负责了。

CTO 采购了一套成熟呼叫中心客服系统来支持 400 热线业务，电商总监对此安排没有什么异议，但在 CallCenter 系统的实施过程中却出现了问题。

CallCenter 系统只负责电话作业，所需的客户资料一般由上游系统提供。但是公司现有的客户资料分两部分，一部分保存在 CRM 系统的线下业务客户资料库中，另一部分保存在线上商城的客户资料库中。为了让客服人员能在 CallCenter 系统中查到公司的所有客户信息，只能在 CallCenter 系统中新增一套客户资料库，将另外两套客户资料库中的数据同步过来，此时的应用架构图如图 15-2 所示。

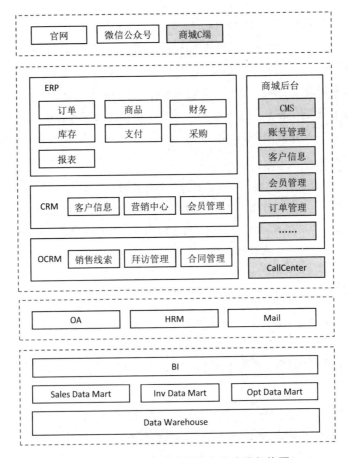

图 15-2　实现了在线商城业务的应用架构图

15.1.2　信息孤岛与主数据管理

电商系统如期上线，业务发展迅猛，电商团队的运营人员和产品人员充满活力、思维活跃，技术团队响应迅速，在产品经理和技术团队的无缝配合下，技术力量真正推动了业务的发展。

集团的零售业务有了新突破，钟先生很开心，但很多问题也同时暴露出来。我们先来看看之前的应用架构。

为了快速上线电商系统，有一些应用架构遗留问题没有解决。公司有三套客户资料库：线下客户通过微信公众号访问 CRM 系统中的客户信息；线上客户通过线上商城访问 e-Store 系统的客户信息；当客户致电 400 热线时，电销座席代表（TSR）访问的是从 e-Store 和 CRM 系统同步过来的客户信息，不过受技术所限，数据同步每 30 分钟才进行一次。系统架构和数据流转如图 15-3 所示，图中的 e-Store DB 是指线上商城存储客户资料的数据库；CRM DB 是指微信公众号后台对应的存储线下客户资料的数据库；CC DB 是指同步了前面两份客户资料的呼叫中心客户数据库。

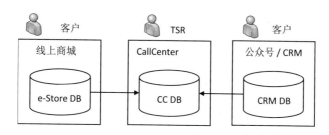

图 15-3　系统架构和数据流转（三套客户资料并存）

这个系统架构会导致各种业务问题：

- 线上（电商）客户关注公众号后，查不到自己的资料，这让客户感觉很诡异。

- 线下客户想在线上商城下单，发现之前登记的账号不能使用，需要重新注册完善资料，客户很烦躁。

- 有时候客户修改完资料后立刻致电 400 热线，客服查到的客户信息不是最新的，沟通很困难，客户很生气，客服很苦恼。

- 有的客户喜欢打热线电话让客服修改资料，然而因为客户资料是单向同步的，客服无法协助客户修改资料，客户很气愤：为什么你们连这点服务都做不好！

- 很多客户会通过线上线下两种渠道消费，于是在数据仓库中存在很多冗余客户对象，无论是线上团队还是线下团队，都无法描绘出准确的客户画像，或做出跨渠道消费行为分析。

CEO 很生气，找到 CTO 和电商总监质问是怎么回事。

CTO 回答：“我们遇到了严重的**信息孤岛**问题！由于 CRM 和线上商城后台数据互相孤立，导致核心客户资源不同步、不统一，让公司无法得到一个完整准确的客户视图。如果要解决这个问题，必须对应用架构进行改造，并且改造比较耗时。”

CEO 很郁闷，没想到应用架构不合理会影响业务发展，也没有想到组织架构的设计会导致应用架构出问题。

在企业 IT 系统建设中，因为组织架构汇报关系的安排，影响到系统架构设计，是非常经典的现象，业界知名的**康威定律**（Conway's Law，程序设计师 Melvin Conway

于 1967 年提出）描述的正是这个现象：**系统的架构是设计者组织结构的镜像**。换句话说，组织结构会影响系统架构的设计。

为此，CEO 对组织架构做了一些调整：电商总监实线向电商部负责人汇报，虚线向 CTO 汇报；总体来讲电商总监对电商部技术架构负责，CTO 对全公司 IT 架构管理和其他所有系统负责。

经过沟通，CTO 和电商总监的矛盾消除了，大家决定合力解决问题。

解决信息孤岛问题的思路很简单，就是只保留一份客户信息库。这份客户信息库只保存最核心的、与业务单元无关的客户属性和资料；至于积分、会员等扩展属性依然由各个应用系统维护管理。调整后的客户资料系统架构如图 15-4 所示。将客户信息库独立出来，线上商城、CallCenter、CRM 和公众号通过统一接口调用客户信息库存储的客户档案，不论客户或业务员从哪个端口查看或修改信息，信息的变化对其他端口都是透明、实时的。这就是客户主数据管理（Master Data Management, MDM）的设计理念。

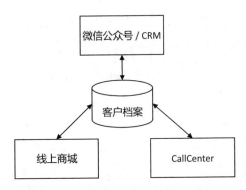

图 15-4　调整后的客户资料系统架构（通过主数据思想解决信息孤岛问题）

在企业应用系统建设中，非常容易出现信息孤岛问题，即因为各种原因，在建设单个应用系统时，没有和外界系统进行良好的打通，导致某些流程或数据对外界系统来说是孤立的，最终给业务带来严重影响。

解决信息孤岛问题的经典方法就是进行主数据管理（MDM），主数据管理通过应用架构的拓扑结构设计，配合相应的管理手段，帮助企业存储、识别唯一的关键数据，避免企业内部关键数据的冗余和不一致问题。常见的主数据有客户主数据、供应商主数据、商品主数据等。

　　但是，引入主数据管理会让应用架构变得更复杂，在实施初期，需要投入比较多的时间和资源。而在企业发展的某些阶段，快速迭代上线意味着对商机的捕获和对市场变化的迅速跟进。因此在何时引入主数据管理，这是需要综合权衡的事情。**一个合格的架构师应该在应用架构设计和公司业务发展之间做出合理权衡，必要时在应用架构的合理性上做出妥协和让步。**

　　主数据经常作为底层数据应用来管理，因此在架构图中我们将它和数据仓库（Data Warehouse）并列画在底层，如图 15-5 所示，原有的三个"客户信息"模块置灰，被抽象为一套"客户档案 MDM"模块。

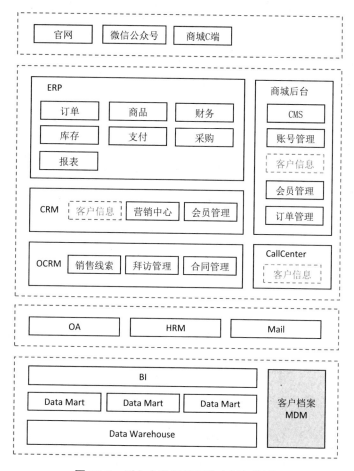

图 15-5　引入主数据管理的应用架构图

15.2 加强基础服务建设，为新业务赋能

应用架构体系发展到一定程度后，各个系统都要用到的模块会被抽象出来，改造为公用的基础模块。当开展新业务或研发新系统时，不需要从零开始搭建，而可以大量复用已有的模块，研发效率会越来越高。

15.2.1 将通用功能抽象成基础服务

M 集团业务发展稳定，各个系统底层做过几次技术重构，性能更强健了。为了让各个应用系统更加聚焦，提升稳定性，节约开发成本，避免重复劳动，CTO 和产品总监讨论后决定将一些通用功能从各个应用系统中剥离，统一进行服务化改造升级，为公司后续新业务的开展打好基础，具体改造如下。

- 将 CRM、WMS 等业务系统的消息模块功能合并，提供一致的消息服务（**Msg 模块**），既包括数据底层、API 接口，也包括前台应用功能（消息通知管理页面）的服务化。各个业务系统不再需要各自维护消息中心，而是嵌入统一的消息平台页面组件，并通过调用 API 来满足个性化诉求。

- 构建统一鉴权管理系统 **Auth 模块**，将所有业务系统的权限管理、角色管理统一接入 Auth 模块。这样对集团的应用系统安全性管理有极大的好处，并且未来开发新业务系统时，无须开发鉴权系统，直接接入 Auth 模块即可。

- 将商城支付模块剥离，构建高度服务化的 **Pay 模块**，并提供统一的支付清结算服务。任何下游业务都可以直接接入集团的支付服务接口，实现线上支付业务，而不用重新和各家支付机构谈判、对接，并重复开发清结算及对账功能。

- 加强数据团队建设，设立**数据挖掘与策略输出模块**，丰富客户画像，加强经营分析能力，产生更多的数据策略输出。数据策略输出不仅能给在线商城提供更强劲的推荐策略，也能为 CRM、运营人员提供更丰富的策略运营、精准定向活动推送支持。

完成这些调整后的应用架构如图 15-6 所示。

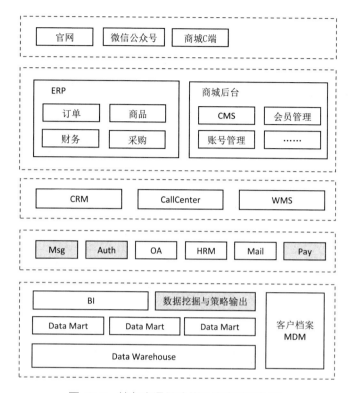

图 15-6　抽象出通用功能后的应用架构图

15.2.2　用强健的基础服务支持快速搭建新业务

M 集团在寻找新的增长点，计划开展个人理财业务。

和电商业务开展初期类似，为了让新业务轻装上阵，快速"奔跑"，集团决定设立理财事业部，业务负责人直接向 CEO 汇报。理财事业部下设运营部和产品研发部，产品研发部负责人实线向理财事业部负责人汇报，虚线向 CTO 汇报。

同时，信息技术部也与时俱进，将需求管理部调整为产品部，培养并招聘产品经理，以便信息技术部能够和电商部、理财事业部的产品技术团队较好地沟通协作，并对业务产生有意义的影响。调整后的组织架构如图 15-7 所示。

此时，集团应用架构已经非常强大和灵活，理财业务的系统构建可以迅速展开，CTO 和理财事业部的产品总监（简称"理财总监"）沟通后绘制了集团应用架构图，如图 15-8 所示。理财业务只需要建设一套 C 端 App 和一套基本的管理后台，即可开展业务。

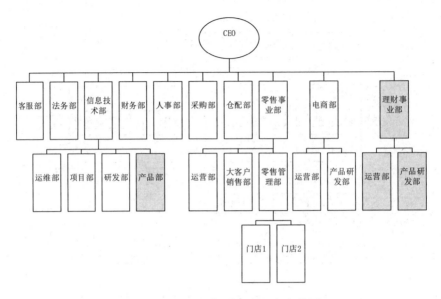

图 15-7 开展理财业务后的组织架构图

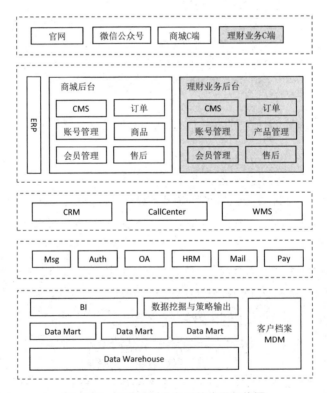

图 15-8 开展理财业务后的应用架构图

首先，理财事业部需要自己开发 C 端业务对应的后台，因为理财业务的订单模型、商品模型、售后管理，和售卖实物商品的电商后台区别较大，如果改造电商后台的订单中心、商品中心，工作量大，复用能力弱，没有太大意义，还容易破坏稳定业务的系统稳定性。

其次，理财事业部的会员管理制打算完全重新设计，以便迅速灵活地支持理财业务。初步计划有自己的积分、货币体系，未来可以考虑设定汇率，和电商以及集团的积分、货币体系进行自由兑换。

最后，类似客户数据库、支付服务、Auth 服务等模块都可以直接使用集团现有系统，无须重新开发。

大家可以发现，针对理财业务的架构设计思路，和"设计篇"中分销业务平台的设计思路是类似的，都需要结合业务的实际情况，从整体架构的角度来判断哪些系统需要重新开发，哪些可以复用现有系统。架构设计既要支持业务在短期内快速发展，又要保证架构主体正确，适应未来的变化和扩展需要。

15.2.3　Passport 与客户资料管理

CTO 和产品总监讨论后，认为上述架构图还存在一点问题：账号管理系统不应该重复开发。集团已经有很成熟的统一客户管理理念，多套账号管理模块会再次造成信息孤岛问题。因此决定将现有的账号管理模块也进行平台化、服务化升级，给理财业务提供支持。于是，集团层面的 Passport 系统诞生了。更新后的架构如图 15-9 所示，图中新增了 Passport 模块，原有的两个账号管理模块被置灰。

Passport 是企业管理客户账号的系统，也是企业存储客户账号的数据中心。Passport 系统和客户数据库是两个完全不同的概念，因为客户账号和客户数据是完全不同的：

- 在 B 端业务中，某 B 端客户在系统的客户数据库中只有一个唯一的客户 ID（对应一套客户数据），代表该企业或集团。但是该客户可以拥有多个账号，给不同角色的人员使用。

- 在 C 端业务中，某个用户可能注册了多个账号，如果没有做身份认证（例如关联身份证号），企业便无法识别这些账号是属于同一个客户的。

因此，无论在 B 端业务还是在 C 端业务（未做身份认证的）中，客户和账号都是一对多关系。

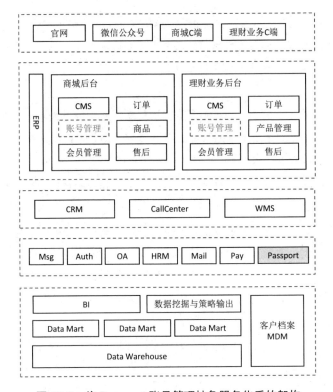

图 15-9 将 Passport 账号管理抽象服务化后的架构

15.3 集团强化中台能力建设

中台是一种企业级的软件抽象、下沉、复用的理念，既可以解决 IT 系统研发重复造轮子的问题，也可以提高企业的集中化管理能力。其实，**中台背后的设计思想在企业级应用系统建设中已存在多年。**

15.3.1 中台的四个分类

中台概念经过这几年的发展，在分类上基本取得了统一的认知，分别是组织中台、业务中台、数据中台、技术中台。

组织中台

组织中台研究的是企业内部的组织结构设计，如何通过合理的权责划分，以及管理架构搭建，提高业务部门的经营能力，迅速响应市场变化，并且能够让企业提升整体跨部门跨业务线协作效率，降低运营成本，实现标准化管理。所谓组织中台的设计思路，实际上已经存在了很多年，在集团企业中，往往采取事业部制的组织形态，再配合各种共享服务中心的建设，实现前后端业务分离，前端业务保持机动性，后端业务提供火力支援。类似于财务共享服务中心 FSSC（Financial Shared Service Center）、人力资源共享服务中心 HRSSC（Human Resource Shared Service Center），其实就是典型的中台管理思路下的组织形态和职能部门建设的方法。

业务中台

业务中台研究的是企业内部的软件系统如何进行抽象和设计，从而让企业的软件系统就像搭建积木一样灵活，可以重复高效利用现成的软件组件，快速组装开发出新的软件系统，从而节约软件开发成本，并能够快速支持新业务开展。

目前被广泛讨论的业务中台包括电商交易中台、账号中心中台等，其中电商交易线又被进一步细化，包括了订单中台、支付中台、商品中台、促销中台等。业务中台还有另一层含义，即能够给全企业提供一致服务的管理软件产品，也可以纳入业务中台的范畴，例如呼叫中心、项目管理软件。

业务中台是一个非常宽泛的概念，每个公司的定义都不一样。总之，业务中台体现了企业中对业务能力的抽象和封装，支持不同业务线的开展。

数据中台

数据中台研究的是企业内部的数据管理、治理问题，以及数据产品体系和数据底层结构的搭建问题。数据中台研究的范畴包括企业统一的数据安全、数据规范、元数据管理、数据编码管理，以及数据仓库、数据集市的拓扑架构，也包括大数据底层和运算能力建设及复用。要注意的是，数据中台更多地关心从业务和产品层面对数据的治理、管理、应用，而非技术层面问题。

技术中台

技术中台研究的是在软件产品的技术实现过程中，哪些技术上的处理能力和架构可以进行抽象复用，例如消息中间件 MQ、分布式计算框架 Hadoop、分布式服务框架 HSF、各种 Open API 等。技术中台是纯粹从技术实现底层来思考基础服务和基础模块的复用能力的，其设计思路和产品中台一脉相承，是技术人员需要深度思考的问题。

以上四个分类涵盖了中台主题的各个方向，对于产品经理来讲，工作相关性最强，最需要关注的是业务中台和数据中台。

我们可以发现，上述四个主题分类正好应对了企业架构 EA 中的四层架构（关于 EA 的概念，本章最后一节会进一步介绍）。组织中台对应企业业务架构中的组织架构治理部分，业务中台对应应用架构，数据中台对应数据架构，技术中台对应技术架构。有意思的是，中台建设思路依然逃不出经过几十年沉淀的信息技术理论框架，以及管理理论框架。

接下来，让我们回到 M 集团的案例，来感受 M 集团的中台建设思路。

15.3.2　业务部门加强中台能力建设

M 集团已经开展了多条业务线，发展良好。为了进一步提升管理效率，控制经营成本，提升业务部门的管理灵活性和战斗力，集团对组织架构进一步做了较大的调整：集团希望总部能够成为各业务线的大后方，提供各种支援工作；将各业务线调整为自负盈亏的独立业务单元，对它们充分授权，以便它们能够聚焦业务发展，快速响应市场变化。具体调整如下。

- 零售事业部、电商部、理财事业部实现独立核算，自负盈亏，拥有自主决策权。

- 成立财务共享服务中心（FSSC），对集团各业务线和分公司的财务工作，包括会计账务处理、工资结算等事务性工作集中处理，以降低运营成本，提高管理规范性和运作效率。

- 成立人力资源共享服务中心（HRSSC），对集团各业务线和分公司的人力管理工作，包括人员招聘、社保管理、新员工培训、劳动合同管理等事务性工作统一管理，形成标准服务流程，提高运作效率，降低运作成本。

- 成立信息技术共享服务中心（ITSSC，IT Shared Service Center），对集团各业务线和分公司的 IT 管理工作进行支持，包括网络管理、IT 资产管理等，通过集中式 HelpDesk 平台和服务体系，解决员工的 IT 诉求。作为服务部门，ITSSC 向行政部门汇报。

- 仓配部门尝试独立经营管理，对外提供供应链整体解决方案，对内按照 3PL（Third-Party Logistics，第三方物流服务公司）的模式提供服务支持，仓配部门和业务下游形成财务结算关系，对服务收费，保证品质。这是公司尝试将成本中心转型为利润中心的一个大胆尝试。

15.3.3　产研部门加强中台能力建设

如 15.3.2 节所述，在企业的建设管理中，将类似财务、人力的共享服务中心，作为中后台来建设，可以提高专业性，形成标准作业程序（Standard Operating Procedure，SOP），快速支持新业务线开展业务，降低运营成本，提升运作效率。

和企业管理的中后台建设匹配，企业的应用架构设计也要采取中后台建设的思路：支持开发集团各业务线的基础服务产品，例如 Org、Auth、Pay 模块，都属于中后台服务产品，在应用架构设计和系统建设时，需要让它们具备平台化的支持能力，作为大后方来支持前端业务的产品线。

可见，不论是业务管理还是系统建设，在升级改造中遵循的设计思路是相同的：**对通用的、重复的东西进行抽象、合并、下沉，对外统一提供支持和服务。**

我们在架构图中将 Msg、Auth 等中后台产品单独列出来，以便清晰地体现其作为基础服务的地位和特点，如图 15-10 所示。

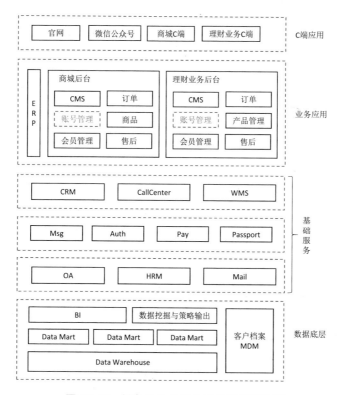

图 15-10　抽象出公共服务后的应用架构图

为了配合集团"中后台服务中心、前台独立事业部"的管理模式落地，也为了保证产品架构体系的运作效率进一步提升，产品部也做出了一系列调整：

- 设立**数据产品部**，负责集团层面的 DW 和 BI 体系（各业务线产研团队可根据需要，在集团 DW 的基础上创建自己的数据集市和分析平台），以及集团大数据平台的建设工作。

- 设立**业务产品部**，负责客服以及零售事业部相关业务系统的建设工作。

- 设立**平台产品部**，负责集团所有公共服务，如 Msg、Auth、Pay、Passport、MDM 等产品的建设工作，为所有下游业务系统提供基础产品能力支持。

- 设立**职能产品部**，负责 OA、HRM、财务等职能部门相关系统的建设工作。

- 为了配合仓配部作为自负盈亏的独立机构运作，增强其业务响应能力，仓配产研团队统一汇报给仓配业务负责人。

整体业务部门和产研部门调整后（集团管理模式变革后）的组织架构如图 15-11 所示。

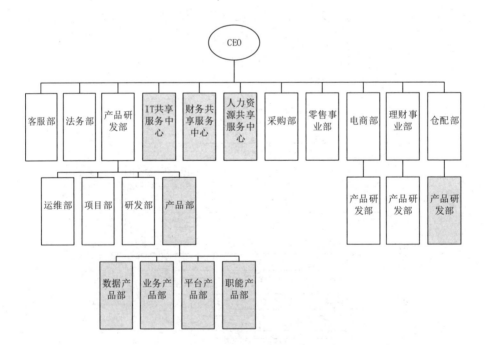

图 15-11　集团管理模式变革后的组织架构图

在 M 集团这次的整体组织架构调整中，设置了强大的业务支持中后台（包括业务线和产品研发线），同时给各个事业部配备了独立的产品研发团队，形成灵活的机动队，便于对市场变化进行快速响应并落地决策。

图 15-11 所示的 M 集团的组织架构设计，是绝大多数企业（不论是传统企业还是互联网企业）发展到一定的体量和规模后，都会采用的模式，当然具体方案可能各不相同，但核心思路是一致的。实际上，2015 年阿里巴巴宣布的"大中台、小前台"的中台战略，也是同样的建设思路。其中"大中台"，就是指 Msg、Auth 这一类基础服务、公共服务，而且阿里巴巴根据自身业务的特点，将订单中心、商品中心、评价体系等模块也做了下沉，将它们抽象成公共服务。

只有理解企业组织架构设计、管理模式设计和产品研发设计的总体思路，才能在应用架构设计、产品方案设计上做出合理的选择，并成功地推进落地。

第 16 章

通用的企业级应用架构设计

在第 15 章，我们看到了 M 集团发展成熟后的管理架构及应用架构。这个完整的应用架构实际上代表了一套简化版的企业通用应用架构设计，理解这套结构，有助于理解并设计任何企业的应用架构蓝图。

本章将基于 M 集团的应用架构，进一步总结出企业通用的应用架构设计，并通过例子向大家展示这套架构是如何适用于不同发展阶段的互联网公司的。最后，我们会就应用架构设计给出建议，并简单聊一聊应用架构背后的更深层次的企业架构设计。

16.1　抽象出通用的企业级应用架构

通过第 14 章和第 15 章的学习，我们一起见证了 M 集团的企业级应用架构的演进之路，得到了 M 集团的整体应用架构图（图 15-10）。在这张架构图中，我们划分了数据底层、基础服务、业务应用、C 端应用等模块。实际上，M 集团的这套应用架构，已经可以代表一般企业的通用应用架构了。

现代企业的组织管理、运转模式都是相通的，因而为企业运作提供支持的企业应用架构也是相通的。无论是传统企业还是互联网企业，无论是线上广告变现公司还是线下实体店铺，应用架构的结构体系都是高度类似的。

我们对 M 集团的应用架构图做一些调整，从而更加准确地体现应用架构的共性，及其与业务的对应关系，得到一张更加清晰、简洁、通用的企业级应用架构图，如图 16-1 所示。

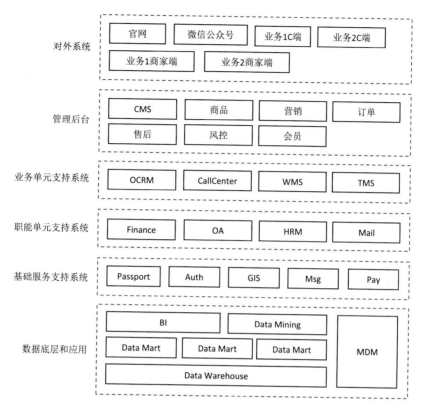

图 16-1　通用的企业级应用架构图

通过对企业级应用架构进行分层，可以更好地体现其特点和逻辑结构，我们来看一下各层的含义。

- 第一层是**对外系统**。所有供企业外部客户使用的系统都在这一层，包括官网、普通用户或客户使用的 C 端系统。如果是类似美团、天猫这种平台性质的企业，对外系统还会包括给商家使用的商家端。这一层的系统处在与客户接触的最前线，是公司实现商业模式的桥头堡。

- 第二层是与 C 端系统对应的**管理后台**。常见的管理后台都包含订单、会员、商品等模块。每个 C 端业务形态都会对应一个管理后台，有些管理后台的模块可能会被抽象为公共服务，下沉到第五层，例如消息中心、订单、商品、营销等模块。

- 第三层是**业务单元支持系统**。绝大多数业务的开展都不可能只靠线上的运作来实现，而要包含电话销售、客服、地推、仓配等一系列业务单元共同协作。业务单元的运作需要强大的系统支撑。

- 第四层是**职能单元支持系统**。企业发展到一定规模后，必然会有完善的职能单元作为后勤部门，来支持业务单元的运转和企业的正常运作，例如法务、财务、人力部门，每个部门工作的开展都需要相应系统的支持。

- 第五层是**基础服务支持系统**。信息化建设达到一定程度后，企业有必要将通用功能服务化、平台化，以提升服务效率，保证应用架构的合理性。这类系统主要给其他应用系统提供基础服务能力支持。目前非常火热的中台理念，实际上就是类似的思想。

- 第六层是**数据底层和应用**，和第五层类似，这一层主要聚焦于数据层面的统一和封装，对各个下游系统提供数据服务。大数据平台也可以和数据仓库（Data Warehouse）并列，同属于这一层。

图 16-1 所示的应用架构图涵盖了绝大多数企业经营运转中常见的应用系统。在现实世界中，应用系统的数量远远多于图 16-1 所示的数量，例如商业银行可能会有成百上千个具体应用系统。但是，每一个具体的应用系统都可以被合理地归到这六层中的某个位置，可以说上面的六层系统涵盖了企业级应用系统建设的全部模块。理解一个简化版的、典型的企业应用架构，对于准确、快速地理解、掌握、设计任何复杂应用系统架构都非常有帮助。

16.2 不同发展阶段的互联网企业的应用架构畅想

图 16-1 所示的简化版的应用架构图，对应的是一个常见的成熟企业的组织结构，并且覆盖了绝大多数企业的标准应用系统。

在本节中，我们将设想三家不同业务形态、不同发展阶段的互联网公司，尝试分析其架构的可能形态，并将图 16-1 所示的架构图套用在它们的企业架构中，得出各家的企业级应用架构图，以便让大家进一步感受应用架构的共通性。

16.2.1 初创企业的应用架构畅想

我们设想的第一家公司是一家规模相对较小、产品形态单一的初创型公司，主要做单一功能的工具类应用，大家可以类比墨迹天气、万年历这类工具类应用的公司。这样的公司的整体应用架构会是怎样的呢？

公司处在创业初期，团队小，产品简单，不考虑变现的情况下，公司可能只有几个人的产品研发团队，没有客服，没有销售，没有财务、法务，是一个典型的创业团队。公司的应用架构图也会非常简单，在产品发布时，只需要实现官网、微信公众号、C 端，以及 CMS、账号管理（Passport）和会员管理模块就足够了，如图 16-2 所示（仅突出显示已实现模块）。

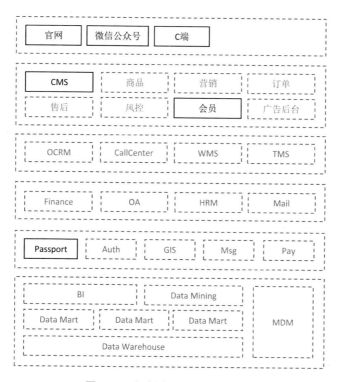

图 16-2　初创企业的应用架构图

16.2.2　成长型企业的应用架构畅想

我们设想的第二家公司，是一家已经发展到一定阶段的成长型企业，主要为 C 端客户提供信息流咨询服务，聚焦于流量广告变现业务，大家可以类比今日头条。这样的公司可能的应用架构是怎样的呢？我们一起来分析。

在公司经营之初，可能采用了市面上的 DSP（需求方平台）来完成 App 的广告管理（当然也可能没有采用过）。为了更好地设计广告产品、推进广告变现，推测公司发展到一定阶段后已经研发了自己的广告投放管理平台。

因为业务模式以广告投放为变现手段，因此后端系统可能没有交易类后端复杂，但基本的 CMS 和风控（反垃圾、反作弊、合法合规）模块必然是有的。

公司要赢利就需要售卖产品，售卖产品一般不会只在线上运作。对于这家公司来说，应该会有销售团队负责跟进、转化广告主客户，因此公司应该有 OCRM 系统来管理销售团队。

至于 WMS、TMS 这类系统，由于公司目前没有开展电商业务，因而是不需要的；但是如果将来开始做自营电商业务，就可能会有自研的 WMS、TMS 出现了。

针对广告主的客服工作，可能是由销售人员承担的（因为他们是直接和广告主接触的人）；而 C 端用户主要通过 App 看信息，基本上没有客服诉求，所以公司可能并没有客服团队，也没有客服系统。

公司已经发展到一定阶段，因此团队应该具备一定规模，标准的管理软件应该配备齐全，例如 OA、HRM；类似 Auth、Msg、MDM 这类被抽象下沉的基础服务系统和模块，在当前阶段可能有，也可能没有；公司需要挖掘 C 端客户的兴趣，分析客户行为，也需要对广告主进行管理，所以 BI、DW 肯定是有的。

通过分析，我们设想的整体应用架构图如图 16-3 所示（仅突出显示已实现模块）。

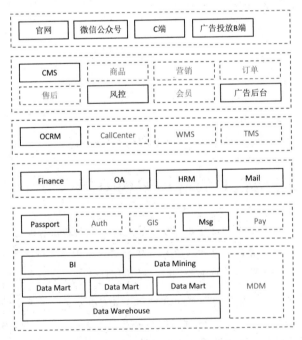

图 16-3　成长型企业的应用架构图

16.2.3　成熟企业的应用架构畅想

我们设想的第三家公司是一家成熟的互联网企业，业务模式主要为供需平台建设，帮助消费者和服务方撮合交易，并对交易的商品进行配送，在实际中可以类比美团。这样的企业的应用架构会是怎样的呢？我们一起来推理。

公司对外的系统包括 C 端系统和商家端系统：C 端系统就是消费者日常使用的 App，商家端系统为商家提供商品管理、交易管理、推广管理、经营分析等服务。C 端或商家端都需要有对应的后端管理系统，方便企业内部对各个前端系统进行管理、营销、风控等。

平台需要地推团队和销售人员去挖掘更多的商户，因此会有 OCRM 系统来进行相关管理。

平台需要对 C 端客户提供客服与售后支持，一套专业的 CallCenter 客服系统必不可少。

公司提供了自营的配送服务，调度管理骑手的 TMS 必然成为标配。

由于公司不涉及自营的实物买卖服务，所以不需要仓储体系，因此推测没有 WMS。

O2O 业务需要管理大量线下门店，因此 GIS（Geographic Information System）不可或缺，对于实力较强的公司，可能还会开发独立的 POI（Point of Information）管理系统（也有可能是 GIS 中的模块）。

至于财务、OA、Passport、Auth、BI、DW、MDM 等，必然都是成熟公司的标配。整体应用架构图如图 16-4 所示（仅突出显示已实现模块）。

通过以上三个例子，希望能帮助大家更好地理解应用架构演变和公司业务模式以及发展阶段的关系。在实际工作中，应用架构的建设与面临的情况会复杂得多，但是只要理解了以上简化版的例子，便可以更容易地理解实际工作中的场景。

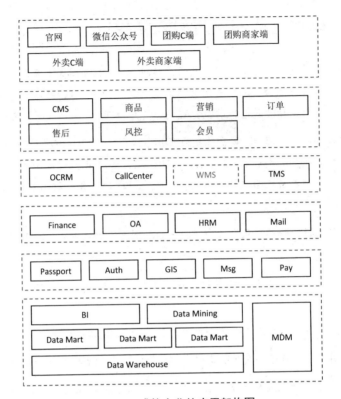

图 16-4 成熟企业的应用架构图

16.3 企业级应用架构设计建议

无论是架构师、产品线负责人还是某个系统的产品负责人，都要具备架构设计的理念和知识，尤其是 B 端产品经理，必须充分理解企业应用架构的基本概念，这一点我们已经在 13.2 节强调过。

如何合理地设计企业级应用架构呢？我们的建议如下。

业务定位和边界要清晰

一套应用系统是为了解决某一类业务问题而存在的，对应某一个业务模块。如果业务部门本身权责定义混乱，必然会导致对应的应用系统定位混乱，进而导致后续的维护、升级、管理困难。因此，在设计业务系统之前的业务调研（详见第 3 章）非常重要，如果发现不合理的地方，需要和业务方一起确认、梳理清楚，再开始设计。

系统要实现松耦合、高内聚

业务的需求是在不断变化的，这要求应用系统是灵活、可扩展的。一个扩展性强的应用系统，对外界来说，应该是简单、易理解的，与外部系统的接口应该简明、可拆解；在系统内部，各个模块应该是高度聚合的，模块之间要实现松耦合，什么意思呢？可以借助汽车来理解：系统的各个模块就像汽车的轮子、发动机等组件，应该功能明确、独立、灵活（高内聚），而且各个组件通过轻松组合（松耦合）就能得到一辆完整的汽车（相当于完整的系统）。

不要让易变的新业务影响现有业务的稳定性

新业务发生变化的可能性大，失败的可能性也大，因此可以考虑新建独立的微小型应用系统来支持新业务，以避免改造成熟核心系统，影响其稳定性和健壮性。

系统之间要实现数据的单向流转

系统之间应尽量保证数据单向流转，确保数据流可回溯，这样才能保证数据的一致性和可追溯性。混乱的数据流转会造成应用架构管理和企业经营管理的灾难。

综合考虑架构的合理性和业务发展的需要

应用架构设计的首要目标是支持业务发展。在企业创业初期和成长时期，业务还在试错，活下去是关键，系统建设要全力支持业务，而不要过于追求架构的完美，这一点我们已经强调多次。如果一上来就谈论整体架构的合理性，很可能花费巨大成本实现了合理架构后，业务已经取消或失败。

优秀的架构师和 CTO 要懂得在合理架构设计和灵活多变的业务需求之间做出权衡。一方面要保证整体应用的大框架是合理的，因为如果大框架有偏差，修正的代价会非常高；另一方面，在必要时要允许局部偏差的存在，局部偏差的修正成本是比较低的。对于某条产品线的负责人和产品经理来说，也要在架构的合理性和整体的业务需求之间做出权衡。

深入思考新系统与旧系统的关系

前面讲 M 集团分销平台和架构演进的时候，我们看到系统中的某些模块复用了之前的系统模块，有的则是新建的。在实际中，新旧系统的关系是架构师或产品线负责人经常需要思考的：是做一套新系统还是修改旧系统？新系统如何定位？旧系统如何调整定位？数据如何流转？系统之间如何关联？底层数据如何打通？是否要复用其他系统模块？是否要将某些模块抽象化、服务化、平台化？

产品经理则要在自己负责的版块思考类似的问题，识别潜在的系统架构风险，必要时升级汇报问题，避免做出错误决策。

16.4　浅谈企业架构（EA）

谈论企业级应用架构，就不能不提企业架构（EA，Enterprise Architecture），或称为 EAF（Enterprise Architecture Framework）。

20 世纪八九十年代，各个软件系统（例如财务系统、生产制造系统等）都是一个个独立的应用，支持某一类业务诉求，配合单一业务部门来使用。但是企业经营运转过程中，各部门是需要相互协作的，各个独立的、不关联的系统显然会阻隔业务部门之间的协作。此时，信息化专家开始思考：应用系统之间是否应该按照某种结构体系连接起来，以提升整体的业务效率？是否需要对企业应用系统进行通盘设计？

最早提出这种设想的是 IBM 的咨询顾问 John Zachman，他于 1987 年在 *IBM System Journal* 上发表论文 *A Framework for Information Systems Architecture*，文中首次正式提出"架构"的理念，将软件体系的搭建类比为设计酒店，提出软件体系设计要有蓝图和架构的观点。

在 EA 模型中，企业架构分为四层，分别为业务架构、数据架构、应用架构、技术架构，如图 16-5 所示，从这四个主题（或层面）展开分析和描述信息技术对企业的支撑，能够全面指导信息技术的应用和建设，帮助企业解决经营管理问题。这四层架构的关注点分别如下。

图 16-5　企业架构 EA 模型的四层架构

- 业务架构（Business Architecture）：关注组织架构、领域模型、业务需求、业务规则、业务流程等要素。

- 数据架构（Data Architecture）：关注数据集成、主数据管理、元数据管理、数据治理、数据安全性等主题。

- 应用架构（Application Architecture）：我们所谈的企业级应用架构，就是整个EA 架构中的应用架构，关注软件系统设计与公司经营管理的关系。应用架构既可以理解成软件系统的设计模式（偏技术），也可以理解成软件系统在应用功能层面的逻辑关系和视图。

- 技术架构（Technology Architecture）：关注服务器、网络、中间件、操作系统等偏技术层面的要点。如果说应用架构图从业务逻辑层面呈现出了软件系统的体系结构，那么技术架构图则从实现方式上呈现了软件系统的实现结构。

EA 理论体系具体落地的方法论包括 TOGAF、Zachman（由 Zachman 发明）、DoDAF 等。EA 的模型和方法论体系在传统的 IT 管理咨询中用得比较多，主要用于帮助企业做复杂架构的梳理；这两年，随着数字化转型的火热，EA 再次被研究推广，成为数字化转型的指导思想之一。

技术人员尤其是技术架构师，需要对 EA 中的某些模型和方法论有所理解。作为 B端产品经理，对 EA 有所了解，可以拓宽视野，提升认知水平，助力产品架构设计。

成长篇

B 端产品人的持续成长

产品经理是复合型人才，需要具有丰富的知识储备和宽广的知识面；一方面，要具备良好的需求分析和软件设计能力，另一方面，要掌握深刻的业务理解和商业洞察能力，此外还要做好项目管理、数据分析和处理好人际关系等，并推动事情落地。

在 B 端领域，需求分析师、项目经理、甲方 IT 团队在不同企业，都可能被笼统地称为产品经理。这就让很多从业者产生困惑：自己的工作边界在哪里？职业发展规划到底怎么做？

数字技术已经深刻融入经济生活的方方面面，不论是甲方企业还是乙方企业，对优秀 B 端产品经理人才的需求持续旺盛，在这个浪潮中，产品经理应该如何持续成长？如何规划自己的职业发展路径？

接下来，让我们一起聊一聊这些话题。通过本篇学习，大家能够在职业发展和成长中，更清晰地认识自己的工作，更有目标性和计划性。

第 17 章

B 端产品经理的职业发展与成长

在本章，我们首先探讨从事 B 端产品方向工作的优势，让大家客观地认识行业岗位的特性；然后探讨作为一名 B 端产品经理所需具备的能力模型，以及如何自学成长、持续提升自己；最后，我们会介绍与企业级软件设计相关的岗位、可能的发展路径和特点，以及转型 B 端产品经理的相关建议。

17.1　B 端产品方向岗位的优势

B 端产品经理既要涉足软件设计领域，又要涉足业务运作和商业领域，更有机会接触并深入理解企业运作机制。可以说，B 端产品经理是懂技术、产品和业务的复合型人才，是企业在任何浪潮中都不可或缺的人才。

17.1.1　行业需求持续增加

互联网企业对 B 端产品经理的需求

现代企业经营中，线上线下的模式正在被打通，很多创新的商业模式涌现出来。商业模式的创新必然会带来业务模式的创新，而新的业务模式就需要配套的运营和管理机制。多数情况下，市面上成熟的标准软件是无法满足新业务模式的需求的，诸如以下所述的技术驱动型的互联网企业一般会选择自主研发业务系统，来支持新的业务模式。

对于为出行行业带来革新的滴滴公司来说，一款可靠的司机管理运营软件是不可或缺的，但是在公司成立之时，市面上根本不存在现成的软件，因此就需要公司来自主研发。这时就需要有专业经验的 B 端产品经理结合业务，从无到有地设计一套司机（甚至包括针对司机运营的机构）管理系统。

对于为餐饮业带来革新的美团公司来说，有大量的地推人员和客户需要管理，而且销售区域和销售过程都需要基于门店坐标定位进行管理，传统的 OCRM（操作型客户关系管理）软件根本无法满足这种对地理位置管理有很高要求的客户管理需求。所以，公司需要自主研发一套全新的 OCRM 系统来支持业务，这时当然也需要有经验的 B 端产品经理来推进软件的设计和落地。

由此可以看出，现代企业商业模式的不断创新，决定了必须有一批具备企业经营管理、软件系统设计等多方面经验和知识储备的 B 端产品经理，他们结合公司特殊业务诉求，快速、合理地设计配套业务系统，并使其落地支持业务。

数字化转型企业对 B 端产品经理的需求

企业的经营压力和创新压力持续增加，业务创新探索无处不在；稳定的业务需要稳定的 IT 系统，而多变的、充满探索性的业务需要更具灵活性的 IT 系统。不论是自研，还是外采，企业都认识到数字系统和数字技术是企业在市场中保持竞争力的重要因素之一。

企业的核心诉求很直接，让技术贴近业务，助力赋能商业，而 B 端产品经理可以成为完成此任务的关键岗位，成为技术和业务之间的桥梁，成为信息化和数字化两化融合的黏合剂，他们从企业整体的经营视角出发，为商业价值交付负责。

这些年，很多企业在持续加大 IT 资源的投入，在岗位设计上也从传统的需求分析师过渡到产品经理，希望 IT 能够更加深入业务、发挥能动性，对具备经验的复合型人才的需求越来越大。

SaaS 与产业互联网对产品经理的需求

不论是互联网巨头布局产业互联网、切入 B 端业务，还是 SaaS 创业公司的持续生长，抑或是传统 IT 企业全面转型 SaaS，对 SaaS 产品经理有着持续的需求。

SaaS 产品标准化的特点让产品经理能够更充分发挥自己的智慧，在目标客户群体的广泛需求中畅游和探索，通过高度的提炼总结设计出具备优雅性的软件产品，而这就要求产品经理对行业具有非常深入的理解和丰富的积累，以及具有抽象设计和归纳总结的能力。但是，这类人才目前在国内非常稀缺，如果你能成为一名优秀的 SaaS 产品经理，相信在市场上一定会非常抢手！

17.1.2　全面的能力培养

上一节从市场需求的角度分析了 B 端产品经理的良好发展势头，本节将从个人成长的角度分析成为 B 端产品经理后能带来哪些能力的提升。

逻辑思维与抽象能力

设计 B 端产品的一个特有挑战是，如何基于对业务的透彻理解，把现实世界的复杂场景抽象成结构性的系统和模块，将现实世界的抽象运转机制提炼成规律。而这对需求把握能力、方案设计能力提出了很高的要求，能够很好地锻炼产品经理的逻辑思维与抽象能力。

技术知识储备

规划、设计 B 端产品需要讲究体系架构、模型抽象，这和技术体系架构是一脉相承的，甚至很多软件技术架构的设计思想也会体现在 B 端产品的设计中，例如 SOA、微服务。B 端产品经理需要对技术体系有全面的了解，并且能够理解技术体系架构设计背后的原理和思想。

在工作中，B 端产品经理需要涉猎所有计算机领域的关键技术板块：做前端应用要了解 App 开发技术；做后端系统要理解编程语言和架构；做数据报表要理解数据仓库、ETL、Hadoop 等。

复杂项目管理能力

B 端产品经理往往要负责跨越多个团队、多个业务方的协同项目，项目复杂度高，牵涉面广，涉及人员多。B 端产品经理需要把控复杂的关系，确保产品顺利落地，这能够极大地锻炼个人的沟通能力、执行能力、团队协作能力、组织协调能力等，最终能够提升对复杂项目的管理能力。

业务与经营管理知识

B 端产品经理从某一个细分业务方向入手，可以收获丰富的业务知识，从业务的角度理解公司的运转，随着进一步积累与学习，可以从一个点延伸到一条线，最终扩展成一个面，从而全面理解企业经营运转的原理。

例如，作为一名电商配送方向的产品经理，刚开始只能接触配送业务，这是一个点；随着工作深入，有机会涉猎仓储管理方向，配送和仓储串起来可以形成一条线；如果有机会进一步接触采购业务，又能学习到销售业务，最终把进销存、财务、客服等知识全部串联起来，就能形成完整的知识体系架构。这样，不论是对整体业务还是对具体业务，该产品经理都会理解得更加深刻。

17.1.3　广阔的职业发展空间

B 端产品经理拥有较广阔的职业发展空间：既可以在产品研发路线上一路前行，也可以转向业务领域深耕发展，甚至成为业务负责人。

如果你在甲方工作，可以走产品专家路线，也可以转向业务部门，甚至成为业务负责人。

如果你在乙方工作，同样可以走产品专家路线，还可以转售前顾问，甚至成为事业部负责人。

我们将在 17.3 节继续探讨 B 端产品经理可能的职业发展路径和转型建议。

17.1.4　具备壁垒性的专业经验

在很多 B 端业务的细分领域，相关专业知识和理论体系已经积累了很多年，有着深厚的沉淀。以客户关系管理、仓配管理和供应链管理方向为例，虽然在新时代有新的发展变化，但业务的核心本质没有变，沉淀了多年的经验和方法论依然有实用价值。

作为一名 B 端产品经理，如果想在某个细分领域深耕，需要做到如下几点。

- 掌握该领域的所有方法论和专业知识。
- 对该领域的业务运营特点和难点有深刻的认知和总结。
- 对市面上所有该领域的商业化软件产品如数家珍，对其优缺点了然于心。
- 了解市场上该领域典型甲方公司的业务特点、采用的产品方案。
- 认识行业内的相关专家，形成圈子，经常聚会探讨行业的案例和变化。
- 针对甲方自研：理解公司的业务现状、痛点，知道如何将行业最佳实践结合公司特点进行规划落地。
- 针对乙方商业化：理解公司的经营目标和策略，结合商业诉求设计最佳产品方案与演化路径。

　　如果能做到以上几点，那么你在公司里一定是一个无法替代的资深专家，并且也会受到其他公司的认可。你的经验、知识和专业性将成为非常强的竞争壁垒，没有人能够轻易替代你。

17.2　B 端产品经理的能力模型与自学提升

　　对于一名从事企业级软件设计的 B 端产品经理，底层知识越全面、越牢靠，学习成长的速度就会越快。完备的知识体系涉及方方面面，我将其总结为金字塔能力模型为大家详细介绍并给出学习建议。

17.2.1　B 端产品经理的金字塔能力模型

　　B 端产品经理的金字塔能力模型可以总结为四个层次、五个板块，如图 17-1 所示。

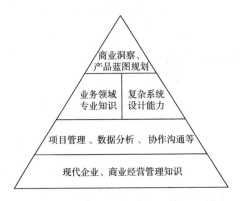

图 17-1　B 端产品经理的金字塔能力模型

　　其中上面三个层次，由下到上，是我们从产品助理到产品负责人，需要逐步提升的能力。

　　对于一名初入行的产品助理，项目管理、数据分析、协作沟通这三种能力都是基本功。

　　对于一名正式的产品经理，业务领域专业知识和复杂系统设计能力需要持续沉淀积累。

　　作为一名产品负责人，你会决定产品方向，进行商业洞察、产品蓝图规划（包括整体性方案设计）是工作的核心内容。

现代企业、商业经营管理知识

在四层能力中，底层的是现代企业、商业经营管理知识，这是理解商业、企业运作的关键基础，不仅是产品经理，任何一个现代职场人都应该掌握。

严格来讲，对于经营管理知识的储备不属于一种能力，但是对于 B 端产品经理来讲却非常重要，钻研基本的经管知识就像在修炼基本功。只有基本功扎实，学习更高阶的知识、研习更高阶的能力才会比较轻松、高效。

B 端产品经理往往聚焦于某一业务方向，如果想在专业领域的深度上有所突破，必须具备足够的知识广度。所谓的知识广度，其中很重要的部分就是对企业整体经营运作的理解，只有能够将自己负责的业务放在整个企业运作的上下游中，甚至是产业链的上下游中，才能更深刻地认识和理解业务。

例如，仓储配送方向的产品经理如果想更加透彻地理解仓储配送业务在企业中的定位、价值和意义，就必须理解整个采销业务的运作模式和特点，以及掌握充分的管理会计知识；否则对于业务的理解可能只是停留在如何降本增效上，而无法从更加宏观的视角去审视业务。

项目管理、数据分析、沟通协作等

产品经理是一个万金油岗位，不仅要设计软件，还要推动软件落地，保证拿到结果。在此过程中，诸如项目管理的推进、数据的分析验证、人际关系的处理和各方诉求的协调等，凡是在拿到结果之前遇到的所有阻力、障碍，以及需要参与、协助的工作，都是产品经理要负责并解决的。

业务领域专业知识与复杂系统设计能力

一名专业的产品经理必须具备两个核心能力，其直接决定了软件设计的好坏，一个是业务领域的专业知识，另一个是复杂系统的设计能力。

如果不懂业务，再强的软件设计能力也无法发挥价值；如果不懂复杂软件系统设计，即便精通业务，也无法设计出优雅的软件方案。

业务领域知识需要长期深耕沉淀，销售、财务、人力、进销存等都是企业不同的业务领域方向，而复杂系统设计能力包括软件工程、需求分析工程等专业的技能。

商业洞察、产品蓝图规划

最顶层的能力，是商业洞察和产品蓝图规划的能力。

不论是设计甲方自研系统还是乙方商业化产品，产品负责人都要决定产品的定位、方向和演化节奏，就需要负责人对商业有着深刻的洞察。不论是甲方对自身整体经营环境和经营战略、策略的理解，还是乙方对市场竞争态势、行业变化的跟踪把握，产品负责人都必须予以关注，具备和经营者一样的商业洞察力，并且能够将洞察转换为产品的整体蓝图规划和设计。

17.2.2   如何加强经营管理知识储备

经营管理需要进行系统性的学习和训练。大多数理工科背景的在校学生对经管知识缺乏基本的了解，步入社会后会发现这是一个严重的短板，因为技术最终要为商业服务，如果不理解商业，技术的价值和持续性就不复存在。

如果有条件，可以学习 MBA 课程，进行系统的商科训练，但是这些年 MBA 的学费不断涨价，经济成本比较高。

培养基本的经管知识素养没有捷径可言，需要静下心来阅读学习不同方向的专业经典书籍。耐心学习完后，一定会发现自己功力大增。如果个人实在无法静心读书，也可以找一些视频学习资源，重要的是一定要系统学习，并且坚持学完。

此处我推荐几门 MBA 核心课程及经典教材，不论你从事什么业务方向的工作，这几门核心课程都是必学课程。

【资源推荐】

斯蒂芬·罗宾斯：《管理学》

管理学是经管方向的基础课程，斯蒂芬·罗宾斯（Stephen P. Robbins）的《管理学》是学习这门课程的经典教材，也是商科最基本、最重要的入门教材。

菲利普·科特勒：《营销管理》

关于产品、定价、营销和渠道的通识课程，之前已经做了推荐，菲利普·科特勒的《营销管理》是必读的"圣经"。

斯蒂芬·罗宾斯：《组织行为学》

如果说《乌合之众》是每一名 C 端产品经理学习理解大众心理学的经典著作，那么《组织行为学》则是每一名 B 端产品经理必须学习的课程资料。组织行为学是心理学、管理学、人力资源和社会学等学科的综合交叉学科，研究了人在组织群体中的行为态度，这里推荐大家通过斯蒂芬·罗宾斯的著作《组织行为学》来学习。

宋娟：《财务报表分析从入门到精通》

财务管理与会计学是现代企业管理、治理最重要的发明和工具，任何企业经营管理人员必须学习和理解财务管理、会计相关知识，不论是用来分析公司自身业务，还是用来理解市场竞品的运作情况，这些知识都会让你受益终身。我曾读过多本专业的财务、会计图书。非专业人员想轻松入门，我推荐宋娟老师的《财务报表分析从入门到精通》。

格里高利·曼昆：《宏微观经济学》

宏微观经济学虽然和企业经营管理没有直接关系，却是理解社会经济运作底层逻辑和规律的核心课程。格里高利·曼昆（Gregory Mankiw）的《宏微观经济学》是这门学科最通俗易懂又专业深刻的教程。

肯尼斯·劳顿：《管理信息系统》

很多大学设有一个专业，叫作管理信息系统。管理信息系统是管理学、软件工程、计算机科学的交叉学科，这个专业的核心课程就叫作管理信息系统，而劳顿的同名教材是这个专业里的"圣经"，也是所有 MBA 商学院的必修课教程，尤其适合产品经理学习。遗憾的是国内版本翻译得不是很好，建议有能力的读者读英文原版。

以上介绍了我认为一名 B 端产品经理必须学习的企业经管相关课程，推荐的这些图书加起来得有好几千页，然而真正的知识都蕴藏在这些大部头经典著作中。如果你能够耐着性子读完，绝对会发现自己在知识体系上有了一个质的飞跃和升华，阅读学习其他扩展书籍、畅销书籍会变得易如反掌。

如果你已经学习完以上内容，则可以进一步学习战略管理、管理会计、人力资源、运营管理、供应链管理、销售管理、客户服务等板块，虽然有些内容可能和自己的业务无关，但对于拓宽视野和思维极有好处。

17.2.3　如何培养复杂软件系统设计能力

复杂软件系统设计能力是另一种必备的底层能力。

很多产品初学者发现，阅读了很多 C 端产品的图书和文章后，在开展 B 端产品设计工作时，仍然一脸困惑，不知如何下手。

这是因为从软件学的角度来讲，C 端产品的复杂性低于 B 端产品，C 端产品的设计重点在于商业模式构建、创意、交互、运营，而 B 端产品作为企业级应用软件，承载了软件学领域所有复杂设计思想和方法论的落地。受限于业务复杂性及软件工程的实践难度，如果没有经过系统的训练和严格的学习，很难找到入门的感觉。

如何学习设计复杂软件系统？

这可能是很多 B 端产品经理最大的困惑——不知道如何下手，不知道从哪方面提升，不知道看哪些书，以及该学什么课程。

此处，给大家两点学习建议，首先认真学习一遍软件工程课程，然后仔细研究一款成熟商业软件产品。

认真学习一遍软件工程课程

软件工程是计算机专业的一门必修课，任何从事计算机软件开发、设计和工程实践的从业者，都必须系统学习一遍软件工程课程。

软件工程课程的学习门槛并不高，如果不懂编程、不懂数据库、不懂计算机原理，依然可以学会。作为一门实践性非常强的课程，软件工程讲述了关于软件设计方面面的知识，包括开发模式、需求管理、抽象和建模，以及软件结构体系等。

但是很遗憾，人们往往都喜欢学习简单、轻松的知识，而忽略真正有用、复杂的知识。很多所谓产品经理的必读书单里有大量的畅销书，却不包含软件工程类的。然而很多产品经理并不是计算机科班出身，甚至从业好几年都没听说过软件工程这门课程，这实在是一件"不幸"的事情。

软件工程教材就像是武学内功宝典，学习第一遍时，对于很多内容肯定感到无法理解，感到抽象，但在学习的过程中，它会在你的脑海中植入知识的种子，在以后的工作中必然会在某些场景下回想起曾经学习的内容，会突然出现灵光乍现、茅塞顿开的感觉，这正是学习这类基础课程的神奇之处。

虽然在学习的时候不能完全理解，但自己被强行灌入了一套思维体系、知识体系框架，未来，心中的这套框架必然会被现实经验和扩展学习慢慢填充，从而让知识体系更加牢靠。

仔细研究一款成熟商业软件产品

模仿是最好的学习，正如一名 C 端产品经理应该在手机里预装上百款 App 供随时研究借鉴，B 端产品经理也需要深入研究学习同类型软件。而且因为 B 端系统的复杂性，建议大家能够完整、仔细地研究一款成熟的商业软件产品，而不是蜻蜓点水般地研究多款产品。

软件设计的模式和方法都是相通的，例如，典型的权限管理、机构管理、数据字典管理这些 B 端产品共同的要素，在任何成熟的管理软件系统中都有非常经典的设计方案。而且成熟的商业软件产品在标准模块和组件的设计思路、实现方案上，都非常先进，值得大家学习借鉴。

对于我个人来说，真正让我大开眼界、感叹软件系统复杂性的是参与设计了全球最有名的 ERP 软件——Oracle EBS，这是我在第一家公司实施落地的。

像 Oracle EBS 这样的大型系统，既包括了极强的配置能力，也具备丰富的底层服务化支持，这就给系统定制化和集成提供了超级灵活的能力，同时 Oracle EBS 本身还包括了强大的工作流引擎、规则引擎、报表引擎和弹性域管理等功能。

当年在接触 Oracle EBS 的过程中，我才真正见识了一套复杂系统该有的面貌，受到 Oracle EBS 中很多功能模块设计思路的影响，在以后的产品设计生涯中，每当遇到一些设计难题时，我都会思考当年参与 Oracle EBS 时是怎么设计和解决这类问题的。

如果没有机会接触比较先进的大型管理软件产品，该怎么办呢？大家完全不用气馁，和以前相比，现在市面上有着更多丰富的资源供大家学习、挖掘。例如，很多大型软件都已经 SaaS 化，并支持免费试用，大家不仅可以完整地体验功能，而且可以在网站上查看丰富的学习视频、文章、操作手册、设计手册和行业资讯等资料。

学习成熟软件，可以从以下几个角度入手，并研究其设计思想。

首先，研究 B 端产品通用功能是如何设计的，例如，角色、权限管理、系统参数配置、数据字典管理。这些功能模块在任何 B 端产品设计中都是相似的。

其次，研究常见功能组件的应用功能和交互设计，例如，列表页的设计思路、报表模块的设计思路、消息中心与提醒机制的设计思路。

最后，研究软件模块背后的设计思想，这需要先理解业务模式、业务流程，业务中常见的管理难题和运营问题；再去揣摩软件系统为什么这样设计功能模块，如何设计管理模式，如何支持业务。这部分的研究难度较大，新人可能无从下手，但应该尽量尝试去分析，不懂之处要多和同行探讨。

【资源推荐】

关于软件工程教材，我推荐邹欣老师的《构建之法：现代软件工程》一书，这是一本可读性极强的专业软件工程教材。

关于体验一款标准化产品，我强烈推荐大家体验 Salesforce 的学习平台，首先其是 SaaS 产品的鼻祖，产品化能力和设计能力都是业界顶尖的；第二是因为其拥有丰富的学习课程，以及可以直接上机实践的沙盒练习环境，所有学习资源和沙盒环境都是永久免费的，如图 17-2 所示。美中不足之处就是绝大多数课程是用英文讲授的，但是阅读难度并不大。

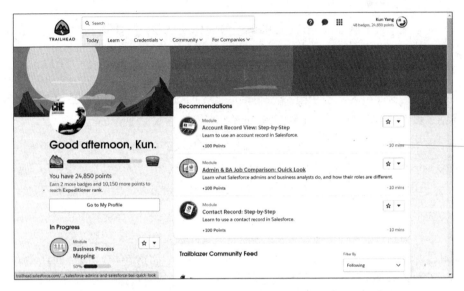

图 17-2 Salesforce 的学习平台 TRAILHEAD，拥有丰富的课程和沙盒环境

如果你是一名 CRM 产品经理，推荐你学习体验这个平台；如果你是其他领域的产品经理，也建议你了解学习，感受全球标杆 SaaS 产品的强大设计思想。

17.2.4 如何提升业务领域专业能力

介绍完了底层知识储备，接下来聊聊业务领域的专业能力，俗称业务能力。我们之前谈到，产品经理要分析诊断业务，就需要具备很强的业务能力，既包括对行业或领域的思考和认知，也包括对公司业务的掌握和洞察。

想要理解所从事业务领域的典型问题和痛点，就需要多学习，多归纳总结；要掌握所在公司业务的情况和难点，这需要深入一线，结合自身的经验积累进行深刻洞察。

针对业务能力提升，这里给出三点具体建议。

补充专业知识

B 端产品面临的都是企业某个典型业务领域的经营管理问题，这些业务领域必然有着丰富的理论体系沉淀。即便互联网公司有很多模式创新的业务形态（例如针对在线教育模式下的班主任管理），其背后也必然有类似的或同质的业务模式可以吸纳、借鉴和学习。

因此，如果想提升业务能力，首先要补充专业知识。坚实地打牢经管知识基础可以让你具备快速吸纳和领悟业务专业知识的底子，而完备的专业知识会让你在业务实践中能够产生更丰富和深刻的分析洞察。

补充专业知识需要结合自己从事的领域和行业，在销售管理、客户服务、供应链管理、营销管理、定价管理方向上，相关的经典著作非常多，大家可以根据自己的情况去补充学习。

深入业务一线

如果你拥有丰富的理论知识储备，同时对业务的运作和数据情况了如指掌，那么应该已经具备很好的业务感觉。但此时，对于产品经理来说，还有一件更重要的事情需要去长期实践和坚持，就是深入业务一线。

深入一线是了解业务实际运作情况，以及掌握表面下的真相的有效途径。不仅是产品经理，业务负责人也需要经常到一线了解基层的运行情况和业务人员的心声。

对于产品经理，深入一线是非常重要的工作，除了更加深刻地认识业务真相，还必须感受一线人员的实际生产作业情况，即作为一名实际用户去体验系统设计以及业务规则是否合理。很多时候，当你实际使用了自己设计的系统后，可能内心也会崩溃。

如果你在乙方工作，可能很难有机会去甲方轮岗实习，但也要尽量想办法接触客户的一线业务人员，去现场观摩学习，甚至驻场，肯定会对你有帮助。

坚持深耕

业务知识需要持续积累，如果想成为业务领域的专家，就必须聚焦在某个方向并持续深耕，只有通过时间的沉淀和项目的历练，再加上持续的学习和宽广的知识面，才能真正做到融会贯通。

在专业方向上，我认为至少要积累五年才能真正开始理解业务、做出正确的设计；至少积累十年，才能真正理解业务、掌握核心本质。

随着工作时间的增加，你会越来越发现，从事 B 端产品方向最终比拼的是对业务的理解和对行业的洞察，而这些能力一定来自你的长期深耕和积累。

17.3　B 端产品经理的职业发展路径和转型建议

本章最后，我们来聊一聊职业发展路径和转型建议。

从广义上来看，传统的需求分析师、项目实施顾问、IT 项目经理、企业内部的 B 端产品经理、SaaS 公司的 To B 产品经理等一系列岗位和工种，其实都在从事管理软件的建设工作，所以同样属于 B 端产品经理的范畴，但不同岗位和工种的工作内容又不尽相同。

很多从事管理软件建设的同人，往往对上述岗位名称和叫法都会感到困惑，对其工作内容和职责范围感到不解，在职业发展和选择上感到无所适从。接下来，我们将尝试区分这些概念，提炼相关特点，给出相关的岗位建议，希望对大家有所启发和帮助。

17.3.1　B 端软件设计的相关岗位

我们对各个岗位从甲方乙方两个角度进行分类说明。

从甲方角度来看，涉及管理软件建设的两类核心岗位分别是需求分析师和 B 端产品经理。

- **需求分析师（BA，Business Analyst）**：理解并分析业务需求，形成软件设计方案，跟踪并保证上线交付；对软件按期上线交付负责。

- **B 端产品经理**：分析诊断业务，输出解决和优化方案，跟踪方案落地执行并分析效果，进行闭环优化；对业务结果负责。可以说，在互联网企业内部，B 端产品经理就是需求分析师的升级版，除了负责软件设计，更重要的是参与并影响业务，通过技术赋能业务。

从乙方角度来看，涉及管理软件建设的典型岗位包括 IT 项目经理、项目实施顾问、需求分析师和 SaaS 产品经理。

- **项目实施顾问、需求分析师、IT 项目经理**：理解客户需求，根据现有产品形成解决方案（当然也可以是研发全新系统），负责系统实施落地；对软件产品按时交付上线负责。在很多乙方公司，这三个岗位的工作内容高度重叠。总体来讲，项目经理为整体项目交付负责，项目实施顾问和需求分析师更关心单一模块功能层面的需求分析和设计落地。

- **SaaS 产品经理**：理解行业需求、客户需求，提炼客户需求，设计标准化产品，适配绝大多数目标客户群体；对公司营收、续费和客户业务成功负责。

SaaS 作为一种软件部署形态，更重要的是代表了一种全新的商业模式。和传统 IT 软件项目相比，其本质的变化是软件要对客户业务结果负责，产生真正的业务价值，否则客户不会续费，SaaS 创收就无从谈起。

传统 IT 系统售卖基本上是一锤子买卖，所以传统 IT 项目经理、实施顾问、需求分析师并不在意软件系统是否真的为客户产生价值，只需要满足客户需求，保证上线即可；而 SaaS 产品经理必须为标准化产品负责，为客户价值交付负责，这就对软件设计人员提出了更高的要求。

从以上分析可以看出，从甲方视角来看，需求分析师要升级为产品经理，为业务结果负责；从乙方视角来看，SaaS 产品经理变得越来越重要，也需要为业务结果负责。

不论是哪种视角，我们会发现，现代商业环境要求软件设计人员要更加深入地贴近业务，不是单纯交付软件产品，更要持续交付业务价值，为商业价值负责。

我们将以上提到的岗位总结在图 17-3 中，方便大家对比理解。

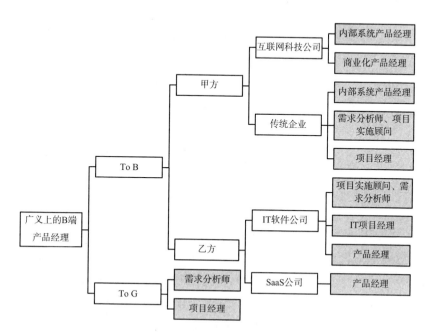

图 17-3　广义上的 B 端产品经理相关岗位

17.3.2　不同岗位的职业发展路径

每一名 B 端产品设计人员，身处不同的公司和岗位，各自未来可能的发展路径是怎样的、不同的岗位如何转型？相信这些问题让很多从业者感到困惑，下面我们来具体解答。

图 17-4 展现出 B 端产品相关工作岗位与可能的转换路径。首先，我们来看甲方内部的岗位转化。需求分析师转型 B 端产品经理（①）有两种方式：要么在公司内实现转型，将岗位职责改为产品经理，要么去互联网或科技企业应聘产品经理岗位。如果没有相关的行业背景或乙方背景，需求分析师想直接进入互联网企业应聘产品经理是有一定难度的，因为互联网企业在招聘内部的 B 端产品经理时，要么从乙方挖行业专家，要么内部培养或从其他互联网类似业务口挖人。

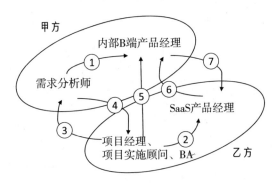

图 17-4　B 端产品相关工作岗位与可能的转换路径

一般很少有产品经理转做需求分析师，所以图中没有绘制相关箭头。不过随着行业环境的变化，也有需求分析师或实施顾问转岗产品经理后，因为各种原因（例如工作强度太大或者传统企业稳定性更高）最后选择回到传统企业的需求分析岗位。

接下来，我们看看乙方内部的岗位转化。项目经理、项目实施顾问、需求分析师（BA）转做 SaaS 产品经理（②）有一条水到渠成的路径，因为项目实施顾问长期贴近一线，业务能力强，软件设计功底扎实，适合转型 SaaS 产品经理；当然，SaaS 产品经理也可以转型项目实施顾问或者客户成功顾问，甚至售前咨询顾问，但这类工作比较辛苦，需要出差，再加上媒体的渲染，可能现在很多人更愿意从事产品经理的工作。我在图中没有绘制 SaaS 产品经理转项目实施顾问的箭头，但不代表不存在这种情况。

我们再来探讨甲方乙方之间岗位的转化情况。

一般情况下，乙方公司的资深顾问在积累一定经验后，都愿意回到甲方（③），因为相对来说工作压力会小很多。而有些甲方的需求分析师为了进一步历练自己，也会选择加入乙方（④），接触更多项目，提升能力。甲方的需求分析师岗位和乙方的项目实施顾问岗位在工作内容和技能要求上重合度高，也是很多传统 IT 人常常选择的工作方向。

同样，很多乙方的专家也愿意加入互联网企业，从事企业内部 B 端产品经理的工作（⑤、⑥），感受不一样的工作文化和方式。

最后一种情况（⑦）是，内部自研系统的 B 端产品经理转做 SaaS 产品经理。首先，很多互联网企业喜欢将自用的系统进行商业化售卖，这就带来了岗位职责的转型。另外，有些乙方企业也喜欢招一些不同背景的产品经理，例如在互联网企业做内部系统的产品经理。

以上列举了不同岗位可能的转型和发展路径，虽然都是 B 端产品方向，但岗位职责和能力要求还是有显著区别的。对于工作时间不长的新人来说，在不同岗位之间切换会比较容易适应。但随着工作年限的增长，比如工作了十年以上，再切换岗位方向，就会感到挑战比较大。

当然，只要随时保持空杯心态，放低姿态，愿意打破舒适圈，突破自己，在职场中一切皆有可能。

尾声

果冻："时间过得好快，转眼间，《决胜 B 端》接近了尾声，总感觉意犹未尽啊！"

老马："产品经理要学习的东西非常多，尤其是做 B 端，是一个厚积薄发的过程，要持续地学习积累，重视基础知识的补充和知识面的拓展！"

果冻："是啊，真的是感触颇深，书里提供了这么多拓展学习资料，感觉都够我学几年的了！"

老马："如果你想在这个行业深耕，就值得去学，而且很多知识不仅在产品设计上有帮助，更会让你受用终身！"

果冻："嗯嗯，现在，我对未来有了越来越清晰的目标和信心，接下来就是持续的行动和坚持了！"

老马："很好嘛，不过最后，我还想给你分享两点关于职业生涯发展的建议，供你参考！"

果冻："太感谢了，马老师请讲！"

老马："

建议一：新人不设局限，长期专注深耕。

对于一个刚毕业的年轻人，人生、事业充满了无穷的可能和选择，这时候不要给自己太多限制，在刚毕业的前几年，可以多尝试不同类型的产品方向，甚至工作方向。只有自己亲身实践，才能真正找到自己热爱的事业。

工作几年以后，如果你决定将 B 端产品作为未来的职业选择方向，那么一定要在一个垂直细分领域深耕，要么在专业方向上深耕，例如做 CRM、ERP、WMS，要么在行业领域深耕，例如做保险、零售、房地产。千万不要随意切换赛道和方向，从事 B 端产品工作，工作十年以后的职业竞争力来自你对业务专一的积累和沉淀。

建议二：没有所谓的好方向，只有稀缺的好专家。

有很多新人总喜欢问，哪个赛道发展最好？最有前景？这个问题在 B 端产品领域没有意义，B 端产品没有所谓的好方向，只有稀缺的好专家。因为企业经营管理的各个业务板块永不磨灭。可能不同产品方向的市场需求有大有小，但是从业者也有多有少，只要你能够通过深耕积累成为业务型产品专家，形成个人的竞争壁垒，不论在哪个赛道、哪个方向，都会在职场中非常抢手，取得良好的职业发展路径。"

果冻："马老师，您这两条建议很中肯，也让我对未来更加清晰和踏实！"

老马："不论做出什么样的职业、人生选择，一定不要虚度光阴，要让生命充实有意义！中国的企业级软件产品设计有着巨大的潜力和发展空间，如果选择了这条路，就坚持下去，一以贯之，取得个人的成功，为产业发展尽一臂之力！"

后记

写作完毕，回顾全书内容，感慨万分！

产品经理的工作内容可谓十分繁杂，需要掌握的知识体系也十分庞大：从市场研究到商业决策，从业务分析到解决方案，从软件设计到项目实施，从数据分析到运营管理。产品经理需要具备经营管理、企业运作、计算机科学、软件工程、项目管理、数据分析、交互设计等各方面的知识。而这也正是产品经理工作的魅力所在——具备十足的挑战性，可以收获满满的成就感。

在十几年的职业生涯中，我越来越深地感受到，软件产品只是帮助企业解决经营管理问题的手段之一，并不是全部，也不是万能的灵丹妙药，很多业务问题其实是模式问题、管理问题。作为 B 端产品经理，应该把帮助企业解决问题作为核心目标。一方面，产品经理要善于利用软件产品解决问题，发挥软件产品的价值和优势；另一方面，也要认识到软件产品的局限性，能够跳出产品的范畴，从业务管理的视角去思考、分析问题，寻找解法。只有这样，产品经理才能不断突破自我，实现提升。

希望本书能帮助大家在产品设计甚至业务管理的道路上快乐地探索前进，也希望本书能帮助大家构建完整的 B 端产品知识体系，形成比较清晰的设计思路。

在本书的写作过程中深感个人水平有限，面对如此复杂的知识体系结构，肯定有叙述不准确、不正确之处，恳请各位读者海涵与斧正！

杨堃

2023 年 1 月

PRD 模板

×××公司_××××项目 PRD

PRD 审核人	×××
重要性	高
紧迫性	高
需求方	×××
PRD 编写人	×××
PRD 提交日期	202×-10-13

PRD 修改记录

PRD 交付或传播之前，必须标记版本号，每次交付前的修改要严格记录变更时间、原因等信息。

文档的版本管理是非常重要的工作，任何的文档修改都需要在文档中有准确的记录。虽然有很多文档版本工具可以协助版本管理工作，但标准文档格式内的版本记录是必不可少的。

变更时间	变更内容	变更提出部门与理由	修改人	审核人	版本号
202X-11-23	XXX	XXX	XXX	XXX	v1.1

1. 项目背景

详细描述背景，包括业务现状、面临问题、解决思路等，需要有数据支持。

不论是多么简单的需求，都会有需求背景。为了让当前或未来的文档阅读者理解工作背景，一定要准确描述项目的背景情况。

2. 需求基本情况

参考书中介绍的十三要素五步法，对需求的关键情况进行描述。

需求提出人：

功能使用人：

受影响人：

场景：人物、时间、地点、起因、经过、结果

发生频率：

核心痛点：写清楚解决的是针对谁的什么痛点

需求价值：

目标客户画像：对于商业化产品，描述你所设计的功能的目标客户群体的特征

3. 项目收益目标

具体的需要量化的项目目标（符合 SMART 原则），包含验收和成功的标准，以及收益预期。

任何项目都要有业务价值，对于 B 端产品功能，很多时候难以衡量直接的价值收益，但可以考量功能的使用情况、满意度等。

4. 项目方案概述

用简要的语言列举所有核心功能 feature，或者概述项目方案，包括但不限于产品方案、运营方案、技术方案。

5. 项目范围

项目涉及哪些系统、产品和接口，以及影响范围。

梳理项目范围，提前确认项目关联方、影响方，确保项目启动时能准确覆盖所有责任方，避免遗漏。

6. 项目风险

哪些假设？哪些约束？哪些产品风险？哪些运营风险？哪些技术风险？以及以上风险的应对方案。

7. 术语和缩略语

文档中涉及的缩略语或术语的定义与解释。

尽量不要自己定义缩略语，如果文档中涉及公司内部的缩略语，请明确其定义。

8. 参考文献和引用文档

文档中涉及的参考文档或项目相关文档。

9. 功能需求

9.1 产品框架概述

简述此产品需求的功能分解：

- 系统框架图
- 数据模型图
- 业务流程图
- 状态机图

9.2 产品需求详解

产品需求及功能讲解，要具备逻辑清晰的特点，尽量采用提炼总结以及分段的陈述式描述，避免大段大段的论述性描述。

某列表页描述：

- 查询条件

字段名称	默认值	字段类型	备注
门店名称	空	文本	
门店地区	空	文本	支持模糊查询

- 列表字段

字段名称	默认值	字段类型	开放修改	必需项	备注
门店名称	原值	文本	否	否	20 汉字
门店地区	原值	文本	否	否	

9.3 异常情况的处理方案

例如：断网、断电、误操作、数据丢失等，也可以根据情况将异常处理方案写在具体功能描述章节。总之，目的是必须将产品方案思考全面，包括异常情况的处理。

10. 非功能需求

接口响应时长、并发量、安全性等。

11. 数据埋点

按照公司统一的埋点要求描述需要埋点监控的按钮、页面、事件等。

12. 角色和权限

角色权限表

13. 运营计划

需要新建立的运营流程、业务流程、客服处理流程。

需要执行的推广计划、部署计划、执行计划。

14. 待决事项

所有文档编写过程中结论待定的待确定事项。

术语索引

3PL（Third-Party Logistics）：第三方物流服务

A

Activity Diagram：活动图

Ad Network：在线广告联盟

AE（Account Executive）：销售人员，一般指电话销售

Agile Software Development：敏捷模式

aPaaS（application Platform as a Service）：SaaS 的底层配置、定制化平台。aPaaS 更聚焦于应用程序的定义和配置，属于 PaaS 的子集

API（Application Program Interface）：应用程序接口，软件系统和功能模块通信的重要技术

Application Architecture：应用架构，软件系统、模块之间的组合、协同方式

Auth（Authorization Management）：权限管理平台

Avg. Time on Page：平均停留时长

B

B/S（Browser/Server）：浏览器/服务器模式

BA（Business Analyst）：需求分析师

Black-Box Testing：测试人员不需要检测代码，只需要测试功能是否在实现上没有问题

Bounce Rate：跳出率

BPM（Business Process Management）：业务流程管理

BPR（Business Process Reengineering）：业务流程重构

BRD（Business Requirement Document）：商业模式分析论证文档

BU（Business Unit）：业务单元

Burn Down Chart：燃尽图

Burn Up Chart：燃起图

Business Architecture：业务架构，关注组织架构、领域模型、业务需求、业务规则、业务流程等要素

Business Canvas：商业画布

Business Intelligence：商业智能引擎，一种数据可视化的应用层产品

C

C/S（Client/Server）：客户端/服务器模式

CallCenter：呼叫中心，广义的呼叫中心包括客服平台与话务平台，涉及软件、硬件、通信这一套完整体系；狭义的呼叫中心是指支持客服进行呼入/呼出业务的软件系统，包括客服系统、质检系统、知识库系统等

Citizen Developer：公民开发者

Class Diagram：类图

CMS（Content Management System）：内容管理系统

Cohort：一种经典数据分析方法，常用于留存、复购等场景分析

Cold Deployment：冷部署，需要停机来完成代码发布、系统更新

Communication Diagram：协作图

Component Diagram：组件图

CRn（Concentration Ratio）：行业集中度指数，是指行业中前 n 家最大企业所占市场份额的总和

Conway's Law：康威定律，该定律认为设计者的组织结构决定了所设计系统的架构

CPC（Cost per Click）：按点击付费

CRM（Customer Relationship Management）：客户关系管理。广义上的 CRM 包括从客户开发、管理、营销、服务的客户全生命周期管理；狭义的 CRM 是指给销售人员使用的销售过程管理软件

Cross Sales：对客户销售公司内不同产品线的产品

CRUD（Create/Read/Update/Delete）：增删改查，计算机处理数据的基本操作

CSM（Customer Success Manager）：客户成功经理

Customer Experience Design：客户体验设计

Customer Journey Mapping：客户旅程地图

Customer Journey：客户旅程，服务蓝图的核心骨架，客户达成某个目标所经历的旅程地图

D

Data Architecture：数据架构，关注数据集成、主数据管理、元数据管理、数据治理、数据安全性等主题

DBA（Database Administrator）：数据库管理员

Deployment Diagram：部署图

Digitalization：数字化是通过数字技术改变商业模式，提供新的营收点与价值创造机会

Digitization：数字化是将模拟信号转变为数字信号的过程

DM（Data Mart）：数据集市

DW（Data Warehouse）：数据仓库

E

EA（Enterprise Architecture）：企业架构

EAF（Enterprise Architecture Framework）：企业架构框架

EDM（Email Direct Marketing）：邮件营销

ER（Entity Relationship）：一种描述实体对象（Entity）之间关联关系（Relationship）的经典图表

ERP（Enterprise Resource Planning）：企业资源计划管理。广义的 ERP 是一套庞大复杂的体系，涵盖供应链管理、原材料管理、仓储配送管理、财务管理，甚至还包括客户管理、销售管理等；狭义的 ERP 常常被理解成财务系统，或轻量级的进销存系统，或电商交易系统

ESB（Enterprise Service Bus）：一种技术服务接口管理调度的架构方案和理念

F

FAE（Field Account Executive）：区域销售人员，一般指地面销售

FE（Front End）：前端，也指前端开发工程师

Finite State Machine Diagram：有限状态机图，是一种描述所有状态及状态之间流转规则的图形

FRD（Feature Requirement Document）：功能需求文档，研发视角下的软件功能描述，包括 UML、数据流图、接口方案

FSSC（Financial Shared Service Center）：财务共享服务中心

G

GIS（Geographic Information System）：地理信息系统

Golden Circle：黄金思维圈

GUI（Graphic User Interface）：图形化交互界面

H

Heat Map：热力图

HCI（Human Computer Interaction）：人机交互

High Cohesion：高内聚

Hot Deployment：热部署，不用停机即可完成代码发布系统更新

HRM（Human Resource Management）：人力资源管理软件

HRSSC（Human Resource Shared Service Center）：人力资源共享服务中心

I

IaaS（Infrastructure as a Service）：云计算架构的最底层，负责存储、网络、算力等资源的管理和调度

IDE（Integrated Development Environment）：研发人员使用的集成开发环境

IM（Instant Message）：及时沟通工具，企业内部的办公通信产品

Inbound Marketing：集客式营销

Integration Testing：集成测试，将不同的系统模块、功能各自测试结束后，整体组装在一起，再测试整体流程、功能是否符合预期

ISO（International Standard Organization）：国际标准组织

ISV（Independent Software Vendor）：独立软件开发商

Iterative Model：迭代模式

ITSSC（IT Shared Service Center）：信息技术共享服务中心

K

KA（Key Account）：大客户

KANO：用来分析单一用户视角下需求的接受度模型

KMS（Knowledge Management System）：知识管理系统

KP（Key Person）：关键人物

L

Landing Page：落地页，通过外部引流引导客户访问的活动页

LCAP（Low Code Application Platform）：Gartner 于 2019 年提出，更加丰富的低代码平台，融合了低代码、aPaaS 等概念

Leads Startup Canvas：商业模式和公司战略的工具精益画布

Lean Canvas：精益画布

Loose Coupling：松耦合

Low Code：低代码，通过拖拉拽等 GUI 交互界面与适量的微小代码开发应用系统的方式

M

MDM（Master Data Management）：主数据管理系统

MDR（Marketing Development Representative）：市场开发代表，一般指市场人员

MECE（Mutually、Exclusive、Collectively、Exhaustive）：相互独立、完全穷尽的逻辑思维原则

MES（Manufacturing Execution System）：制造执行系统

MQL（Marketing Qualified Lead）：画像客户，初步未过滤线索

MRD（Market Requirement Document）：商业需求文档，用来描述市场分析和产品特征与定位

MVP（Minimum Viable Product）：最小可行产品

N

NDR（Net Dollar Retention）：收入留存率，SaaS 业务中的经典分析指标

NFR（Non-Functional Requirement）：非功能需求

No Code：无代码，相对于低代码的概念，完全不用编码即可实现应用程序开发

NPS（Net Promoter Score）：净推荐值

O

OA（Office Automation）：办公自动化

Object Diagram：对象图

OCRM（Operation CRM）：运营型 CRM，这是国内比较常见的叫法，一般是指销售人员使用的 SFA CRM

OGC（Occupationally Generated Content）：职业生产内容

OMS（Order Management System）：订单系统

On Premise：预置部署，私有化部署

Opportunity：商机，CRM 中的概念，有实际需求的潜在客户

OP（Operation）：运维，一般指运维工程师

Org（Organization Management）：组织架构管理平台

P

PaaS（Platform as a Service）：甲方用户通过第三方提供的环境开发、维护、部署自己的软件系统，但不用关心背后的基础设施，包括网络、硬件等；狭义上的 PaaS 更多指 aPaaS，多数成熟的业务型 SaaS 产品背后都有强大的 aPaaS 能力

Passport：企业管理客户账号的系统，也是企业存储客户账号的数据中心

PEST（Political Economic Social Technology）：从政治、经济、社会、技术角度分析宏观环境的经典方法论

PGC（Professional Generated Content）：专业生产内容

PLG（Product Leading Growth）：产品驱动的增长

PLM（Product Lifecycle Management）：产品生命周期管理。常见于制造业中的产品创新与设计管理

PM（Product Manager）：产品经理

PM（Project Manager）：项目经理

PMF（Product/Market Fit）：产品和市场相匹配，是精益创业中的一种市场评估理念

PMO（Project Management Office）：项目管理办公室

PO（Product Owner）：Scrum 中对产品负责人的称呼

POI（Point of Information）：地图管理系统中的坐标点管理

PRD（Product Requirement Document）：产品需求文档，用户视角下的产品功能描述

Product Backlog：Scrum 中的产品需求池

Pull Marketing：拉式营销

Push Marketing：推式营销

Push：消息推送服务

PV（Pageview）：页面浏览量

Q

QA（Quality Assurance）：质量保证，一般指测试工程师

R

RBAC（Role Based Access Control）：一套经典的用户、角色、权限组的设计理念

RD（Research & Development）：研发工程师

RDBMS（Relational Database Management System）：关系数据库

Regression Testing：回归测试，测试新功能以外的其他原有功能是否正常

RIC（Rich Internet Client）：富客户端，一种前端技术架构

RICE（Reach/Impact/Confidence/Effort）：一种对需求优先级进行打分评估的模型

RUP（Rational Unified Process）：统一过程，Rational 公司（被 IBM 收购）发明的基于 UML 的经典的软件设计工程实践方法论

S

SaaS（Software as a Service）：软件即服务

Sankey Diagram：桑基图，也叫能量分流图

SCM（Supply Chain Management）：供应链管理。广义的 SCM 包括完整的供应商管理、采购管理、仓储和配送管理；狭义的 SCM 指供应商管理

SCRM（Social CRM）：国内外并没有统一的定义，一般理解为基于社交网络形成的 CRM 能力

Scrum：敏捷模式中的一种经典软件增量式交付方法论

SDLC（Software Development Life Cycle）：软件研发交付的过程

SDR（Sales Development Representative）：销售开发代表，一般指线索清洗人员

SEM（Search Engine Marketing）：搜索引擎营销

Sequence Diagram：时序图

Service Blueprint：服务蓝图

Service Design：服务设计

SMB（Small and Medium Business）：中小客户

Smoking Testing：冒烟测试，测试主流程是不是顺畅，基本功能是否 OK，也是一种轻度的回归测试

SOA（Service Oriented Architecture）：一种经典的技术架构的理念

SOP（Standard Operating Procedure）：标准作业程序

Spiral Model：螺旋模式

Sprint：Scrum 中的一个冲刺（迭代）

SQL（Sales Qualified Lead）：意向客户，被核实过的线索

SQL（Structured Query Language）：关系数据库处理语言

SRS（System Requirement Specification）：系统需求规范，用来描述软件功能，包括用例分析、功能需求、非功能需求

SSO（Single Sign On）：单点登录服务。单点登录服务可以让用户只登录一次系统，就能访问所有接入单点登录服务的其他业务系统

STP（Segmentation/Targeting/Positioning）：细分、聚焦、价值主张，市场营销中细分客户的经典理论

Stake Holder：涉众，也即利益方、干系人

State Machine Diagram：状态机图

Stress Testing：压力测试，模拟高并发以及大量请求发生的情况下，系统能否经受住压力并保证功能正常

T

Technology Architecture：技术架构，关注服务器、网络、中间件、操作系统等偏技术层面的要点

TMS（Transportation Management System）：运输管理系统，用来支持配送管理业务

U

UAT（User Acceptance Testing）：用户接受度测试，由用户、需求方来验证系统功能是否符合预期

UDD（Use Case Driven Design）：用例驱动的设计

UGC（User Generated Content）：用户生产内容

UML（Unified Modeling Language）：统一建模语言

Unit Testing：单元测试，通过程序与脚本，测试每个代码单元的输出结果是否符

合预期

Use Case Diagram：用例图

UED（User Experience Design）：用户体验设计

UI（User Interface）：用户界面，一般也指设计师

UX（User Experience）：用户体验

UV（Unique Pageview）：页面唯一身份浏览量

Up Sales：向上销售，向客户销售更高价值的商品

User Story：用户故事，敏捷方法论中的一种通过拆解场景描述软件需求的方式

User Story Mapping：用户故事地图

V

VUCA：Volatility，易变；Uncertainty，不确定；Complexity，复杂；Ambiguity，模糊

W

Waterfall Model：瀑布模式

WBS（Work Breakdown Structure）：工作分解结构

White-Box Testing：白盒测试，测试人员需要通过测试脚本和技术框架，测试具体的功能代码

WMS（Warehouse Management System）：仓储管理系统

X

XP（Extreme Programming）：极限编程，一种敏捷方法论

荐读书单

以下推荐的图书均来自我阅读过的书籍，是以系统性、专业性、经典性为原则挑选出来的，但必然会受到个人的局限性，而没有涵盖很多其他优秀的好书，请大家海涵！

对于本书单，没有推荐的阅读顺序，大家可以按照当前最需要或最感兴趣的方向阅读。此外，有些书一直在升级，大家阅读最新版本即可。

工商管理类

1.《管理学》（第 15 版）：斯蒂芬·罗宾斯（Stephen P. Robbins）、玛丽·库尔特（Mary Coulter）著，刘刚、梁晗、程熙鎔、唐寅等译。

学习难度：★★★★

推荐理由：这是一本企业经营管理通识教育书。管理科学首先是一门科学，这本书不会教你如何带领团队及提高领导力，但会让你理解管理的科学化和系统化。

2.《市场营销：原理与实践》（第 17 版）：菲利普·科特勒（Philip Kotler）、加里·阿姆斯特朗（Gary Armstrong）著，楼尊译。

学习难度：★★★★

推荐理由：产品经理必读"圣经"。从市场分析、客户细分，讲到产品定位、定价策略、销售渠道管理、品牌营销，涵盖了企业产品设计的方方面面！

3.《组织行为学》（第 18 版）：斯蒂芬·罗宾斯（Stephen P Robbins）、蒂莫西·贾奇（Timothy A.Judge）著，孙健敏、朱济、李原译。

学习难度：★★★★

推荐理由：B 端产品经理的《乌合之众》。组织行为学是一门汇集人力资源科学、管理学、心理学的交叉学科，可用于理解个体在企业组织中的行为特征变化。

4.《财务报表分析从入门到精通》（实例版）：宋娟等编著。

学习难度：★★★★★

推荐理由：这本书讲解了现代企业经营管理者必知必会的内容。这本书是我看过的多本财务会计图书中写得最容易理解且通俗易懂的，足以用于一般性了解。

5.《经济学原理》（第 8 版）：N.格里高利·曼昆（N. Gregory Mankiw）著，梁小民、梁砾译。

学习难度：★★★★

推荐理由：这本书可以帮助你认清经济运行的基本规律。当你理解了经济运作的基本规律后，会有种打开了新大陆的感觉，思考、看待问题的角度和认知会发生颠覆性的变化。

6.《管理信息系统》（原书第 15 版）：肯尼斯 C.劳顿(Kenneth C.Laudon)、简 P 劳顿（Jane P.Laudon）著，黄丽华、俞东慧译。

学习难度：★★★★

推荐理由：管理信息系统是商科与计算机科学的交叉学科，是所有 MBA 学生必须学习的课程。其将信息技术、数字化技术的关键原理、特点，及其结合现代企业经营理论进行系统管理、治理的方法，进行了深入的介绍和理论沉淀。最好读英文原版。

数据分析类

7.《深入浅出统计学》：Dawn Griffiths 著，李芳译。

学习难度：★★★

推荐理由：统计学基础是数据分析的根基。如果不理解基本的统计学知识，数据分析就没有根基。对于非数据分析专业的读者，了解这本书介绍的内容就够用了。

8.《精益数据分析》：阿利斯泰尔·克罗尔、本杰明·尤科维奇著，韩知白、王鹤达译。

学习难度：★★★

推荐理由：这本书将数据分析理念和现代商业知识进行了结合，非常有趣地在培养数据思维意识的同时融入了现代商业的实践和最新理论。

9.《Excel 图表之道：如何制作专业有效的商务图表》（典藏版）：刘万祥著。

学习难度：★★★

推荐理由：好的图表能让数据说话。很多时候，并不需要复杂的数学计算和论证，而只是将数据用有效的图表进行呈现，结论就自然显现出来了。另外，做一张漂亮的表格也是现代商业人士专业性的体现。

用户体验类

10.《写给大家看的设计书》（第 4 版）：罗宾·威廉姆斯（Robin Williams）著，苏金国、李盼等译。

学习难度：★★★

推荐理由：这本书可以带你进行基本审美素养训练。书中讲了非常多实用的小技巧，产品经理不论是画原型、设计界面布局，还是写报告、做 PPT，都需要反复用到书中的内容。

11.《点石成金：访客至上的 Web 和移动可用性设计秘笈》（原书第 3 版）：史蒂夫·克鲁格（Steve Krug）著，蒋芳译。

学习难度：★★★

推荐理由：历久弥新的经典交互原则。虽然是 PC 时代的"老书"，但是其中讲到的人机交互的一些经典原则是永不过时的。

12.《设计心理学》：唐纳德·A·诺曼著。

学习难度：★★★★

推荐理由：这本书是设计领域的"圣经"，讲解了生活中的设计心理学。这本书写作多年，但其中提出的各种理论和框架充满真知灼见、历久弥新，时至今日，依然闪闪发光。

需求分析类

13.《软件需求最佳实践：SERU 过程框架原理与应用》(典藏版)：徐锋著。

学习难度：★★★★

推荐理由：需求分析是基本功、硬技能。我认为这本书对需求分析、挖掘技术的深入洞察和讲解，已经超越了国外很多同类经典书籍，非常适合产品经理强化基本功。

14.《有效需求分析》：徐锋著。

学习难度：★★★

推荐理由：这本书可以助你快速入门需求分析。这本书像是简化版的《软件需求最佳实践》，但依然讲解了完整的理论结构和分析框架，也是训练需求分析基本功的经典教材。

15.《软件需求》：Karl Wiegers、Joy Beatty 著，李忠利、李淳、霍金健、孔晨辉译。

学习难度：★★★

推荐理由：经典需求分析著作。这本书覆盖了软件需求分析和管理的方方面面，并且分析了敏捷方法论在企业及软件设计中存在的挑战和问题，是一本值得一读的需求分析好书。

16.《火球：UML 大战需求分析》(第二版)：张传波著。

学习难度：★★★

推荐理由：UML 入门的最佳读物。需求分析工程的进行需要紧密结合 UML 工具的使用。本书一方面是 UML 的通俗入门读物，另一方面展开阐述了经典的用例驱动设计的需求分析方法论。

软件工程与计算机科学类

17.《人月神话》(40 周年中文纪念版)：小弗雷德里克·布鲁克斯著，UMLChina 翻译组、汪颖译。

学习难度：★★★

推荐理由：大型软件工程实践"圣经"。著名的"银弹"理论即来自本书，本书对大型软件项目的挑战和解决思路提出了丰富、深刻的论述，即便在今天这些论述依然值得从业者学习。

18.《构建之法：现代软件工程》（第三版）：邹欣著。

学习难度：★★★

推荐理由：这本书可以助你轻松入门软件工程。这本书被国内多所大学当作教材使用，可读性和时效性超过了其他国外同类经典书籍。《决胜 B 端》第 2 版的师徒对话模式就是受了这本书的启发。

19.《编码：隐匿在计算机软硬件背后的语言》：Charles Petzold 著，左飞、薛佟佟译。

学习难度：★★★★★

推荐理由：这是一本充满趣味性的计算机底层知识入门书。这本书通俗易懂地让你理解计算机底层运作的基本原理和结构，是一本科普型读物。因为这本书涉及的内容专业性太强，所以虽然写得很通俗，但读起来依然有不小的难度。

20.《计算机网络》（第 8 版）：谢希仁编著。

阅读难度：★★★★

推荐理由：这本书介绍了互联网 IT 人必须具备的网络通信底层知识。如果你不理解现代通信网络的很多基础概念，那么就会对当今很多基于技术底层构建的商业和模式理解得不够深刻。

应用架构与数据治理类

21.《企业 IT 架构转型之道：阿里巴巴中台战略思想与架构实战》：钟华编著。

学习难度：★★★★

推荐理由：这本书所讲的理论是中台理论的鼻祖。书中其实更多地讲述了企业级架构设计的原则、挑战和解决思路，涉及很多技术话题，但对于架构师级别的产品经理，非常值得学习理解。

22.《华为数据之道》：华为数据管理部著。

学习难度：★★★★

推荐理由：这本书是数据架构、治理领域的经典！这本书将华为作为大型集团企业，将其在数据管理、治理、架构设计上的最佳实践倾囊相授，只是文风略显生硬，没有相关经验的读者读起来可能会有不知所云的感觉。

商业创新与管理类

23.《精益创业实战》（第 2 版）：Ash Maurya 著，张玳译。

学习难度：★★★

推荐理由：这本书的作者是"精益画布"的提出者。这本书介绍了轻量级数字化软件产品创业、商业实战的最新思考和实践总结。虽然企业级软件商业化在落地方面有难度，但阅读这本书绝对会为实践带来启发！

24.《商业模式新生代》（经典重译版）：亚历山大·奥斯特瓦德（Alexander Osterwalder）、伊夫·皮尼厄(Yves Pigneur)著，黄涛、郁婧译。

学习难度：★★★

推荐理由：这本书的作者是"商业模式画布"的提出者。这本书对现代社会中创新的商业模式和理论进行了总结提炼，虽然其中的内容偏向于 To C 业务，但对于 To B 从业者依然会有启发！

25.《SaaS 创业路线图：to B 产品、营销、运营方法论及实战案例解读》：吴昊著。

学习难度：★★★

推荐理由：从商业模式到业务运作的实践输出！这本书对 SaaS 的商业模式、业务管理、业务运作都有着深刻、全面、系统化的沉淀和总结，只要是 To B 软件从业者都应该读一遍。

26.《硅谷蓝图》：雅各·范德库伊（Jacco Van Der Kooij）、费尔南多·皮萨罗（Fernando Pizarro）著，蔡勇译。

学习难度：★★★

推荐理由：来自硅谷的 SaaS 业务最佳实践。这本书全面地从销售角度分享了 SaaS 的业务运作，对于 SaaS 从业者来说非常值得一读，可以帮助产品经理理解 SaaS 商业运作的模式和特点。

27.《增长黑客：如何低成本实现爆发式成长》：肖恩·埃利斯（Sean Ellis）、摩根·布朗（Morgan Brown）著，张溪梦译。

学习难度：★★★

推荐理由：To C 产品运营的经典之作！这本书作为增长黑客理论的鼻祖图书，涵盖了所有 To C 产品运营的经典方法论和模型，对于 To B 从业者，虽然不一定能将其全部套用在自身的业务上，但对于开拓眼界、打开思维来说，绝对有启发！

最后推荐一门视频课：《CrashCourse 计算机科学速成课》。虽然是视频课，但是强烈推荐！这门视频课将计算机科学工程和软件工程两门学科的核心部分，用最生动有趣的方式讲述了出来，如果大家能坚持学习两遍，会感到打通了任督二脉。

决胜B端
企业内训
咨询服务

杨堃老师服务的内容

杨堃老师提供针对企业的内训、咨询服务，包括线上、线下**工作坊、训练营，以及产品设计、产品管理咨询，帮助企业**提升团队专业能力，培养业务思维和商业意识。

内训目标学员

甲乙方产品经理、需求分析师、项目经理等。

内训课程（可定制）

《从无到有的产品设计》
《基于场景的需求分析》
《数字化产品设计实战》
《企业应用架构的发展和演变》

杨堃老师服务的客户

互联网
百度、京东、快手、滴滴、360、去哪儿、虾皮

SaaS
微盟、北森、明源云、店小秘、嘉为科技、睿博数据、雪浪数制、飞书深诺、每日互动(个推)

IT
蓝凌、亚信、领悦科技(宝马)、深信服、雅拓信息、积微物联(鞍钢)、微步在线、梅卡德曼、久其软件、中盈优创、世纪互联

金融
银联数据、联通支付、招商银行、建信金科(建行)、京东安联、亿保健康、泰康健康、中国债券信息网、安信证券

房地产
龙湖地产、润联科技(华润)、越秀地产

能源制造
新奥、三一新能源、海康威视、大华科技三九制药、TCL、中国化信(中化)、美云智数(美的)、格创东智(TCL)

零售
太古可口可乐、宝洁、UR

其他
华为、中兴、德勤、索菲亚家居、卓志供应链、中移物联网、顺丰科技、中国国际工程咨询等;

☆ 杨堃老师亲授
☆ 线下实战工作坊
☆ 开箱即用的工具包
☆ 适用于实际工作场景

进一步咨询
请联系杨堃老师助理
左左微信"digikly"

决胜B端
读者社群会员服务

免费学习杨堃老师线上课程

会员可以免费学习几十门杨堃老师的线上主题课程(持续更新中)。

无限次向杨堃老师提问

会员在有效期内可以无限次向杨堃老师提问,话题不限,包括产品设计、职业发展。

海量B端干货资料分享

海量杨堃老师精选的B端干货资料,涵盖企业经管、信息化、数字化、产品设计等主题。

全国不定期线下聚会

不定期组织会员线下聚会,认识新朋友,交流经验。

扫码免费学习杨堃老师课程

《B端产品经理如何自学提升》

(社群会员可免费学习"**决胜B端大讲堂**"中所有杨堃老师课程)

扫码领取社群优惠券

**扫码了解更多社群介绍
并领取读者专属优惠券**